U0940276

Patent Legal Systems along the Belt and Road: A Comprehensive Study

厦门大学知识产权研究丛书 · “一带一路”系列

本书受厦门大学“双一流”建设规划项目
“一带一路”研究和福建省高校特色新型智库
——创新与知识产权研究中心经费资助出版

“一带一路”专利法律制度研究

林秀芹◎主　编

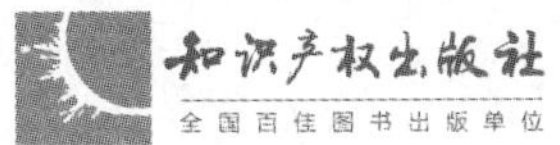

图书在版编目（CIP）数据

“一带一路”专利法律制度研究/林秀芹主编. —北京：知识产权出版社，2018.12
ISBN 978-7-5130-5910-7

Ⅰ.①一… Ⅱ.①林… Ⅲ.①专利权法—研究—世界 Ⅳ.①D913.04

中国版本图书馆CIP数据核字（2018）第236574号

责任编辑：刘 睿 邓 莹　　责任校对：潘凤越
文字编辑：邓 莹　　责任印制：刘译文

“一带一路”专利法律制度研究
林秀芹 主 编

出版发行：知识产权出版社有限责任公司	网　址：http：//www.ipph.cn
社　址：北京市海淀区气象路50号院	邮　编：100081
责编电话：010-82000860转8346	责编邮箱：dengying@cnipr.com
发行电话：010-82000860转8101/8102	发行传真：010-82000893/82005070/82000270
印　刷：保定市中画美凯印刷有限公司	经　销：各大网上书店、新华书店及相关专业书店
开　本：720mm×1 000mm 1/16	印　张：22.5
版　次：2018年12月第1版	印　次：2018年12月第1次印刷
字　数：424千字	定　价：82.00元

ISBN 978-7-5130-5910-7

编委会

主　　编　林秀芹

副 主 编　罗立国

编委会成员　林秀芹　丁丽瑛　龙小宁　Martin Senftleben　乔永忠　张新锋　董慧娟　罗立国　王　俊　李　晶　周　璐　朱　冬

撰写分工

第一章　孙　智

第二章　娜迪亚

第三章　罗立国　金南桥　姜　珂　周嘉祺　张程宇

第四章　周　璐

第五章　贾引狮

第六章　陈可欣

第七章　董慧娟　解万均　汪　超　武佳欣

第八章　周克放

第九章　游凯杰

第十章　李超光

第十一章　郭壬癸

序　言

“一带一路”是我国新时期顺应全球化新形势、扩大同各国各地区利益汇合点的重要倡议。随着我国与“一带一路”沿线国家和地区之间在各领域的合作与交流的不断深化，特别是经贸往来的持续深入，沿线国家地区之间的合作逐步从“硬实力”领域延伸到“软实力”领域。2016年7月，在北京召开的“一带一路”知识产权高级别会议形成了《加强“一带一路”国家知识产权领域合作的共同倡议》。2017年9月，金砖国家领导人厦门会晤期间，核准了《金砖国家知识产权合作指导原则》，强调增进知识产权信息交流、立场协调和能力建设。在此背景下，为更好地推动“一带一路”倡议的实施，防范沿线国家和地区政策法律风险，推动沿线国家和地区在知识产权领域合作的进一步深化，加强对沿线各国知识产权法律制度的研究，具有特殊的时代价值和实践意义。

厦门大学知识产权研究院自2008年成立以来，充分发挥厦门大学作为综合性大学的学科交叉优势，立足海西，秉持国际视野，已经初步形成学科优势明显、布局合理的知识产权教学与研究团队。2017年，研究院进入厦门大学“双一流建设”的“一带一路”交叉学科群，迎来了新的发展机遇期。为此，研究院开始关注“一带一路”倡议推进过程中的知识产权问题，着手对“一带一路”沿线国家和地区的知识产权法律制度展开系统研究。本套丛书就是上述研究的初步成果。本套丛书采取分领域专题研究的方式，选取“一带一路”沿线三十余个典型国家和地区，按照地理位置和法律制度协调的密切程度划分为若干区域，分别对其知识产权法律制度进行系统研究，概括共性与规律，分析区域特色，探讨“一带一路”沿线知识产权法律制度的协调机制，并为我国企业“走出去”过程中可能遇到的知识产权法律风险作出示警。

水平所限，不足之处难免，请各位专家、同仁批评指正。

林秀芹

2018年10月

CONTENTS 目录

第一编 亚 洲

第三编　非　洲

第一编 亚 洲

第一章　东亚地区专利法律制度

东亚包括中国、朝鲜、韩国、蒙古国和日本，本章选取日本、韩国和蒙古国三个国家进行介绍。

第一节　概　述

一、日　本

日本现行专利法律制度包括《日本专利法》《日本实用新型法》《日本外观设计法》三个部分。[1]《日本专利法》又称为“特许法”，该法自 1959 年 4 月颁布实施以来，迄今为止已经过多次修订，最近一次修订是 2015 年 7 月。《日本实用新型法》自 1959 年 4 月颁布以来，也已经过多次修订，最近一次修订是 2011 年。《日本外观设计法》自 1959 年 4 月颁布以来，亦已经过多次修订，最近一次修订是 2015 年 7 月，与《日本专利法》的最近一次修订时间同步。

现行《日本专利法》共 11 章 204 条。第一章为总则，第二章为专利和专利申请，第三章为审查及申请公开，第四章为专利权，第五章为专利异议申请，第六章为复审，第七章为再审，第八章为诉讼，第九章为根据《专利合作条约》有关国际申请的特别例外，第十章为其他规定，第十一章为法律责任。现行《日本实用新型法》共 9 章 64 条。第一章为总则，第二章为实用新型注册和实用新型注册申请，第三章为实用新型技术评价，第四章为实用新型权，第五章为复审，第六章为再审和诉讼，第七章为根据《专利合作条约》有关国际申请的特别例外，第八章为其他规定，第九章为法律责任。现行《日本外观设计法》共 8 章 77 条。第一章为总则，第二章为外观设计注册和外观设计注册申请，第三章

---

[1] 参见 WIPO 世界知识产权组织网站，http：//www. wipo. int/wipolex/zh/profile. jsp？ code = JP［EO/BL］，访问日期：2018 年 4 月 26 日。撰写过程还参考：（1）日本专利法//国家知识产权局条法司. 外国专利法选译（上）［M］. 北京：知识产权出版社，2015。（2）日本实用新型法//国家知识产权局条法司. 外国专利法选译（上）［M］. 北京：知识产权出版社，2015。（3）日本外观设计法//国家知识产权局条法司. 外国专利法选译（上）［M］. 北京：知识产权出版社，2015。

为审查，第四章为外观设计权，第五章为复审，第六章为再审和诉讼，第七章为《根据日内瓦修改协定》的特别例外，第八章为其他规定，第九章为法律责任。

二、韩　　国

韩国的专利法律制度也包括《韩国专利法》《韩国实用新型法》《韩国外观设计法》等三个部分。[1]《韩国专利法》颁布于 1961 年 12 月 31 日，后经过多次修订，最近一次修订时间为 2016 年 3 月。《韩国实用新型法》颁布于 1961 年 12 月 31 日，最后修订时间为 2014 年 6 月。《韩国外观设计法》颁布于 1961 年 12 月 31 日，最后修订时间为 2016 年 2 月。

现行《韩国专利法》共 12 章 232 条。第一章为总则，第二章为专利登记的条件和专利申请，第三章为审查，第四章为专利费和专利登记等，第五章为专利权，第六章为对专利权人的保护，第七章为审判，第八章为再审，第九章为诉讼，第十章为根据专利合作条约的国际申请，第十一章为附则，第十二章为罚则。现行《韩国实用新型法》共 10 章 52 条。第一章为总则，第二章为实用新型注册的条件和实用新型注册申请，第三章为审查，第四章为注册费用和实用新型注册等，第五章为实用新型权，第六章为对实用新型权人的保护，第七章为审判、再审、诉讼，第八章为根据《专利合作条约》的国际申请，第九章为附则，第十章为罚则。现行《韩国外观设计法》共 10 章 89 条。第一章为总则，第二章为外观设计的注册条件和外观设计注册申请，第三章为审查，第四章为注册费及外观设计注册等，第五章为外观设计权，第六章为对外观设计权人的保护，第七章为审判，第八章为再审和诉讼，第九章为附则，第十章为罚则。

三、蒙古国

蒙古国对发明、实用新型、外观设计专利的保护进行统一立法，规定在一部专利法之中。《蒙古国专利法》颁布于 1993 年 6 月 25 日，经过 1996 年 12 月 29 日、1999 年 5 月 21 日、2006 年 1 月 19 日三次修订。现行《蒙古国专利法》为 2006 年修订文本，共 6 章 30 条。[2] 第一章为一般规定，第二章

---

[1] 参见 WIPO 世界知识产权组织网站，http：//www. wipo. int/wipolex/zh/profile. jsp？ code = KR［EO/BL］，访问日期：2018 年 4 月 26 日。撰写过程还参考：（1）韩国专利法//国家知识产权局条法司．外国专利法选译（上）［M］．北京：知识产权出版社，2015。（2）韩国实用新型法//国家知识产权局条法司．外国专利法选译（上）［M］．北京：知识产权出版社，2015。（3）韩国外观设计法//国家知识产权局条法司．外国专利法选译（上）［M］．北京：知识产权出版社，2015。

[2] 参见 WIPO 世界知识产权组织网站，http：//www. wipo. int/wipolex/zh/details. jsp？ id = 11760［EO/BL］，访问日期：2018 年 4 月 26 日。撰写过程还参考：蒙古国专利法//宗那生．蒙古国法典选编（第二辑）［M］．呼和浩特：内蒙古大学出版社，2009。

为发明、实用新型、外观设计申请的提出及其审查，第三章为授予专利和实用证书，第四章为发明、实用新型、外观设计创造者和专利、实用证书持有人的权利，第五章为知识产权机关，第六章为其他事项。

日本知识产权事业发展起步较早，早在1899年，该国就已加入《保护工业产权巴黎公约》，成为巴黎公约联盟成员。至今，日本已加入大部分与专利保护有关的国际公约或协定。韩国和蒙古国的知识产权事业相对日本而言，起步较晚，但韩国的知识产权发展甚为迅速。

从世界知识产权组织（WIPO）官方网站公布的信息来看，目前韩国和蒙古国均未加入《专利法条约》，另外，蒙古国尚未加入《国际承认用于专利程序的微生物保存布达佩斯条约》。日本、韩国和蒙古国已加入的与专利保护有关的国际条约和协定情况，如表1-1所示。

表1-1 日韩蒙三国已加入的专利国际条约及其加入时间

序号	条约名称	日本	韩国	蒙古国
1	与贸易有关的知识产权协定	1995年1月	1995年1月	1997年1月
2	建立世界知识产权组织公约	1975年4月	1979年3月	1979年2月
3	保护工业产权巴黎公约	1899年7月	1980年5月	1985年4月
4	专利法条约	2016年6月	—	—
5	关于工业品外观设计国际注册的海牙协定	2015年5月	2014年7月	1997年4月
6	建立工业品外观设计国际分类洛迦诺协定	2014年9月	2011年4月	2001年6月
7	国际承认用于专利程序的微生物保存布达佩斯条约	1980年8月	1988年3月	—
8	专利合作条约	1978年10月	1984年8月	1991年5月
9	关于国际专利分类的斯特拉斯堡协定	1977年8月	1999年10月	2002年3月

第二节 日本专利法律制度

一、概 况

（一）保护客体

1. 发明专利

由于日本专利法律制度将发明专利、实用新型专利和外观设计专利分别单独立法保护，因此《日本专利法》的保护客体仅为"发明"。《日本专利法》第2条第1款规定："本法所称的'发明'，是指利用自然规律的有高度的技术创造物。"《日本专利法》上所称的"发明"，即为取得专利权的发明，它包括三个层次的要求：一是利用自然法则，二是技术思想上的创作，三是具有高水准的创造。《日本专利法》的发明类别包括三类：一是产品发明，二是方法发明，三是改进发明。其中，产品发明专利的效力及于产品的生产、使用、转让或者进口。但对于修理、改进这两种情况下，是否与生产的含义等同，在日本存在争议。同时，对于通过生产方法所特定的产品，是否承认其专利效力在日本也存在争议。方法发明包括制造产品的方法发明和其他的方法发明，例如，分析方法、测定方法等。改进发明是指对某种产品的生产、栽培、改良方法，化学物质的生产方法发明。对于改进发明相关的效力是否仅限于最终产品，还是涉及半成品，在日本尚存在争议。❶

2. 实用新型

根据《日本实用新型法》第1条和第2条的规定，《日本实用新型法》的保护客体为"与产品的形状、结构或者组合有关的一种方案"，该"方案"是指利用自然规律的技术创造物。《日本实用新型法》的立法目的在于保护那些不为发明专利所保护的技术水平相对较低的小发明。相对发明专利而言，其保护范围受较大限定，同时保护期限也相对较短。

3. 外观设计

《日本外观设计法》的保护客体为"外观设计"。该法第2条规定，"外观设计"是指产品（包括产品的组成部分，第8条除外）的形状、花纹、色彩或者它们的结合，通过视觉使人产生美感之物。其中，"产品组成部分"的形状、花纹、色彩或者它们的结合，包括用于产品的操作（限于该产品为能够发挥其功能状态而进行的），并且标示在该产品上的或者和该产品一体使用的产品上所表示的图像。从该定义可以看出，《日本外观设计法》上所称的"外观设计"，包含有四个构成要素：一是外观设计必须为某一个物品，二是外观设计所针对的是产品的形状、花纹、色彩或者它们的组合，三是需要能够通过视觉感知，四是具有美感性。值得注意的是，在日本外观设计法上所称的物品，应当是动产，是有体物，❷ 如果是气体、液体等物品则不能作为外观设计的保护对象。根据《日本外观设计法》的规定，"部分外观设计"如果能够特定化，也能够获得保护，但要求在申请部分外观设计的时候，需要将该部分外观设计用实线标记，同时其他部分也需要用虚线标记。

---

❶ 李龙．日本知识产权法律制度［M］．北京：知识产权出版社，2012：27.

❷ ［日］相泽英孝．知识产权法概说［M］．东京：弘文堂出版社，2005：326.

（二）享有的权利

1. 发明专利

（1）权利产生。根据《日本专利法》的规定，专利权根据设定登记而产生。《日本专利法》第66条第2款规定，当缴纳了该法第107条第1款（专利费）规定的第1年到第3年各年的专利费时，或者给予免除或者延期缴纳时，应当进行专利权的设定登记。当专利权的设定已经登记的，或者请求所附说明书、权利要求书或者附图的应予订正的审判决定已经生效、已经登记的，特许厅长官将向专利权人发放专利证书。

（2）保护期限。根据《日本专利法》的规定，专利权的保护期限为，自专利申请之日起20年终止。但是，对于发明专利的实施，以确保安全性为目的，是根据法律规定的许可及其他处分，从处分的目的、程序等来看，正确地做出该处分需要相当的期限，因而需要得到政令规定的处分，出现了不能实施发明专利的期间的情况下，专利权的保护期限可以5年为限，根据延长注册的申请进行延长。

（3）权利内容。根据《日本专利法》的相关规定，专利权人自己享有在营业上专有实施其发明专利的权利。同时，专利权可以转让；可以许可他人实施，包括普通实施许可和独占实施许可；还可以设定质权。在专利权共有时，如果没有其他共有人的同意，各共有人不得单独转让其所持有的份额或者以所持有的份额设定质权；除合同有特定约定外，各共有人可以不经其他共有人的同意而实施该发明专利；但是，未经其他共有人的同意，不得对专利权设定实施许可。专利权设定质权的，除合同另有规定外，质权人不得实施该项发明专利。对于专利权的转移、独占实施许可以及专利权设定质权的，需要进行登记，不登记不产生效力。对于普通实施许可，登记之后，可以对抗在后取得该专利权或者就该专利权设定独占实施许可权的人，未经登记，不能对抗第三人。另外，根据《日本专利法》的规定，专利申请权也是可以设定临时实施许可的，包括临时独占实施许可和临时普通实施许可。但需要注意的是，专利申请权不能设定质权。与专利权的变动一样，专利申请权的临时独占实施许可的设定、转移、变更、消灭或者处分限制，必须进行登记，否则不产生效力；专利申请权的临时普通实施许可的转移、变更、消灭或者处分限制，不登记也不能对抗第三人。

2. 实用新型

（1）权利产生。在日本，实用新型权以设定登记而产生。已提交实用新型登记申请的，除该实用新型登记申请被放弃、撤回或者不予受理情形外，应进行实用新型权的设定登记。当实用新型权的设定已经登记，或者已经做出

《日本实用新型法》第14条之2第1款的订正的，特许厅长官将向实用新型权人发放实用新型登记证书。

（2）保护期限。根据《日本实用新型法》的规定，实用新型权的存续期限为自实用新型登记申请日起10年终止。

（3）权利内容。实用新型权人享有专有的以营利活动为目的实施登记实用新型的权利。但是，在其实用新型权上设定独占实施许可权的，独占实施许可权人专有的实施该登记的实用新型的权利范围，不在此限。实用新型权人可以在该实用新型权上设定独占实施许可权和普通实施许可权，也可以转让该实用新型权，同时还可以设定质权。以实用新型权设定质权的，除合同另有规定的外，质权人不得实施该项登记的实用新型。

3. 外观设计

（1）权利产生。根据《日本外观设计法》的规定，外观设计权依设定登记而产生。当缴纳了《日本外观设计法》第42条第1款第（1）项规定的第1年的登记费时，进行外观设计权的设定登记。当外观设计权的设定已经登记的，特许厅长官将向外观设计权人发放外观设计登记证书。

（2）保护期限。外观设计权的存续期限为，自设定登记之日起20年终止。对于关联外观设计权的存续期限，则为自本外观设计的外观设计权的设定登记之日起20年终止。

（3）权利内容。外观设计权人享有专有的以营利活动为目的实施登记外观设计及与其类似的外观设计的权利。但是，在其外观设计权上设定独占实施许可权时，独占实施许可权人的实施登记外观设计及与其类似的外观设计的权利范围，不在此限。外观设计权人可以在其外观设计权上设定独占实施许可和普通实施许可，可以转让该外观设计权，也可设定质权。但是需要注意的是，《日本外观设计法》规定，本外观设计与关联外观设计的外观设计权，不能分开转移。所谓关联外观设计，依照《日本外观设计法》第10条的规定，是与从自己申请登记的外观设计中或者从自己的登记外观设计中选择出的一项外观设计（本外观设计）类似的外观设计。以外观设计权设定质权时，除合同另有约定的外，质权人不得实施该项登记外观设计或者与其类似的外观设计。

（三）涉外要求

1. 发明专利

（1）在外者的专利相关事务的代理。在日本国内没有住所或者居所（法人为营业所）者（日本专利法上称为"在外者"），根据《日本专利法》第8条规定，非经在日本国内有住所或者居所的专利代理人，则不能履行手续，也不能对行政机构依照《日本专利法》或者基于该法制定的相关法令的规定所做出的处理提出不服之诉。

（2）外国人的权利。在日本国内无住所或者居所（法人为营业所）的外国人，根据《日本专利法》第25条规定，除符合以下各条款之一的情形之外，不得享有专利权及其他与专利有关的权利：第一，其所属国根据与该国国民相同的条件，承认日本国民享有专利权及其他与专利有关的权利的；第二，其所属国做了下述规定的：如日本承认其国民享有专利权及其他与专利有关的权利的，则根据与该国国民相同的条件，承认日本国民享有专利权及其他与专利有关的权利；第三，条约有专门规定的。

（3）条约的效力。根据《日本专利法》第26条规定，条约对专利有专门规定的，则依照该规定。

2. 实用新型

（1）在外者的实用新型相关事务的代理。在日本国内没有住所或者居所（法人为营业所）者（日本专利法上称为“在外者”），根据《日本实用新型法》的规定，准用《日本专利法》第8条规定，非经在日本国内有住所或者居所的专利代理人，则不能履行手续，也不能对行政机构依照《日本实用新型法》或者基于该法制定的相关法令的规定所做出的处理提出不服之诉。

（2）外国人的权利。在日本国内无住所或者居所（法人为营业所）的外国人，根据《日本实用新型法》的规定，准用《日本专利法》第25条规定，除符合以下各条款之一的情形之外，不得享有实用新型权及其他与实用新型有关的权利：第一，其所属国根据与该国国民相同的条件，承认日本国民享有实用新型权及其他与实用新型有关的权利的；第二，其所属国做了下述规定的：如日本承认其国民享有实用新型权及其他与实用新型有关的权利的，则根据与该国国民相同的条件，承认日本国民享有实用新型权及其他与实用新型有关的权利；第三，条约有专门规定的。

（3）条约的效力。根据《日本实用新型法》的规定，条约的效力准用《日本专利法》第26条规定，即条约对实用新型有专门规定的，则依照该规定。

3. 外观设计

（1）在外者的外观设计相关事务的代理。在日本国内没有住所或者居所（法人为营业所）者（日本专利法上称为“在外者”），根据《日本外观设计法》的规定，准用《日本专利法》第8条规定，非经在日本国内有住所或者居所的专利代理人，则不能履行手续，也不能对行政机构依照《日本外观设计法》或者基于该法制定的相关法令的规定所做出的处理提出不服之诉。

（2）外国人的权利。在日本国内无住所或者居所（法人为营业所）的外国人，根据《日本外观设计法》的规定，准用《日本专利法》第25条规定，除符合以下各条款之一的情形之外，不得享有外观设计权及其他与外观设计有关的权利：第一，其所属国根据与该国国民相同的条件，承认日本国民享有外观设计权及其他与外观设计有关的权利的；第二，其所属国做了下述规定的：如日本承认其国民享有外观设计权及其他与外观设计有关的权利的，则根据与该国国民相同的条件，承认日本国民享有外观设计权及其他与外观设计有关的权利；第三，条约有专门规定的。

（3）条约的效力。根据《日本外观设计法》的规定，条约的效力准用《日本专利法》第26条规定，即条约对外观设计有专门规定的，则依照该规定。

（四）申请的相关限制

1. 发明专利

（1）共同发明申请专利的限制。依照《日本专利法》的规定，对于共同发明而言，申请发明专利的权利由共同发明人所共有，如果各共有人不与其他共有人共同申请的，则不能申请专利。

（2）专利申请的放弃或撤回限制。根据《日本专利法》的规定，对于专利申请存在享有临时独占实施许可权或者已登记的临时普通实施许可权的人而言，专利申请人只有在得到他们同意的情况下，方可放弃或者撤回专利申请。

（3）先申请原则。《日本专利法》规定，对于同一发明，在不同日期提出两项以上的专利申请的，只有最先提出专利申请的人才能就其发明获得专利权。对于同一发明同日提出两项以上的专利申请的，只能由专利申请人协商决定一个专利申请人获得专利，如果协商不成或者不能协商，各方均不能获得专利权。

（4）优先权限制。如果申请人根据《巴黎公约》的规定主张优先权时，需要在最先日起至1年4个月以内，向特许厅长提交首次申请的申请日或被视为首次申请的申请日的相关书面文件，如果未按照规定期限提交规定之文件的，其优先权主张将失去效力。

（5）分案申请的限制。《日本专利法》第44条第1款规定，仅限于以下几项情形，专利申请人可将包含了两项以上发明的专利申请的一部分作为一项或者两项以上的新的专利申请提出：第一，可以对请求书所附的说明书、权利要求书或者附图进行修改的时候或期限内；第二，从授权审查决定的副本送达之日起30日内；第三，自首次驳回审查决定的副本送达之日起3个月内。

（6）专利申请转换期限限制。《日本专利法》规定，实用新型登记申请人可将其实用新型登记申请转换为专利申请。但是，自实用新型登记申请之日起超过3年后，则不再享有转化申请的权利。外国设计登记申请人可以将其外观设计登记申请转换为专利申请。但自驳回该外观设计登记申请的首次审查决定的副本送达之日起超过3个月后或者自外观设计登记申请之日起超过3年后，不再享有。

（7）基于实用新型登记的专利申请限制。《日本专利法》特别规定，实用新型权人可以根据经济产业省令的规定，以自己的实用新型登记提出专利申请，但提出申请时必须放弃实用新型权，而且存在下列情形的除外：第一，自其实用新型登记所涉及的实用新型登记申请之申请日起已超过3年的；第二，实用新型登记申请人或者实用新型权人，已就其实用新型登记所涉及的实用新型登记申请或者实用新型登记，请求《日本实用新型法》第12条第1款规定的实用新型技术评价报告的；第三，非实用新型登记申请人或者非实用新型权人已就其实用新型登记所涉及的实用新型登记申请或者实用新型登记请求实用新型技术评价报告，并已收到根据《日本实用新型法》第13条第2款的规定做出的首次通知之日起已超过30日的；第四，该实用新型登记已被提出《日本实用新型法》第37条第1款之实用新型登记无效审判请求，且对于这一请求，根据该法第39条第1款的规定首次指定的期限已届满的。

2. 实用新型

（1）在先申请。《日本实用新型法》规定，对于同一实用新型，在不同日期提出两项以上的实用新型登记申请的，只有最先提出实用新型登记申请的人，才能就其实用新型获得实用新型登记。对于同一实用新型在同一日期提出两项以上的实用新型登记申请的，各方均不能获得实用新型登记。当实用新型登记申请涉及的实用新型与专利申请涉及的发明相同，该实用新型登记申请及专利申请非同一日提出的，实用新型登记申请人只有在较专利申请人提交申请的日期在先的情况下，该实用新型才能予以实用新型登记。

（2）在先申请的撤回限制。《日本实用新型法》规定，对于依据该法第8条第1款主张优先权的实用新型登记申请的申请人，自在先申请之日起经过1年3个月后，其主张不能撤回。

（3）转换申请。在日本，专利申请人可以将其专利申请转换为实用新型登记申请。但是，自驳回该专利申请的首次审查决定之副本送达之日起超过3个月后或者自申请之日起经过9年6个月后，则不在此限。外观设计登记申请人可以将其外观设计登记申请转换为实用新型登记申请。但是，自驳回该外观设计登记申请的首次审查决定之副本送达之日起超过3个月后或者自该外观设计登记申请之日起经过9年6个月后，则不在此限。

3. 外观设计

（1）在先申请。依照《日本外观设计法》的规定，对于相同或者类似的外观设计，在不同日期提出两项以上的外观设计登记申请的，只有最先提出外观设计登记申请的人才能就其外观设计获得外观设计登记。对于相同或者类似的外观设计，在同一日期提出两项以上的外观设计登记申请的，只能由外观设计登记申请人协商决定的一个外观设计登记申请人获得外观设计登记。如果协商不成立，或者不能协商，各方均不能获得外观设计登记。

（2）单一性原则。根据《日本外观设计法》的规定，外观设计登记申请，必须按照由经济产业省所确定的物品的分类，就每一外观设计分别提出。

（3）成套物品的外观设计。对于构成同时使用的两个以上且符合经济产业省所规定的物品（成套物品）所涉及的外观设计，作为成套物品的整体，可以作为一项外观设计提出申请获得外观设计登记。

（4）关联外观设计。《日本外观设计法》规定，如果本外观设计的外观设计权设定了独占实施许可时，本外观设计的关联外观设计，不能获得外观设计登记。

（5）分案申请。《日本外观设计法》规定，仅限于审查、审判或者重审在特许厅处理之中的情况下，外观设计登记申请人可以将包含了两项以上外观设计的外观设计登记申请之一部分，作为一件或者两件以上的新的外观设计登记申请提出。

（6）转换申请。在日本，专利申请人可以将其专利申请转换为外观设计登记申请。但是，驳回该专利申请的审查决定副本送达之日起经过 3 个月后的除外。实用新型登记申请人可以将其实用新型登记申请转换为外观设计登记申请。如果申请人提出了转换申请的，原申请则视为撤回。

二、可专利性

（一）发明专利的构成要件

1. 授权条件

《日本专利法》的立法目的在于，通过保护和应用发明，鼓励发明，进而促进产业的发展。某项技术发明需要获得专利权的保护，必须具备日本专利法上的"三性"要求，即新颖性、创造性和产业上的可利用性（实用性）。《日本专利法》第 29 条对申请专利需要具备的新颖性、创造性和实用性要求均做了明确的规定。其中，第 29 条第 1 款明确了新颖性和产业上可利用性的标准，第 29 条第 2 款明确了创造性的要件。

首先，关于新颖性的判断。《日本专利法》第 29 条第 1 款规定，做出了产业上可利用之发明的人，除下列发明之外，均可就其发明获得专利权：第一，申请专利之前在日本国内或者国外已经公知的发明；第二，申请专利之前在日本国内或者国外已被公开实施的发明；第三，申请专利前在日本国内或者国外所发行的刊物上已有记载的发明或者公众通过电信网络可获知的发明。从第29条第1款的规定来看，该国专利法对发明专利构成要件之新颖性的判断，采取了绝对新颖性的标准，即无论是在国内还是国外，只要是已公知的发明，不能再获得专利权。对于是否“已公知”，具体判定标准包括是否为公众知晓、是否已公开实施、是否已在国内外所发行的刊物上有记载或网络上可获取等三个层面。此外，《日本专利法》第30条还对丧失新颖性的例外情形做了规定，即发明人通过试验、在刊物上发表、通过电信网络公布，或者在特许厅长官指定的学术团体所举办的研讨会上以书面方式发表等行为，导致发明落入该法第29条第1款各项情形之一的，当就该发明落入之日起6个月内提出专利申请的，其发明可视为不落入新颖性丧失的情形。同时，对于违背发明人的意愿而导致丧失新颖性的，发明人就该发明落入新颖性丧失情形之日起6个月内提出专利申请的，其发明可视为不落入新颖性丧失的情形。另外，发明人在政府或者地方公共团体具备的博览会或特许厅长官指定的非政府组织等举办的博览会上展出，在《巴黎公约》缔约方或世界贸易组织成员境内由其政府等或者得到其政府等的许可者举办的国际性博览会上展出，或者在特许厅长官指定的非《巴黎公约》缔约方或非世界贸易组织成员境内由其政府等或者得到其政府等的许可者举办的国际性博览会上展出，从而导致新颖性丧失情形的，发明人就该发明落入新颖性丧失情形之日起6个月内提出专利申请的，其发明可视为不落入新颖性丧失的情形。

其次，关于创造性的判断。《日本专利法》第29条第2款规定，申请专利之前，具备该发明所属技术领域的普通知识者根据该法第29条第1款各项中的发明能够容易做出发明的，不能获得专利权。从这一规定可知，在日本，判断一项发明是否具有创造性，主要从三个方面进行：第一，在判断主体资格上，以普通技术人员为标准，主要根据该发明所属技术领域内的普通技术人员的认知度和技术常识进行判断。因此，并不需要符合该领域内的专家的标准；第二，在技术参照上，以在先技术（现有技术）为判断标准，考察该项技术是否与在先技术存在区别；第三，判断发明技术是否具有创造性，还需要将该技术的具体内容进行剖析，考察期是否具有新的用途，是否能够达到相应的技术效果等。在具体的判断过程中，以上几个方面并非孤立进行，而是需要多方面的考虑，需要进行综合判断。

最后，关于产业上的可利用性的判断。《日本专利法》第29条第1款规定，做出了产业上可利用的发明，可获得发明专利权。根据《日本特许厅审查基准》的界定，此处的“产业”是一个涵盖面十分广泛的名词，需要从广义上理解，除了制造业外，它还包括矿业、农业、渔业、运输业、通信业等行业。可利用性是指具有利用的可能性，即指在某种产业中能够利用就足够，并不要求该技术需要达到商业利用上的可实施完善程度，也不考虑经济价值因素。

2. 排除事项

《日本专利法》第32条规定了不能授予专利权的情形，即如果属于有害于公共秩序、善良风俗或者公共健康的发明，尽管有《日本专利法》第29条的规定，也不能获得专利权。

（二）实用新型的构成要件

1. 授权条件

《日本实用新型法》的立法目的在于，通过保护和应用与物品的形状、构造或者组合有关的实用新型，以鼓励实用新型，进而促进产业的发展。之所以设置实用新型制度，是为了保护不为发明专利保护的相对技术水准较低的小发明。基于此，日本实用新型法上的诸多规定与专利法都是相同的，但是在授权条件、保护范围和保护期限等方面也存在一些差异，首先即表现在实用新型的构成条件上。

关于实用新型的构成要件，日本实用新型法也规定了“三性”标准，即新颖性、创造性和产业上的可利用性，但在部分条件上较发明专利要宽松些。《日本实用新型法》第3条对申请实用新型登记需要具备的新颖性、创造性和实用性要求均做了明确的规定。其中，该法第3条第1款明确了新颖性和产业上可利用性的标准，第3条第2款明确了创造性的要件。

关于实用新型的新颖性标准。日本采取的也是“绝对新颖性”标准。《日本实用新型法》第3条第1款规定，做出了产业上可以利用的，与物品的形状、构造或者组合相关的实用新型的人，除下述实用新型之外，均可就其实用新型获得实用新型登记：第一，实用新型登记申请之前在日本国内或者国外已公知的实用新型；第二，实用新型登记申请之前在日本国内或者国外已被公开实施的实用新型；第三，实用新型登记申请前在日本国内或者国外所发行的刊物上已有记载的实用新型或者公众通过电信网络可获知的实用新型。

关于实用新型的创造性要求。《日本实用新型法》第3条第2款，实用新型登记申请之前，具备该实用新型所属技术领域的普通知识者根据第1款各项中的实用新型能极其容易做出的实用新型的，不能获得实用新型登记。从该款规定可知，在创造性高度上，与专利的“非容易性”标准稍有不同，实用新型上采用的“极其容易性”的表述，可见实用新型的技术创造要求要低于专利技术的水平。

2. 排除事项

依照《日本实用新型法》的规定，有害于公共秩序、善良风俗或者公共健康的实用新型，尽管满足实用新型的构成要件，也不能获得实用新型登记。

（三）外观设计的构成要件

1. 授权条件

在日本，申请外观设计登记的外观设计需要具有新颖性、创造性和工业上的可利用性。《日本外观设计法》第3条第1款规定，做出了可以在工业上利用的外观设计的人，除了下述外观设计之外，均可就其外观设计获得外观设计登记：第一，外观设计登记申请之前在日本国内或者国外已公知的外观设计；第二，外观设计登记申请前在日本国内或者国外所发行的刊物上已有记载的外观设计或者公众通过电信网络可获知的外观设计；第三，与前两项所列的外观设计类似的外观设计。

该法第3条第2款规定，外观设计登记申请之前，具备该外观设计所属技术领域的普通知识者根据在日本国内或者国外已公知的形状、图案、色彩或者其结合能容易地做出该外观设计的，不能就其外观设计获得外观设计登记。

2. 排除事项

《日本外观设计法》规定，下列情形之一的外观设计，不能获得外观设计登记：（1）有害于公共秩序或者善良风俗的外观设计；（2）有与他人业务相关物品发生混淆之虞的外观设计；（3）仅由未确保物品的功能而不可或缺的形状构成的外观设计。

三、专利的申请与审查

（一）申请流程

1. 发明专利

根据《日本专利法》的规定，在日本申请专利，需要向日本特许厅提出。

第一步，由申请人向日本特许厅提出专利申请。

第二步，特许厅受理申请后，从申请日起算满1年6个月的，日本特许厅必须公开该专利申请，如果申请人自行提出公开专利申请的，不受1年6个月的时间限制。

第三步，专利申请受理以后，从申请日起3年内，根据实质审查请求开始实质审查程序。

第四步，做出审查决定，在审查环节，特许厅审查员如果没有拒绝理由的，就必须做出审查决定。

第五步，做出审查决定后，专利申请人必须在30日内缴纳第1~3年的专利费，费用缴纳后专利将被注册登记，至此专利权的效力产生。

2. 实用新型

第一步，由实用新型登记申请人向日本特许厅提出实用新型登记申请。

第二步，对于已经提交的实用新型登记申请，由于日本实用新型登记采用的是形式审查制度，除该实用新型登记申请被放弃、撤回或者不予受理情形外，应当进行实用新型的设定登记。

3. 外观设计

第一步，由外观设计登记申请人向日本特许厅提出外观设计登记申请。

第二步，特许厅受理申请后，特许厅长官必须令审查员审查外观设计登记申请。日本外观设计审查制度采取的是类似于专利授权的实质审查制度，需要进行新颖性和创造性的审查。如果外观设计登记申请落入《日本外观设计法》第17条规定的情形的，审查员将会做出驳回审查决定。

第三步，做出授权审查决定。如果在审查环节特许厅审查员就外观设计登记申请没有发现驳回理由的，就必须做出授权的审查决定。

（二）申请文件

1. 发明专利

根据《日本专利法》第36条的规定，欲申请专利的申请人，必须向特许厅长官提交记述有下列事项的请求书：（1）专利申请人的姓名或者名称，以及住所或者居所；（2）发明人的姓名，以及住所或者居所。

请求书必须附有说明书、权利要求书、必要的附图及摘要。说明书必须记载的事项包括：（1）发明的名称；（2）附图的简要说明；（3）发明的详细说明。

权利要求书必须记载下列事项：（1）希望获得专利的发明是发明的详细说明中所记载的发明；（2）希望获得专利的发明明确；（3）各项权利要求的记载简明；（4）应当根据其他经济产业省令的规定来记载。

摘要必须记载说明书、权利要求书及其附图所记载的发明之概要，以及其他经济产业省令所规定的事项。

2. 实用新型

在日本，申请实用新型登记需要向特许厅长官提交记述下列事项的请求书：（1）实用新型登记申请人的姓名或者名称，以及住所或者居所；（2）发明人的姓名，以及住所或者居所。

请求书必须附有说明书、实用新型权利要求书、附图以及摘要。

说明书必须记载：（1）实用新型的名称；（2）附图的简单说明；（3）实用新型的详细说明。实用新型的详细说明，应当根据经济产业省令的规定，记载明确而充分，使该实用新型所属技术领域具有一般知识的人员能够实施。

实用新型权利要求书应分项，在各项权利要求中必须记载实用新型登记申请人为确定所希望获得实用新型登记的实用新型的所有必要事项。在此情况下，一项权利要求所涉及的实用新型与其他权利要求所涉及的实用新型为实质相同实用新型的记载并无妨碍。

实用新型权利要求书的记载事项必须符合：（1）希望获得实用新型登记的实用新型是实用新型的详细说明中所记载的实用新型；（2）希望获得实用新型登记的实用新型明确；（3）各项权利要求的记载简明；（4）应当根据其他经济产业省令之规定来记载。

摘要必须记载说明书、实用新型权利要求书以及附图所记载的实用新型之概要以及其他经济产业省令所规定的事项。

3. 外观设计

如果想要在日本申请外观设计登记，必须向特许厅长官提交记述下列事项的请求书，并附有记载了希望获得外观设计登记的外观设计的图片：（1）外观设计登记申请人的姓名或者名称，以及住所或者居所；（2）外观设计创作者的姓名，以及住所或者居所；（3）外观设计涉及的物品。如果经济产业省另有规定时，可以提交表现该外观设计的照片、模型或者样品，以此替代前款规定的图片。在此情况下，必须在请求书中记载照片、模型或者样品的类型。

具有该外观设计所属领域的普通知识者，通过对外观设计涉及的物品的记载，或者请求书中所附的图片、照片或者模型，不能理解该外观设计涉及物品的材质或者大小，从而不能识别该外观设计的，必须在请求书中记载该外观设计涉及物品的材质或者大小。

外观设计涉及物品的形状、图案或者色彩因该物品具有的功能发生变化的，就变化前后该物品的形状、图案或者色彩或者其结合申请外观设计登记的，应该在请求书中记载该情况及物品功能的说明。

在依照《日本外观设计法》第6条第1款或第2款的规定在提交的图片、照片或者模型上附有该外观设计的色彩时，白色或者黑色的部分，可以省略着色。在省略着色的情况下，应该在请求书中记载该内容。

在依照《日本外观设计法》第6条第1款规定在提交的图片上记载外观设计，或者以第6条第2款规定在提交的照片或者模型上表示外观设计的，如果该外观设计涉及物品的全部或者部分是透明的，应在请求书中记载该内容。

（三）审查流程

1. 发明专利

依照《日本专利法》的规定，专利申请由特许厅审查员进行审查。审查员的资格由政令规定。需要注意的是，专利申请受理后，专利审查员并不主动进行实质审查，专利申请的审查须就该专利申请提出实质审查请求之后再进行。

对于专利申请的实质审查请求，依照《日本专利法》的规定，任何人均可以就该专利申请，在自申请之日起3年内向特许厅长官请求实质审查。实质审查的请求不得撤回。如果未在规定的期限内请求实质审查的，视为撤回该专利申请。提出实质审查需要提交记载下列事项的请求书：（1）请求人的姓名或者名称，以及住所或者居所；（2）实质审查的请求所涉及的专利申请之表示。

《日本专利法》规定了优先审查制度。确认专利申请人以外的人在申请公开后以经营活动为目的实施了专利申请所涉及的发明的，必要时，特许厅长官可以令审查员优先于其他专利申请，对该专利申请进行审查。

如果专利申请落入《日本专利法》第49条规定情形之一的，审查员就该专利申请将会做出驳回审查的决定。对于驳回审查决定，审查员需要将驳回理由通知专利申请人，并指定相应的期限，给予申请人提出意见书的机会。

对于没有发现驳回事由的，必须做出授予专利权的审查决定。审查决定要求必须以书面形式做出，并且要附上理由。决定做出后，需要将审查决定送达申请人。

2. 实用新型

对于已经提交的实用新型登记申请，由于日本实用新型登记采用的是形式审查制度，除该实用新型登记申请被放弃、撤回或者不予受理情形外，应当进行实用新型的设定登记。

需要注意的是，在进行实用新型登记前，必须在实用新型公报上记载下述事项：（1）实用新型权人的姓名或者名称，以及住所或者居所；（2）实用新型登记申请的申请号及申请年月日；（3）发明人的姓名，以及住所或者居所；（4）请求书所附的说明书和实用新型权利要求书所记载的事项及附图的内容；（5）请求书所附的摘要中记载的事项；（6）登记号及设定登记的年月日；（7）除上述各项之外的必要事项。

3. 外观设计

首先，特许厅受理外观设计登记申请后，特许厅长官必须令审查员审查外观设计登记申请。日本外观设计审查制度采取的是类似于专利授权的实质审查制度，需要进行新颖性和创造性的审查。如果外观设计登记申请落入《日本外观设计法》第17条规定的情形的，审查员将会做出驳回审查决定。

《日本外观设计法》第17条规定：当外观设计申请落入下列各项情形之一时，审查员必须对该外观设计登记申请做出驳回审查决定：（1）根据《日本外观设计法》第3条、第3条之2、第5条、第8条、第9条第1款或第2款、第10条第1款或第3款、第15条第1款准用的《日本专利法》第38条、第68条第3款准用的《日本专利法》第25条的规定，外观设计登记申请所涉及的外观设计为不能授予外观设计权的外观设计的；（2）根据条约的规定，外观设计登记申请所涉及的外观设计不能获得外观设计登记的；（3）外观设计登记申请不符合《日本外观设计法》第7条所规定的条件的；（4）外观设计登记申请人并非外观设计创作者，而又没有继承该外观设计从而获得外观设计登记的权利的。

其次，做出授权审查决定。如果在审查环节，特许厅审查员就外观设计登记申请没有发现驳回理由的，就必须做出授权的审查决定。

（四）复审与无效

1. 发明专利

根据《日本专利法》的规定，在专利申请过程中，对于不服驳回审查决定的受到驳回审查决定的人，可以自审查决定副本送达之日起3个月内请求不服驳回审查决定的审判（类似于我国专利法上的复审制度）。

如果专利授予落入《日本专利法》第123条第1款规定的情形之一的，可以请求专利无效的审判。其中，除发明专利的授予违反了《日本专利法》第38条或专利的授予基于非发明人且对发明没有继受获得专利权的权利的人提出的专利申请的，这两种情形下仅由利害关系人有权提出无效审判请求之外，任何人都可以请求专利无效审判。即使在专利权消灭之后也可提出专利无效审判请求。当有专利无效审判请求时，审判长必须通知该专利权的专用实施许可权人以及其他对专利享有登记的权利的人。

专利无效的审判决定生效时，专利权视为自始不存在。审判由3~5名审判员组成的合议庭进行。专利无效审判进行口头审理，但是审判长依当事人或者参加者的动议，或者依职权可以进行书面审理。审判程序准用《日本民事诉讼法》第154条的规定。

如果当事人或者参加人对生效的审判决定不服的，可以请求重审。重审必须自请求人在审判决定生效后、知道重审理由之日起30日以内提出请求。

当事人、参加人，或者申请参加该审判或者重审而被驳回该申请的申请人，对于审判决定不服的，可以提起诉讼，该类诉讼由日本东京高等法院专属管辖。提起诉讼的期限为，自送达审判决定或决定的副本之日起30日以内提出，超过期限则不能提出。

2. 实用新型

《日本实用新型法》规定，当实用新型登记落入下述各项之一的，可以请求实用新型登记无效审判，以宣告该实用新型登记无效，对于两项以上的权利要求可逐项分别提出请求。

（1）该实用新型登记不符合《日本实用新型法》第2条之2第2款规定

的要件而进行了修改的实用新型登记申请的。

（2）该实用新型登记不符合《日本实用新型法》第2条之5第3款准用的《日本专利法》第25条、《日本实用新型法》第3条、第3条之2、第4条、第7条第1~3款或者第7条或第11条第1款准用的《日本实用新型法》第38条的规定的。

（3）该实用新型登记不符合国际条约的。

（4）该实用新型登记不符合《日本实用新型法》第5条第4款或第6款（第4项除外）规定要件的实用新型登记申请的。

（5）实用新型登记基于非发明人且对该实用新型没有继承获得实用新型登记的权利的人提出的实用新型登记申请的。

（6）实用新型登记后，实用新型权利人成为根据《日本实用新型法》第2条之5第3款准用的第25条规定不能享有实用新型权利的人，或者实用新型登记不符合条约的。

（7）实用新型登记请求书所附的说明书、实用新型权利要求书或者附图的订正违反《日本实用新型法》第14条之2第2~4款的规定。

对于上述情形，除了以实用新型登记落入第二或者落入第五为理由，仅由利害关系人有权提出请问之外，任何人都可以请求实用新型登记无效审判。即使在实用新型权消灭之后，也可以提出实用新型登记无效审判请求。由于日本实用新型法对实用新型权的授予采用的是形式审查制度，因此在无效审判请求的具体事项上，实用新型法规定得很明确。

实用新型登记无效审判程序准用日本专利法的相关规定。当事人或者参加人对生效的审判决定不服的，可以请求重审。与专利法上的规定相同，对审判决定的诉讼以及对审判请求或者对重审请求不予受理决定的诉讼，均由日本东京高等法院专属管辖。

3. 外观设计

依照《日本外观设计法》的规定，对于外观设计登记申请，受到驳回审查决定的人，对该审查决定不服的，可自审查决定副本送达之日起3个月内请求不服驳回审查决定的审判。

对于外观设计登记，除下述第一项或者第三项仅由利害关系人可以提出无效审判请求的，任何人均可请求外观设计登记无效审判：（1）外观设计登记不符合《日本外观设计法》第3条、第3条之2、第5条、第9条第1款或者第2款、第10条第2款或者第3款、第15条第1款中准用的《日本专利法》第38条，或者《日本外观设计法》第68条第3款准用的《日本专利法》第25条规定的；（2）外观设计登记不符合条约的；（3）外观设计登记基于非外观设计创作者且对外观设计没有继承获得外观设计登记的权利的人提出的外观设计登记申请的；（4）外观设计登记后，外观设计权人成为不能以《日本外观设计法》第68条第3款准用的《日本专利法》第25条的规定享有外观设计权的人的，或者外观设计登记不符合条约。对于外观设计登记无效审判请求，即使是外观设计权已经消灭之后，也可以提出。外观设计登记无效的审判决定生效时，外观设计权视为自始不存在。

当事人或者参加者对于生效的审批决定可以请求重审。对审判决定的诉讼，对于依照《日本外观设计法》第50条第1款准用的第17条之2第1款的规定做出的不予受理决定提起诉讼，以及对审判或者对重审的请求书不予受理决定的诉讼，属于日本东京高等法院专属管辖。

四、保　　护

（一）侵权判定

1. 发明专利

根据《日本专利法》第101条的规定，下列行为视为侵犯专利权。

（1）专利为产品发明时，以经营活动为目的，仅能用于该产品的生产、转让、进口、许诺转让等行为。

（2）专利为产品的发明时，当该产品的生产所用之产品（在日本国内广泛且普遍地流通的除外）对解决该发明的课题必不可少时，明知该发明是专利发明且明知该产品用于实施该项发明，却仍以经营活动为目的，生产、转让、进口、许诺转让等行为。

（3）专利为产品发明时，以经营活动为目的，仅能用于该方法的使用之产品的生产、转让、进口、许诺转让等行为。

（4）专利为方法发明时，以经营活动为目的，仅能用于该方法的使用之产品的生产、转让、进口、许诺转让等行为。

（5）专利为方法发明时，当该方法的使用所用之产品（在日本国内广泛且普遍地流通的除外）对解决该发明的课题必不可少时，明知该发明是专利发明且明知该产品用于实施该项发明，却仍以经营活动为目的，生产、转让、进口、许诺转让等行为。

（6）专利为生产产品的方法发明时，以经营活动为目的，为了转让等或者出口而拥有以该方法生产之产品的行为。

2. 实用新型

根据《日本实用新型法》第28条的规定，下列行为视为侵犯实用新型权的行为。

(1) 以经营活动为目的，仅为登记实用新型所涉及的物品的制造所使用的产品的生产、转让等（转让等指转让及出租，当该产品为程序等时，包括通过电信网络提供程序等的行为，下同）、进口、许诺转让（包括以转让为目的的展示，下同）行为。

(2) 当登记实用新型所涉及的物品的制造所使用的产品（在日本国内广泛且普遍地流通的除外）对解决该发明的课题必不可少时，明知该实用新型是登记实用新型且明知该产品用于实施该项实用新型，却仍以经营活动为目的，生产、转让、进口、许诺转让等行为。

(3) 以经营活动为目的，为了转让、出租或者出口登记实用新型所涉及的物品的行为。

3. 外观设计

《日本外观设计法》第38条规定，下列行为视为侵犯外观设计权。

(1) 以经营活动为目的，仅为登记外观设计或者与其类似的外观设计涉及物品的制造所使用的产品的生产、转让等（转让等指转让及出租，当该产品为程序等时，包括通过电信网络提供程序等的行为，下同）、进口、许诺转让（包括以转让为目的的展示，下同）行为。

(2) 以经营活动为目的，为了转让、出租或者出口登记外观设计或者与其类似的外观设计所涉及的物品的行为。

（二）举证责任

1. 发明专利

《日本专利法》规定，侵害他人专利权者，推定其对侵害行为有过失。如果侵权人认为自己没有过失的，需要为之承担相应的举证责任。

2. 实用新型

《日本实用新型法》规定，侵害他人实用新型权者，推定其对侵害行为有过失。如果侵权人认为自己没有过失的，需要为之承担相应的举证责任。

3. 外观设计

《日本外观设计法》规定，侵害他人外观设计权者，推定其对侵害行为有过失。如果侵权人认为自己没有过失的，需要为之承担相应的举证责任。但是，对于根据《日本外观设计法》第14条第1款规定要求保密的外观设计的外观设计权的侵权，不在此限。

（三）禁令救济

1. 发明专利

《日本专利法》规定，对于专利权受到侵害的专利权人（包括专利实施许可权人），可以请求侵权人或者有侵权可能的人，停止侵权或者请求预防侵权的发生。

专利权人在提出禁令请求时，可以请求销毁构成侵权行为的产品（在生产产品的方法发明专利中，包括因侵害行为而生产的产品），清除用于侵权的设备，以及请求其他预防侵权所必要的行为。

2. 实用新型

《日本实用新型法》规定，对于实用新型权受到侵害的实用新型权人（包括实用新型实施许可权人），可以请求侵权人或者有侵权可能的人，停止侵权或者请求预防侵权的发生。

实用新型权人在提出禁令请求时，可以请求销毁构成侵权行为的产品，清除用于侵权的设备，以及请求其他预防侵权所必要的行为。

3. 外观设计

《日本外观设计法》规定，对于外观设计权受到侵害的外观设计权人（包括外观设计实施许可权人），可以请求侵权人或者有侵权可能的人，停止侵权或者请求预防侵权的发生。

外观设计权人在提出禁令请求时，可以请求销毁构成侵权行为的产品，清除用于侵权的设备，以及请求其他预防侵权所必要的行为。

（四）损害赔偿

1. 发明专利

《日本专利法》规定，专利权受到侵害的，可以侵权损害赔偿。在专利权人向由于故意或者过失侵害其专利权的人请求赔偿其由于侵权所受到损失的情况下，该人转让构成侵权行为的产品的，对于所转让产品的数量，可以将如果没有侵权行为专利权人可以销售产品的每单位数量的利润相乘后所得到的数额，在不超过符合专利权人的实施能力的限度内，作为专利权人所受损害的数额。但是，当存在转让数额的全部或者部分为专利权人所不能销售的事由的，应当扣除相当于该事由的数量的数额。

在专利权人向由于故意或者过失侵害其专利权的人请求赔偿其由于侵权所受到损失的情况下，该人因特殊行为获利的，该获利数额推定为专利权人所受损害的数额。对于由于故意或者过失侵害专利权的人，专利权人可以将相当于实施专利发明所应当获得的数额的金钱，作为本人所受损害的数额请求赔偿。

上述规定不妨碍超过上述条件规定数额的损害赔偿请求。在此情形之下，侵犯专利权的人如无故意或者重大过失的，法院在决定损害赔偿额时可以作为参考。

《日本专利法》规定，在侵犯专利权的诉讼中，法院以当事人的申请命令为了计算侵权行为造成的损害而就必要事项进行鉴定的，当事人必须就鉴定的必要事项向鉴定人进行说明。

在侵权诉讼过程中，在被认为已经造成损害的情况下，为了举证损害额而举证必要的实施，而该事实在性质上极为困难时，法院可以根据口头辩论的整个内容及证据调查结果认定相应的损害额。

2. 实用新型

《日本实用新型法》规定，实用新型权受到侵害的，可以侵权损害赔偿。在实用新型权人向由于故意或者过失侵害其实用新型权的人请求赔偿其由于侵权所受到损失的情况下，该人转让构成侵权行为的物品的，对于所转让物品的数量，可以将如果没有侵权行为实用新型权人可以销售产品的每单位数量的利润相乘后所得到的数额，在不超过符合实用新型权人的实施能力的限度内，作为实用新型权人所受损害的数额。但是，当存在转让数额的全部或者部分为实用新型权人所不能销售的事由的，应当扣除相当于该事由的数量的数额。

在实用新型权人向由于故意或者过失侵害其实用新型权的人请求赔偿其由于侵权所受到损失的情况下，该人因特殊行为获利的，该获利数额推定为实用新型权人所受损害的数额。对于由于故意或者过失侵害实用新型权的人，实用新型权人可以将相当于实施实用新型所应当获得的数额的金钱，作为本人所受损害的数额请求赔偿。

上述规定不妨碍超过上述条件规定数额的损害赔偿请求。在此情形之下，侵犯实用新型权的人如无故意或者重大过失的，法院在决定损害赔偿额时可以作为参考。

3. 外观设计

《日本外观设计法》规定，外观设计权受到侵害的，可以侵权损害赔偿。在外观设计权人向由于故意或者过失侵害其外观设计权的人请求赔偿其由于侵权所受到损失的情况下，该人转让构成侵权行为的物品的，对于所转让物品的数量，可以将如果没有侵权行为外观设计权人可以销售产品的每单位数量的利润相乘后所得到的数额，在不超过符合外观设计权人的实施能力的限度内，作为外观设计权人所受损害的数额。但是，当存在转让数额的全部或者部分为外观设计权人所不能销售的事由的，应当扣除相当于该事由的数量的数额。

在外观设计权人向由于故意或者过失侵害其外观设计权的人请求赔偿其由于侵权所受到损失的情况下，该人因特殊行为获利的，该获利数额推定为外观设计权人所受损害的数额。对于由于故意或者过失侵害外观设计权的人，外观设计权人可以将相当于实施外观设计所应当获得的数额的金钱，作为本人所受损害的数额请求赔偿。

上述规定不妨碍超过上述条件规定数额的损害赔偿请求。在此情形之下，侵犯外观设计权的人如无故意或者重大过失的，法院在决定损害赔偿额时可以作为参考。

（五）例外规定

1. 发明专利

依照《日本专利法》第69条的规定，专利权的效力不涉及的范围，也即不视为侵犯专利权的情形包括：（1）为了试验或者研究而实施专利发明；（2）仅仅是通过日本国内的船舶、航空器或者它们所使用的机械、器具、装置等；（3）专利申请时日本国内已有；（4）通过混合两种以上的药品（指为了人类疾病的诊断、治疗、处置或者预防而使用的药品）而制造的药品发明，或者通过混合两种以上的药品来制造药品的方法发明的专利权的效力，不涉及根据医师或者牙科医师的药方来调剂的行为及根据医师或者牙科医师的药方来调剂的药品。

2. 实用新型

依照《日本实用新型法》第26条的规定，实用新型权的效力不涉及的范围，也即不视为侵犯实用新型权的情形包括：（1）为了试验或者研究而实施登记实用新型；（2）仅仅是通过日本国内的船舶、航空器或者它们所使用的机械、器具、装置等；（3）实用新型登记申请时日本国内已有。

3. 外观设计

依照《日本外观设计法》第36条的规定，外观设计权的效力不涉及的范围，也即不视为侵犯外观设计权的情形包括：（1）为了试验或者研究而实施登记外观设计；（2）仅仅是通过日本国内的船舶、航空器或者它们所使用的机械、器具、装置等；（3）外观设计登记申请时日本国内已有。

五、强制许可

（一）发明专利

《日本专利法》规定，发明专利授权后，如果连续3年以上在日本国内未适当地实施专利发明的，凡拟实施该项发明的人均可向专利权人就普通实施许可请求协商。但是，自该专利发明的专利申请日起未经过4年的，不在此限。

如果协商不成的，或者无法进行协商的，该专利发明的拟实施者可以请求特许厅长官裁定。裁定必须以书面文件形式做出并附上理由，如果裁定设定普通实施许可的，必须规定以下事项：一是普通实施许可权的范围；二是对价的额度及其支付的方式和日期。

除此之外，《日本专利法》还规定，当实施专利发明对公共利益非常之必要时，拟实施该发明的人可以就普通实施许可的设定向专利权人请求协商。如果协商不成或者不能协商的，拟实施专利发明的人可以请求经济产业大臣裁定。

值得注意的是，连续 3 年不实施的强制许可和为公共利益的强制许可，分别是由特许厅长官和经济产业大臣进行裁定。

（二）实用新型

《日本实用新型法》规定，实用新型登记后，如果连续 3 年以上在日本国内未适当地实施登记实用新型的，凡拟实施该项登记实用新型的人均可向实用新型权人就普通实施许可请求协商。但是，自该登记实用新型的登记申请日起未经过 4 年的，不在此限。

如果协商不成的，或者无法进行协商的，该登记实用新型的拟实施者可以请求特许厅长官裁定。

当实施登记实用新型对公共利益非常之必要时，拟实施该登记实用新型的人可以就普通实施许可的设定向实用新型权人请求协商。如果协商不成或者不能协商的，拟实施登记实用新型的人可以请求经济产业大臣裁定。

六、其他特殊规定

（一）信誉恢复措施

《日本专利法》第 106 条规定，对于故意或者过失侵犯专利权而损害专利权人业务信誉的人，根据专利权人的请求，法院有权命令为恢复专利权人业务上的信誉而采取必要的措施，已取代损害赔偿或者在给予损害赔偿的同时采取必要措施。

该项内容准用于实用新型和外观设计。

（二）刑事救济

《日本专利法》对侵犯专利权的行为，规定了刑事救济措施，并有专门的罪名规定，即侵害罪。《日本专利法》第 169 条规定，侵犯专利权的行为人（依该法第 101 条规定被视为侵犯专利权的人除外），判 10 年以下徒刑或者处 1 000万日元以下罚金，或者两者并罚。第 169 条之 2 规定，依《日本专利法》第 101 条规定被视为侵害专利权的行为人，判 5 年以下徒刑或者处 500 万日元以下罚金，或者两者并罚。

《日本实用新型法》规定，侵犯实用新型权的人，判 5 年以下徒刑或者处 500 万日元以下罚金，或者两者并罚。

《日本外观设计法》规定，侵犯外观设计权的人，判 10 年以下徒刑或者处1 000万日元以下罚金，或者两者并罚。

（三）专利权存续期限延长制度

《日本专利法》规定，对于发明专利的实施，以确保安全性为目的，是根据法律规定的许可及其他处分，从处分的目的、程序等来看，正确地做出该处分需要相当的期限，因而需要得到政令规定的处分，出现了不能实施发明专利的情况下，专利权的保护期限可以5年为限，根据延长注册的申请进行延长。

凡是需要办理专利权存续期限延长的人，必须向特许厅长官提出记载有下列事项的请求书：(1) 申请人的姓名或者名称，以及住所或者居所；(2) 专利号；(3) 请求延长的期限（限5年以内）；(4)《日本专利法》第67条第2款规定政令规定的处分内容。同时，在请求书中，必须附记载有依据经济产业省令规定的延长理由的材料。专利权存续期限届满后，不得提出存续期限延长申请。

对于延长专利权存续期限的登记，如果落入《日本专利法》第152条之2第1款规定的情形之一的，可以就该延长登记的无效事宜请求延长登记无效审判。延长登记无效的审判决定生效时，该延长登记带来的存续期限的延长视为自始不存在。对于延长登记的审判，也可以请求重审，对于审判或重审请求不服的，可以向日本东京高等法院提起诉讼。

（四）年费制度

1. 发明专利

《日本专利法》规定，进行专利权设定登记的人或者专利权人，需要缴纳专利年费。其专利费从专利权的设定登记之日起至专利存续期限届满为止的每一年，每件专利必须按照表1-2左栏的区分按件缴纳该表右栏中的金额。

表1-2 专利年费

年度分类	缴纳金额
第1~3年	每年2 300日元，并按每一项权利要求增加200日元
第4~6年	每年7 100日元，并按每一项权利要求增加500日元
第7~9年	每年2.14万日元，并按每一项权利要求增加1 700日元
第10~25年	每年6.16万日元，并按每一项权利要求增加4 800日元

2. 实用新型

如果实用新型权属于国家的，则不适用表1-3的规定。

《日本实用新型法》同样规定了利害关系人缴纳年费（登记费）制度，准用专利法的该项规定。

表1－3　实用新型年费

年度分类	缴纳金额
第1～3年	每年2 100日元，并按每一项权利要求增加100日元
第4～6年	每年6 100日元，并按每一项权利要求增加300日元
第7～10年	每年1.81万日元，并按每一项权利要求增加900日元

3. 外观设计

《日本外观设计法》规定，进行外观设计权设定登记的人或者外观设计权人，必须在《日本外观设计法》第21条规定的存续期限届满前的各年度，按每件缴纳表1－4规定的登记费：

表1－4　外观设计年费

年度分类	缴纳金额
第1～3年	每年8 500日元
第4～20年	每年16 900日元

如果外观设计权属于国家的，则不适用上述规定。

《日本外观设计法》同样规定了利害关系人缴纳年费（登记费）制度，准用专利法的该项规定。

（五）实用新型技术评价制度

《日本实用新型法》规定了对实用新型的技术评价制度。

根据《日本实用新型法》第12条的规定，对于实用新型登记申请或者实用新型登记，任何人都可以向特许厅长官请求《日本实用新型法》第3条第1款第3项即第2款（限于有关该项所涉及的实用新型）、第3条之2及第7条第1～3款及第7款规定所涉及的、有关该实用新型登记申请所涉及的实用新型或者登记实用新型的技术评价。此时，对有两项以上权利要求的实用新型登记申请或者实用新型登记，可以就各个权利要求分别提交请求。

实用新型技术评价请求即使在实用新型权消灭后也可以提出，但是经实用新型登记无效审判被无效的，不在此限。

对于实用新型技术评价请求，审查员将制作该请求所涉及的实用新型技术评价的报告书。

（六）秘密外观设计制度

《日本外观设计法》规定，外观设计登记申请人可指定自外观设计登记权的设定登记之日起3年内，请求在该期间内对其外观设计保密。

打算提出外观设计保密的请求人，必须在提交外观设计登记申请的同时或者在缴纳《日本外观设计法》第 42 条第 1 款规定的第 1 年登记费的同时，向特许厅长官提出记载下列事项的书面文件：（1）外观设计登记申请人的姓名或者名称，以及住所或者居所；（2）请求保密的期间。外观设计登记申请人或者外观设计权人，可以请求延长或者缩短前述的请求保密的期间。

特许厅长官在下列情况之一时，应当向外观设计权人以外的人出示根据前述规定已经请求保密的外观设计：（1）已经得到外观设计权人许可的；（2）对于该外观设计或者与该外观设计相同或者类似的外观设计的审查、审判、重审或者诉讼的当事人或者参加人提出请求的；（3）法院提出请求的；（4）利害关系人通过向特许厅长官提交的记载外观设计权人的姓名或者名称以及登记号的书面文件以及其他由经济产业省令确定的书面文件从而提出出示请求的。

（七）专利、实用新型、外观设计标示制度

《日本专利法》规定，专利权人需要根据经济产业省令的规定，必须努力在产品专利发明中的该产品，或者生产产品的方法专利发明中通过该方法生产的产品或者在该产品的包装上，附上该产品或者方法的发明为专利的标识，但是不得进行虚假标识。

《日本实用新型法》规定，实用新型权人需要根据经济产业省令的规定，必须努力在登记实用新型所涉及的物品或者在该物品的包装上，附上该物品为登记实用新型的标识，但是不得进行虚假标识。

《日本外观设计法》规定，外观设计权人需要根据经济产业省令的规定，必须努力在登记外观设计或者与其类似的外观设计所涉及的物品或者在该物品的包装上，附上该物品为登记外观设计或者与其类似外观设计的标识，但是不得进行虚假标识。

第三节　韩国专利法律制度

一、概　　况

（一）保护客体

1. 发明专利

与日本类似，韩国的专利法律制度也将发明专利、实用新型专利和外观设计专利分别单独立法进行保护。因此，《韩国专利法》（也称“特许法”）的保护客体仅为“发明”。《韩国专利法》第 1 条规定：“本法旨在鼓励、保护和利用发明，从而促进技术发展，对产业发展做出贡献。”根据《韩国专利法》的规定，所谓“发明”，是指利用自然法则在技术构思上的高度进步的创造，它包括三个层次的要求：一是利用自然法则，二是在技术构思上的创造，三是具有高度进步的创造。“专利发明”是指一项已经被授予专利权的发明。

2. 实用新型

《韩国实用新型法》的保护客体为“技术方案”。《韩国实用新型法》第1条规定：“本法旨在鼓励、保护和利用实用的技术方案，从而改进和发展技术，并促进产业发展。”该法所称的“技术方案”，是指利用自然法则在技术构思上的创造。“已注册的实用新型”是指被授予实用新型的技术方案。

3. 外观设计

《韩国外观设计法》的保护客体为“外观设计”。根据《韩国外观设计法》第1条规定：“本法旨在确保外观设计的保护和利用，鼓励外观设计的创作，使其对产业的发展做出贡献。”所谓“外观设计”，是指产生视觉美感印象的产品的形状、图案、色彩或者其结合。此处需要注意区分“注册外观设计”和“外观设计注册”，前者是指已经被准予外观设计注册的外观设计，后者是指对经审查的外观设计或者不经审查的外观设计进行注册。所谓“经审查的外观设计注册”，是指对经过是否符合韩国外观设计法规定的注册条件审查的外观设计进行注册；“不经过审查的外观设计注册”是指对没有经过是否符合韩国外观设计法规定的注册条件审查的外观设计进行注册。

（二）享有的权利

1. 发明专利

《韩国专利法》规定，专利权从专利登记后开始生效。专利权的保护期限自登记后开始，从专利申请的申请日起算，满20年终止。

专利权人拥有在商业及工业上实施其专利发明的独占权利，除非该专利权被设定独占许可。专利权可以转让。在专利权共有时，未经其他所有人的同意，任何人不能转让或者质押其份额；除非合同另有规定，每个共有人都可以分别地实施专利发明而不需要得到其他共有人的同意；但是，在没有获得其他共有人同意的情况下，任何共有人不能在该专利权上设定独占许可或者非独占许可。专利权人可以将专利权独占许可给他人，也可以授予他人非独占许可，可以在该专利权上设定质押。如果在发生继承时没有继承人的，专利权消灭。专利权人也可以放弃其专利权，当专利权被放弃时，该专利权终止。

2. 实用新型

《韩国实用新型法》规定，实用新型注册确立后，实用新型权开始生效。实用新型权的保护期限自实用新型注册后开始，从实用新型注册的申请日起10年终止。

实用新型权所有人拥有在商业及工业上实施已注册的实用新型的独占权利。实用新型权可以转让。但实用新型权共有的，未经其他所有人的同意，任何共有人不能转让或质押其份额；但除合同另有规定外，每个共有人均可分别实施已注册实用新型而无需其他共有人的同意；但未经其他共有人同意，任何共有人不能授予独占许可或者非独占许可。实用新型权人可以将实用新型权独占许可他人，也可以授予他人非独占实用新型许可，可以在该实用新型权上设定质押。如果在发生继承时没有继承人的，实用新型权消灭。实用新型权人也可以放弃其实用新型权，当实用新型权被放弃时，该实用新型权终止。

3. 外观设计

《韩国外观设计法》规定，外观设计权经对其确立进行注册而生效。外观设计权的保护期限从外观设计权确立的注册日起 15 年。但近似外观设计权的期限届满日视为基本外观设计权的期限届满日。

外观设计权的权利人对注册外观设计和近似外观设计享有排他的在商业和工业上实施的权利。外观设计权可以转让，但是基本外观设计的外观设计权应与近似外观设计权一同转让。外观设计权共有的，未经其他共有人同意的情况下，外观设计权的共有人不得转让或者质押其拥有的份额；但除共有人签订合同另有规定外，各共有人可以不经其他共有人同意分别实施注册外观设计或者近似外观设计；但是，未经其他共有人同意，各共有人不得颁发独占许可或者非独占许可。韩国外观设计法还规定，多件外观设计注册的外观设计权可以分割，并且可以单独转让每一件外观设计权。外观设计权人可以对其外观设计权颁发独占许可和非独占许可，可以放弃其外观设计权，可以将其外观设计权用以质押。在继承时没有继承人的，外观设计权消灭。

（三）涉外要求

1. 发明专利

《韩国专利法》规定，在韩国没有居所和营业所的人（非居民），除其（如果是法人，其代表人）正旅居国外，不得依据韩国专利法及相关法令，启动任何专利相关程序或者对行政机关做出的决定提出申诉。除非该人通过在韩国有居所或者营业所的代理人（在韩国被称为“专利管理人”）代理。专利管理人在受托的权限范围内，依据韩国专利法及相关法令，在与专利相关的所有程序和对行政机关做出的决定提出的任何申诉程序中代表委托人。

非居民指定专利管理人管理专利权或者与专利有关的其他权利的，专利管理人的居所或者营业所视为非居民的居所或者营业所。没有指定专利管理人的，韩国特许厅的所在地视为《韩国民事诉讼法》第 11 条规定的财产所在地。

在韩国没有居所或者营业所的外国人，除下列情形外，无权享有专利权或者与专利有关的权利：(1) 其所属国允许韩国国民在与本国国民相同的条件下享有专利权或者与专利相关的权利；(2) 当韩国允许其所属国的国民享有专利权或者与专利相关的权利时，其所属国允许韩国国民在与本国国民相同的条件下享有专利权或者专利相关的权利；(3) 根据条约或者与条约有同等效力的法律文书，可享有专利或者专利相关的权利。

《韩国专利法》还规定，条约中与专利相关的条款不同于韩国专利法的规定的，条约有限适用。

2. 实用新型和外观设计

根据《韩国实用新型法》第 3 条和《韩国外国设计法》第 4 条的规定，《韩国专利法》的上述有关专利的涉外要求，准用于韩国的实用新型和外观设计，故此不再赘述。

(四) 申请的相关限制

1. 发明专利

先申请原则。《韩国专利法》规定，涉及同样发明的两件或者两件以上申请是在不同的日期提交的，只有具有较早申请日的专利申请的申请人可以获得该发明的专利。涉及同样发明的两件或者两件以上申请是在同日提交的，只有经所有的申请人协商后选定一位申请人可以获得该发明的专利。协商不成或者不能进行协商的，所有的申请人都不能获得该发明的专利。

专利申请权的转让限制。《韩国专利法》规定专利申请权可以转让，但是不得将其作为质押的标的。专利申请权共有的，未经其他共有人的同意，共有人不得转让其份额。

国防专利限制。《韩国专利法》规定，如果一项发明为国防所必需，政府可以命令发明人、申请人或者代理人不得向有关外国提交该发明的专利申请或者对该发明保密。但是，如果这些人得到政府的允许，可以向外国申请专利。如果一项韩国特许厅提交的发明被认为为国防所必需，政府可以拒绝授予专利，并且为国防的原因如战争、事变或者其他类似紧急情况时，可以征用获得专利的权利。对于禁止向外国提交专利申请或者保守秘密造成的损失，以及不授予专利或者征用获得专利的权利的，政府应给予合理补偿。违反禁止向外国提交专利申请或者保守秘密的命令的人，其就发明获得专利的权利被视为放弃，保守秘密的命令的人所享有的要求给付由于保密而导致损失的补偿的权利被视为放弃。

单一性原则。在韩国，一件专利申请只能涉及一项发明。但是构成一个总的发明构思的一组发明，可以成为一件专利申请的主题。

转换申请。《韩国专利法》规定，申请实用新型注册的人可以在原实用新型注册申请说明书和附图记载内容的范围内转换为一件专利申请。但是，申请人在收到拒绝注册的最初决定的核准副本之日起30日后不得转换该申请。

2. 实用新型

先申请原则。在韩国，涉及同样技术方案的两件或者两件以上实用新型申请是在不同申请日提交的，只有申请日在先的申请人可以获得该技术方案的实用新型注册。涉及同样技术方案的两件或者两件以上申请是在同日提交的，只有经所有申请人协商后同意的人可以获得该技术方案的实用新型注册。协商不成或者不能进行协商的，所有的申请人都不能获得该技术方案的实用新型注册。

单一性原则。在韩国，一件实用新型申请只能涉及一项技术方案，但是构成一个总的发明创造构思的一组相关的发明创造除外。

实用新型注册申请权转让和国防实用新型限制。根据《韩国实用新型法》第11条的规定，专利法上有关专利申请权和国防专利的限制,准用实用新型。

转换申请。《韩国实用新型法》规定，专利申请人可以在专利申请原始说明书或者附图所包含的发明内容的范围内将专利申请转换为实用新型注册申请，但是申请人受到拒绝专利申请的最初决定的核准文本之日起30日后，不得转换为实用新型注册申请。

3. 外观设计

先申请原则。《韩国外观设计法》规定，两个或者两个以上的外观设计申请人在不同日期就相同或者近似的外观设计提出注册申请的，只有申请日在最新的申请人可以获得外观设计注册。两个或者两个以上的申请人同日就相同或者近似外观设计提出注册申请的，只有得到全体申请人协商同意的申请人才能获得外观设计注册。协商不成或者不能协商的，任何申请人均不能获得注册。

外观设计申请权的转让限制。在韩国，获得外观设计注册的权利（外观设计申请权）可以转让。但是，获得基本外观设计注册的权利和获得近似外观设计注册的权利应当一同转让。外观设计申请权不得作为质押标的。外观设计申请权为共有的，未经其他共有人的同意，共有人不得转让其份额。

国防外观设计限制。根据《韩国外观设计法》第24条的规定，专利法上有关国防专利的限制,准用外观设计。

单一性原则。一件外观设计注册申请应当经设计一项外观设计。外观设计注册申请人只能就韩国产业与资源部令规定的产品分类中的类别提出申请。值得注意的是，韩国外观设计法上还有“多项外观设计注册申请”和“成套产品的外观设计”制度。其中，不经审查的外观设计注册申请可以就20项或者20项以下的外观设计提出一件申请，在此情形下，每一项外观设计应分别描述。两个或者两个以上产品作为一套产品一同使用的，只要成套产品构成一个和谐的整体，成套产品的外观设计可以予以一个外观设计的注册。

二、可专利性

（一）发明专利的构成要件

1. 授权条件

《韩国专利法》第 29 条对发明专利的构成要件做了具体的规定。其中，第 29 条第 1 款规定，具有工业实用性的发明可以被授予专利，但是下列情形除外：第一，在专利申请日前，在韩国或者外国已被公众知悉或者公然实施的发明；第二，在专利申请日前，记载于韩国或者国外的出版物中的发明，或者通过总统法令规定的电子通信网络公开的发明。该款规定了发明专利需要具有新颖性和工业实用性的要件，同时从该款中可以看出，在新颖性标准上，韩国专利法采用的是“绝对新颖性”标准。

根据《韩国专利法》第 29 条第 2 款规定，尽管有第 1 款的规定，如果第 1 款的每一项中所述的发明在专利申请日前可以由发明所属领域的普通技术人员容易地做出，该发明不能授予专利权。该款规定了发明专利构成的创造性要件。

根据《韩国专利法》第 29 条第 3 款规定，如果提交申请的发明与已经公布或者公告的另一项专利申请最初所附的说明书或者附图中描述的发明或者技术方案相同，或者与已公告的实用新型注册申请相同，则不能被授予专利权。但是，如果有关专利申请的发明人或者另一专利申请的发明人或者实用新型注册申请人的发明人是同一人的，或者在提交申请时有关专利申请的申请人与该另一专利申请或者实用新型注册申请的申请人是同一人的，可以被授予专利权。

2. 排除事项

《韩国专利法》规定，可能违反公共秩序或者道德或者危害公共健康的发明，不授予专利权。

（二）实用新型的构成要件

1. 授权条件

《韩国实用新型法》第 4 条规定了实用新型注册的条件。其中，第 4 条第 1 款规定，适于工业上实用的，对产品的形状、构造或者其结合所提出的技术方案，可以授予实用新型，但是有下列情形的除外：第一，在实用新型注册申请日前，在韩国或者外国已被公众知悉或者实施的技术方案；第二，在实用新型注册申请日前，记载于韩国或者外国出版物上的技术方案，或者依据总统令公众可以通过电子通信网络获知的技术方案。该款规定了实用新型需要具有新颖性和实用性的要件，同时从该款中可以看出，在新颖性标准上，韩国实用新型法同样采用的是“绝对新颖性”的标准。

《韩国实用新型法》第 4 条第 2 款规定，实用新型注册申请前，该技术方案所属技术领域的普通技术人员基于第 1 款规定的任一技术方案可以容易地做出，不能获得实用新型注册。该款规定了实用新型构成的创造性要件。

《韩国实用新型法》第 4 条第 3 款还规定，实用新型注册申请中的技术方案与在另一件实用新型注册申请或者专利申请的原始说明书或者附图中记载的技术方案相同，并且另一件实用新型申请在该实用新型申请之前提交又在该实用新型申请的申请日后予以注册公告查询，或者是另一件专利申请在该实用新型申请日之前提交又在该实用新型注册申请的申请日后公布或者授权公告供公众查阅，不能对该实用新型注册。但是，该实用新型发明创造者与另一实用新型或者专利的发明创造者为同一人的，或者该实用新型的发明创造者与另一实用新型或者专利的发明创作者在提交申请时是同一人的，则可以获得实用新型注册。

2. 排除事项

《韩国实用新型法》规定，与国旗或者国徽相同或者近似的技术方案，可能违反公共秩序或者道德，以及危害公共健康的技术方案，不能获得实用新型注册。

（三）外观设计的构成要件

1. 授权条件

《韩国外观设计法》第 5 条第 1 款规定，适于工业应用的外观设计可以被注册，但下列情形除外：第一，在提交外观设计注册申请前，该外观设计已在韩国或者外国为公众知悉或者公开实施；第二，在提交外观设计注册申请前，该外观设计已在韩国或者国外发行的出版物中公布或者以电子方式出版；第三，该外观设计与前述第一项、第二项所称的外观设计相似。该款规定了外观设计的新颖性和工业应用性条件。在新颖性上，同样采用“绝对新颖性”的标准。

《韩国外观设计法》第 1 条第 2 款规定，外观设计所属领域的普通技术人员能够很容易地创作出该外观设计，而且该外观设计是该法第 5 条第 1 款第 1 项或第 2 项外观设计（现有设计）组合而成的，或者外观设计含有在申请日前已在韩国广为知晓的形状、图案、色彩或者其结合的，该外观设计不能被注册。该款对外观设计构成的创造性要件做了规定。

同时，《韩国外观设计法》还规定，如果一件外观设计申请与在其申请日前申请，在其申请日后申请公布，注册公告或者根据该法第23条之6在外观设计公报上出版的另一外观设计申请说明书中的请求书的记载事项和图片、照片或者附带的样品中的外观设计的一部分相同或者近似，该外观设计也不能被注册。

2. 排除事项

《韩国外观设计法》规定，下列外观设计不能注册：第一，与韩国国旗、国徽、军旗、勋章、徽章、公共机构的奖章、纪念章，外国的国旗、国徽，国际组织的文字或者标志相同或者近似的外观设计；第二，其含义或者内容可能违反公共秩序或者道德的外观设计；第三，可能与他人业务相关的产品产生混淆的外观设计；第四，仅由实质上是为实现产品功能的形状组成的外观设计。

三、专利的申请与审查

（一）申请流程

1. 发明专利

《韩国专利法》规定，做出发明的人或者其继受人有权依照韩国专利法的规定，获得专利。但是，韩国特许厅或者特许审判院的职员在任职期间除通过继承或者遗赠外，不得获得专利。两人或者多人共同做出的发明，他们有权共有专利。

希望获得专利的人应当向韩国特许厅厅长提交专利申请。

2. 实用新型

《韩国实用新型法》规定，希望获得实用新型注册的人，应当向韩国特许厅厅长提交实用新型注册申请。实用新型申请权人的资格准用专利法的相关规定。

3. 外观设计

《韩国外观设计法》规定，创作外观设计的人或者其继受人有权根据该法获得外观设计注册；但是，韩国特许厅和特许审判院的雇员在其受雇期间，除非继承或者受遗赠，不能获得外观设计注册。两个以上的人共同创作出的一项外观设计，获得外观设计注册的权利为共有。

希望获得外观设计注册的人，应当向韩国特许厅提交经审查的外观设计注册申请书或者不经审查的外观设计注册申请请求书。

（二）申请文件

1. 发明专利

《韩国专利法》第42条第1款规定，专利申请人应当向韩国特许厅厅长提交记载了下列事项的申请书：（1）申请人的姓名和地址，如果是法人的，法人的名称和营业地；（2）有代理人的，代理人的姓名、住所或者营业地址（代理人为专利代理机构的，代理机构的名称、地址和指定的专利律师的姓名）；（3）发明名称；（4）发明人的姓名和地址。

根据上述第1款规定提交的专利申请书，必须附有摘要、附图（必要时）和记载有以下内容的说明书：（1）发明名称；（2）附图的简要说明；（3）发明详述；（4）一项或者多项专利权利要求。

发明详述必须按照韩国产业与资源部令规定的方式对发明做出清楚、详尽的说明，以使发明所属领域的普通技术人员可以容易地实施发明。

权利要求书必须采用一项或者多项权利要求的方式记述要求保护的内容，并且权利要求必须符合以下要求：（1）权利要求必须得到发明详述的支持；（2）权利要求必须清楚和简要地限定发明。

申请人在提交专利申请时，可以在说明书中省略《韩国专利法》第42条第2款第4项规定的权利要求。在此情况下，申请人应当在下列期限之一结束前修改说明书以增加权利要求：（1）《韩国专利法》第64条第1款规定的任何日期起1年6个月届满之日；（2）在本款第1项规定的期限届满前，根据第60条第3款对审查请求发出通知之日起3个月届满之日。

在说明《韩国专利法》第42条第2款第4项规定的权利要求时，申请人应当声明限定该发明的必要因素，如结构、功能、材料以及他们的结合，以澄清要求保护的内容。

申请人提交了专利申请，但是未在《韩国专利法》第5款规定的期限内修改说明书以增加专利权利要求的，该申请在相关期限届满时视为被撤回。

此外，需要注意的是，《韩国专利法》还规定，摘要不得被解释为限定要求保护的发明的范围，仅用于提供技术信息。

2. 实用新型

《韩国实用新型法》第35条规定，实用新型注册申请人应当提交记载下列内容的申请书：（1）申请人的姓名和地址（申请人为法人的，其名称和营业地）；（2）有代理人的，代理人的姓名、住所或者营业地址（代理人为专利代理机构的，代理机构的名称、地址和指定的专利律师的姓名）；（3）技术方案的名称；（4）发明人的姓名和地址。

根据该法第35条第1款规定提交的实用新型注册申请书，必须附有摘要、附图（必要时）和记载有以下内容的说明书：（1）技术方案的名称；（2）附图的简要说明；（3）技术方案详述；（4）一项或者多项专利权利要求。

技术方案的详细说明必须按照韩国产业与资源部令规定的方式对技术方案做出清楚、详尽的说明，以使所属领域的普通技术人员可以容易地实施。

权利要求书必须采用一项或者多项权利要求的方式描述要求保护的内容，并且权利要求必须符合以下要求：(1) 权利要求必须得到技术方案详述的支持；(2) 权利要求必须清楚和简要地限定技术方案。

申请人在提交实用新型注册申请时，可以在必须提交的说明书中省略《韩国实用新型法》第 8 条第 2 款第 4 项规定的权利要求。在此情况下，申请人应当在下列各项规定的期限前修改说明书以包括权利要求：(1)《韩国实用新型法》第 15 条准用的《韩国专利法》第 64 条第 1 款任一规定的日期起 1 年 6 个月届满之日；(2) 在该款第 1 项规定的期限届满前，根据第 15 条准用的《韩国专利法》第 60 条第 3 款对审查请求发出通知之日起 3 个月届满之日。

在说明实用新型注册的权利要求范围时，申请人应当限定产品的形状、构造或者其结合，以澄清该项技术方案的哪些特定部分是受保护的。

申请人提交了实用新型注册申请，但是在《韩国实用新型法》第 8 条第 5 款规定的期限内未能对不包括权利要求的说明书进行修改的，实用新型注册申请在相关期限届满时视为被撤回。

3. 外观设计

在韩国，提出外观设计注册申请时，申请书需要注明下列事项：(1) 申请人的姓名和地址（申请人为法人的，其名称和营业地）；(2) 有代理人的，代理人的姓名、住所或者营业地址（代理人为专利代理机构的，代理机构的名称、地址和指定的专利律师的姓名）；(3) 使用外观设计的产品；(4) 独立外观设计注册申请还是近似外观设计注册申请；(5) 基本外观设计的注册号或者申请号（仅申请近似外观设计注册时）；(6) 设计人的姓名和地址；(7)《韩国外观设计法》第 23 条第 3 款规定的事项（仅在要求优先权时）。

经审查的外观设计注册申请或者不经审查的外观设计注册申请应当附有图片，并针对每项外观设计写明下列事项：(1) 使用外观设计的产品；(2) 对外观设计和创作要点的说明；(3) 外观设计的顺序号（多项外观设计注册申请时）。

申请人可以不提交图片，而是提交照片或者样品。

申请不经审查的外观设计时，应当在请求书中指明，是否是多项外观设计、外观设计的数量，以及《韩国外观设计法》第 9 条第 1 款第 1 项的事项。

申请多项外观设计的人，应当在不经审查的外观设计注册的申请中指明《韩国外观设计法》第 9 条第 1 款第 1 项的事项，以及外观设计的顺序号。

可以申请不经审查的外观设计注册，应当限于韩国产业与资源部令在《韩国外观设计法》第 11 条之 2 规定的类别内指定的商品范围。对于指定的商品，只能申请不经审查的外观设计。

（三）审查流程

1. 发明专利

《韩国专利法》规定，专利申请以后，韩国特许厅厅长应当通过审查员对专利申请进行审查，审查员的资格由总统法令规定。

如果认为审查程序需要，韩国特许厅厅长可以指定一个专门的检索机构，并要求其检索现有技术、给予国际专利分类号以及履行总统令规定的其他职责。如果认为审查程序需要，韩国特许厅厅长可以请求得到某一政府机构、有关技术的专门组织或者在专利事务方面具有渊博知识和经验的专家的合作和建议，并可以在韩国特许厅的预算限度内为这种合作和建议向他们支付补助和费用。

需要注意的是，在韩国，只有当有人提交审查的请求时，才对专利申请进行审查。提交专利申请的，可以自该申请的申请人起5年内请求韩国特许厅厅长对专利申请进行审查。但是，专利申请人只有在申请中附加了一项或多项权利要求后才可以请求审查。审查请求不得撤回。

请求对申请进行审查的人应当向韩国特许厅厅长提交书面请求。

如果申请属于下列各项情形之一的，韩国特许厅厅长可以指示审查员对该申请优先于另一申请进行审查：（1）在申请公布后，申请人以外的人被认为已在商业上或者工业上实施专利申请中要求保护的发明；（2）按照总统法令的规定，对该专利申请紧急处理被认为是需要的。

审查过程中，如果存在《韩国专利法》第62条规定的事由的，审查员将驳回专利申请。拒绝授权的审查员应当将拒绝的理由通知申请人并给予申请人在指定的期限内提交书面陈述意见的机会。

《韩国专利法》第64条规定，专利申请后，自该专利申请的申请日起1年6个月后，或者根据申请人的请求在规定日期的1年6个月内，韩国特许厅厅长应当在专利公报上公布专利申请。

专利申请公布后，申请人可以向在商业或者工业上实施该申请中的发明人发出书面警告，声明已经就该发明提交了专利申请。在商业或者工业上实施该申请中的发明人，在其已被警告后或者在其知道发明已被公布后，申请人可以要求该人支付赔偿，数额是在警告日或者该人知道该专利申请被公布的日期到专利权的登记日期间，申请人对实施发明应当正常收到的数额。但是，该项赔偿请求权只能在专利权登记后行使。该权利的行使不妨碍专利权的行使。

审查员没有发现拒绝授予专利权的理由的，应当授予专利权。授予或者拒绝授予专利权的决定必须书面做出并说明决定的理由。

专利权登记时，韩国特许厅厅长应向专利权人颁发专利登记证书。

2. 实用新型

在韩国，实用新型注册采用实质审查制度。根据《韩国实用新型法》的规定，一件实用新型注册申请只有在申请人请求审查的时候才进行审查。任何提交实用新型注册申请的人可以自申请日起3年内向韩国特许厅厅长提出审查请求，但是实用新型注册申请人只有在申请中附有限定实用新型注册权利要求范围的详细说明的前提下才可以请求审查。对于转换申请和分案申请，即使该法第12条第2款规定的期限已届满，申请人也可以在提交转换申请或者分案申请之日起30日内提出审查请求。

对申请的审查请求不能撤回。申请人在规定的期限内没有请求对实用新型注册申请进行审查的，该申请视为撤回。

如果实用新型注册申请落入《韩国实用新型法》第13条规定的情形（拒绝理由），审查员应当拒绝实用新型注册。拟拒绝实用新型注册的，审查员应当将拒绝理由通知申请人并给予申请人一次在指定期限内提交陈述意见的机会。

审查员没有发现拒绝授权理由的，应当授予实用新型权。

3. 外观设计

《韩国外观设计法》规定，特许厅厅长可以责成审查员对外观设计注册申请和对不经审查的外观设计注册提出的异议进行审查。审查员的资格由总统令规定。

如果外观设计注册落入《韩国外观设计法》第26条规定的情形（拒绝理由），审查员将做出拒绝注册的决定。拟作出拒绝外观设计注册决定的，审查员应当将拒绝理由通知申请人并给予申请人在指定期限内提交书面意见的机会。拒绝理由存在于多件外观设计申请中的某些外观设计的，应当指明有关外观设计的顺序号，使用该外观设计的产品以及拒绝的理由。

审查员没有发现拒绝理由的，应当做出准予外观设计注册的决定。

自不经审查的外观设计权确立注册之日，至外观设计注册公告日起3个月期满，任何人都可以基于《韩国外观设计法》第29条之2的任一理由向特许厅厅长针对该外观设计注册提出异议（多项外观设计注册的异议请求可以针对每一项外观设计提出）。

（四）复审与无效

1. 发明专利

根据《韩国专利法》第132条之2的规定，在韩国特许厅厅长权限内成立的特许审判院负责专利、实用新型、外观设计和商标的审判和再审，以及对于审判和再审的调查和研究。特许审判院由院长和审判官组成。知识产权审判院的组织、人员和运行的必要事项由总统令确定。

申请人自收到拒绝授权的决定或者《韩国专利法》第 91 条规定的拒绝延长专利权期限的决定的人，可以在收到决定的核准副本之日起 30 日内请求审判。

在《韩国专利法》第 133 条第 1 款规定的情形下，利害关系人或者审查员可以提出请求宣告一项专利无效的审判，对于包含两项或者两项以上权利要求的专利，可以针对每项权利要求提出无效审判请求。请求无效审判的，应当在自专利登记日到登记公告后 3 个月期间提出。即便是在专利权终止后，仍可以提出无效审判请求。无效专利权的审判决定生效后，专利权视为自始即不存在。

任何利害关系人或者审查员可以请求专利权期限延长登记的无效审判。

专利权人、独占被许可人或者利害关系人可以提起确认专利权范围的审判请求。

请求审判的人应当向知识产权审判院院长提交书面请求。对于每个审判，知识产权审判院院长应该指定审判官组成合议组。合议组必须由 3 ~ 5 名审判官组成。做出审判裁决的，审判结束。

任何人可以针对已生效的审判决定请求再审。再审请求必须在审判裁决生效后请求人知道再审理由的 30 日内提出。在审判裁决生效之日起超过 3 年的，不得请求再审。

对于不服审判决定，或者不服驳回审判请求或者再审请求提出的诉讼，由韩国专利法院拥有一审管辖权。收到专利法院判决的人，可以向大法院上诉。

2. 实用新型

根据《韩国实用新型法》第 33 条的规定，关于实用新型的复审和无效事由和程序准用韩国专利法的相关规定，此处不再赘述。

3. 外观设计

《韩国外观设计法》规定，申请人对驳回修改决定不服的，可以自收到驳回修改决定证明副本之日起 30 日内请求审判。

收到拒绝或者撤销外观设计注册决定的人可以在收到该决定的证明副本之日起 30 日内请求审判。

如果存在《韩国外观设计法》第 68 条第 1 款规定的情形的，利害关系人或者审查员可以请求外观设计注册无效的审判。如果属于多件外观设计注册，可以分别对每一件外观设计提出请求。

外观设计权人、独占被许可人或者利害关系人可以提出审判请求，以确认外观设计注册保护的外观设计权的保护范围。

任何一方当事人可以对终局的审判决定提出再审请求。

对于不服审判决定的，或者不服驳回审判请求或者再审请求提出的诉讼，由韩国专利法院拥有一审管辖权。收到专利法院判决的人，可以向大法院上诉。

四、保　护

（一）专利侵权判定

1. 发明专利

《韩国专利法》规定，下列行为视为侵犯专利权：（1）制造、转让、租赁进口，或者许诺转让或者租赁专用于生产专利产品的物品的行为；（2）制造、转让、租赁进口，或者许诺转让或者租赁专用于实施专利方法的物品的行为。

2. 实用新型

《韩国实用新型法》规定，制造、转让、租赁或者进口，或者为商业或者工业转让或者租赁提供专用于制造与已注册的实用新型相关的产品的行为，视为侵犯实用新型权或者基于实用新型注册的独占许可的权利。

3. 外观设计

《韩国外观设计法》规定，在商业或者工业上制造、转让、出租、进口、许诺转让或者许诺出租（包括为转让或者出租为目的展览）专用于制造注册外观设计产品或者近似外观设计产品的产品被视为是对外观设计权的侵犯。

（二）举证责任

1. 发明专利

使用方法专利的推定。产品与由专利方法制造的另一产品相同，则推定该产品是由后者的专利方法制造的，但是属于下列各项的发明除外：（1）在专利申请提出之前，在韩国已公知或者使用过的发明；（2）在专利申请提出之前，在韩国或者国外发行的出版物中描述的发明，或者公众通过总统令规定的电子通信网络可获得的发明。

过失推定。侵犯他人专利权的人在侵权行为上被推定为有过失。

实用新型侵权的举证责任参用韩国专利法的相关规定。

2. 外观设计

《韩国外观设计法》规定，侵犯他人外观设计权的人被推定其有关侵权的行为有过失。但未规定不使用于侵犯保密外观设计权的行为。

不经审查的外观设计权的权利人，侵犯他人的外观设计权的，使用前述过失推定。

（三）禁令救济

1. 发明专利

《韩国专利法》规定，专利权人可以要求正在侵犯或者可能侵犯其专利权的人中止或者停止侵权。

寻求禁令救济的专利权人可以要求销毁作为侵权行为结果的物品（在制造产品的方法发明的情况下，包括侵权行为获得的产品）、拆除用于侵权的设备或者防止侵权所必需的其他措施。

实用新型侵权的禁令救济参用韩国专利法的相关规定。

2. 外观设计

外观设计权人可以要求正在侵犯其外观设计权的人或者可能侵权的人中止侵权或者停止侵权。

提出中止或者停止侵权要求的外观设计权人，可以要求销毁作为侵权行为结果的物品、拆除用于侵权的设备或者组织侵权的其他必要措施。

（四）损害赔偿

1. 发明专利

专利权人可以向转让侵权物品而故意或者过失侵犯专利权的人要求损害赔偿，损失额按照转让物品数量乘以专利权人在没有侵权的情况下销售的可获得的单件产品利润。赔偿不得超过如下计算的数额：单位产品预计利润乘以专利权人原本能够生产的产品数量减去已售出产品的数量。然而，专利权人因侵权外的原因不能销售产品的，应当扣除因为该原因不能销售的数量计算得出的数额。

专利权人向故意或者过失侵犯其专利权的人要求损害赔偿的，由于侵权而使侵权人获得的利润推定为专利权人遭受的损失。

专利权人向故意或者过失侵犯其专利权的人要求损害赔偿的，专利权人对于实施专利发明通常有权收到的使用费可以作为专利权人遭受损失的损害额而要求赔偿。

实际损失超过专利权人通常有权收到的使用费数额时，超过的数额也可以要求作为损害赔偿额。在确定赔偿额时，法院可以考虑侵犯专利权的人是否存在故意或者重大过失。

涉及侵犯专利权的诉讼中，法院认为案件的性质使得难以提供证据证明实际损失的，法院可以在证据审查和全部争辩意见审查的基础上确定一个合理的数额。

实用新型侵权的损害赔偿参用《韩国专利法》的相关规定。

2. 外观设计

外观设计权人可以要求故意或者过失侵犯外观设计权的人赔偿因其转让侵权产品而造成的损失。损失额可以根据转让的产品的数量乘以没有侵权情况下外观设计权人原本可以获得的单件产品利润。但是，赔偿不得超过如下计算的数额：单件产品的预计利润乘以外观设计权人原本能够生产的产品数量减去已售出产品的数量。如果外观设计权人因侵权外的原因不能销售部分或者全部产品的，应当扣除因为该原因不能销售的数量而计算得出的数额。

外观设计权人向故意或者过失侵犯其外观设计权的人要求损害赔偿的，侵权人因侵权获得的利润推定为外观设计权人遭受的损失。

外观设计权人向故意或者过失侵犯其外观设计权的人要求损害赔偿的，可以其原本能从侵权人实施外观设计获得的使用费作为侵权的损害赔偿。

实际损失超过外观设计权人原本能够获得的使用费数额时，超过的数额也可以要求作为损害赔偿额。在确定赔偿额时，法院可以考虑侵犯外观设计权的人是否存在故意或者重大过失。

涉及侵犯外观设计权的诉讼中，法院认为案件性质使得难以提供证据证明发生的损失数额的，法院可以根据证据审查和对双方的辩论来确定一个合理的数额。

（五）侵犯专利权的例外

1. 发明专利

《韩国专利法》第96条规定，专利权的效力不延及下列情况：（1）为了研究或者试验目的使用专利发明；（2）仅仅通过韩国的船舶、飞机或者车辆，或者用在这些船舶、飞机或者车辆上的机器、工具、设备或者其他附属设施；（3）专利申请提出时在韩国已有的物品。

对于通过混合两种或者多种药物而制得的用于诊断、治疗、缓解、医疗或者预防人的疾病的产品（药物）发明，或者通过混合两种或者多种药物而制造药物的方法发明，其专利权的效力不延及根据《韩国药事法》配药的行为或者由这种行为制造的药物。

2. 实用新型

《韩国实用新型法》第24条规定，实用新型权的效力不延及下列任何一种情形：（1）为研究和试验目的使用已注册的实用新型；（2）仅仅通过韩国的船舶、飞机或者车辆，或者用在这些船舶、飞机或者车辆上的机器、工具、设备或者其他附属设施；（3）实用新型注册申请提出时在韩国已有的物品。

3. 外观设计

外观设计权的效力不延及下列情形：（1）为研究和试验目的使用注册外

观设计；（2）仅仅通过韩国的船舶、飞机或者车辆，或者用在这些船舶、飞机或者车辆上的机器、工具、设备或者其他附属设施；（3）在提交外观设计注册申请时，已经在韩国存在相同的产品。

此外，字体作为外观设计注册的，外观设计权的效力不延及下列行为：（1）在打字、排版、印刷等一般方法中使用的字体；（2）在《韩国外观设计法》第44条第2款第1项打字、排版、印刷等一般方法中使用字体而产生的结果。

五、强制许可与权利的征用

（一）发明专利

《韩国专利法》规定，具有下列情况之一时，打算实施专利发明的人可以请求韩国特许厅厅长裁定授权非独占许可，前提是以合理的条件与专利权人协商授予非独占许可但未达成协议或者根本不可能协商；但是，如果为公共利益与需要非商业性地使用专利发明或者在下面第4项所述情形下，不需要协商就可以请求裁定：（1）除自然灾害、不可避免的情形或者其他总统令规定的正当理由外，专利发明连续3年以上没有在韩国实施；（2）没有正当理由，超过3年以上，未在韩国在商业或者工业上实质性地连续实施专利发明；或者无法满足韩国国内在适当范围和合理条件下对专利发明的需要；（3）为公共利益，需要非商业性的实施专利发明；（4）为补救司法或者行政程序被确定为不公平的做法，需要实施专利发明；（5）为出口药品（包括生产该药品的有效成分和使用该药品的诊断试剂）到打算进口该药品以治疗威胁其多数国民的健康的疾病的某一国家（进口国）。需要注意的是，该规定中的第（1）项和第（2）项规定需要在专利发明的申请日满4年才能适用。

（二）实用新型

实用新型的强制许可和实用新型权的征用参用韩国专利法的相关规定。

（三）外观设计

外观设计权的征用参用韩国专利法的相关规定。

六、其他特殊规定

（一）专利权期限的延长

《韩国专利法》第89条规定，如果按照其他法律或者法规为实施专利发明需要许可或者批准，且为完成获得许可或者批准所必需的活性试验、安全试验等已经延长了期限，同时该审批是由总统法令规定的，那么，专利权的期限可以被延长，延迟期是专利发明不能实施的期间，最长为5年。

请求登记专利权延长期的人应当向韩国特许厅厅长提交专利权延期登记申请。审查员做出延长决定的，韩国特许厅厅长应当在专利登记簿上登记该专利权期限的延长。

（二）专利年费

1. 发明专利

《韩国专利法》规定，专利权人应当缴纳专利费。

不管有责任缴纳专利费的人的意图，任何利害关系人可以缴纳专利费。利害关系人缴纳专利费的，已缴纳专利费的利害关系人可以在有缴纳责任的人受益的范围内要求付还费用。

专利权人在专利费缴纳期限届满后，可在6个月内缴纳延迟专利费。缴纳延迟专利费的，必须缴纳两倍专利费。专利权人在规定的期限内没有缴纳附加专利费的，则要求登记专利权的人的专利申请视为放弃，专利权人的专利权被视为终止。

2. 实用新型

要求获得实用新型注册的人应当缴纳注册费。利害关系人缴纳实用新型注册费、注册费的迟缴和补缴等，准用专利法的相关规定。

3. 外观设计

《韩国外观设计法》规定，外观设计权人或者要求对其外观设计注册的人，应当缴纳外观设计注册费。

收到对多项外观设计注册申请准予注册决定的人，可以在缴纳注册费时放弃一些外观设计。

不管有责任缴纳外观设计注册费的人的意图，任何利害关系人可以缴纳注册费。如果有义务缴纳注册费的人当前正在获利，已缴纳注册费的利害关系人可以在有缴纳责任的人受益的范围内予以返还。

（三）专利权人等名誉的恢复

根据《韩国专利法》的规定，依照专利权人的请求，替代赔偿或者在赔偿之外，法院可以命令故意或者过失侵犯专利权而损害专利权人的商业信誉的人，采取必要措施恢复专利权人的商业信誉。

该项内容准用于实用新型和外观设计。

（四）专利权的征用

《韩国专利法》规定，在战争、突发事件或者其他类似紧急情况下，如果专利发明属于下列情形之一的，政府可以征用该专利权、实施该专利发明或者要求政府之外的其他人实施该专利发明：（1）实施专利发明是国防所需；（2）进行非商业性使用是为了公共利益所需。

专利权被征用的，除专利权之外，对应发明的其他权利消灭。

政府征用专利权，或者政府及政府之外的人实施专利发明的，政府或者该人应当向专利权人、独占许可人或者非独占许可人支付合理报酬。征用和实施专利权以及报酬的必需事项由总统令规定。

（五）外观设计的特殊规定

韩国外观设计制度甚为独特。韩国外观设计制度不仅区分经审查的外观设计注册申请和不经审查的外观设计注册申请，而且还规定了多项外观设计注册申请制度和保密外观设计制度。多项外观设计制度前文已提及，在此重点介绍韩国的保密外观设计制度。

保密外观设计。《韩国外观设计法》规定，外观设计注册申请人可以要求对其外观设计在不超过自外观设计权确立注册之日起 3 年的期限内予以保密。申请多项外观设计注册的，保密请求应当针对每一项申请注册的外观设计。保密外观设计可以在外观设计注册申请日至首次缴纳外观设计注册费之间提出。外观设计注册申请人或者外观设计权人可以通过请求缩短或者延长其指定的保密期限。但是，延长其指定的保密期限不得超过外观设计权确立注册之日起 3 年。在满足《韩国外观设计法》第 13 条第 4 款规定情形之一的，特许厅厅长应当允许查阅保密的外观设计。

（六）刑事救济

侵犯专利罪。《韩国专利法》规定，侵犯专利权的人，处以 7 年以下的劳动监禁或者 1 亿韩元以下的罚金。该项犯罪由受害的当事人提出控诉启动。

侵权罪。《韩国实用新型法》和《韩国外观设计法》规定，对侵犯实用新型权或外观设计权的人，处以 7 年以下的劳动监禁，或者 1 亿韩元以下的罚金。该项犯罪由受害的当事人提出控诉启动。

第四节 蒙古国专利法律制度

一、概 况

（一）保护客体

与日本、韩国将发明、实用新型和外观设计分别进行单独立法保护的做法不同，蒙古国把三者纳入统一的专利法进行调整。《蒙古国专利法》第 1 条即明确了该法的立法宗旨是“确认发明、实用新型、外观设计的创造者和专利、实用证书占有人的所有权，调整与发明、实用新型、外观设计有关的法律关系”。

“发明”是指按照自然规律，首次构思、发现其原理的生存方式或者产品的具有创造性的方案。

“实用新型”是指包括生存方式、设备、方法在内的适于工业上应用的新技术方案。

“外观设计”是指新创造的包括产品外部样式、设计有关的装饰、色彩及色彩组合的独特方案。

（二）享有的权利

1. 发明、实用新型、外观设计创作人的权利

根据《蒙古国专利法》的规定，发明、实用新型、外观设计创作人享有以下权利：（1）所有其发明、实用新型、外观设计；（2）向他人转让其专利、实用证书申请权；（3）对其发明、实用新型、外观设计起名；（4）制作其发明、实用新型、外观设计的技术说明书，参加、监督对其进行的试验和用于工业活动，评定其智力成果的价值；（5）从实施发明、实用新型、外观设计获利的其他人收入中收取一定报酬。

各自单独完成相同的发明、实用新型、外观设计时，最先向知识产权局提出申请的创作人享有获得专利、实用证书的权利；申请优先权日相同的情况下，最先提交具有优先权日申请的创作人享有获得专利、实用证书的权利。

2. 专利、实用证书持有人的权利

专利、实用证书持有人享有所有其发明、外观设计、实用新型的独占权。

对于获得专利、实用证书的发明、实用新型、外观设计，应当在取得专利、实用证书持有人许可的情况下，才能实施该发明、实用新型、外观设计。

二、可专利性

（一）授权条件

1. 发明专利权的授权条件

《蒙古国专利法》明确规定了发明专利权授予的“三性”（新颖性、创造性和实用性）标准。该法第4条规定：“对于具有创造性，能够适用于工业的方法或者新产品创作人及从创作人获得权利的个人、法人授予发明专利权。”其中，对于被证实高于当时技术水平的生产方法和产品，视为具有“新颖性”。新颖性的判断时间点为申请日，即要求反映该成果的特点直到申请日之前未曾公开。对于“创造性”应理解为由审查员确定，对于相关技术人员而言具有明显高水平的情况。该发明可以用于工业上某一领域的，视为其“适

于工业上应用”，即具有实用性。

2. 授予实用证书的条件

《蒙古国专利法》第6条规定，实用新型具有新颖性、适于工业上应用时，对其创作人及继受其权利的个人、法人授予实用证书。其中，对于被证实高于现有技术的实用新型，被视为其具有“新颖性”。实用新型的特点，在其申请日之前未曾公开的，视为具有“新颖性”。对于适用于某一工业领域的实用新型，视为“适于工业上应用”。

3. 外观设计专利权的授权条件

《蒙古国专利法》第5条规定，外观设计具有新颖性、富有美感和创造性特点时，对其创作人及继受其权利的个人、法人授予外观设计专利权。保护外观设计时应结合以下特点：（1）外观设计的特点，在其申请日之前未曾公开的，视为具有“新颖性”；（2）外观设计的特点具有智力创造性的，视为具有“创造性”；（3）外观设计的特点应当包括该产品外表上富有美感和一定的实质性特点。需要注意，如果外观设计包含的事项属于该产品根本用途的，不能对其授予专利权。

（二）排除事项

1. 发明专利的排除事项

（1）发现科学理论和数学方法；（2）计算机程序、系统；（3）经济活动、智力行为、进行比赛游戏或经营业务的计划、规则和方法；（4）对公序良俗、自然环境、人类健康有害的事项；（5）人、牲畜、动物疾病的治疗、诊断方法；（6）从微生物中提取其他动物、植物的生物学方法（不包括非生物学和微生物学方法）。

2. 实用新型排除事项

（1）登记实用新型之前，已在蒙古国被公开或者被传入并利用的；（2）在此之前曾在本国或者外国出版过的；（3）违背社会利益、道德规范的。此外，发明专利的排除事项同样适用。

3. 外观设计的排除事项

（1）与国徽、国旗、国印、奖状、奖章以及与外国国旗、国家象征、联合国标记或者象征相同或者相类似的设计；（2）违背社会利益、道德规范的；（3）可能给他人商业活动造成损失的。

三、专利的申请与审查

（一）专利申请

在蒙古国，发明、实用新型、外观设计的申请，应当由其创作人及继受其权利的个人、法人向蒙古国知识产权局提出。

对于每项发明、实用新型、外观设计，都应当单独提出申请。对于具有同一用途，成套使用的发明、实用新型、外观设计，可以作为一件申请提出。

发明的申请应当由请求书和包括下列内容的发明说明书、权利定义（权利要求）和摘要组成，必要时应有附图和有关权力机关的确认：(1) 发明说明书应当对发明做出完整、清楚的能够达到提交发明申请目的的与现有技术相区别的实质性特点；以所属技术领域的技术人员能够实现其优点或者发明的最合理的方法的整体信息；(2) 发明的权利定义应当便于理解，简要、清楚地指出该发明实质性特点和明确权利保护范围；一项发明可以由数个权利定义；(3) 说明书和附图应当详细说明权利定义的内容；(4) 摘要应当具有提供该发明有关信息的目的；在确定发明的权利保护范围时，不得将其利用。

实用新型的申请应当由请求书、说明书、权利定义、摘要、附图组成。实用新型的权利定义应反映该实用新型实质性特点，并确定权利保护范围。

外观设计的申请由请求书、外观设计的图片或照片、说明书组成，必要时在图片或者照片、说明书中还应当附上其他有关材料。

发明、实用新型、外观设计的申请中应当载明发明、实用新型、外观设计的创作人、申请人即他们授权委托的代理人的名字、地址、授予专利的要求和发明、实用新型、外观设计的名称。非创作人提出申请的，还应当附上证明其获得专利权、实用证书权利的证明文件。

对于与人口粮食供应、健康有关的发明、实用新型、外观设计而言，应当附上由卫生、传染病研究部门出具的，对人的健康、身体不会造成危害的确认和说明。

申请人可以在其申请中提出将其国内、地区、国际申请日期确定为优先权日的请求。在此情况下应当附上申请优先权日的申请文件副本。在提出优先权日申请时，应当在发明、实用新型申请中附上国际检索报告和初步审查的结论。

专利申请可以委托代理人代理。申请人可以以电子形式提交发明、实用新型、外观设计申请。申请书应当用蒙古语制作。在用其他语言制作的情况下，申请人应当在其向知识产权局提交该申请之日起 2 个月内将其翻译成蒙古语。未在规定期限翻译的，视为未曾提出申请。

《蒙古国专利法》还规定，在外观设计的申请中，对于属于同一个国际分类的互相类似的 50 件以下的外观设计，可以作为一个申请提出。

（二）审查流程

《蒙古国专利法》规定，知识产权局应当分别在收到发明、外观设计申请之日起20日内，收到实用新型申请之日起7日内进行形式审查，符合条件的，应当将收到申请的日期确定为申请日。

在蒙古国，发明专利和外观设计专利申请采取的是实质审查制度。在确定申请日以后，知识产权局的审查员对该发明、外观设计是否符合《蒙古国专利法》第4条、第5条规定的发明专利和外观设计专利的授权条件进行审查。在审查过程中或者做出最终决定之前，在其第一次提交申请范围内，申请人可以对其申请进行补充、修改。在审查过程中，申请人若不超出其首次提交说明书的范围，则可以将其申请分案为两个或两个以上的申请，也可以合并成为成套使用的数个发明、外观设计的申请。自申请日起9个月内，知识产权局应当根据审查结论做出是否授予专利的决定，必要时可以将期限延长至12个月。授予专利权的，将在专利杂志上，公布授予专利的发明参考文献、权利定义，公布外观设计的图片、照片。对于未能证实属于发明、外观设计而不可能加以保护的，应当做出拒绝授予发明专利的决定，在做出该决定之日起30日内，应当向申请人送达审查结果，将其申请存入专利库。

根据《蒙古国专利法》的规定，登记实用新型亦采用实质审查制度，但是审查期限大大短于发明和外观设计专利申请。在申请日后的1个月内，由审查员对实用新型申请是否符合《蒙古国专利法》第6条（授予实用新型的条件）规定的要求、是否可以按照实用新型进行登记做出结论。

在专利杂志上公布发明的参考文献、权利定义、外观设计的图片或者照片之后的3个月内，知识产权局如果没有收到异议、争议的，应当授予专利权。

收到个人、法人异议和发生争议的情况下，由知识产权局首席审查员自收到申诉之日起30日内在院校审查员不参加的情况下，以3名审查员组成的审查组，对该争议进行重新审查处理，并且为原先审查员提供对其结论进行说明的机会。不服审查组重新审查决定的，可以向设在知识产权局的争议解决委员会提出申诉。

对于授予专利的发明、外观设计，应当进行国家登记，并将其申请存入专利库。

对于实用新型申请，自审查员做出可以按照实用新型进行登记的结论之日起，1个月内由知识产权局对其授予实用证书。

《蒙古国专利法》规定，发明专利自申请日起在20年内有效；外观设计自申请日起10年内有效；实用新型的实用证书自申请日起7年内有效。

（三）复审与无效

《蒙古国专利法》规定，违反专利法的规定授予专利、实用证书的，争议解决委员会、法院可以撤销专利。

拒绝持有专利或者拒绝缴纳专利费用、没有在规定的期限内缴纳费用的，由知识产权局撤销专利。

撤销专利的申请，应当在专利有效期内提出。

此外，值得一提的是，《蒙古国专利法》第25条第6款规定，以未缴纳专利费用为由撤销专利的情况下，在专利总有效期内，可以根据专利持有人的申请恢复专利。使专利有效的前3年的费用，应当在做出授予专利权决定之日起6个月内缴纳；在此之后的费用，应当在相应期限开始6个月之前缴纳。与维持该专利权相关的利害关系人，经专利持有人同意，可以缴纳专利费用。

四、保　　护

《蒙古国专利法》规定，赔偿因非法实施专利权保护的发明、实用新型、外观设计而造成损失以及与支付实施费用相关的其他纠纷，由设在知识产权局的争议解决委员会管辖。争议解决委员会自从受理申诉后6个月内审理，并给予书面的答复。不服争议解决委员会的决定的，可以在收到决定之日起30日内向法院申诉。

侵犯专利权的，应当承担蒙古国法律法规规定的责任。对于违反专利法、侵犯专利权的行为人，如果不追究其刑事责任的，可以给予下列行政处罚：（1）由法官、国家监察员处以个人数额为最低劳动报酬2～6倍的罚款，处以法人数额为最低劳动报酬10～20倍的罚款；（2）由法官处以有过错的个人7～14日的拘留；（3）由法官、国家监察员没收发生争议的货物、物品，将其非法收入上缴国库，销毁该货物，责令停止该行为。

侵犯专利权造成的物质损失的损害赔偿问题，由法院根据蒙古国民法典的规定解决。

五、强制许可

《蒙古国专利法》规定，根据利害关系人的申请、知识产权局决定，在下列情况下，可以通过强制许可实施受保护的发明、实用新型、外观设计：（1）为了国家安全、国防、人口、粮食供应、卫生等社会必然需要而实施发明、实用新型、外观设计的；（2）自从申请日起满4年的，或者自从授予专利、实用证书之日起3年内没有将其实施的情况下，权利持有人未能证明不存在实施条件的；（3）专利持有人认为，通过许可合同实施授予专利的成果具有市场不正当竞争特点的。

专利、实用证书持有人不服知识产权局强制许可决定的，可以向法院起诉。

在签订强制许可合同的情况下，实施授予发明、实用证书成果的费用，由受许可方向许可方支付。

第五节 本章小结

本章主要对日本、韩国、蒙古国的专利法律制度进行介绍。经研究发现，三国的专利法律制度各具特色，与各自的经济和科技发展相呼应。相对而言，日本和韩国的专利法律制度甚为完善，且两国的专利制度存在颇多的相似之处；蒙古国的专利制度则相对简陋。

第一，在对发明、实用新型、外观设计的保护上，韩国和日本采用了单独立法的保护模式，蒙古国则将其统一规定在一部专利法当中。

第二，在加入的有关专利保护的国际条约上，日本几乎加入了所有的与专利保护有关的国际条约。但是，截至 2017 年 12 月 1 日，韩国和蒙古国尚未加入《专利法条约》，蒙古国暂未加入《国际承认用于专利程序的微生物保存布达佩斯条约》。

第三，在一些特殊的制度内容上，日韩蒙三国专利保护存在巨大差异。比如，首先，在专利申请审查方面，日本对发明专利和外观设计采用实质审查制度，实用新型采用形式审查，但是有实用新型技术评价制度；韩国则对发明、实用新型采用实质审查制度，对于外观设计，存在选择性实质审查的制度安排，在符合条件的情况下，外观设计注册申请人可以选择不经审查的外观设计注册。其次，日本和韩国外观设计法都有秘密外观设计制度。《日本外观设计法》规定，外观设计登记申请人可指定自外观设计登记权的设定登记之日起 3 年内的期间，请求在该期间内对其外观设计保密。《韩国外观设计法》规定，外观设计注册申请人可以要求对其外观设计在不超过自外观设计权确立注册之日起 3 年的期限内予以保密。最后，日本和韩国均存在专利权存续期限延长制度。《日本专利法》规定，对于发明专利的实施，以确保安全性为目的，是根据法律规定的许可及其他处分，从处分的目的、程序等来看，正确地做出该处分需要相当的期限，因而需要得到政令规定的处分，出现了不能实施发明专利的期间的情况下，专利权的保护期限可以以 5 年为限，根据延长注册的申请进行延长。《韩国专利法》第 89 条规定，如果按照其他法律或者法规为实施专利发明需要许可或者批准，且为完成获得许可或者批准所必需的活性试验、安全试验等已经延长了期限，同时该审批是由总统法令规定的，那么，专利权的期限可以被延长，延迟期是专利发明不能实施的期间，最长为 5 年。另外，韩国专利制度上还存在专利权的征用制度；蒙古国专利制度上还存在以未缴纳专利费用为由撤销专利的情况下，在专利总有效期内，可以根据专利持有人的申请恢复专利的制度；等等。

第四，日韩蒙三国专利制度在发明专利、实用新型、外观设计上的保护期限存在差别。在日本，专利权的保护期限为，自专利申请之日起 20 年终止；实用新型权的存续期限为，自实用新型登记申请日起 10 年终止；外观设计权的存续期限为，自设定登记之日起 20 年终止。在韩国，专利权的保护期限自登记后开始，从专利申请的申请日起算，满 20 年终止；实用新型权的保护期限自实用新型注册后开始，从实用新型注册的申请日起 10 年终止；外观设计权的保护期限从外观设计权确立的注册日起 15 年。《蒙古国专利法》规定，发明专利自申请日起在 20 年内有效；外观设计自申请日起 10 年内有效；实用新型的实用证书自申请日起 7 年内有效。保护期限的差异主要体现在实用新型和外观设计方面。

同时，在其他具体的专利制度，包括授权条件、申请程序、审查流程、专利权的保护、专利权的运用、专利年费等方面，日韩蒙三国的相关制度均存在较大的差别。三国均立足于各自的国情，对与发明、实用新型、外观设计保护相关的制度内容做了规定。

与我国现行专利法律制度相比较，日本和韩国的专利保护存在诸多更为细致、科学、合理的精细化规定，比如日本的专利年费设计，两国外观设计的实质审查制度，等等，值得我国完善现行专利法律制度所借鉴。

"一带一路"背景下，我国企业在"走出去"的过程，尤其在本章所介绍的三个国家从事相关的技术贸易和研发活动等，需要注意各国在专利制度上的具体情况，避免对企业的合法权益造成不利。

第二章　中亚地区专利法律制度

中亚包括土库曼斯坦、乌兹别克斯坦、吉尔吉斯斯坦、塔吉克斯坦、哈萨克斯坦和阿富汗斯坦。本章选取哈萨克斯坦，乌兹别克斯坦，吉尔吉斯斯坦三个国家进行介绍。

第一节　概　述

《哈萨克斯坦专利法》颁布于 1999 年，最新版本是 2015 年 4 月 7 日 300 号法修订版。❶ 它是规定发明专利、实用新型专利和工业品外观设计的基本法律。此外还颁布了《关于修正哈萨克斯坦共和国关于改善司法制度的某些立法法案》(2015 年 10 月 31 日第 378 - V 号法),《关于批准“工业品外观设计申请准则和考虑规则”的第 91 号令》(2012 年颁布，2015 年修订),《哈萨克斯坦共和国司法部长关于批准工业产权领域国家服务标准的第 251 号令》(2015 年颁布）等立法和实施细则，强化了对专利的保护。此外还与美国、乌兹别克斯坦和瑞士等国家签订了有关专利的双边条约。

根据世界知识产权组织和乌兹别克斯坦共和国司法部法律信息中心公布的资料，乌兹别克斯坦于 1994 年制定《发明、实用新型和工业品外观设计法》，最新版本为 2017 年 9 月 14 日修正版。❷ 此外还颁布了《乌兹别克斯坦共和国专利局上诉委员会关于申请和上诉的规定》(2009 年),《工业产权中的专利存储规则》(2009 年),《关于针对以发表为目的的官方公报和专利文献的要求》(2009 年),《乌兹别克斯坦共和国关于发明专利申请的编辑，归类和审查问题的规定》(2009 年修订),《关于延长一些乌兹别克斯坦共和国植物新

---

❶ 《哈萨克斯坦专利法》自颁布后在 2004 年、2007 年、2009 年、2011 年、2012 年、2014 年和 2015 年进行了修订，参见 Patent law of the Republic of Kazakhstan, http://adilet. zan. kz/eng/docs/Z990000427［EO/BL］，访问日期：2018 年 3 月 16 日。

❷ 《乌兹别克斯坦专利法》颁布后在 2002 年、2008 年、2011 年和 2017 年进行了修订，参见 Закон Республики Узбекистан О ВНЕСЕНИИ ИЗМЕНЕНИЙ И ДОПОЛНЕНИЙ В ЗАКОН РЕСПУБЛИКИ УЗБЕКИСТАН “ОБ ИЗОБРЕТЕНИЯХ, ПОЛЕЗНЫХ МОДЕЛЯХ И ПРОМЫШЛЕННЫХ ОБРАЗЦАХ”, http://www. ima. uz/upload/docs/zakon - respubliki - uzbekistan - iz - pm - i - po_2. pdf［EO/BL］，访问日期：2018 年 3 月 16 日。

品种专利有效期的实施细则》（2008 年），《关于延长乌兹别克斯坦共和国关于药品和杀虫剂的实用新型，工业品外观设计和发明专利保护期的规则》（2007 年）等实施细则或实施规则。此外还与中国、日本、拉脱维亚、俄罗斯、哈萨克斯坦、欧盟、乌克兰、土耳其、以色列、吉尔吉斯斯坦、捷克、格鲁吉亚、法国、白俄罗斯、塔吉克斯坦与瑞士等国家/地区建立了有关知识产权的双边条约。

《吉尔吉斯斯坦专利法》于 1998 年开始实施，现执行的版本是 2015 年 4 月 10 日第 76 号法修正版。❶ 相关的立法或实施细则还有《最佳发明选择条例》（2013 年），《关于专利发明，实用新型，工业品外观设计，选择成果，商标和服务标志注册费，专利代理人注册费，授予使用权，专利代理人注册费的管理规定》（2016 年），《关于起草，备案和审查遴选成果专利申请的条例》（2015 年），《关于发明专利申请的起草，备案和审查规则》（2013 年），《吉尔吉斯斯坦共和国政府关于批准药品发明，实用新型和工业品外观设计延长专利期限规则的决定》（2011 年颁布，2015 年修订）等。并与美国、瑞士等国家签订了双边条约。

在国际公约方面，最早加入世界贸易组织的是吉尔吉斯斯坦（1998 年加入）。哈萨克斯坦于 2015 年 7 月 28 日成为 WTO 成员。乌兹别克斯坦加入 WTO 的进程正在进行中。哈萨克斯坦，吉尔吉斯斯坦和乌兹别克斯坦都是世界知识产权组织的成员国。此外哈萨克斯坦、吉尔吉斯斯坦是《欧亚专利公约》的成员国。这三国具体加入国际公约状况如表 2－1 所示：

表 2－1 哈吉乌三国已加入的专利国际条约及其加入时间

序号	条约名称	哈萨克斯坦	吉尔吉斯斯坦	乌兹别克斯坦
1	欧亚专利组织公约	1994 年	1996 年	—
2	欧亚经济联盟	2014 年	2015 年	—
3	保护工业产权巴黎公约	1991 年	1991 年	1991 年
4	专利合作条约（PCT）	1991 年	1991 年	1991 年
5	海牙协定（外观设计）	—	2003 年	—
6	专利法条约	2011 年	2005 年	2006 年
7	国际专利分类斯特拉斯堡协定	2003 年	1999 年	2002 年

❶ 《吉尔吉斯斯坦专利法》颁布后在 2002 年、2003 年、2006 年、2013 年和 2015 年进行了修订。参见 WIPO 世界知识产权组织网站，http：//www. wipo. int/wipolex/zh/profile. jsp? code = KG ［EO/BL］，访问日期：2018 年 4 月 26 日。

续表

序号	条约名称	哈萨克斯坦	吉尔吉斯斯坦	乌兹别克斯坦
8	国际承认用于专利程序的微生物保存布达佩斯条约	2002 年	2003 年	2002 年
9	建立工业品外观设计国际分类洛迦诺协定	2002 年	1998 年	2006 年

第二节 哈萨克斯坦专利法律制度

一、专利制度概况

《哈萨克斯坦专利法》由总则、专利客体的可专利性要件、发明人与专利权人、专利权的内容、获取专利权证书的程序、专利权的撤销和恢复、对发明人、申请人和专利权人的保护、最后条款等九个章节构成。而对育种成果、集成电路布图设计等的保护由其他法律规定。

（一）国家机构

保护专利的国家机构（以下简称“主管机构”）由哈斯克斯坦共和国政府指定。主要负责实施有关专利的法律保护国家政策；颁发专利权证书；监督专利客体的使用状况；对行政违法案件进行调查并实施行政处分；行使其他法律法规与指令规定的职能。

（二）保护客体

《哈萨克斯坦专利法》保护客体为发明、实用新型和外观设计。

发明专利是指对现有技术改进的新产品（包括设备、物质、菌种以及植物或动物的细胞培养物）、新方法（实现有形方式完成有形物体的方法）和把已知产品或方法用于新用途的技术解决方案。下列事项不得被视为可授予专利的发明：(1) 发现、科学原理和数学方法；(2) 商事行为的组织和管理方法；(3) 符号，时间表，规则；(4) 智力活动或游戏的规则和方法；(5) 计算机程序和算法；(6) 设备、建筑物以及景观的设计图或示范图；(7) 只与产品外观关联的设计；(8) 违反公共利益、人道原则的方案。

实用新型包括与产品有关的技术方案（装置、物质、微生物菌株、植物或动物细胞培养物），方法（实现有形方式完成有形物体的方法）以及应用于新目的的已知产品或工艺，或用于特定目的的新产品的使用，用于人类或动物的诊断、治疗和手术方法。

外观设计是指对外观造型富有美感的设计。下列情形不属于外观设计专利：(1) 只是由于产品的技术功能而确定的设计；(2) 建筑（除了小型建筑物外)、工厂、水力等工程及其他固定设施；(3) 液体、气体、颗粒和其他没有固定形状的物体；(4) 与公共利益、人道原则违背的产品设计。

（三）保护期限

发明专利权的保护期限为从提交专利申请之日起 20 年。关于医药产品、农药（化学品）的发明，需要按照哈萨克斯坦立法有关许可和通知获得许可证的规定处理。专利权人在得到主管机构批准的情况下，可以请求延长发明专利权的期限，但此期限不得超过 5 年。在第一次授权使用本发明的日期起不到 5 年的时间内，从发明专利的申请日起延长规定的期限。

实用新型专利权的保护期限为自提交专利申请之日起 5 年，可延长 3 年。

外观设计专利权的期限为自提交专利申请之日起 15 年，可延长 5 年。

有关延长发明、实用新型或外观设计专利的期限和程序的内容，由主管机构确定。

（四）涉外要求

如果哈萨克斯坦批准的国际公约与该国专利法的规定存在不一致的，以国际公约中的规定为准。外国自然人或企业法人享受国民待遇，享有专利法所规定的与哈萨克斯坦自然人和法人同等权利。

（五）发明人和专利权人

发明人是指以创造性劳动实现发明的自然人，若发明是由多人一同参与完成则参与的所有人为发明人。发明人之间权利使用问题由发明人之间的协议确定。若某人没有对发明创造作出创造性贡献或只是提供技术、组织或物质上的协助，或只对专利注册与实施提供了帮助的则不是发明人。发明人享有人身权利，人身权利不可剥夺，没有保护期限的限制。完成非常重要和被大范围应用发明的发明人，可被授予"哈萨克斯坦共和国杰出发明人"的称号。授予规则由政府另行制定。

专利权授予发明人、符合法律规定的继承人和相互取得同意的共事者。雇主和雇员之间的合同没有对专利权归属做出另外规定时，雇员在履行职责或完成工作任务而完成的发明创造的专利权归属于雇主。雇主和雇员之间的合同没有对专利权归属做出另外规定时，若雇员利用雇主提供的物质、设施、技术或其他支持完成的发明并不是由于履行职责或完成工作任务的，发明人享有该发明的专利权。如果完成职务发明的人员中有非雇员，那么该非雇员所享有权利由其与雇主和其他发明人之间的合同确立。若职务发明是由多个发明人在完成多个雇主的合作合同而产生，那么雇主们享有的权利由他们之间的合同确定。

（六）专利享有的权利

1. 使用权

在专利保护期限内专利权人有权依照自己的意愿使用专利客体。其中使用包括制造、使用、许诺销售、出售或其他商业目的使用，或为上述目的储存了受专利保护的产品或运用了受专利保护的方法。使用他人发明、实用新型专利的判断标准是所使用的产品或方法中是否包含发明或实用新型独立权利要求中的所有技术特征或者是同等替代物。对方法专利的使用包含将通过该方法制造的产品进行流通或为此存储产品的行为。他人对外观设计进行使用的判断标准是他人使用的产品是否包含了外观设计产品的所有基本特征。

2. 标记权

专利权人有权使用标记，提醒专利产品已获得专利。

3. 转让权

专利权人可将专利权转让给任意自然人或法人。进行转让时必须在哈萨克斯坦主管机构进行注册，并在通过审查后完成转让。专利权和专利申请权可继承或继受。

4. 许可权

除专利权人外的任何个人希望使用专利的，都必须根据许可合同获得专利权人的授权。许可类型有普通的非独占许可、独占许可和完整许可等。若当事人间没有约定许可类型，则会认定为是普通的非独占许可。

除了上述权利外，专利权人还有使用义务和缴纳年费的义务。专利权人有义务使用专利客体。多个专利权人间使用规则由他们之间的合同确定，没有得到其他专利权人的同意，专利权人不得向他人许可或转让专利权。此外，专利权人每年应支付专利维持费。

二、可专利性

发明应具备新颖性、非显而易见性和工业实用性。新颖性体现在发明创造不属于现有技术。现有技术是指发明的优先权日以前的在世界范围内公开的所有信息。此外现有技术作为发明是否具有新颖性的判断标准还包含在哈萨克斯坦国内由其他人提出的未被撤回的具有较早优先权的发明专利申请和授予的发明专利。非显而易见性是指发明涉及领域内具备一定专业知识的普通技术人员不太容易预见与完成该发明。工业实用性是指发明可适用于工业、农业、公共卫生等领域。若发明人、申请人或由上述人员直接或间接获得相关信息的人公开发明的，比如在巴黎公约签署国内举办的正式的或官方认可的国际展览会上把发明当作展品进行展示，并在该发明自信息公开或展览会举办之日起 6 个月内向主管机构提交申请的，可证明相关事实后认为该发明的可专利性不受影响。

实用新型应具备新颖性和工业实用性。新颖性体现在实质特征的组合不属于现有技术。现有技术是指实用新型的优先权日以前的在世界范围内公开的与实用新型相同产品信息或已有与实用新型相同产品在国内使用。此外现有技术作为实用新型是否具有新颖性的判断标准还包含在哈萨克斯坦国内由其他人提出的未被撤回的具有较早优先权的实用新型专利申请，和授予的实用新型专利。工业实用性方面实用新型发明应能商业化实际实施。

外观设计应具备新颖性和独创性。对申请日前公开披露的宽限期方面的规定与发明、实用新型相同。

三、专利的申请与审查

（一）申请流程

专利的申请是由申请人对一项或一组（满足单一性，相互之间有联系，属于一个总的发明构想的）发明向审查机构提交书面申请或带有电子签名的电子文件形式提交。专利申请文件的官方语言为哈萨克语或俄语，若申请人用其他语言进行撰写申请文件则应在 2 个月内提交哈萨克语或俄语翻译的版本。此期限可通过额外支付费用的方式最多延长 2 个月。若在指定日期内未提交翻译版本的申请文件，则视为申请人未提交。

（二）申请文件

专利人申请发明专利与实用新型专利时应提交的材料有：请求书、说明书、权利要求书、一份摘要、必需的附图和其他材料。其中申请发明专利说明书内容应体现该发明所涉及的技术范畴内的技术人员可以按照该内容实现为标准。而权利要求书的内容应在说明书为根据的基础上对实质内容进行清晰、确切的介绍。申请人申请外观设计专利时应提交：请求书，产品图片或样板模型，说明书和设计要点清单。申请人申请发明、实用新型与外观设计专利时在提交上述材料的同时还需提交缴纳所需（或减免）手续费的相关证明材料，若申请人提交申请材料时没有提交这些缴费证明材料则可以在申请提交后的 2 个月内通过支付另外费用提交该材料，此期限最多可延长 2 个月，在此期限内申请人没有提交的视为申请撤销。若有代理申请情形的还须提交一份委托书。

（三）审查流程

1. 发明专利的审查

哈萨克斯坦审查机构对申请人提交的发明专利申请文件进行审查。若提交的文件不符合规定或缺少的应在收到要求后的3个月内提交，不提交的视为撤回申请。在确定发明专利申请的提交日后，将对申请进行形式审查。形式审查检查文件是否齐全，是否符合规定。对申请人提交补充材料将审查是否改变发明的实质，若补充材料中包含的技术特征超过最初的权利要求书的认为是改变了实质，在审查时不予受理，申请人对此可在收到通知后进行独立的专利申请。

申请文件若不符合发明单一性要求，申请人应在收到通知后的3个月内，选择一项发明，对于其他的发明可分案申请。若未在规定时间进行选择与补交材料，则仅对权利要求书的第一项发明以及和此发明联系密切并满足发明单一性要求的其他发明进行审查。

形式审查完成后将通知申请人结果，在通知后的3个月内申请人支付实质审查费用后，进行实质审查。实质审查内容为确定申请对象是否符合发明专利授予条件、通过信息检索确定申请发明专利的技术水平、审查发明单一性和可专利性。

在实质审查期间，若提交的文件不符合规定或缺少的应在收到要求后的3个月内提交符合要求的不改变发明实质的材料，不提交的视为撤回申请。

实质审查结果符合授予发明专利权条件的，则授予申请人该发明权利要求的专利权，并确定发明的优先权日。主管机构根据审查机构的审查结果在10个工作日内实施授予发明专利权或驳回申请的决定。主管机构决定授予发明专利权的，审查机构应在10个工作日内向申请人发出审查机构的授予结论和费用支付的通知。在授予专利之日起3个月内，专利权人要向审查机构提交确认支付费用的证明。若没提交，可在3个月内补交，否则申请被视为撤回，终止对申请的处理，申请人将在补交期限届满之日起1个月内收到相关通知。

审查结果不符合授予发明专利权条件的，驳回申请。驳回的情况一般出现在：申请对象不能作为发明给予保护；最初提交申请材料中的发明权利要求书存在技术缺陷；没有修改权利要求书以更改除了发明对象外不能作为发明给予保护的对象或不满足发明单一性要求等。

授予专利权之前，申请人可在实质审查阶段将发明专利申请改为实用新型专利申请请求书。此后的审查按实用新型的规则审查。

若申请人需要审查所做出的决定涉及的材料，可以向审查机构提出要求，审查机构收到该要求后的一个月内将相关材料的复印件寄给申请人。

对没有在规定的期限内提交材料的申请人有正当理由时，在支付延期费用后，审查机构可延长期限。

对存在国家机密的申请专利，要以哈萨克斯坦国家机密法规定的程序予以保密。

在申请人的请求下，如果申请的发明是具有专利性有利条件的物品，则对发明专利申请的审查可实现以加速的形式进行要求，加速审查在6个月内完成，相关材料的提交由主管机构确定。

2. 实用新型申请的审查

哈萨克斯坦审查机构对申请人提交的实用新型专利申请文件进行审查。若提交的文件不符合规定或缺少的应在收到要求后的3个月内提交，不提交的视为撤回申请。

在审查过程中，审查机构将审查文件是否齐全，是否符合规定，并确定申请的优先权日，确定申请对象能否作为实用新型给予保护，并检查实用新型的单一性。

审查结果符合授予实用新型专利权条件的则授予专利权。主管机构根据审查机构的审查结果在10个工作日内实施授予实用新型专利权或驳回申请的决定。主管机构决定授予实用新型专利权的，审查机构应在10个工作日内向申请人发出审查机构的授予结论和费用支付的通知。在授予专利之日起3个月内，专利权人要向审查机构提交确认支付费用的证明。若没提交，可在3个月内补交，否则申请被视为撤回，终止对申请的处理，申请人将在补交期限届满之日起1个月内收到相关通知。

审查结果不符合授予实用新型专利权条件的，驳回申请。驳回的情况一般出现在：申请对象不能作为实用新型给予保护；权利要求书中的特征超出最初申请材料所包含的；没有修改权利要求以更改除了实用新型对象外不能作为实用新型给予保护的对象或不满足发明单一性要求等。

3. 工业品外观设计专利申请的审查

外观设计专利申请的审查分为形式审查和实质审查。形式审查审查申请文件是否齐全，并确定申请提交日和优先权日。如果申请材料不符合要求的，应在收到要求后的3个月内提交，不提交的视为撤回申请。此期限可以延长，最长不超过3个月。申请人提交的补充材料，若改变了实质将不予受理，将通知申请人将其办理为独立申请。

审查机构完成形式审查后将通知申请人审查结果。如果申请文件不符合外观设计申请应遵守的单一性要求，申请人在发出通知后的3个月内，应选择一项外观设计，并在必要时修改申请。在原申请材料中的其他外观设计可办理为分案申请。符合规定的分案申请可取得优先权。如果申请人在发出违反发明单一性要求的通知之日起3个月期限届满之前，未选择一项外观设计，也未提供修改文件，则仅对权利要求书的第一项外观设计以及与此外观设计联系密切并满足单一性要求的其他发明进行审查。

形式审查通过后，在收到通知3个月内支付实质审查费用后，审查机构对申请进行实质审查。实质审查内容为确定申请对象是否符合外观设计专利授予条件、通过信息检索确定申请外观设计专利的艺术设计创意水平、审查发明单一性和可专利性。在实质审查期间，若提交的文件不符合规定或缺少的应在收到要求后的3个月内提交符合要求的不改变外观设计实质的材料，不提交的视为撤回申请。此期限可延长，最长不超过3个月。实质审查结果符合授予外观设计专利权条件的，则授予申请人该外观设计权利要求的专利权，并确定优先权日。

主管机构按照审查机构的审查结果进行授予工业品外观设计专利权或驳回决定。主管机构基于审查机构的审查结果，在10日内做出授予实用新型专利权或驳回申请的决定。主管机构要在决定授予专利权之日起10个工作日内把相关需要支付费用的通知告知申请人。在主管机构做出专利授予决定并发出通知之日起3个月内，申请人应向审查机构提交已缴纳相应专利授予的准备、公布的费用和手续费的证明文件。如果未提交上述证明文件，可在3个月内补交，否则申请被视为撤回，终止对申请的处理，申请人将在补交期限届满之日起1个月内收到相关通知。

审查结果不符合授予条件的，驳回申请。驳回的情况一般出现在：申请对象不能作为外观设计给予保护；权利要求书中的特征超出最初申请材料所包含的；没有修改权利要求书以更改除了外观设计对象外不能作为外观设计给予保护的对象或不满足发明单一性要求等。

若申请人需要审查所做出的决定涉及的材料。可以向审查机构提出要求，审查机构收到该要求后的1个月内将相关材料的复印件寄给申请人。

（四）复审

若发明专利审查被驳回的，申请人可在收到驳回通知之日起3个月内向审查机构提出复审请求。对此复审委员会应在收到复审请求之日起4个月内进行复审。

若实用新型专利申请被驳回的，申请人可在收到驳回通知之日起3个月内向审查机构提出复审请求。对此复审委员会应在收到复审请求之日起2个月内进行复审。

若外观设计专利申请被驳回的，申请人可在收到驳回通知之日起3个月内向审查机构提出复审请求。对此复审委员会应在收到复审请求之日起2个月内进行复审。

（五）无效

专利在有效期内可因侵权纠纷或因被宣告无效等情形下全部或部分无效。

具体体现在：（1）不符合法律所要求的授予专利权条件的；（2）发明、实用新型专利权利要求书或外观设计简要说明书所涉及范围超出最初申请材料范畴的；（3）专利证书中的发明人或专利权人的信息存在错误的；（4）专利权证书的颁发不符合法律有关在国外的专利权获取规定的。

（六）专利权的恢复：继续使用权

当出现专利期限届满前因没有支付专利维持费而提前终止的情形时，专利权人可以请求予以恢复。专利权人可以在缴费期满之日起3年内提出并提交确认专利费已按规定的数额支付的证明材料。主管机构官方公报应对恢复专利事宜进行公告，信息公告之日为专利权恢复之日。在专利权终止之日起至恢复专利信息公布之日，开始使用专利客体或者为此进行必要工作准备的，在未扩大生产量的情况下可保留进一步无偿使用的权利。继续使用权可以转让给他人，但只能与已经使用或为此做好必要准备的实业一并转让。

四、保　　护

（一）专利侵权判定

违反专利法有关规定使用专利的行为构成专利侵权。未经授权的制造、使用、进口、储存、销售和其他方式使用专利的、把使用专利方法生产的产品进行流通等行为都构成专利侵权。

（二）赔偿

专利权人对于专利侵权行为可提出下列要求：停止侵权、损害赔偿（包括遭受的损失和精神损害赔偿）或追讨侵权人侵权所得。侵权赔偿数额由法院判决决定，范围是法律规定的月指数的1~5万倍。

（三）侵犯专利权的例外

侵犯专利权的例外情形有：（1）为临时或偶然过境目的而使用；（2）不以获取收入为目的，为了科学研究或实验目的而使用；（3）紧急情况如：自然灾害、灾难、重大事故中的使用，然后立即向专利权人进行通知并支付相应报酬；（4）不以获取收入为目的，为了满足个人、家庭或其他非商业目的而使用；（5）紧急情形下，根据医生处方在药房一次性地配药而使用；（6）向哈萨克斯坦国内进口、使用、标价出售、销售或其他方式引进民间流通，或因为上述原因储存的发明、实用新型、外观设计的产品是由专利权人或其同意的其他人引入的。

在专利优先权日前，在哈萨克斯坦境内善意使用独立完成的相同的技术方案，或为此已经做好计划与筹备的，可以在不扩大生产范围的情形下继续无偿使用，不构成侵权。

五、强制许可

若一项发明创造被授予专利权后没有得到连续使用，专利权人又对他人提出的商业条件为基础的许可合同在90天内拒绝签订的，他人在专利授权之日起3年内可向法院请求授予使用专利权人专利的非独占强制许可。对于专利权人不使用或不充分实施没有正当理由的，法院可进行强制许可的判决，并按照相关程序规定确定许可费用的数额、方式、时间期限等，其中许可费应不低于市场一般许可价格。

在确保国家安全、保护公共健康的需要、专利权人滥用专利权的情况下也会颁发非独占强制许可。其中使用与半导体技术有关的发明的非独占强制许可，仅允许其用于国家和公共利益目的的非商业用途，或在法律规定的其他情形下使用。

强制许可令应根据国家内部市场需要而制定。根据哈萨克斯坦批准的国际条约，当没有生产设施或生产设施缺乏的情形下，为了出口目的可颁发药品许可证。

若某一项发明的专利权人使用自己的发明创造时一定会侵犯他人的专利权，不侵犯就无法使用自己的发明创造的，且对方专利权人又拒绝向该专利权人（提出了可接受的条件）签订许可合同的，可向法院请求授予使用对方专利权人专利的强制许可。此外还有，专利权人使用自己的发明创造时一定会侵犯他人的专利权，而此专利比以前已经取得的专利具有显著经济意义与重大技术进步时，法院可以决定授予非独占强制许可。法院进行强制许可的判决时应按照惯例和相关程序规定确定许可费用的数额、方式、时间期限等。其中许可费应不低于市场一般许可价格。

第三节 乌兹别克斯坦专利法律制度

一、专利制度概况

《乌兹别克斯坦发明、实用新型和工业品外观设计法》的立法目的是规范发明、实用新型和外观设计的法律保护和使用的关系。

（一）专利主管机构

乌兹别克斯坦知识产权局（以下简称“知产局”）实施有关专利领域的法律保护政策，负责专利的申请受理、技术鉴定、登记、审查和授权，发布官方公告，制定专利相关法律应用的规章和解释，以及依据乌兹别克斯坦内阁通过的知产局管理条例授予的其他职能。知产局的经费来源包括国家预算、专利费，以及由知产局提供的服务和材料的费用。

知产局上诉委员会（以下简称“上诉委员会”）独立进行裁决并在法律规定的范围内行使职权。上诉委员会主要负责审理的上诉类型有：知产局与专利客体有关的决定，对专利授权的自然人、法人提起的上诉，对专利有效性提出反对的上诉。在法律规定的范围内上诉委员会对其他类型的上诉也可进行审查。上诉委员会的相关审理条例由乌兹别克斯坦内阁批准。

（二）发明人与专利权人

发明人是完成创造性工作的自然人。如果多个人相互独立地完成了创造性成果，那么专利权属于最先向知产局申请专利的人。如果是由多人共同创造的，则共同创作者都为平等的共同作者，除非协议另有规定。

专利权人主要包含：发明人（包含共同作者）或其继承人；在征得发明人同意的情况下，向知产局提交专利申请或提交变更申请时所指明的法人或自然人；法律规定的用人单位。

若有合同约定，雇员为执行公务或雇主的具体任务完成的发明创造的专利权属于雇主。如果雇主与发明人之间的协议没有规定《乌兹别克斯坦发明、实用新型和工业品外观设计法》第 10 条第 2 部分的内容，在这种情况下，发明人有权以自己名义申请和获得专利权。如果雇主与发明人之间的协议规定了该法第 10 条第 2 部分的内容，并且当雇员把发明创造的事宜通知雇主后，雇主在收到该通知后的 4 个月内若没有提交发明专利申请的，或没有申请意愿时没有把专利申请权转让给他人的，也没有通知发明人进行信息保密的，则发明人享有该专利的申请权与专利权。此时雇主若想在生产活动过程中使用该发明，则要依据与专利权人间的相关协议给专利权人支付相应补偿。如果雇主对专利内容要求保密的，则必须向发明人支付相应的报酬，报酬金额由协议确定。

因履行职务或者雇主的具体任务而完成专利的发明人若不是专利权所有人，专利权人若把该专利许可他人使用的，发明人有权取得一定的报酬。向发明人支付报酬的金额，规则和程序，由发明人与雇主之间的协议决定。

（三）专利享有的权利范围

1. 使用专利并且禁止他人使用其专利

对于专利权而言，只要行使方式不会侵害其他专利权人的利益，则专利权人有权使用它，并且禁止他人使用其专利。如果他人是按照相关法律规定使用专利不侵犯专利权的，则不可禁止其使用。

2. 转让与许可

专利权人享有通过与他人签订转让协议或许可协议将其专利进行转让或许可他人使用的权利。专利权人签订转让或许可协议后应到知产局进行登记。

3. 专利标记

专利权人可使用标记来表示相应产品获得专利授权，从而防止他人对其专利的使用。

共同发明人之间的权利分配与使用由他们之间的协议确定。若协议并没有约定权利的分配，任何专利权人可自由行使除转让、排他性许可外的使用专利行为。转让、排他性许可若得到其他专利权人的一致同意，则专利权人也可进行此行为。

（四）涉外要求

如果对于有关专利的相关问题，国际条约规定了其他规则，则适用国际条约的规则。

外国法人和个人享有《乌兹别克斯坦发明、实用新型和工业品外观设计法》规定的与本国法人和自然人同等的权利，或者根据对等原则享有权利。

（五）保护期限

发明专利的保护期限是从申请日开始计算的 20 年，满 20 年后也可延长 5 年。实用新型的保护期限是从申请日开始计算的 5 年，满 5 年后可延长 3 年。外观设计的保护期限是从申请日开始计算的 10 年，满 10 年后可延长 5 年。

二、可专利性

可申请发明的产品有：新的设备、物质、菌种、植物或动物的细胞培养物、方法。对已知设备、方法和菌种申请发明专利的，应体现一定的新用法。

发明应具备新颖性、非显而易见性和工业实用性。新颖性体现在发明创造不属于现有技术。现有技术是指发明的优先权日以前的在世界范围内公开的所有信息。非显而易见性是指发明与现有技术相比具有一定的不易预见性。工业实用性是指发明可适用于工业、农业等领域。

实用新型应具备新颖性和工业实用性。新颖性是指与现有技术相比有实质性特点。工业实用性是指该实用新型能够在实践中使用。违反公共利益、人道原则的对象不能作为实用新型受到保护。

外观设计应具备新颖性和独创性。新颖性体现为设计不属于现有设计。独创性体现在外观设计的本质性特征应具备一定创造性。不属于外观设计的几种情形有：（1）建筑、工厂、水力等工程及其他固定设施；（2）印刷产品；（3）液体、气体、颗粒和其他没有固定形状的物体；（4）与公共利益、人道原则违背的产品设计。

三、专利的申请与审查

（一）申请流程

专利申请需要发明人、雇主或继承人等申请人（也可由律师或代理机构）向知产局提交，并支付申请所需费用，如果存在费用可减免情形的应同时提交相关证明材料。若需要对申请材料进行修改或增加文件的，在符合不改变实质特征的条件下可在提交申请后的 2 个月内向知产局提出。若申请人在 2 个月内没有提交修改材料的视为撤回申请。申请材料没有达到标准的，申请人应在知产局提出要求的 3 个月内进行补充或更正。若申请人没有进行补充或做相应述说的，知产局会对首次提交的权利要求或外观设计的描写内容进行审查。当申请人支付了申请有关的费用，却由于不可抗的因素错过上述修改或补充材料时间的，可以在错过之日起 12 个月内向知产局提交重新审查的申请。

申请人提交专利申请，并在专利权授予之前可进行发明专利与实用新型专利申请间的转换，即将实用新型专利申请转为发明专利申请或将发明专利申请转为实用新型专利申请，完成此转换还须支付相应的费用。

（二）申请文件

申请发明必须包含下列文件：发明人和专利申请人的姓名以及他们的居住地点、对发明所描述的实用性进行完整公开的说明书、摘要和其他所需要的图纸和材料。

实用新型的申请必须包含下列文件：发明人以及专利申请人的姓名以及他们的居住地点；对所描述的实用性进行完整公开的说明书、表达其实质，并与描述完全对应的公式、需要进一步介绍的图纸和其他材料、模型以及有用的模型总结。

外观设计申请应包括下列文件：申请授予专利的申请书，指明外观设计的发明人以及专利申请人的名称，以及他们的居住地点；展示产品、布局或图纸的图像，对产品外观进行完整的详细描述；产品的一般视图的绘制，配置图；对外观设计所有基本特征进行的描述。

申请专利的信息应当在接受申请之日起 18 个月后的正式公告中公布。公布信息的组成由知产局确定。知产局应申请人的要求，可在提出接受申请的申请之日起18个月之前，公布专利申请的资料。审查机构应保护好申请文件所包含的内容与信息，不得擅自泄露。若造成公布专利申请资料前就泄露信息的，审查机构应担负相应的法律责任。

（三）审查流程

知产局的审查流程可分为：形式审查、对申请实用新型专利的审查，对发明专利或外观设计专利的实质审查。具体内容体现在以下方面。

1. 形式审查

知产局对专利申请的形式审查一般是在申请人申请之日起2个月内进行。知产局形式审查的主要内容为审查申请人提交的申请材料是否符合相应专利申请的法律授权条件。审查完毕后知产局将会通知申请人审查结果，若形式审查被驳回的，申请人可在收到驳回通知之日起3个月内向上诉委员会提出复审请求。对此上诉委员会应在收到复审请求之日起2个月内进行复审。对于不满复审结果的，申请人可在收到复审结果6个月内向法院提起诉讼。

2. 实用新型专利的审查

申请人向知产局提交实用新型专利申请后，应在收到受理申请通知后的3个月内支付实用新型专利申请费。知产局将对支付申请费的申请进行审查，申请人没有支付申请费的将视为撤回申请。知产局实用新型专利审查的主要内容为审查申请人提交的申请材料是否符合可授予实用新型专利的条件。审查完毕后知产局将会通知申请人审查结果，若审查被驳回的，申请人可在收到驳回通知之日起3个月内向上诉委员会提出复审请求。对此上诉委员会应在收到复审请求之日起2个月内进行复审。对于不满复审结果的，申请人可在收到复审结果6个月内向法院提出诉讼。

3. 实质审查

申请人向知产局提交发明专利或外观设计专利申请后应在收到受理申请的通知后的3个月内支付专利申请费。知产局将对支付申请费的申请进行审查，申请人没有支付申请费的将视为撤回申请。知产局实质审查的主要内容为审查申请人提交的申请材料是否符合可授予发明专利或外观设计专利的条件。审查完毕后知产局将会通知申请人审查结果，若审查被驳回的，申请人可在收到驳回通知之日起3个月内向上诉委员会提出复审请求。对此上诉委员会应在收到复审请求之日4个月内进行复审。对于不满复审结果的，申请人可在收到复审结果6个月内向法院提出诉讼。

（四）专利授予

授予专利权的发明、实用新型与外观设计应在知产局进行登记，官方公报公布相关专利申请登记信息10日后，知产局可签发专利证书。公报公告的完整清单与构成内容以及专利证书的信息构成由知产局确定。专利证书由知产局局长签署。专利权人可就专利证书存在的明显错误向知产局提出修改。若有多人对同一个专利提出申请的，只能授予一个专利权。

（五）无效、终止、放弃与恢复

专利权无效与终止的情形包括：对他人提出的无效请求上诉委员会做出无效裁定或法院做出无效判决、保护期届满、没有按期支付专利维持费、专利权人主动提出终止专利权。其中保护期届满时自动终止，而没有交维持费与专利权人主动终止属于提前终止的情形，需在官方公报上公开。当出现授予专利权的专利不符合授权条件的、授予专利权的专利申请材料中发明和实用新型权利要求不充分的或外观设计实质特征不明确的、在专利中被指定为专利所有人的人没有获得专利的法律依据等情形时，他人可就上述情形向上诉委员会提出无效（包含全部无效与部分无效）请求。不服上诉委员会裁决的可在裁决生效后的6个月内向法院提起上诉。上诉委员会审查无效请求期间该专利的专利权暂时停止。法院在审理期间直到纠纷得到处理为止不能继续生产包含该专利的产品。

专利权的放弃是指专利权人可通过书面形式放弃自己的专利权，书面申请文件到达知产局时放弃产生效力。对存在许可协议的专利来说，应当征询被许可人的同意，若许可协议有另外规定内容则按协议规定为准。并不是所有的专利会因部分专利权人的放弃而失去效力。对于放弃专利事宜专利权人应当通知该专利的发明人。发明人可优先取得该专利的专利权。

当出现专利期限届满前因没有支付专利维持费而提前终止的情形时，专利权人可以书面请求予以恢复。专利权人可以在专利终止之日起3年内，在《乌兹别克斯坦发明、实用新型和工业品外观设计法》规定的专利期限届满之前，向知产局提出恢复请求。专利权人申请的材料中必须附有确认专利费已按规定的数额支付的证明材料。知产局官方公报应对恢复专利事宜进行公告。在专利权终止之日起至恢复专利信息公布之日起，已经使用专利客体或者为此进行必要工作准备的，在未扩大生产量的情况下可保留进一步无偿使用的权利。

四、保　　护

（一）专利侵权判定

违反《乌兹别克斯坦发明、实用新型和工业品外观设计法》有关"专利权人使用专利的权利""授予专利使用权"等部分规定使用专利的行为构成专利侵权。未经授权的制造、使用、进口、报价、销售和计划使用为目的使专利产品流入民间流通的、使用专利方法、储存和引进用专利方法完成的产品等行为都构成专利侵权。

（二）侵犯专利权的例外

专利侵权的例外情形有：(1) 当《巴黎公约》的另一缔约方的交通工具暂时或意外地位于乌兹别克斯坦境内，为了运输工具自身的需要使用在乌兹别克斯坦受保护专利权产品的；(2) 为了科学研究或实验目的而使用；(3) 紧急情况如：自然灾害、灾难、重大事故、传染病等的使用；(4) 合法产品流入市场后的使用；(5) 使用发明、实用新型或者外观设计用于私人需要，使用目的不是盈利或收益的；(6) 根据医生的处方一次性在药店制作药品。

五、运　　用

需要使用专利权利的第三人应征得专利权人同意后在签订许可协议的基础下才能使用。若在专利申请以前就已经有人使用了与专利技术相同的技术方案或为了使用已经做好了计划与筹办的，可在初定的生产范围内继续免费使用该专利。

若一项发明创造被授予专利权后3年内都没有得到使用或充分实施的，可向法院请求授予使用专利权人专利的强制许可。

若某一项发明的专利权人使用自己的发明创造时一定会侵犯他人的专利权，不侵犯就无法使用自己的发明创造的，可以要求对方专利权人依据许可协议进行许可。

第四节　吉尔吉斯斯坦专利法律制度

一、专利制度概况

（一）保护客体

发明的产品包含下列种类：设备、物质、菌种、植物或动物的细胞培养物和已知设备、方法、物质、菌种的新用法，此外还包括在技术领域的新成果。《吉尔吉斯斯坦专利法》第5条规定了不授予专利权的几种情形：(1) 科学发现；(2) 科学理论和数学方法；(3) 商事行为的组织和管理方法；(4) 符号与规则；(5) 精神活动的表示形式；(6) 计算机程序和算法；(7) 仅仅是提供信息的解决方案；(8) 建筑物、园区和构造物的设计或架构；(9) 只与产品外观关联的，为达到审美标准的设计；(10) 集成电路布图设计；(11) 动植物新品种；(12) 违背公共利益、人道原则、对社会造成损失的方案。

上述情形中计算机程序及其算法，集成电路布图设计和动植物新品种由其他单行法另行规定。

外观设计是指确立产品具有确定的外观、富有美感的结构的设计方案，一般包含工业产品与手工业产品。不属于外观设计的几种情形有：（1）只是由于产品的技术功能而确定的设计；（2）建筑（除了小型建筑物外）、工厂、水力等工程及其他固定设施；（3）印刷产品以及相似的产品；（4）液体、气体、颗粒和其他没有固定形状的物体；（5）与公共利益、人道原则违背的产品设计。

（二）专利享有的权利

《吉尔吉斯斯坦专利法》规定了专利权人享有独占实施专利、禁止他人使用发明创造等。当有多个专利权人时对发明的使用方式按照专利权人间的协议确定。不存在协议时每个专利权人有权独自行使除了转让与提供独占许可以外的权利。对于转让与提供独占许可专利权人之间没能达成一致的由法院进行确认。

专利权包含下列内容：制造、使用、进口、许诺销售、销售或通过其他方式进入市场流通，此外还包括为达到上述目的而储藏专利产品与使用专利方法。

对于保护范围而言，发明与实用新型专利的由权利要求书确定，外观设计专利的由产品外观和说明书综合确定。

确认某产品是否使用了发明或实用新型专利的判断标准为该产品是否具有或等同的该发明或实用新型专利独立权利要求中的技术特征。对于外观设计而言判断标准为是否具备外观设计专利图片中外观的本质特征。生产产品样品与试验检验不属于侵犯专利权的情形。

专利权人可将专利权转让给任意自然人与法人。进行转让时必须在吉尔吉斯斯坦知识产权局进行注册并在公报上进行公告，注册与否决定是否转让成功。

（三）专利权相关主体

发明人是指以创造性劳动实现发明的自然人，若发明是由多人一同参与完成则参与的所有人为发明人。发明人之间如何行使权利，权利如何分配等问题由发明人之间的协议确定。若某人没有对发明创造作出创造性贡献，或只是提供技术、组织或物质上的协助，或只对专利注册与实施提供了帮助的则不是发明人。

专利权人是指发明人、符合法律规定的雇主、发明人或雇主（符合法律规定）的合法继承人或受让人。雇主和雇员之间的合同没有对专利权归属做出另外规定时，雇员在履行职责或完成工作任务而完成的发明创造的专利权归属于雇主。当雇员把发明创造的事宜通知雇主后，雇主在收到该通知后的4个月内若没有提交发明专利申请的，或没有申请意愿时没有把专利申请权转让给他人的，也没有通知发明人进行信息保密的，则发明人享有该专利的申请权与专利权。此时雇主若想在生产活动过程中使用该发明，则要依据与专利权人间的相关协议给专利权人支付相应补偿。雇主和雇员之间的合同没有对专利权归属做出另外规定时，若雇员利用雇主提供的物质、设施、技术或其他支持完成的发明并不是由于履行职责或完成工作任务的，发明人享有该发明的专利权。此时雇主若想在生产活动过程中使用该发明，则要依据与专利权人间的相关协议给专利权人支付相应补偿。作为专利权人的雇主应对不是专利权人的发明人按照他们之间的协议给予一定奖励。雇主对不支付奖励存在过错的应承担相应责任。若对此奖励的具体内容没有达成一致的，可交由法院处理。

（四）专利授权政府机构

吉尔吉斯斯坦知识产权局受理工业产权保护申请，审查申请并进行登记，颁发发明、实用新型、工业品外观设计的专利权证书，公布与专利有关的资料，制定实施专利法的规定等。知识产权局下属的复审委员会，是一个解决争端的机构。

（五）保护期限

自提交专利申请之日起，发明专利有效期为 20 年。自提交申请之日起，实用新型专利有效期为 5 年，经申请人申请可延长实用新型专利期限，最长不超过 3 年。自提交申请之日起，工业品外观设计专利有效期为 10 年，经申请可延长，最长不超过 5 年。延长专利保护期限的相关程序由授权机构制定。

（六）涉外内容

居住在吉尔吉斯斯坦的无国籍人士按照专利法和其他有关专利的法律享有平等保护专利的权利。如果吉尔吉斯斯坦的国际条约规定了专利法规定以外的规则，则适用国际条约的规定。

二、专利的有效性

发明应具备新颖性、非显而易见性和工业实用性。新颖性体现在发明创造不属于现有技术。现有技术是指发明的优先权日以前的在世界范围内公开的所有信息。此外现有技术作为发明，是否具有新颖性的判断标准还包含在吉尔吉斯斯坦国内由其他人提出的未被撤回的具有较早优先权的发明专利申请，和授予的发明专利。非显而易见性是指发明涉及领域内具备一定专业知识的普通技术人员不太容易预见与完成该发明。工业实用性是指发明可适用于工业、农业等领域。

实用新型应具备新颖性和工业实用性。与发明相比较，在新颖性、现有技术等方面的规定一致。工业实用性方面实用新型发明须适用于装置设备。

外观设计应具备新颖性和独创性。新颖性标准与发明、实用新型相同。独创性体现在外观设计的本质性特征应具备一定创造性。其中本质性特征主要涉及产品形状、图案、色彩或其组合体现的特征。

三、专利的申请与审查

（一）申请流程

专利的申请是由申请人对一项或一组（满足单一性，相互之间有联系，属于一个总的发明构想的）发明向吉尔吉斯斯坦知识产权局提交申请。申请人可在提出申请的2个月内对申请文件在不改变实质要件的先决条件下进行修改或说明。专利申请文件的官方语言为吉尔吉斯语或俄语，若申请人用其他语言进行撰写申请文件的应在3个月内提交吉尔吉斯语或俄语翻译的版本。申请人也可以通过委托专利代理人（应满足在吉尔吉斯斯坦知识产权局注册的条件）代为专利申请。在发布发明信息之前，申请人有权在收到授权通知之前提出转换申请，将发明专利申请转换为实用新型申请。优先权日期可适用于该转换中。

（二）申请文件

专利权人申请发明专利与实用新型专利时应提交的材料文件有：请求书、说明书、权利要求书、必须的附图和其他材料。其中说明书内容应体现该发明所涉及的技术范畴内的技术人员可以按照该内容实现为标准。而权利要求书的内容应在说明书为根据的基础上对实质内容进行清晰、确切的介绍。申请人申请外观设计专利时应提交：请求书，产品图片或样板模型，必要的产品整体外观图、工程概要图片、组装图片，说明书和设计要点清单。申请人申请发明、实用新型与外观设计专利时在提交上述材料的同时还需提交缴纳所需（或减免）手续费的相关证明材料，若申请人提交申请材料时没有提交这些缴费证明材料则可以在申请提交后的2个月内通过支付另外费用提交该材料，申请人没有提交的视为申请撤销。

（三）审查流程

吉尔吉斯斯坦知识产权局对申请人提交的专利进行形式审查和初步审查。首先进行的是形式审查，对达到形式审查标准的会给申请人发送形式审查通过并记载提交日期的通知。在通过形式审查的10个月内知识产权局会进行初步审查，在此期间若还需提交相应的补充材料的申请人应在收到要求后的2个月内提交，不提交的视为撤回申请。初步审查不通过将驳回该申请。初步审查通过之后，若申请人请求不进行实质审查的可以获得初步审查通过材料与专利授权证书，对于不请求实质审查的相关责任由申请人承担。

申请人自提交申请的18个月内知识产权局将对发明专利申请对象是否达到发明专利授予标准进行实质审查。若存在第三方请求对专利申请进行实质审查的，申请人会收到实质审查的相关通知。在此实质审查期间若还需提交相应的补充材料的，申请人应在收到要求后的2个月内提交，不提交的视为撤回申请。实质审查不通过将驳回该申请，通过申请的授予发明专利权证书。若申请人需要审查所做出的决定涉及的材料，可以向知识产权局提出要求，知识产权局收到该要求后的1个月内应将相关材料的复印件寄给申请人。

对实用新型和外观设计专利申请而言，与发明专利相比较只进行形式审查和初步审查没有实质审查，形式审查和初步审查的具体内容与程序与发明专利相同。知识产权局进行专利登记、官方公报上公开和颁发专利证书的条件除了需要专利申请通过审查外还需申请人缴纳相关手续费用。没有缴纳的视为撤回申请。

（四）复审

若形式审查或初步审查被驳回的，申请人可在收到驳回通知之日起2个月内向复审委员会提出复审请求。对此复审委员会应在收到复审请求之日起2个月内进行复审。对于不满复审结果的，申请人可在收到复审结果6个月内向法院提出诉讼。

若实质审查被驳回的，申请人可在收到驳回通知之日起3个月内向复审委员会提出复审请求。对此复审委员会应在收到复审请求之日起4个月内进行复审。对于不满复审结果的，申请人可在收到复审结果6个月内向法院提出诉讼。

专利全部无效或部分无效的决定机构为复审委员会与法院（有管辖权）。对于专利无效情形提出复审请求的，复审委员会应在收到复审请求6个月内进行复审并通知专利权人。对此复审来说复审请求人和专利权人都可参与，对复审结果不服的可在复审决定之日起6个月内向法院提起诉讼。对复审结果不服的任何一方可在复审决定之日起6个月内向法院提出诉讼。

（五）无效

专利在有效期内可因侵权纠纷或因被宣告无效等情形全部或部分无效。具体体现在：（1）不符合法律所要求的授予专利权条件的；（2）权利要求书或实质性特点清单所涉及范围超出最初申请材料范畴的；（3）专利证书中的发明人或专利权人的信息存在错误的。

四、保　　护

（一）赔偿

专利权人、独占许可被许可人（许可合同未做另行规定的）、非独占许可被许可人（许可合同中有相关规定的）对于专利侵权行为可提出下列要求：停止侵权、损害赔偿（包括利润损失和精神损害赔偿）或追讨侵权所得。侵权赔偿数额由法院判决决定，范围是吉尔吉斯斯坦法律规定的最低收入的10~5万倍。

（二）侵犯专利权的例外

侵犯专利权的例外情形有：（1）为临时或偶然过境目的而使用；（2）为了科学研究或实验目的而使用；（3）紧急情况如：自然灾害、灾难、重大事故、传染病等的使用，然后立即向专利权人支付相应报酬；（4）合法产品流入市场后的使用；（5）使用发明，实用新型或者外观设计用于私人，家庭或者其他需要，使用目的不是盈利或收益，不涉及经营活动需要的；（6）使用、标价出售、销售或为此目的储存进口到吉尔吉斯斯坦或其他引进民间流通的发明、实用新型、外观设计的产品。

五、强制许可

若一项发明创造被授予专利权后3年内都没有得到使用或充分实施引起该专利所涉及产品在市场上供应量缺乏情形的，专利权人又拒绝向有意使用者（提出了可接受的条件）签订许可合同的，可向法院请求授予使用专利权人专利的强制许可。对于专利权人没有正当理由的不使用或不充分实施，法院可进行强制许可的判决，并按照惯例和相关程序规定确定许可费用的数额、方式、时间期限等。

若某一项发明的专利权人使用自己的发明创造时一定会侵犯他人的专利权，不侵犯就无法使用自己的发明创造，且对方专利权人又拒绝向该专利权人（提出了可接受的条件）签订许可合同的，同时专利权人的发明或实用新型与对方专利相比较更具经济价值的，可向法院请求授予使用对方专利权人专利的强制许可。法院在强制许可的判决中应按照惯例和相关程序规定确定许可费用的数额、方式、时间期限等。

当遇到自然灾害、灾难、重大事故、流行疾病等情形或考虑到国家安全时，国家政府可对专利权人进行一定补偿后授予他人强制许可，此类强制许可只能在授权使用目的范围内制定相关的使用费和支付期限。

第五节　本章小结

中国与哈萨克斯坦、乌兹别克斯坦与吉尔吉斯斯坦等中亚国家自20世纪90年代以来开展贸易合作。随着各国经济的发展与合作的深入，贸易的规模越来越大。其中贸易主要涉及领域为能源领域，而对于知识产权方面的合作较少。

从创新力方面来说，技术经济学上，常常用创新指数来反映各个国家创新总体发展面貌，世界创新指数的评比围绕制度环境、市场体系的发展程度、知识与技术成果等要素进行。从前几年的国家创新指数中可以看出中亚国家整体创新能力总体偏弱，其中哈萨克斯坦排名较前，在《2017 年世界创新指数》中的全球排名中位居第 78 名，吉尔吉斯斯坦位居第 95 名。哈萨克斯坦在学生与教师比例方面排全球第一，在保护中小投资方面也有较好的排名。

从法律制度环境来说，哈萨克斯坦还未加入《海牙协定》，吉尔吉斯斯坦较为全面地加入了《专利国际公约》，乌兹别克斯坦还未加入 WTO、欧亚专利组织与《海牙协定》。没有加入 WTO 意味着法律的制定与实施不受世界贸易组织有关国际贸易仲裁制度的约束。同时在国内立法方面，可能还存在虽然立法内容依照国际公约内容制定，但执法水平与执法力度有待提高的一面。

从 2002 ~2016 年有关发明专利的数据统计（其中发明专利备案数是该国居民在本国与外国的备案数；发明专利申请与授权的数量包含该国居民、非该国居民与该国居民在海外申请、授权发明专利之和）来看（如表 2 -2 所示），哈萨克斯坦较为突出，但从中亚角度来看发明专利申请的积极性，发明专利拥有量等方面还处于待进一步加强的阶段。

表 2 -2　2002 ~2016 年三国发明专利备案、申请与授权件数统计

	哈萨克斯坦[1]			乌兹别克斯坦[2]			吉尔吉斯斯坦[3]		
年份	备案	申请	授权	备案	申请	授权	备案	申请	授权
2002	1595	1698	—	715	918	534	123	128	65
2003	1738	1840	1400	953	1124	168	183	184	105
2004	1789	1900	35	277	482	181	—	2	1
2005	1576	1679	27	265	445	408	—	8	2
2006	1476	1600	16	332	518	273	—	3	4
2007	1829	2023	202	327	525	325	220	223	112
2008	1824	2013	300	278	464	300	220	223	173
2009	1789	2103	1937	239	413	246	174	177	106
2010	1921	2194	2027	374	636	194	181	187	173
2011	1821	2138	1990	304	578	179	197	202	2
2012	—	504	139	270	523	177	130	131	121
2013	2386	2764	1645	308	566	184	130	133	122
2014	2453	2724	1694	374	597	193	173	180	134

[1] 世界知识产权组织官网，http：//www. wipo. int/ipstats/en/statistics/country_profile/profile. jsp?code = KZ ［EO/BL］，访问日期：2018 年 1 月 30 日。

[2] 世界知识产权组织官网，http：//www. wipo. int/ipstats/en/statistics/country_profile/profile. jsp?code = UZ ［EO/BL］，访问日期：2018 年 1 月 30 日。

[3] 世界知识产权组织官网，http：//www. wipo. int/ipstats/en/statistics/country_profile/profile. jsp?code = KG ［EO/BL］，访问日期：2018 年 1 月 30 日。

续表

年份	哈萨克斯坦			乌兹别克斯坦			吉尔吉斯斯坦		
	备案	申请	授权	备案	申请	授权	备案	申请	授权
2015	1797	2029	1704	305	524	177	180	184	129
2016	1526	1757	515	385	587	168	138	143	137

除了上述几点外，在与中亚国家贸易往来中也存在我国大多数企业不重视知识产权保护意识与布局意识的现象。据《2013 专利统计年报》统计，2013 年我国在吉尔吉斯斯坦申请专利 1 件，乌兹别克斯坦申请专利 5 件，乌兹别克斯坦专利授权 2 件，在乌兹别克斯坦发明专利有效 6 件。❶ 据《2014 专利统计年报》统计，2014 年我国在乌兹别克斯坦申请专利 6 件，乌兹别克斯坦发明专利授权 1 件。❷ 在《2015 专利统计年报》中，我国向吉尔吉斯斯坦申请 2 件，向哈萨克斯坦申请 7 件，向乌兹别克斯坦申请 2 件。在乌兹别克斯坦专利授权 2 件，通过国内代理途径向哈萨克斯坦申请发明专利 6 件，乌兹别克斯坦 2 件，向乌兹别克斯坦发明专利授权 1 件。❸ 从上述数据可以看出我国企业或个人在哈萨克斯坦、乌兹别克斯坦和吉尔吉斯斯坦申请专利的热情并不高，战略意识有待进一步提高。这也从侧面体现了还是有许多人对这些国家的专利制度与法律环境并不熟悉与了解。

随着"一带一路"建设的深入，今后我国企业在沿线国家申请专利的趋势会更加明显，为了把握好维权的重点，应在相互尊重的基础上加强交流，做好相应策略的研究与制定。对可能存在的专利风险应严谨对待，认真分析，除了了解共同点外，更要重点了解其特殊性，根据完备的专利维权策略解决与预防专利侵权风险。维权策略主要集中在事前的专利尽职调查以防落入陷阱。如果不了解其中的规则和实际执法环境，专利风险则会大大提升。由于实践中存在法律条文与执法实施可能存在偏差的情形，因此需要对真实的执法环境做深入、全面知晓，免得落入陷阱。对此可通过积极开展知识产权合作、建立和完善海外维权的工作体系和服务机制、完善企业专利预警系统、企业自身需强化内部化途径保护专利权、加强涉外专利专业人才的培养等方面的工作。

❶ 国家知识产权局：《2013 专利统计年报》，http：//www. sipo. gov. cn/tjxx/jianbao/year2013/f/f3. html［EO/BL］，访问日期：2018 年 2 月 10 日。

❷ 国家知识产权局：《2014 专利统计年报》，http：//www. sipo. gov. cn/tjxx/jianbao/year2014/f/f2. html［EO/BL］，访问日期：2018 年 2 月 10 日。

❸ 国家知识产权局：《2015 专利统计年报》，http：//www. sipo. gov. cn/tjxx/jianbao/year2015/f/f4. html［EO/BL］，访问日期：2018 年 2 月 10 日。

第三章　东南亚地区专利法律制度

东南亚包括越南、老挝、柬埔寨、缅甸、泰国、马来西亚、新加坡、印度尼西亚、菲律宾、文莱、东帝汶等国家/地区。本章选取新加坡、马来西亚和菲律宾三个国家进行介绍。

第一节　概　述

新加坡、菲律宾和马来西亚三国加入有关专利的国际条约的基本情况，如表3－1所示。总体上看，三个国家均已加入《巴黎公约》《专利合作条约》《TRIPS协议》《建立世界知识产权组织公约》，满足了基本国际化的要求。相比之下，新加坡加入的专利国际条约最多，其国际化程度较其他国家较高，在一些新专利领域比较积极，比如有关植物新品种和微生物保存方面。马来西亚和菲律宾在加入国际公约方面比较保守，这与本国的经济发展和国家政策有一定联系。

表3－1　新、菲、马三国加入专利国际条约的基本情况

条约名称	新加坡	菲律宾	马来西亚
巴黎公约	√	√	√
专利合作条约	√	√	√
TRIPS协议	√	√	√
建立世界知识产权组织公约	√	√	√
关于工业品外观设计国际注册的海牙协定	√		
保护植物新品种国际公约	√		
用于专利程序的微生物保存布达佩斯条约	√	√	

第二节　新加坡专利法律制度

一、专利制度概况

新加坡的专利制度建立较晚，20世纪末才开始对专利保护进行立法活动。

从立法模式上看，新加坡对发明和工业设计进行分开立法，并没有统一在专利法之中，并且将实用新型类智力创造排除在专利保护范围之外。[1] 1994 年 11 月 5 日，新加坡颁布首部专利法（Patent Act 1994），在 1995 年新加坡专利法生效之前，新加坡的专利注册与保护制度隶属于英国的有关专利法，也即一项发明如果想在新加坡获得法律保护，需在英国申请并获得专利权后，再将该专利在新加坡进行注册。这种保护模式深刻影响了新加坡专利制度的构建，可以说新加坡专利法在很大程度上是以《1977 年英国专利法》为蓝本而创造出来的，法院在对专利法相关概念解释时也时常援引英国判例。

随后，新加坡在 2002 年，2005 年分别对专利法进行修订，并且于 2007 年 10 月 1 日颁布《专利法实施细则》。2012 年后新加坡通过了一系列修订法案进行专利制度的改革，其中包括 2012 年 8 月 13 日通过的《专利（修正）法》，该修正法案于 2014 年 2 月 14 日开始生效。为了保证《专利（修正）法》的有效实施，新加坡律政部于 2014 年分别颁发了《专利（修正）细则》和《专利（第 2 号修正）细则》，两部细则分别于 2014 年 2 月 14 日和 2014 年 3 月 10 日正式生效。2012 年专利法的修订主要引入了以新颖性、创造性和工业实用性为专利审查标准的"积极授权制度"和补充审查程序等重要内容。

2000 年，新加坡颁布了第 25 号法案《注册工业品外观设计法》（以下简称《外观设计法》），以及配套的《注册工业品外观设计法实施细则》（以下简称《实施细则》）。新加坡《注册工业品外观设计法》先后于 2001 年和 2005 年进行两次修订，现行有效版本为 2005 年外观设计法。2012 年新加坡律政部颁布第 16 号法案《2012 年知识产权（杂项修正）法案》（生效日期为 2014 年 11 月 13 日），对外观设计立法中的有关申请文件、流程，以及费用等方面做出修订。而《实施细则》于 2002 年进行了第一次修订，2014 年 11 月 13 日新加坡出台《2014 年注册工业品外观设计实施细则》对 2002 年的版本进行修正，以便落实《外观设计法》第 74 条的规定。

（一）专利保护的客体

新加坡专利制度比较特殊，专利法中只规定了对发明专利的保护，对实用新型没有提及，并且对工业品外观设计进行单独立法，因此新加坡专利法保护的客体只有发明一种类型。

---

[1] 参见 WIPO 世界知识产权组织网站，http：//www. wipo. int/wipolex/zh/profile. jsp？ code = SG［EO/BL］，访问日期：2017 年 10 月 26 日。

（二）排除客体

1. 违反“公共秩序”的发明

违反国家法律、社会公德或者妨害公共利益在法律上称为“公共秩序”问题，[1] 这类发明创造对社会的发展和创新没有积极的作用，与专利法的立法目的相违背，因此国际上一般都将此类发明排除在专利法保护客体之外。《新加坡专利法》第 13 条第 2 款规定，当一项发明的公开和使用具有鼓励攻击性、违反社会公德、反社会行为的作用时，不能获得专利保护。并且在第 3 款中具体阐明第 2 款的立法目的，将具有攻击性、违反社会公德、反社会性质的行为限定在新加坡法律所禁止的范围内，也即只有新加坡法律明令禁止的类似行为产生的发明才不能被授予专利权。

2. 其他不授予专利的发明

其他不授予专利的发明包括：（1）自然产生的微生物及其成分，动物，植物及动植物的提取物；（2）科学或数学原理或规则；（3）计算机程序；（4）人类和动物疾病的诊断、处置和治疗方法。

二、可专利性

《新加坡专利法》第 13 条规定，一件具有可专利性的发明需要满足三个条件，一是该发明必须是一项新发明，二是该发明必须具有创造性，三是该发明具有能够工业应用的属性。简单来讲，可专利性发明需要具备新颖性、创造性和（工业）实用性，即“三性”标准。

（一）新颖性

《新加坡专利法》第 14 条第 1 款中对新颖性的定义为：一项发明不是现有技术的组成部分才算是新的。现有技术包括下列任何一种情况：第一，一项发明在申请专利前已在国内公知公用的；第二，一项发明在申请专利前，其主题已在新加坡或外国的文件或出版物上发表过、展出过或者以其他方式公之于众的；第三，一项发明在申请专利权前已在新加坡或外国取得专利权的；第四，在新加坡已申请专利的发明申请人放弃了申请。

《新加坡专利法》第 14 条第 4 款规定在以下情况中，如果发明被披露，自公开之日起 12 个月内申请专利授权而不丧失新颖性的例外情况：（1）由于他人非法取得，或者违反保密义务而披露的发明；（2）他人从发明人或其他基于合理信赖取得发明之人处合法取得，但违反保密义务；（3）在规定的国际展会上披露的发明；（4）在任何学术性团体中，由发明人或者经其书面授权

[1] 吴汉东. 知识产权法（第六版）［M］. 北京：北京大学出版社，2014：139.

同意之人，发表论文或者公开的发明文件。这里的学术性团体包括新加坡国内外的任何以促进学术、科学进步为目的的学术协会或者俱乐部；（5）除上述4条规定外，披露是由发明人或者其他直接或间接从发明人处获得该发明的人做出的情形。如未经发明人同意，知识产权管理人擅自提出专利申请的情形。

（二）创造性

《新加坡专利法》第7条规定："一项发明对于本行业具有一般技术水平的人不是显而易见的，应视为具有创造性的步骤。"对于创造性，新加坡采用了"非显而易见性"的标准。

（三）工业实用性

对于工业实用性，《新加坡专利法》第16条第1款作了如下规定："一项发明可以用于包括农业在内的任何一种产业，则该项发明应被视为具有工业实用性。"同时，在第2款中排除了"通过手术、治疗或在人体或动物身体上进行诊断的发明"获得专利权保护，这种治疗方法不能视为具有工业实用性。但是，在治疗过程中"由某物质或者组合物产生的用于此类治疗的新产品"是可以作为发明获得授权的。

三、专利的申请与审查

（一）申请相关原则

1. 先申请原则

两个以上的申请人分别就同样的发明创造申请专利的，专利权授予最先申请的人。

2. 优先权原则

《新加坡专利法》第17条对优先权日期做了详细规定，发明专利申请在首次披露后，12个月内在新加坡享有优先权，在申请专利时应当请求注册员就该优先权做出声明。同时，第17条第2C项还规定了一种例外情况，即使申请人未在首次披露后12个月内向新加坡专利注册局提出专利申请，申请人仍旧可以向注册员提出该优先权声明请求，只要申请人能在该请求中证明自己已经尽到合理的义务，并且是出于非故意的，该情况仍然发生的，专利注册员可以就该申请做出批准。

同一申请人就同一项发明先后向专利注册局提出申请的，《新加坡专利法》第17条第3款对其进行规定。只有在第二次发明申请日之前，第一次申请被无条件撤回、放弃或者被拒绝，并且未在新加坡或其他地方向公众提供，没有遗漏任何权利，也没有在任何地方就在先申请确定优先权日期的，才能享有优先权。

（二）申请文件

《新加坡专利法》第25～26条规定，申请人在提交专利申请时需要填写官方规定的申请表格并提交与发明有关的文字或附图文件，具体包括：（1）专利申请表。以规定格式和规定方式向注册机关提出。（2）说明书。申请专利的相关说明书，至少列举一种发明的实施例及附图说明。说明书的内容要求对本发明技术领域的技术人员来说清晰和完整。（3）权利要求书。包含一项或多项权利要求，说明所要求保护范围，权利要求必须清晰具体，能够得到说明书的支撑。（4）与专利说明或权利要求有关的附图。（5）发明的摘要。其目的在于提供技术资料以及对是否构成现有技术的考察。（6）有关优先权的文件。

（三）申请流程

1. 提交申请文件

申请人向专利局提交申请以后，注册员将会对专利申请文件进行审查，以便确定申请日。如果专利申请资料缺漏，注册员将在文件提交后尽快通知申请人还需提交的文件，申请人须在法定期间内，对注册员作出答复并提交相关文件，注册员收到最后一份文件时应通知申请人该日为专利申请日。若超过法定期间，或者仍有未提交文件，则该专利申请应视为已被放弃。对已提交的专利申请文件都应在专利注册局进行备案。

2. 申请的公开

《新加坡专利法》第27条规定，新加坡专利注册局在法定申请期届满后，应及时将该专利申请进行公开，除非该专利申请已被撤回、被视为放弃或者在公开准备阶段已被专利注册局驳回，申请人也可以请求专利注册局对其申请的专利提前公开。公开的内容不仅包括原始权利要求，还应该包括任何有关权利要求的修改案，以及在公开准备工作之前提出的新的权利要求。注册员可以就那些可能会损害或贬低他人，或者会导致犯罪，不道德或者反社会行为的申请文字进行删减。

（四）审查流程

新加坡对发明专利的取得采取形式和实质审查并重的模式，申请人提出发明专利申请后，专利注册员会在一定期限内对其进行形式审查，如符合形式审查要求的，专利注册员会向申请人发送一份审查意见通知书，申请人可据此要求进行实质审查。实质审查的启动由申请人主动申请，政府一般不会主动干预。

1. 初步审查

初步审查即形式审查，专利注册员主要就专利申请的文件是否完整，是否缴费等内容进行审查。根据《新加坡专利法》第28条第1款的规定，在以下情况均满足的情况下，专利注册员可以就申请进行初步审查：(1) 有确定申请日；(2) 该申请没有被撤回或者被视为放弃；(3) 申请费用已经缴付；(4) 已有一项或者多项权利要求提出；(5) 根据《新加坡专利法》第26条所述申请文件均已提交专利注册处。

注册员在初步审查过程中要注意专利申请的文本是否按照规定格式作出，附图及说明是否清晰完整。如果文件、格式未按规定作出，依据《新加坡专利法》第29条第4款规定，注册员需向申请人发出通知，要求申请人补正申请材料，申请人也可就通知内容作出意见说明，未在规定时间内作出修正的或作出不符合《新加坡专利法》第31条和第84条规定的修订，注册员可以拒绝该申请。初步审查完成后，注册员需要向申请人发出通知，以便申请人提出实审请求。

2. 检索与审查

《新加坡专利法》第29条对专利实审中的检索和审查做出明确规定。专利申请人在接到初步审查完成的通知后，需要在法定期间以规定的形式向专利注册局提出检索与审查（包括补充审查）的请求。在此过程中，专利审查员将对该发明的新颖性、创造性和工业实用性进行实质性审查。

若申请人就该专利申请提出检索报告的请求，注册员需将审查员完成的检索报告副本发送给申请人。该条第3款还规定，申请人在收到检索报告后，需在规定期限内提交审查报告的请求。在审查员撰写审查报告或补充审查报告后，应当将该报告副本发送给申请人。

该条第7~10款规定，对提起实审请求的或补充审查请求的，审查员可以就该专利申请给出书面意见，注册员在收到书面意见后应当将该书面意见发送给申请人。申请人可以就该书面意见在该审查报告做出前，以规定形式向专利局做出答辩，或者按有关规定修改专利申请书。若申请人未在规定期间内向专利局做出答复，则该申请视为撤回，专利申请人也可以在检索审查报告（包括补充审查报告）做出前的任何时间主动撤回实审请求。

在初步审查结束后，发生以下情形的，该专利申请将自动视为已被放弃：(1) 申请人未在法定期间内提出检索审查报告的请求的；(2) 在检索报告送达申请人后，申请人未在法定期间内（6个月）提出审查报告请求的；(3) 申请人未在法定期间内提出补充审查请求的。

3. 专利授权

根据《新加坡专利法》第29条第4~6款的规定，所做出的检索报告、审查报告以及补充审查报告中不存在任何未解决问题时，注册员应当向专利申请人做出授予专利权的通知。同时，《新加坡专利法》第30条对专利授权做出概括性规定，如果满足下列所有条件，应授予申请人专利：（1）所有法定要求都已满足；（2）申请人收到注册员的授权通知；（3）有关专利授权文件已经备案后。但是，若申请人未在法定期间内满足第（1）项和第（2）项，则该专利申请将视为已被放弃。

（五）涉外申请

1. 申请程序

（1）申请：每名申请人需提交一份申请，在12个月的优先权的日期内提交给专利主管部门。

（2）公示：该申请将在提交申请日18个月后公示。

（3）有两条审查路径：

（a）本地检索和审查请求：申请人可要求自优先权日起36个月内进行本地检索和审查。

（b）修改审查请求：申请人可自优先权日起54个月内提出修改审查的请求。如果允许通过，申请人需提交有关国外申请程序的描述性信息，并附上补充审查回应表。申请人可以自收到拒绝通知的2个月内，对不良的、负面的以及补充的审查报告做出回应。

（4）注册：收到检索和审查报告后，该申请人须评估是否需要继续获得一份专利的授权及维持该专利。如申请人认为需要，可在2个月内提交一份授权请求。一经授权后，就会发布授权证书。该授权书的内容和日期将在《专利杂志》上给予发表。

2. 在新加坡提交专利申请需提供的信息或文件

（1）国家直接申请：

（a）对授予专利的申请（PF1〔2004〕）：（i）申请人名称和地址；（ii）发明人名称和地址；（iii）一份详细说明，包括说明书、权利要求和必要的图表；（iv）如已获得申请优先权，需注明在哪国获得以及申请的具体情况。

（b）专利代理人委托（PF41）。

（c）须陈述并解释申请人如何有权获得发明者的专利，通常借助于委托或雇用关系（PF8）。

（d）并无硬性要求发明者向申请人提交正式委托书。

（2）PCT国家阶段的专利申请：

（a）表37。

（b）一份英语PCT申请副本（即PCT/RO/101申请表）。

（c）PCT申请详细（与世界知识产权组织目录匹配）。

（d）一份最初提交的PCT文件副本（用英文书写）。

（e）一份在国际阶段提交的修正文本副本（用英文书写）。

（f）一份由申请人签署的代理人委任表。

（g）如申请人并非发明者，须陈述并解释申请人如何有权获得发明者的专利，通常借助于委托或雇用关系（PF8）。

（六）复审

根据《新加坡专利法》第29条第4~6款，所做出的检索报告、审查报告以及补充审查报告中存在任何问题未解决，则注册员影响申请人做出拒绝授予专利的通知，申请人在接到该通知后可以依据该法第29B条，在法定期间内请求对该审查报告进行复查，同时也可以就该申请在该法第31条和第84条的规定下，以法定的方式修改申请，以解决审查报告中的问题。审查员在进行复审后，可视情况做出复审报告，注册员在收到复审报告后，应将复审报告的副本发送给申请人，如果该报告已经解决原有问题，或者审查员未作出任何反对意见，注册员应当一并送达专利予以注册的通知。

（七）专利的撤销

《新加坡专利法》第14章规定了专利的撤销程序和有效性问题，且专利局注册员和高等法院都有权撤销某项专利。该法第80条第1款规定，只要满足以下任何理由之一，专利注册员可依据任何人的申请决定撤销该专利。

（1）该发明不具备可专利性，即不满足新颖性、创造性和工业实用性的要求；（2）该专利授予了无权获得此专利之人；（3）对该技术领域的专业人员来说，该专利的说明书没有对发明进行清晰完整的披露；（4）说明书中披露的内容超越了专利申请书；（5）擅自修改专利说明书、专利申请书；（6）以欺诈、虚假陈述的方式取得，或者因任何未披露或者未准确披露规定的重要信息而取得（无论拥有提供信息的义务人是否明知或应知这些信息或者不准确的内容）。（7）该专利是具有相同优先权日期并由同一方或其继承人提交的同一发明的两项或多项专利中的一项。

同时，该条第5款规定在满足第83条规定的情况下，对专利说明书和申请书的修改不会引起专利的撤销。授权专利一旦撤销，自授权之日起就处于无效状态。但根据该条第6款之规定，专利注册员的决定将不影响专利侵权诉讼中的任何一方对第1款撤销事由的适用，无论该决定的结论是什么。

四、保 护

(一) 专利的保护期限与范围

1. 专利保护期

新加坡的专利注册和授权由专利办公室负责，与我国相同的是新加坡对发明专利的保护期限都规定为20年，但新加坡特别规定，符合法定情形的，专利权人可以申请延长专利权的保护期限，在专利到期后的6个月内缴纳续展费用，最长可延长5年。根据《新加坡专利法》第36A条第1款规定，在以下法定情形下，专利权人可以申请延长保护期。

专利申请审查的期限被专利审查员或注册员不合理地拖延。

如果所申请专利是基于关联专利申请的描述而提起的，且(1)所涉关联专利的申请审查被审查员或注册员不合理地拖延；(2)专利办公室已经因为这种拖延而对该关联专利授予延长保护期，如果专利中包含了任何与化学药品活性成分有关的物质，且(3)使用该专利产品或者方法的机会因为需要获得药品上市注册被不合理地限制，且运用该物质的化学药品是第一次申请上市销售注册；(4)该专利的保护期以前没有因为这个原因被延长过。

2. 失效专利的恢复

《新加坡专利法》建立了特殊情况下专利保护期的延长保护制度，在专利到期后6个月内，基于该法第36A条第1款的规定，申请人可以通过缴纳续展费等相关费用的途径延长专利保护期。对于这种可以延长保护期的专利，如果专利权人没有在法定的6个月内提出申请并缴纳费用，该专利将成为公有技术。但是《新加坡专利法》第39条对这种特殊情况下的专利规定了恢复专利权的制度。恢复专利的申请人可以是专利权人，也可以是在专利权保护期内的专利被授权人，对共同发明的可以是其中一名发明人或者是全体发明人。根据该条第5款之规定，给予专利到期后法定时间内未缴纳续展费的申请人6个月的宽限期，也即在专利到期后12个月内都可以提出对该专利进行续展。申请人需向注册员证明自己未在法定期间内缴费不存在主观的故意，并依据注册员的决定缴清续展费等相关费用。如果在注册员做出决定后，专利权人没有按照规定条件履行该决定，或者注册员认为申请人有关行为违背了相关注册规定，专利注册员有权撤销该回复专利的决定。

该条第8~13项规定了恢复专利的有关效力问题。

(1)在专利保护期届满到恢复期间内，任何关于专利的处分行为均视为有效；(2)在专利保护期届满到恢复期间内，关于专利侵权的规定适用于该期间；(3)如果该专利有可能不会恢复，并且在恢复通知发出前，行为人善意地实施该专利，或者善意地为实施该专利做了有效和认真的准备，则行为人在专利恢复后就原有范围继续实施该专利，不视为侵权，但不得授权他人继续实施；（4）如果行为人已经就该专利完成了实施，或做好实施准备，在商业活动中，该行为人可以享有第10款所赋予的权利，即可以授权他的合作伙伴在本次商业活动中实施该专利，也可以将该权利许可给他人，或者在自然人死亡或法人团体解散的情况下，将该权利转让给其他实施该专利或者为实施做出准备的人；（5）由第10款和第12款赋予权利的行为人在处理该专利后，任何接受该专利的第三方可以与专利权人同样的方式处置该专利。

3. 发明专利的范围

《新加坡专利法》在确定发明范围时，采取了与我国一致的折中原则，该法第113条规定，已申请专利的发明或已授予专利的发明，除上下文另有规定外，均视为申请中指明的权利要求的全部内容，可以根据说明书和说明书中所包含的任何附图解释的该申请或专利的权利要求，以确定该专利申请或授权专利保护的范围。

（二）专利侵权判定原则

目前，新加坡现行有效的专利法以及专利制度的架设主要是对英国专利法的借鉴和移植，因此法院在审理专利侵权案件时主要会援引到英国有关专利侵权判定原则，比如公知技术抗辩原则、多余指定原则等。

（三）专利权的侵权类型

1. 主要侵权行为

根据《新加坡专利法》第66条第1款之规定，在专利授权期限内，专利权人对专利产品或者方法享有专有权，可以禁止任何人在新加坡对专利发明实施任何以下的行为。

（1）如果该发明是一件产品，制造、销售、许诺销售、使用或进口该专利产品，不论是否为了销售而贮存该产品。

（2）如果该发明是一项方法，使用该方法或在知晓的情况下允诺在新加坡使用该方法，或者对一个理性人来说，在这样的情况下，即没有专利权人的许可而使用该方法，很明显的会侵犯专利权。

（3）如果该发明是一项方法，销售、许诺销售、使用或进口任何由该方法直接获得的产品或者不论是否为了销售而贮存该产品。

2. 专利的临时性保护

《新加坡专利法》第76条规定了发明专利申请临时保护的条款，"一件发明专利申请公布后，依据本条规定，申请人在公布后到专利授权的期间内享有与已获得专利权同样的权利，如果该专利在公布之日起就已被授权，可以对专利侵权行为向法院或者审查员起诉要求赔偿”。在正式授权前，虽然并不构成专利侵权行为，但权利人仍可就他人擅自实施该技术或方案提出损害赔偿。

（四）专利侵权诉讼相关规定

1. 管辖

在新加坡的专利制度中，赋予了审查员一定范围的调查和审判权力，因此专利权人就侵权行为既可以向专利授权相关部门的审查员请求处理，也可以向法院提起诉讼。并且在《新加坡专利法》第 67 条第 5 款中规定，当审查员在解决侵权纠纷案件时认为法院更适合处理的可以移送至法院，但审查员做出的最终决定与法院判决具有相同效力。

2. 诉讼请求

在专利侵权之诉中，专利权人可就侵权行为向法院做出以下请求：

（1）请求法院发布禁令，禁止被告的侵权行为；（2）请求法院判令被告上交或销毁侵犯或者含有注册专利权的物品；（3）请求根据权利人的实际损失或行为人侵权所得利益给予赔偿；（4）请求宣布专利有效，被告实施了侵权行为。

3. 禁令

由于《新加坡专利法》是根据英国专利法制定的，因此在专利诉讼中保留了英美法系中的禁令制度，包括临时限制令、临时禁令和永久禁令。需要注意的是，新加坡专利侵权诉讼难过中的禁令既可以由法院做出，也可以由审查员依职权做出。如在《新加坡专利法》第 69 条第 4 款规定，允许专利说明书修改的决定做出之前，也即专利保护范围确定之前，法院和审查员不能做出损害赔偿或有关禁令的决定，但公知技术除外；该法第 77 条第 3 款规定，被控侵权人在受到专利权人及其利害关系人的侵权诉讼威胁时可以诉求禁止继续威胁的禁令。

（五）侵权损害赔偿标准或方式

1. 以权利人实际损失确定赔偿数额

根据《新加坡专利法》第 67 条第 1 款（c）项规定，专利权人可以就专利侵权行为造成的损害向法院提出赔偿请求，也即新加坡专利的损害赔偿可以选择以侵权行为给专利权人造成的实际损失做为确定赔偿数额的标准之一。

2. 以侵权人所得利益确定赔偿数额

根据该法第 67 条第 2 款规定，“就同一侵权行为而言，法院不应当同时判给专利权人的损失以及侵权人的所获利益”，此款虽然没有直接规定专利权人可以就侵权人的获利确定赔偿数额，但是依据条文，专利权人可以就侵权人所得利益提出赔偿请求，法院也可以据此判决。

《新加坡专利法》中虽然规定了这两类确定专利侵权损害赔偿的方式，但是并未就此在专利法或者专利实施细则中规定具体操作和实施方案。在新加坡知识产权相关部门和专利法院的个案审理中，也没有就此形成统一的标准指示，但是参照新加坡经济侵权的一般规定，新加坡知识产权出口和专利法院可侵权的严重性、业务经营额、侵权行为的持续时间、市场规模和地理位置、其他加重或减轻的因素为标准对侵权人进行处罚，也即对专利权人予以法定赔偿。

在确定侵权损害赔偿的同时，《新加坡专利法》第69条也对专利诉讼中侵权赔偿的获得做出一系列限制：

（1）如果行为人能够证明在侵权之日不知道，也没有合理理由知道存在该专利时，法院不得判决侵权损害赔偿。此种情况主要适用于在专利申请后公开前的期间内，行为人实施该技术方案的行为；

（2）审查员或法院如果认为适当，可以驳回损害赔偿的请求，或者拒绝做出有关侵权获利的指令或给予其他救助；

（3）允许专利说明书修改的决定做出之前，也即专利保护范围确定之前，法院和审查员不能做出损害赔偿或有关禁令的决定，但公知技术除外。

五、专利权的限制与例外

（一）专利权的限制

1. 政府或政府授权组织使用

《新加坡专利法》第12章规定了有关用于政府服务的发明专利，也即对政府或者政府授权方进行强制许可的规定，主要内容涉及对政府或者由其书面授权许可的第三方进行强制许可的条件，产生诉讼时的相关问题，使用该专利的范围和方式，以及专利权人在强制许可中享有的权利。

《新加坡专利法》第56条和第57条对政府和政府授权的第三方就强制许可的情形和专利的使用方式做出规定。新加坡政府或者由其书面授权的第三方可以在"为非商业性公共利益"和发生"国家紧急情况或其他紧急情况"时，可以取得发明专利的强制许可。对专利进行强制许可时，政府应当及时通知专利权人，专利权人有权获得相应的报酬。该法第56条还对健康产品和集成电路专利单独做出说明。对于健康产品，在国家紧急情况或者其他紧急情况下，政府在向世界贸易组织TRIPS理事会提交通知后，可以由政府或者授权第三方进口任何相关健康产品。对于集成电路的强制许可，被许可方不得向公众出售含有该集成电路的产品。该法第60条规定，强制许可的性质必须是非独占性的，并且不得以违背该发明本身具备的良好商誉的方式实施，该专利的实施范围也仅限于新加坡领土范围之内，在强制许可的相关情形消失后，权利人可申请法院终止对该专利的实施行为。

该法第58条还规定在强制许可诉讼中，法院首先要考虑专利权人的相关利益和补偿，保证专利权人的获得报酬权。并且对强制许可专利仅有部分有效的情形之救济做出明确说明，对已经实施的专利有效部分，专利权人依旧享有获得报酬权，法院酌情决定相关许可费用和报酬。

2. 限制竞争的强制许可

强制许可是指一定国家机关在未经专利权人同意的情况下决定许可其他单位或个人实施该专利。《新加坡专利法》在"专利许可与强制许可"一章中，专门对不正当竞争行为做出了强制许可的规定。该法第55条规定，任何利益相关人在满足以下条件时，可以从法院获得该授权专利强制许可证：（1）新加坡拥有该授权专利的市场；（2）该专利权人没有向该市场提供或者合理提供该专利产品或方法；（3）法院认为专利权人未向市场直接提供或未以合理条件许可该专利，不具备正当性理由。同时，第4款规定该强制许可是非独占性的，也不得以违反该专利良好商誉的形式实施。当法院认为导致该强制许可情形消失或者将不再发生时，可以应专利权人的申请停止强制许可行为。利害关系人在取得强制许可后，应按照与专利权人的约定方式和数额向权利人支付一定报酬。如果双方没有达成一致，法院可以依据双方的申请，考虑该专利的市场经济之后酌情确定强制许可费用。

（二）不视为侵犯专利权的行为

根据《新加坡专利法》第66条第2款，不构成侵犯专利权的行为包括以下9种类型：

（1）自己使用且是非商业性地使用；

（2）为实验目的而做出与专利发明的主题有关的行为；

（3）根据注册医师或牙医的处方，为个人临时性地调配药物组成或制造此种药物的药剂组成部分；

（4）临时或偶然进入或者穿越新加坡领土（包括领陆、领空、领水）的航空器、船舶或车辆，为自身需求而在其装置或者设备中使用相关专利产品或者方法；

（5）对临时或偶然进入新加坡领水的船只，纯粹为其船体、机构、装备、仪器等配件而使用的专利产品或者方法；

（6）第（4）项适用于使用合法进入或者穿越新加坡领土的享有豁免权的飞机，或在新加坡进口、使用、贮存用于此类飞机的部件或配件等；

(7) 除第3款以及第5A项之规定外，进口、使用、销售或许诺销售有专利所有人或者其许可人生产或（有条件的或其他）同意的专利产品，或者通过专利方法直接获得的产品或是专利方法申请；

(8) 包括第（1）款所述为申请获得医药产品的市场许可而实施的与专利内容相关的行为，只要该行为满足：不在新加坡制造、使用或出售，以及不出口到新加坡境外，不是为了满足医药产品的市场许可要件；

(9) 根据第5A项之规定，包括进口、销售或者许诺销售用于新加坡特定患者的专利医药产品，或者在那个病人身上使用那个产品，但该产品必须用于该特定病人，并且有关当局已特别授权进口用于该特定患者的药品，而该药品由专利权人或其许可人生产或者（有条件的或其他）同意。

总体看来，《新加坡专利法》主要就专利的合理使用、临事过境、Bolar例外等进行了规定。

六、专利侵权的刑事责任

《新加坡专利法》不仅在第18章中专门列举了专利侵权刑事责任的几种情形，也规定了相应的刑种和量刑标准，而且有关专利犯罪的情形还散见于其他条款之中。这与我国专利法的内容和结构有很大不同。由于我国将知识产权法置于民法体系下，因此有关专利犯罪的规定统一由刑法做出明确规定，而不单列于专利法中。具体来讲，《新加坡专利法》中明确列举了四种专利犯罪情形：伪造专利注册行为、假冒专利行为、假冒已申请专利行为、滥用"专利注册局"标记。

伪造专利注册行为中包含直接制造、宣称虚假专利证书或其副本行为，利用虚假证书或其副本进行生产或招标等行为，一经发现可处以不超过5 000美元的罚款，或不超过12个月的监禁，或者两者并罚。假冒专利行为是指任何人在买卖的产品过程中虚假宣传其产品享有专利权的行为，这种宣传可以是明示的，如在产品上注明"专利"等词，也可以是暗示性的。对于此种犯罪可处以不超过1万美元的罚款，或不超过12个月的监禁，或两者并罚。假冒已申请专利行为是指任何人在买卖产品时宣称已经进行专利申请，但实际上并未提出专利注册或者在提起专利注册后已被撤回、驳回或者放弃，此种行为一经定罪，可处罚款不超过1万美元，或者监禁不超过12个月，或者两者并罚。滥用"专利注册局"标记是指任何人在其营业地或者出具的文件中使用"专利注册局"字样，或其他暗示其营业地是专利注册处或者与专利注册机构有某种联系的任何字样的行为，一经定罪，可处以不超过5 000美元的罚款，或者不超过12个月的监禁，或者两者并罚。同时，该章第102条还规定了法人或者合伙组织的违法行为犯以上罪名的犯罪主体、责任承担等问题。

需要注意的是，《新加坡专利法》还就其他构成犯罪的行为进行了规定，但是散见于各个条文之中，比如《新加坡专利法》第33条第（8）款规定了有损于新加坡防伪或公共安全信息的专利申请行为构成犯罪的情形，任何人不遵守本条规定的任何指示，即属犯罪。该法第34条也规定了新加坡居民向国外申请专利的限制，任何人违反了该条规定提出申请或者导致专利申请授权的，均属犯罪。

第三节 马来西亚专利法律制度

一、专利制度概况

马来西亚曾有被英国殖民统治的历史，其法律制度深受英国普通法传统的影响，判例法在法律制度中占重要地位。

另外，受全球化影响，马来西亚加入《建立世界知识产权组织公约》（WIPO）、《巴黎公约》《专利合作条约》《尼斯协定》《维也纳协定》《伯尔尼公约》《世界知识产权组织版权条约》（WCT）、《世界知识产权组织表演和录音制品条约》（WPPT）、TRIPS协议共九条知识产权国际公约。在这些公约尤其是TRIPS协议的强大压力下，马来西亚不断加强关于知识产权的立法、司法、执法工作，在知识产权保护方面有了巨大的提升。

现行《马来西亚专利法》于1983年制定，只保护发明和实用革新（相当于中国的实用新型），并于1996年另行制定《工业品外观设计法》，对外观设计进行保护。[1]《马来西亚专利法》迄今为止经1986年、1993年、2000年、2002年、2003年、2006年六次修订，共十五章，分别为：序言、专利委员会、行政管理、实用革新、获得专利的权利、申请、授权程序和期限、专利所有人的权利、专利申请和专利权的转让和转移、许可合同、强制许可、专利权的放弃和无效、侵权、犯罪、执法权力、根据《专利合作条约》的国际申请、其他规定；《工业品外观设计法》经2000年、2002年、2013年三次修订。

（一）专利保护的客体

《马来西亚专利法》保护两种类型的专利：发明专利和实用革新专利（类似于中国的实用新型）。

---

[1] 参见WIPO世界知识产权组织网站，http：//www.wipo.int/wipolex/zh/profile.jsp？code=MY［EO/BL］，访问日期：2017年10月26日。

根据《马来西亚专利法》第12条对于发明的定义：（1）发明是指能应用到实践中，用以解决技术领域的特定问题的发明人的构思；（2）发明可以是产品、方法或者与之相关。

其将发明定义为解决技术领域的构思，实际上与我国专利法将发明定义成一种技术方案无本质区别。从法条可以看出，马来西亚的发明专利主要分为两类：产品发明与方法发明，这也与我国规定相同。

根据《马来西亚专利法》第17条对于实用革新的定义：实用革新，是指产生新产品或者方法，或者对已有产品或者方法进行改进，并能够进行工业应用的革新，包括发明。

实用革新与发明专利满足一定条件后可以相互转换，而且转换后的申请日与转换前的申请日相同。此外，同一发明不能同时获得实用革新证书和发明专利证书。

（二）排除客体

另外，马来西亚对不具备专利性的发明、实用革新进行了排除性规定。

这些客体虽然符合专利法对客体的定义，却基于一定原因被列为专利保护的排除对象。

（1）即使属于符合《马来西亚专利法》第12条定义的发明，但因属于下列各项而不能获得专利：（a）发现、科学理论和数学方法；（b）动植物品种或者生产动植物的主要是生物学的方法，不包括人造微生物、人造微生物学方法以及用该方法所获得的微生物制品；（c）商业活动、智力活动或者游戏的方案、规则和方法；（d）对人体或者动物体外科手术或者其他治疗方法，以及在人体或者动物体上施行的诊断方法。上述方法中使用的产品除外。

关于（b）、（d）两项，TRIPS协议允许成员方拒绝授予专利权，马来西亚拒绝授予专利权是在考虑现有国情后做出的政策选择。

（2）为第1款的目的，在不能确定是否属于可授予专利的发明的情况下，登记主任在征求审查员的意见后，根据案情做出是否授予专利权的决定。

同时，除另有规定以外，该法中适用于发明的规定，经过附表二修订后的内容适用于实用革新。附表二写明将“发明”替换为“实用革新”，将“专利性”替换为“可获得实用革新证书”后即可适用上述规定。

（三）专利权的内容

专利权的内容是专利法对专利权人规定的各项专有权利，这些专有权利是禁止权而不是自用权。

（1）在不影响本法其他规定的情况下，专利所有人拥有如下权利：（a）实施专利发明；（b）转让或者移转专利；（c）签订许可合同。

（2）未经专利所有人同意，任何人不得实施第1款所述的行为。

（3）根据该条，专利发明的实施是指如下与专利有关的行为：（a）对于产品专利：（i）制造、进口、许诺销售、销售或者使用该产品；（ii）为了销售、许诺销售或者使用的目的而储存该产品。（b）对于方法专利：（i）使用该方法；（ii）对于依照该专利方法直接获得的产品，实施（a）项所述的行为。

（4）出于该条的目的，如果是一项制造产品的方法专利，同样的产品是由专利所有人或者专利权被许可人之外的人生产制造的，除非有相反证明，否则该产品被视为是由该专利方法获得的。

二、可专利性

如果一项发明具备新颖性、创造性和工业实用性，该发明具有专利性。结合《马来西亚专利法》第17条对于实用革新的定义，可知马来西亚规定实用革新不需具有创造性，其可专利性的标准与我国相比较宽松。

（一）新颖性

规定专利具有新颖性是为了鼓励创造发明活动，使新技术能够公之于众，推动科技进步。如果一项专利没有被现有技术覆盖，则该专利具新颖性。马来西亚对新颖性的审查标准采用的是国际公开标准即绝对新颖性标准。

现有技术应当包括：（1）在专利申请日或者优先权日前，在世界范围内以书面出版物、口头披露、使用或者其他方式向公众公开的全部内容；（2）一件国内专利申请的内容，条件是该申请的申请日或者优先权日比前项所述的专利申请有更早的专利申请日或者优先权日，且该内容被包含在基于该国内申请授予的专利权中。

（二）创造性

一件发明与现有技术相比，对于本领域的普通技术人员而言不是显而易见的，则其具备创造性。

创造性特征相比于新颖性特征，更加关注申请专利的技术与现有技术的差异。如果一项技术仅仅只有“新”，技术领域的普通技术人员十分容易想到，则会导致专利泛滥，并不能起到鼓励创造的效果，故马来西亚立法规定发明需要具有创造性。与我国不同的是，马来西亚未要求实用革新具有创造性，我国要求实用新型也需要具有一定创造性。

（三）工业实用性

如果一件专利能够在任何工业领域中被制造或者使用，则具有工业实用性。因为如果一项技术方案不能解决现实问题，则对它保护就没有实际意义，故马来西亚专利法规定专利的实用性特征，这一点与我国立法相同。

（四）不丧失新颖性的例外

马来西亚规定了公开的三种方式：出版物公开、使用公开及以其他方式公开，一旦公开，则构成了现有技术。为更好地保护权利人，其规定了不丧失新颖性的例外。

对于发明和实用新型，公开不包括以下内容：

（1）该公开发生在申请日之前 2 年以内，并且该公开是由于申请人或者该专利申请的权利人的行为引起的；

（2）该公开发生在申请日之前 1 年以内，并且该公开是由于侵犯申请人或者该专利申请的原权利人的权利的行为引起的；

（3）当专利法生效时，在专利局尚未审结的专利申请中的公开。

三、专利的申请与审查

（一）申请原则

1. 先申请原则与优先权

国际上通用的两项原则是先申请原则与先发明原则，马来西亚更注重鼓励发明人公开技术，采取了先申请原则。两人或两人以上分别独立完成相同的发明、并各自提交了专利申请的，专利权属于在先申请人。

同时，依据任一国际条约或者公约，一项申请可以附一项声明，要求由申请人或者原权利人在向所述条约的任何缔约方提出的一件或者多件国家、地区或者国家申请的优先权。该声明应当自申请人或者原权利人在向所述条约的任何缔约方提出的一件或者多件国家、地区或者国家申请的 12 个月内提出。专利申请的优先权日是该申请的申请日。

2. 单一性原则

《马来西亚专利法》第 26 条明确规定申请的单一性，即一件发明应当是一项发明或者是属于一个总的构思的一组发明。如果申请人有两项以上不同的发明创造，必须提出相应数量的申请。

申请人还可以在规定时间内，将申请分成两件或者两件以上的申请，但是每件分案申请不能超出原始申请公开的范围。分案之后的分案申请独立于原申请之外的另一个申请，且每一件分案申请有权享有原始申请的申请日。

（二）申请审查流程

（1）申请人向登记主任提出专利申请。

（2）登记主任审查该申请，决定该申请是否符合细则中指明的本法和细则中的有关形式要求。

(3) 如果一项专利申请已经进行形式审查，并且没有撤回或者被驳回，申请人应当在规定期限内，提出实质审查请求；如果在马来西亚之外的规定国家，或者根据指定的条约或者国际公约，对与专利申请要求保护的发明相同或者实质上相同的发明，已经授予了申请人或者原权利人一项专利或者其他工业产权，申请人应当要求变通的实质审查，替代请求实质审查。

(4) 登记主任应将申请移交给审查员，审查员决定申请是否符合根据该法制定的细则指明的该法及其细则规定的实质性条件或变通实质性条件，并将该决定报告给登记主任。

(5) 登记主任确信一项专利申请符合形式要求与实质要求的，应当授予专利权并在公报上公布授权情况。

(6) 登记主任应制作和保留专利登记簿，专利登记簿应当包含专利的全部信息并以规定的形式在规定的介质上保存。

(三) 涉外申请的特殊规定

(1) 马来西亚对于国家直接申请的规定采用《巴黎公约》的规定，优先权的申请必须在一个公约国家首次申请 12 个月内提出；对于国际阶段的国际申请的处理，适用《专利合作条约》。对于 PCT 成员，如已进行国际申请，申请人可从该国际申请进入马来西亚国家阶段之日或从最早的优先权日起（如要求优先权）的 30 个月内，提交申请或实施。

(2) 在实质审查阶段，对于马来西亚非 PCT 的专利申请，在自专利申请日起 18 个月内提交（在 2011 年 2 月 15 日提交的申请需要 24 个月）；对于进入马来西亚国家阶段的 PCT 专利申请，自国际申请日起 48 个月内提交。

(四) 申请文件

1. 国家直接申请专利所需文件

(1) 对授予专利的申请（PFI）：(a) 申请人姓名和地址；(b) 发明人的名称和地址；(c)　份详细说明，包括说明书、权利要求和必要的图表；(d) 如已获得申请优先权，需注明在哪国获得以及申请的具体情况。(2) 专利代理人委托（PF17）。(3) 如申请人并非发明者，须陈述并解释申请人如何有权获得发明者的专利，通常借助于委托或雇用关系。(4) 并无硬性要求发明者向申请人提交正式委托书。

2. PCT 国家阶段的专利申请所需文件

(1) 2A 表格。(2) 一份英语 PCT 申请副本（即 PCT/RO/101 申请表）。(3) PCT 申请的详情（与世界知识产权目录相匹配）。(4) 一份最初提交的 PCT 说明文件副本（用英文书写）。(5) 一份在国际阶段提交的修正文件副本

(用英文书写)。(6) 一份由申请人签署的代理人委任表。(7) 如申请人并非发明者,须陈述并解释申请人如何有权获得发明者的专利,通常借助于委托或雇用关系。

(五) 异议程序

对于初步审查或者实质审查后驳回申请的决定,申请人应当有获得救济的机会。

根据《马来西亚专利法》第 29 ~ 30 条规定,如果登记主任根据形式审查/实质审查要求,发现该专利申请不符合形式审查要求,应给予申请人在规定时间内陈述意见并对申请进行修改以满足前述要求的机会。

《马来西亚外观设计法》第 21 条规定,登记主任在依据形式审查要求拒绝工业品外观设计之前,必须给申请人听证的机会。

(六) 专利的无效程序

一项专利可能因不满足专利法所规定的条件而被无效,在专利授权后,还应当给他人申请专利无效的机会,弥补审查中的错误。

对于发明和实用革新,若出现专利不满足前文所提可专利性、说明或权利要求书没有满足要求、理解权利要求书的附图未提交、专利权不应属于目前的专利所有人、专利所有人或者其代理人向登记主任故意提交错误或者不完整的相关信息的任意一种情况,相关利益人可以向法院提起诉讼,要求宣告专利无效。无效宣告具有溯及力,被无效的专利、部分权利要求或者权利要求的部分自授权之日起无效。

四、专利的保护制度

(一) 专利的保护期限与范围

1. 保护期限

发明专利要求创造性而实用革新不要求,为鼓励创新,马来西亚政府给予发明专利的保护期限更长。《马来西亚专利法》规定:发明专利的保护期限为自申请日起 20 年;实用革新的保护期限为申请日起 10 年,可续展两次,每次 5 年,保护期限均自授予证书之日开始生效。

2. 保护范围

专利权的保护范围是何种产品或者方法属于专利产品或专利方法,只有认定了专利权保护范围,才能判断另一种产品或方法,是否落入保护范围进而认定侵权行为。

(二) 专利权的侵权类型

发明和实用革新的侵权行为分为五种:未经专利权人许可或允许且不属于

法律例外规定的类型，制造、销售、许诺销售、使用、进口专利产品。

（三）诉讼时效

专利权所有人与外观设计所有人有权就他人的侵权行为或即将发生的侵权行为提起诉讼，诉讼时效为自侵权行为发生之日起5年。

我国于2017年10月1日正式施行《民法总则》，侵权诉讼时效从2年延长至3年。相较于我国规定，马来西亚专利法更利于保护专利权人的权利。

（四）禁令

由于诉讼时间过长，在法院宣告侵权后再禁止侵权人的行为不能及时保护权利人的权益，马来西亚规定在满足一定条件下，可颁布禁令，防止权利人的损害扩大。

（1）如果专利所有人或注册工业品外观设计所有人证明侵权行为已经实施或者正在实施，法庭应判决给予赔偿，并颁布禁令阻止进一步的侵权以及给予其他法律上的救济措施。

（2）如果专利所有人或注册工业品外观设计所有人证明即发侵权，法庭应颁布禁令阻止侵权并给予他其他法律上的救济措施。

五、专利权的限制与例外

（一）专利权的限制

“强制许可”是指在马来西亚境内无须专利所有人同意，即可对实施专利发明行为进行授权。强制许可需要符合条件的人提出申请，经过专利委员会审查、批准之后才能给予。

马来西亚主要规定了两种情形的强制许可：

（1）在专利授权满3年后或者从专利申请日起满4年后（以届满为准），任何人都可以根据以下规定向登记主任申请强制许可：

（a）没有合法理由，没有在马来西亚境内生产专利产品或使用专利方法；

（b）没有合法理由，未在国内市场上销售专利产品或有销售但是以不合理价格出售，无法满足大众的需要。

（2）一项在后专利比在先已经取得专利权的发明具有显著经济意义的重大技术进步，其实施又有赖于前一发明的实施的，专利委员会可以给予在后专利所有人的请求，在为避免侵犯在先专利而必需的范围内授予其实施在先专利的强制许可。

需要特别注意的是，强制许可的范围，尤其是给予强制许可的期限，不应包含进口权。

由于强制许可是对专利权人的权利限制，需要谨慎适用，马来西亚专利法对强制许可也制订了限制条款，其规定：

（1）强制许可不得转让，除非与其全部业务或者商誉一起转让，或者与实施专利发明的全部或者部分业务或者声誉一起转让；

（2）应限于主要向马来西亚国内市场提供专利发明。

（3）颁发强制许可后，强制许可的受益人不能与第三人就被授予强制许可的发明签订许可合同。

此外，马来西亚允许强制许可的撤销与放弃。当强制许可的条件不存在、受益人未按照或超出强制许可范围使用专利发明、不向权利人缴纳许可费时，知识产权局可根据专利所有人的要求撤销强制许可；强制许可的受益人还可以书面形式向登记主任提交声明要求放弃强制许可，登记主任应当记载、公布其声明，并通知专利所有人。

（二）不视为侵犯专利权

《马来西亚专利法》在第37～38条规定了五种不视为侵犯专利权的行为，这些规定是对专利权的限制。

（1）专利权仅延伸到为工业、商业目的的有关行为，特别是不适用于仅为科学研究目的的行为。

（2）对于为了向监管药品生产、使用、许诺销售和销售的有关机关提供的信息进行相关开发，而制造、使用、许诺销售或者销售专利产品的行为，专利权不具有效力。

（3）专利权不延伸到临时经过马来西亚境内的外国船只、飞机、飞行器或者陆地交通工具等。

（4）他人在申请产品或者方法专利日以前，就已经制造了相同的产品、使用了相同的方法，或已经做好制造或使用准备的人有权实施专利发明。

（5）专利所有人、被许可人、强制许可受益人实施专利发明。

六、其　他

（一）外观设计

马来西亚单独设立《工业品外观设计法》保护工业品外观设计。工业品外观设计是指通过工业方法或者手段应用于物品的形状、构造、图案或者装饰，并且在完成的物品中形成通过视觉感知和判断的特征。

在该法颁布之前，马来西亚无专门法保护外观设计，设计人若想获得外观设计的保护，只能先向英国申请注册外观设计，再将其权利沿用至马来西亚。

工业品外观设计与发明、实用革新的区别在于：发明、实用革新保护技术方案，工业品外观设计保护设计方案。

工业品外观设计不包括：

（1）制造的方法或者原理。

由于外观设计权保护的是一种设计方案，所以不对制造的方法或原理提供保护。

（2）以下物品的形状或者构造结构：（a）仅由物品的功能唯一确定的；（b）由另一件物品的外观所决定的，且该物品被外观设计创造者用于与之组成的一个完整的部件。

根据马来西亚外观设计法，工业品外观设计具备新颖性才能予以注册。但是，其采用的是相对新颖性标准，在申请马来西亚注册的优先权日期或者申请日期之前，有关设计（不论是应用于相同的物件或其他物件）必须未曾在马来西亚的任何地方被公开发表过。

外观设计也采用了先申请原则与优先权制度，区别在于外观设计的优先权期间为6个月。另外，工业品外观设计的注册自该注册申请的申请日起生效，期限为5年，可经两次续展，故对外观设计的最长保护期限为15年，后经2013年修订后改为可经四次续展，最长保护期限为25年，延长了外观设计的保护期限。

外观设计的审查程序与发明、实用革新也存在一定区别：

（1）申请人向登记主任提出外观设计申请。

（2）登记主任审查该申请，决定该申请是否符合细则中指明的本法和细则中的有关形式要求。

（3）登记主任认为工业品外观设计申请符合形式审查要件，授予工业品外观设计注册证书并在公报上发布，不进行实质审查。

（4）登记主任在登记簿上记载规定的外观设计事项。

马来西亚法规定通过非法的手段获得的外观设计可以被撤销，任何人都可以向法院申请撤销已获注册的外观设计，这也是视为不侵犯外观设计权的事由。另外，权利人还可以使用现有设计抗辩，证明自己未侵犯外观设计权。

（二）已终止专利的恢复

专利权人未按时缴纳年费，其专利权即在期限届满前终止。我国规定专利权终止后不得恢复，马来西亚规定了已终止专利的恢复条款。

专利所有人或者其继承人以及其他有权使用专利的人，在满足缴纳规定年费和相应滞纳金后、未缴纳年费是因意外事故、错误或者无法预料的情况所造成两种情况时，可以自在公报上发布专利权终止公告之日起两年之内，按规定的格式向登记主任申请恢复专利。登记主任恢复已终止的专利权后，应在公报上发布恢复专利权的通知。

宣告专利权终止与专利权恢复之间有时间差，这时可能已有第三人通过合同或者其他方式，已经实施或者已进行充足准备实施该专利。这种行为毫无疑问会损害专利权人的权益，但是第三人是在相信政府公信力的情况下实施专利，第三人不存在过错。所以，《马来西亚专利法》规定部长可以制定规章对此种行为进行保护或者补偿，这种保护不能超出实施该已终止专利时的范围。并且，对自公报公告专利权终止到公告专利权恢复的期限内实施该专利的行为，专利权人不得提起侵权诉讼。

（三）专利许可合同

尽管马来西亚未明确规定许可合同的独占许可、排他许可和普通许可三种类型，但其在《马来西亚专利法》第45条提出，在合同没有相反规定的情况下，许可人有权把同一项发明授予第三人，并有权单独行使专利权。

值得注意的是，在专利申请被撤回、拒绝或宣告无效以及许可合同被宣告无效时，被许可人不必再按照许可合同向许可人支付任何费用，并有权返还已经支付的使用费。只有在许可人证明返还使用费将显失公平，尤其是被许可人从许可中获得利益的情况下，许可人不必返还使用费或者只返还部分使用费。其与我国规定恰好相反。我国专利被宣告无效时，只有在专利权人具有恶意或者显示公平的情况下，才部分或全部返还许可费用，或者给予赔偿。

（四）犯罪

马来西亚将专利犯罪行为规定在专利法中。

《马来西亚专利法》主要规定了四种专利犯罪行为，分别为：伪造登记簿、未获得授权声称有专利、未获得授权声称已提交专利申请、滥用“专利登记局”名称。

专利登记簿属于国家公文，具有公信力，应当对此行为处以严厉处罚。马来西亚专利法规定，任何人伪造或者意图伪造登记簿中的有关信息，或者伪造登记簿副本，以及用伪造的登记簿副本作为证据的行为将视为犯罪，单处或并处1.5万令吉（1马来西亚令吉≈1.6元人民币）以下或者两年以下监禁。

我国考虑到现实中存在许多不满足实质性授权条件的情况，未对侵犯专利权的行为规定刑事责任。与我国未对侵犯专利权规定刑事责任相反，马来西亚规定，假冒任何人为营利而虚假陈述其产品或者方法为专利产品或者方法，单处或并处2.5万令吉以下罚金或者两年以下监禁。只有在侵权人证明自己在为免于犯罪已经尽了必要的谨慎义务为理由进行抗辩时，才免于承担刑事责任。

未获得授权声称已提交专利申请即任何声称其有价物品已申请专利，但其并没有申请专利或者该申请已经被驳回或者撤回的，此种行为将被视为犯罪，应单处或并处以 1.5 万令吉以下罚金或者两年以下监禁。其免责事由与未获得授权声称有专利的免责事由相同。

任何人在其营业场所或者文件中使用“专利登记局”或者其他字样，表明其营业场所是专利登记局或者与其有官方关系的构成犯罪，单处或并处 2.5 万以下令吉罚金或者两年以下监禁。

此外，马来西亚还在“犯罪”一章专门规定了法人团体的犯罪，用《马来西亚专利法》第 67 条简单解释何种行为属于法人团体犯罪。

（五）执法权力

马来西亚在专利法中还规定了刑事搜查、逮捕、询问证人、确认证据效力等执法权力。我国将这些刑事诉讼职能规定在《刑事诉讼法》。

关于逮捕权的规定，马来西亚与我国刑法类似。一旦发现犯罪嫌疑人正在或者企图从事犯罪行为，并且其拒绝或者无法提供姓名和住所，或者有理由相信其使用假名或者虚假的住所时，任何被授权的官员或者警官可以未获得逮捕令逮捕他，但应当立刻将嫌疑人送至最近的警察局。这是防止执法人非法取证的措施。

在取得法官授予的搜查令后，被授权的官员或者警官可以不分白天或夜晚，无论是否有协助，进入住宅、商店、建筑物或者其他地方，搜查、查封或者复制所有的可能包含犯罪信息或者涉及犯罪的书籍、账目、文件或者其他物品。如有必要，被授权的官员或者警官还可采取暴力措施强行搜查。

值得注意的是，若被指控人被捕后，并没有被执法人员告知：“我有职责告诉你，你没有义务回答任何问题，但是你所说的一切，无论是否是回答问题，都将作为证据。”在确认证据效力时，其陈述不能作为证词。

第四节 菲律宾专利法律制度

一、专利制度概况

菲律宾在 1997 年颁布了共和国第 8293 号法案，名为《菲律宾知识产权法典》，其中第二编为专利法编，共分为 13 章，自第 20 至第 120 条。在 2001 年颁布 9150 号法案，对工业外观设计的章节进行了全面修订，并将集成电路布图设计纳入专利权保护。在 2008 年颁布 9502 号法案，对与药品相关的条款进行了详细修订。[1]

（一）专利保护的客体

《菲律宾知识产权法典》对发明、实用新型、工业外观设计和集成电路布图设计给予专利保护。

发明和实用新型是指，在任何人类活动的领域中，解决有关问题的技术方案。该技术方案可以是一种产品或一种方法或产品、方法的改进。

工业外观设计是指，由线条、颜色之组合或是三维立体形状的设计，只要这种组合或形状具有独特外观并能作为工业产品或手工产品的式样而使用。

集成电路布图设计是指，集成电路中数个元件，其中至少一个为有源元件，全部或部分互连集成的三维配置，或是为集成电路的制造而准备的此种三维配置。

（二）排除客体

对于发明和实用新型，以下各项不能获得专利保护：（1）发现、科学原理、数学方法；（2）智力活动、游戏或者商业活动的方案、规则和方法，计算机程序；（3）对人或动物的手术治疗方法和诊断方法，此条不适用于诊断或治疗疾病的仪器或设备；（4）植物和动物品种以及繁殖动植物所使用的生物学方法，此条不适用于微生物以及非生物学方法和微生物方法（法典同时规定国会可以通过其他立法对动植物品种进行特别保护）；（5）美学创作；（6）违反公共秩序或社会公德的发明。

对于工业外观设计，主要是处于技术或功能性考虑，为实现技术效果的外观设计不能获得保护；违反公共秩序、健康、道德的外观设计也不能获得保护。

二、可专利性

（一）发明和实用新型

一项发明只有同时具备新颖性、创造性和实用性才可能被授予专利权。新颖性是指，任何发明只要是属于现有技术的一部分，则没有新颖性；创造性是指，一项发明与现有技术相比，在发明的申请日或优先权日时，对于本领域的技术人员而言不是显而易见的；实用性是指，该发明可以在工业领域生产或使用。

实用新型除了不要求创造性之外，新颖性和实用性的要求与发明的要求

---

[1] 参见 WIPO 世界知识产权组织网站，http：//www. wipo. int/wipolex/zh/profile. jsp？ code = PH［EO/BL］，访问日期：2017 年 10 月 16 日。

相同。

（二）外观设计

一项外观设计要获得专利保护需具备新颖性或观赏性。新颖性的要求与发明的要求相同。

（三）集成电路布图设计

集成电路布图设计需要具有独创性才能获得专利保护。独创性是指，该布图设计是创作者自己的智力劳动成果，并且在创作时，该布图设计不是布图设计创作者和集成电路制造者领域内公认的常规设计。当常规设计组成的元件和互连组合的布图设计在作为整体具有独创性时，也应获得专利保护。

（四）关于新颖性的例外规定

在新颖性要求中的现有技术是指，申请日或优先权日前公众可以获取到的世界任何地方的知识。在申请日或优先权日前，已经有他人依据菲律宾知识产权法典公开的，或是在菲律宾提交的发明、实用新型、外观设计注册申请中的所有知识，均属于现有技术。

为保护申请人权利，在申请日或优先权日前 12 个月，有以下几种情况，公开并不破坏新颖性：（1）实施的公开；（2）专利部门实施的公开（包括两种情况：①该信息在申请人的另一个申请中且本不应被公开而公开的；②第三人直接或间接从发明人处获得了该信息未经发明人同意提出了专利申请而公开的）；（3）第三人直接或间接从发明人处获得了该信息而将其公开。

三、专利的申请与审查

（一）申请专利的相关限制

申请专利的权利属于发明人、继承人或受让人。如果发明是由两个或两个以上的发明人共同完成的，申请专利的权利由其共同享有。

（1）先申请原则：如果两个或两个以上的人各自独立完成同一发明，获得专利的权利属于提出专利申请的人；针对同一项发明的两个或两个以上的专利申请，获得专利的权利属于具有在先申请日或优先权日的申请人。

（2）委托发明：除非合同另有约定，申请专利的权利属于委托方。雇员在雇用期间完成的发明，专利的归属分为两种情况：①属于雇员，如果该发明不在其本职工作范围内，即使占用了工作时间，利用了雇主的设备等物质条件。②属于雇主，如果该发明是因履行本职工作而完成的，另有明示或默示的约定除外。

（3）优先权：根据菲律宾已参加的国际公约、条约或互惠对等原则，任何人在申请专利之前，如果申请满足以下要求，申请日可以视为已在其他成员国内申请专利的申请日：①申请人申请本国专利时明确提出优先权主张；②自最早申请日起12个月内提出本国专利申请；③向本国提出专利申请之日起6个月内提交已向外国提出专利申请的证明材料及其英文译本。

（二）专利的申请程序

专利申请应以菲律宾文或英文形式提交，并应包含以下内容：请求书；说明书；理解发明必要的附图；一项或多项权利要求；摘要。专利申请必须标明发明人，否则不能被授予专利权。申请人不是发明人本人的，应当提供发明人的授权。

（1）请求书：请求书应包括授予专利权的请求，申请人、发明人、代理人的姓名及其他信息，以及本发明的名称。

（2）发明的公开及其说明书：专利申请应当充分清楚完整的披露，以使本领域的技术人员能够实现该发明。涉及微生组织的利用、微生物的培育过程或是产品，该微生物材料不易为公众获取，不充分披露不足以使所属领域技术人员实现其发明的，申请应当提供国际保藏机构出具的该微生物的保藏证明。

（3）权利要求书：专利申请中应当包含一个或多个权利要求，来清楚的界定寻求专利保护的内容。每个权利要求都应简洁明确，并得到说明书的支持。

（4）摘要：摘要应包含对说明书、权利要求书和附图中公开的发明的简要说明，字数不超过150个字。行文应清楚反映现有技术问题、本技术方案的要点以及发明的用途。摘要的作用仅限于提供技术信息。

（5）发明的单一性要求：一项申请应当限于一个发明，或是属于一个总的发明构思的数个发明。如果不属于一个总的发明构思的几个独立发明作为一项申请提出，局长可以要求将申请限定于一项申请。后提交的分案申请如果满足以下条件，其申请日可以视为与在先申请的申请日相同：在收到分案通知书4个月内提交，必要时经请求可以附加4个月的宽限期；分割后的每个分案申请都没有超出在先申请的范围。

（6）涉外申请：非菲律宾居民的申请人必须委托并保持由一名本国代理人来完成专利申请有关的司法或行政手续。涉及相应外国专利申请的信息，应局长要求，申请人应当提供与本申请相同或实质相同的外国专利申请的日期和序列号，以及与该外国申请相关的其他文件。

（三）专利的授予程序

（1）申请日的确定：申请日为知识产权局收到至少下列文件的日期：①明示或默示的提出获得菲律宾专利保护的意思表示；②确定申请人身份的相关信

息；③以菲律宾文或英文撰写的说明书和至少一个权利要求。申请人有一次机会补正上述文件，补正之日为申请日。如果上述文件没有在实施细则规定的时间内补齐或补正，该申请视为撤回。

（2）形式审查：如果专利申请已经确定了申请日，并按时缴纳了相关费用，申请人应当在规定期限内满足实施细则规定的形式要求，否则该申请视为撤回。

专利申请的再审和恢复，以及就审查员的决定向局长提出的申诉程序，在细则中规定。

（3）分类与检索：通过形式审查的专利应当对其分类并检索，以确定现有技术。

（4）申请的公布：专利申请应当自申请日或优先权日起满 18 个月后在局公报上公布，并随附反映现有技术的检索文件作为对比文件。公布前，未经申请人同意，所有相关文件不得查阅。公布后，任何有关人员都可以查阅该申请。知识产权局局长如果发现一项专利申请的公布可能危害国家安全和利益，可以在获得贸易工业部部长批准后，禁止或限制该申请的公布。

（5）第三方意见：任何人都可以对公布的专利申请是否具有可专利性提出书面意见。这些意见应当送达申请人，申请人可以对此进行答复。知识产权局应当接受并将这些意见和答复放入该申请的案卷中。

（6）实质审查：自专利申请公布之日起 6 个月内，申请人应当提交书面实质审查请求，请求决定该申请是否满足三性要求和形式要求，并按时缴纳相关费用，否则该申请视为撤回。撤回实质审查的请求不能取消，并且不能要求退费。

（7）申请的修改：在专利审查的过程中，专利申请人可以修改申请文件，但不能加入超出原申请范围的新内容。

（8）专利权的授予：如果专利申请符合菲律宾知识产权法典的要求，并按时缴纳了相应费用，知识产权局将授予该申请专利权。如果未按时缴纳专利授予费用和印刷费用，专利申请将视为撤回。专利权自知识产权局公报发布授权公告之日起生效。

（9）专利授权公告：专利授权及相关信息应当在规定的时间内在知识产权局公报上予以公告。任何利害相关人皆可查阅知识产权局存档的完整的说明书、权利要求书和附图。

（10）专利证书内容：专利应以菲律宾共和国的名义授权，由知识产权局局长签署并加盖本局公章，与说明书、权利要求书和附图一并登记于本局登记簿和记录册中。

（11）年费：为维持专利申请和专利权，申请日应在申请公开之日起 4 年后的每一年缴纳年费。年费应当在到期日前 3 个月内缴纳。如果专利申请被撤回、驳回或撤销，年费缴纳义务终止。如果未按期缴纳年费，专利申请将被视为撤回，专利权将于已缴纳年费期满日后失效。专利申请视为撤回或是专利权因未缴纳年费而失效的公告应发布在知识产权局公报上，并登记备案。年费缴纳可以赋予 6 个月的宽限期，并根据迟缴的年费收取滞纳金。

（12）专利的更改：专利权人有权请求对专利权以下内容进行更改：①通过更改来限制专利权的范围；②更正明显的错误和笔误；③依据诚实信用原则更改②以外的错误，但更改不能超出原有保护范围，并且只能在专利授权 2 年内进行更改，更改之后不能影响第三方基于之前专利权公告已经取得的权利。

（13）专利更改的格式：专利更正或更改应当附有相应证明书，由知识产权局局长签名并加盖公章。更正或更改通知应当在局公报上公告，知识产权局保存和提供的副本都应当一并包含更改或更正的副本。

（四）专利权的放弃

专利权人经过已在知识产权局备案登记的被许可人、被授权使用人或其他利益相关人的同意，可以放弃全部的专利权或是其中的一项或几项权利要求。

任何人都可以向知识产权局提出上述专利权放弃的异议，如有异议，知识产权局应当通知专利权人，并处理和决定此争端。

如果知识产权局认为上述专利权放弃是合适的，可以接受放弃申请，并在局公报上公告，该专利权自公告之日起终止。此前基于政府服务目的对该专利的使用，权利人不得提起相关侵权诉讼，也无权要求赔偿。

（五）专利权的撤销

（1）任何利害关系人，在缴纳了相关费用后，均可基于以下理由请求撤销全部专利权或是其中一个或数个权利要求：①专利保护的发明不具备新颖性或不具有可专利性；②专利没有充分清楚完整地公开发明，本领域技术人员无法实现该发明；③专利违反公共秩序或社会公德。撤销的效力仅限于撤销申请所涉及的全部或部分权利请求。

（2）撤销申请的要求：撤销申请应以书面形式向知识产权局提交，经过申请人或是了解相关事实的代表人确认，并详细说明撤销理由，包括有关事实的陈述。申请人需要提交申请书中涉及的出版物，外国专利文件及其他相关说明文件，非英文文本的应当提交相应英文翻译。

（3）听证通知：专利撤销申请提交后，知识产权局法务部长官应立即向专利权人和其他在本局备案的权利人、被许可人和其他利害关系人发出听证通知，告知听证的时间。听证通知需在本局公报上公布。

（4）三人委员会：如果涉及复杂科学技术问题，经当事人任一方的请求，法务部长官可以组织一个三人委员会进行听证并裁决。由法务部长官担任主席，另外两人为该技术领域具有丰富经验的专业知识的专家。不服委员会的决定，可以向知识产权局上诉。

（5）专利权的撤销决定：如果委员会认为撤销理由成立，可以决定撤销该专利权或其中的一项或几项权利要求。如果专利权人在撤销审理过程中做出了修改，修改文本符合法律要求，并及时缴纳了相关费用，则应该决议维持修改后的专利权。未按时缴纳新的专利公告费用，该专利视为撤回。对于上述修改后的专利，在公告时，要一并公开修改的摘要、权利要求书和附图。

（6）专利权撤销的法律效果：被撤销的专利权或某些特定的权利请求应当终止。撤销通知在局公报公布，法务部的撤销决议即使在上诉期间内也应立即执行，除非局长另行决定。

四、专利的保护

（一）专利未授权时的保护

（1）专利申请公布后的权利：专利申请人有权阻止他人未经其同意而行使专利权中规定的各项权利，如同已获得专利权，只要行为人满足以下条件：①认识到其正在使用的发明是公布的专利申请中的发明；②收到了书面通知，被告知其正在使用的发明是与已公布的专利申请中的发明相同或实质相同，并且通知中写明了相关专利申请序列号。若要对该行为提出诉讼，需要在公开的专利申请获得授权之后，并且从该行为实施之日算起4年内提出。

（2）无申请权人提出的专利申请：如果一个人依据先申请原则没有获得申请权，通过法院最终判决或裁定获得了申请权，则该人可以在终局裁决生效之日起3个月内：①取代原申请人，用自己的申请继续进行申请审查程序；②就同一发明提交一份新的申请；③请求驳回原专利申请；④如果原申请已经授予专利权，要求撤销该专利。诉讼时效为专利申请公开日起1年。

（3）真正发明人的救济：如果一个人因为未经本人同意或被欺骗而丧失专利权，并被法院终局判决或裁决认定为真正发明人时，法院应当判决真正发明人取代原专利权人，或依据真正发明人的选择将专利撤销并赔偿其实际损失，根据具体情况赔偿其他损失。诉讼时效为专利授权公布日起1年。

（4）判决公开：上述两种情况公布的法院判决或裁定，应当向知识产权局提供一份副本，知识产权局在其生效之日起3个月内公布于局公报，并登记备案。

（二）专利权的保护

（1）专利权人享有以下独占权：①专利权客体为产品的，限制、禁止和阻止未经授权的第三人制造、使用、许诺销售、销售或者进口该产品；②专利权客体为方法的，限制、禁止和阻止未经授权的第三人使用该方法，或者制造、经营、使用、许诺销售、销售或者进口直接或间接由该方法获得的产品。

（2）专利保护范围：专利保护范围由权利要求书决定，而权利要求书应依据说明书和附图进行解释。为确定专利保护范围，应考虑与权利要求书中描述的特征等同的特征，即一项权利要求不仅覆盖描述的全部特征，还包括其等同特征。

（3）专利权的期限：专利权的期限为自申请日起20年。

（三）专利权的转让

专利或者专利申请应当与其他财产权一样受到民法典的同等保护。专利和其他相关权利可以通过过继、遗赠或协议的方式转让或者移转。

转让的内容可以是专利和发明的全部权利和利益，也可以是整个专利和发明的不可分割的份额，使当事人成为共有人。转让应当限定在特定的领域内。

（1）转让协议格式：转让协议必须采用书面形式，在公证人或授权官员面前宣誓或履行公证行为，由公证人或授权官员确认，并加盖手印和公章。

（2）登记备案：与专利和专利申请有关的权利和利益移转的协议、记录及其他材料，知识产权局都应当在本局登记簿或记录册上登记备案。未经公告，上述文书不得对抗后来的购买者或抵押权人，除非自协议签订之日起3个月内，或在二手买方及质押权人之前就进行了备案。

（3）共有人的权利：如果两个或两个以上的人共有一项专利，其中任何人都有权为了个人利益而单独制造、使用、销售或进口该专利。但是在未经其他共有人同意的情况下，或是未合理将收益按比例分配的情况下，不能将自己享有的那部分权利单独许可或转让给第三人。

（四）专利权的保护

未经专利权人许可，擅自制造、使用、许诺销售、销售或进口专利产品或直接、间接由专利方法制造的产品，或是使用专利方法，构成专利侵权。任何专利权人或相关权利人，在其权利受到侵害后，可以向有管辖权的法院提出侵权诉讼，要求赔偿损失、律师费和其他诉讼费用，并可以申请禁令。

（1）共同侵权：积极引诱他人实施专利侵权的，或向侵权人提供专利产品的组成成分或以专利方法生产的产品的，并且明知所提供的产品或方法不可能用于其他非侵权用途的，应当列为共同侵权人，与侵权人共同或分别承担责任。

（2）举证责任：如果专利的客体是一种方法，则任何新的或是与专利方法所得产品实质相同的产品，应当推定是使用专利方法获得的，即使专利权人尽其所能也无法确定其实际制造方法。由被告证明其产品获得与专利方法无关。

（3）诉讼时效：对于侵权诉讼提起之日以前4年之前的损失，不能获得赔偿。

（4）无效抗辩：被告可以依据提起专利撤销申请的理由来证明专利或专利的部分权利请求无效。法院查证该专利或其权利要求无效后，应当撤销该专利或权利请求。知识产权局法务部部长在收到终局判决后应当登记备案，并在局公报上公布。

（5）鉴定人：法院可以指定两名或两名以上的鉴定人。鉴定人应具有诉讼涉及的技术领域内科学知识。诉讼各方都可以对鉴定人是否适格提出质疑。

（6）赔偿标准：如果损害不明显或不能通过事实明确认定，法院可以通过给予相当于合理的许可使用费的方式来决定赔偿金额。法院可以依据案件具体情况，判决超过实际损失的赔偿金，但最高不得超过实际损失的3倍。法院可以依职权判决，在不给予补偿的情况下，将侵权物品、原材料、用于实施侵权行为的工具排除出市场或下令销毁。

（7）刑事责任：法院判决侵权人侵权成立之后，侵权人继续实施侵权行为或纵容他人侵权的，在不影响其民事损害赔偿责任的同时，应当令其承担刑事责任。判决不少于6个月，不超过3年的监禁，不少于15万，不超过30万比索的罚金。

五、专利的限制与例外

（一）专利权的限制

（1）如果存在下列情形，专利权人无权禁止第三方在未经授权的情况下实施该专利：①使用已投入国内市场的专利产品，只要该专利产品是经过专利权人同意而投放的；②个人使用，没有商业目的和商业规模，并且该行为不会显著损害专利权人的经济利益；③为科学实验研究的目的而制造使用；④药品的特殊规定；⑤其他国家临时过境的船舶、航空器、车辆，为自身需要而使用，没有在菲律宾制造销售的目的。

（2）在先使用：在申请日或优先权日以前，已经为其企业或经营中实施专利进行了准备的善意在先使用者，应当有权在原定范围内继续使用。在先使用者的权利只能与企业或业务一并转让，或是与使用、准备使用涉及的部分企业或业务一并转让。

（3）政府使用：在下列情况下，政府机构或政府授权的第三人可以不经专利权人同意而使用专利：①为了公共利益，特别是国家安全、营养、卫生或其他部门的发展需要，由有关政府部门决定；②行政机关或司法机关认为实施专利的行为限制了竞争；③药物药品方面，有国家紧急情况或其他极端紧急情况出现要求使用本专利；④药物药品方面，专利权人对专利的非商业用途公开没有充分理由；⑤药物药品方面，菲律宾专利文献的需求不能在卫生部长所确定的适当程度和合理条件下得到满足。

（二）强制许可

（1）即使未获得专利权人同意，知识产权局局长也可以在下列情况下，授权具有实施能力的人实施该专利：①国家紧急状态或其他极端紧急状态；②为了公共利益，特别是国家安全、营养、卫生或其他部门的发展需要，由有关政府部门决定；③行政机关或司法机关认为实施专利的行为限制了竞争；④为了公共目的进行非商业性使用；⑤专利能够实施，但没有正当理由而在菲律宾境内未以商业规模实施，专利产品的进口属于上述意义的实施；⑥卫生部部长确定的专利药品需求没有得到充分满足。

（2）申请强制许可的期限：自申请日起4年或授权日起3年内，不得以上述理由⑤提出强制许可申请，以二者后到期日为准。其他理由无时间限制。

（3）基于合理商业条款获得许可：该许可只适用于申请者在合理商业条件下已为获得许可付出相当的努力，但仍未在合理的期限内获得专利权人的授权。并且该许可在以下几种情况下不适用：①司法或行政诉讼已经认定有限制竞争效果，强制许可作为补救手段；②有国家紧急情况或其他极端紧急情况出现；③为了公共目的进行非商业性使用；④卫生部部长确定的专利药品需求没有得到充分满足。

（4）关于半导体技术的强制许可：该许可只能限定在公共非商业用途，或是用于司法或行政程序中认定的限制竞争行为的补救手段。

（5）依存专利的强制许可：第二专利只有在侵犯了申请日或优先权日在先的第一专利的情况下才能使用，如果第二专利符合下列条件，则可以授予其所有人强制许可：①第二专利与第一专利相比，具有显著的技术进步和重大经济效益；②第一专利的所有人有权获得合理使用第二专利的交叉许可；③第一专利的许可不能单独转让，必须与第二专利一并转让。

（6）强制许可的限制：①许可使用的范围应当限定在强制许可的目的范围内；②许可为非独占性的；③许可不得转让，除非与实施专利的企业或业务一并转让；④许可的使用限于供应菲律宾市场，司法或行政程序认定限制竞争的除外；⑤如果授予许可的客观情况已经不存在且再出现可能性不大时，应当终止许可，但要充分保护被许可人的合法利益；⑥专利权人有权根据授予强制许可后的经济价值获得补偿，但在司法或行政程序认定限制竞争的情况中，要考虑纠正限制竞争行为的需要。

（三）自愿许可

为了鼓励技术的转让与传播，防止某些情况下知识产权的滥用给竞争和贸易造成负面影响，所有技术转让协议需遵循以下规则。

（1）禁止条款：①许可人强加给被许可人，要求被许可人从特定来源获得生产资料、中间产品、原材料以及其他技术，或者永久性地雇用许可人指明的人员。②许可人保留对销售或者再次销售根据许可合同制造的产品进行定价的权利。③对于生产数量和结构的限制。④在非独占技术转让协议中禁止使用竞争性的技术。⑤有利于许可人的全部或者部分的进货选择权。⑥许可人要求被许可人将可能通过使用被许可技术而获得的发明或者改进免费转让给许可人。⑦要求就没有使用的专利向专利权人支付使用费。⑧禁止被许可人出口被许可生产的产品，除非是出于合理保护许可人的合法利益的目的，如出口到已经授予了制造或者销售被许可产品的独占许可的国家。⑨在技术转让协议到期后仍然限制该技术的使用，除了技术转让协议是由于被许可人的原因而提前终止的情况外。⑩要求在专利或者其他工业产权到期后仍然支付使用费。⑪要求技术接受方不得质疑技术提供方专利的有效性。⑫限制被许可人为了吸收、使被转让的技术适应本地情况而进行的研发，或者限制被许可人进行与新产品、方法或者设备有关的研发。⑬阻止被许可人采用进口技术，或者引入创新，如果这种行为不损害许可人规定的质量标准。⑭免除许可人在技术转让协议下的不履行责任，或者免除许可人因第三人就使用被许可的产品或者被许可使用的技术提起的诉讼责任。⑮其他同等效果的条款。

（2）强制性条款：①对同一个诉讼案件的解释应适用菲律宾法律，由被许可人的主要营业地所在法院管辖。②在技术转让协议有效期内，允许对该技术和方法不断改进。③如果协议选择仲裁方式，应当适用《菲律宾仲裁法》《联合国贸易法委员会仲裁规则》或《国际商会仲裁规则》，仲裁地是菲律宾或其他中立国。④技术转让协议中全部款项的税费由许可人承担。

（3）例外情况：在特殊或是价值很高的情况下，如含有高科技，能够增加外汇、就业、工业技术的地区性传播等，或是投资委员会、有新兴工业地位的企业公司，由文献信息和技术转让局经过评估后批准，可以对上述条款享用豁免权。

六、实用新型的申请

（1）实用新型的申请大部分规则比照专利申请规则，在先申请原则中，如果是获得专利的权利与获得实用新型的权利产生冲突，依然适用此原则排除后申请一方。实用新型的申请不要求创造性，在形式审查完成后即可授权。实用新型专利的有效期为自申请日起 7 年，不得续展。

（2）实用新型申请与专利申请的转化：①在专利申请被驳回或被授权之前的任何时候，专利申请人可以缴纳相应费用，将专利申请转化为实用新型申请，申请日仍确定为原申请日。每项申请只可以转化一次。②在实用新型申请被驳回或被授权之前的任何时候，实用新型申请人可以缴纳相应费用，将之转化为专利申请，申请日仍确定为原申请日。

（3）禁止平行申请：对于同一主题，申请人不能既提出专利申请又提出实用新型申请，不论这两个申请是同时提出的还是先后提出的。

第五节　本章小结

本章对新加坡、马来西亚和菲律宾的专利法律制度做了考察。经研究发现，三国的专利法律制度各具特色，与各自的经济和科技发展相呼应，其中，新加坡和马来西亚的专利法律制度援引英国专利制度较多。

第一，新加坡专利制度比较特殊，专利法中只规定了对发明专利的保护，对实用新型没有提及，并且对工业品外观设计进行单独立法。马来西亚规定了发明专利和实用革新两种专利，外观设计进行单独立法。菲律宾则颁布《菲律宾知识产权法典》，把专利、工业外观设计和集成电路布图统一纳入知识产权法典。

第二，在加入的有关专利保护的国际条约上，新加坡几乎加入了所有与专利保护有关的国际条约。马来西亚和菲律宾还未加入《海牙公约》《保护植物新品种国际公约》，菲律宾加入了《用于专利程序的微生物保存布达佩斯条约》，马来西亚还未加入上述条约。

第三，新加坡关于专利的撤销，专利局注册员和高等法院都有权撤销某项专利；《新加坡专利法》不仅在第 18 章中专门列举了专利侵权刑事责任的几种情形，也规定了相应的刑种和量刑标准，由于《新加坡专利法》是根据《英国专利法》制定的，因此在专利诉讼中保留了英美法系中的禁令制度，包括临时限制令、临时禁令和永久禁令。马来西亚诉讼时效为自侵权行为发生之日起 5 年；强制许可的范围，尤其是给予强制许可的期限，不应包含进口权；

还规定了已终止专利的恢复条款；对侵犯专利权的犯罪也在其专利法中规定；还有专利异议程序。菲律宾的专利申请应以菲律宾文或英文形式提交；法院可以指定两名或两名以上的鉴定人，鉴定人应具有诉讼涉及的技术领域内科学知识；诉讼各方都可以对鉴定人是否适格提出质疑；对于同一主题，申请人不能既提出专利申请又提出实用新型申请，不论这两个申请是同时提出的还是先后提出的。

第四，新加坡对发明专利的保护期限都规定为20年，但符合法定情形的，专利权人可以申请延长专利权的保护期限，在专利到期后的6个月内缴纳续展费用，最长可延长5年。马来西亚发明专利的保护期限为自申请日起20年；实用革新的保护期限为申请日起10年，可续展两次，每次5年，保护期限均自授予证书之日开始生效。菲律宾的发明专利权的期限为自申请日起20年，实用新型专利权的保护期限为7年。

同时，在其他具体的专利制度，包括授权条件、申请程序、审查流程、专利权的保护、专利权的运用等方面，新加坡、马来西亚和菲律宾三国的相关制度类似。

与我国现行专利法律制度相比较，新加坡和马来西亚更多是援引英国的制度，和我国还存在差异；而菲律宾制定的《知识产权法典》，可以为我国提供借鉴。

第四章 南亚地区专利法律制度

南亚包括斯里兰卡、马尔代夫、巴基斯坦、印度、孟加拉国、尼泊尔、不丹。本章选取印度、巴基斯坦和孟加拉国进行介绍。

第一节 概 述

印度于1970年在议会上通过历史上第一部专利法《1970年专利法》，此后对专利法进行多次重要修改，现行版为2005年修改。巴基斯坦在1911年就颁布了《专利和工业品外观设计法》，此后又于1997年颁布《专利和外观设计条例》，于2000年颁布了《专利条例》。[1]《专利和外观设计法实施细则》于1935年2月颁布，并在1935年12月和1956年进行修订。孟加拉国在1971年脱离英国殖民统治独立后，国家对原有法律进行全面的修改或重新颁定，直到2011年孟加拉国过渡政府领导人法克鲁丁·艾哈迈德提出要采取措施修改1911年的《专利和设计法》，以充分利用TRIPS协议向孟加拉国等欠发达国家给予的优惠政策，生产和出口专利药品。

在国际条约方面，印度于1994年签署了TRIPS协议，并于1995年成为世界贸易组织成员方，于1998年加入《巴黎公约》，并签署了《专利合作条约》。2005年，巴基斯坦政府成立了知识产权组织（PIPRO），由总理亲自领导。2012年巴基斯坦知识产权组织颁布了《2012年条例》，旨在协调商标注册处、专利局以及版权局的相关工作，并成立了知识产权特别法庭。巴基斯坦于1995年成为与贸易有关的知识产权协议的缔约国，2004年加入《巴黎公约》、世界知识产权条约，由此成为WIPO管理的工业产权领域条约的新缔约国。孟加拉国签署了TRIPS协议，是世界贸易组织的成员国，孟加拉国也是巴黎公约和WIPO的成员国，但是至今没有加入《专利合作条约》。

---

[1] 参见印度专利法，THE PATENTS（AMENDMENT）ACT，2005，http：//www. ipindia. nic. in/writereaddata/Portal/IPOAct/1_69_1_patent_2005. pdf［EB/OL］，访问日期：2018年2月16日。

第二节 印度专利法律制度

一、专利制度概况

作为英国殖民地，印度在1947年独立后开始制定专利法，并于1970年在议会上通过了印度历史上第一部专利法《1970年专利法》，该法主要基于1950年以及1959年提交的立法建议报告制定而成。《1970年专利法》的特点包括：授予专利的目的是鼓励发明，促进发明的商业化利用；授予专利不是为了垄断专利产品的进口；认可专利的两种形式：产品专利以及过程专利；药品、食品及农业化学品等产品本身不能授予专利，只对上述产品的生产过程授予专利。

此后印度对专利法进行了几次重要的修改，其中：1972年将方法专利保护的期限修改为7年，同时将生物活性分子（如药品和农药）列为不授予专利权的对象；1999年修改规定申请人满足特定条件授予独占销售权允许在印度销售或者批发产品，并于2004年12月31日前将不进行任何化学产品申请的审查；

2002年修改要求18个月公开之后2年之内申请实质审查，并且建立印度上诉委员会；

2005年修改规定自2000年1月1日起，专利保护期限为自申请日起20年，并且引入传统知识与基因资源的新规定。

印度于1994年签署了TRIPS协议，并于1995年成为世界贸易组织成员方，于1998年加入巴黎公约，并签署了专利合作条约。

世界贸易组织要求成员方在国内要建立的知识产权保护相关法律符合最低标准。但从立法结果来看，印度国内的知识产权保护法律同发达国家之间还有着重大区别。

（一）专利保护的客体

《印度专利法》规定的授予专利权的发明是指含有创造性步骤，并且能够应用工业的新产品或新工艺方法。

其中“创造性步骤”是指发明具有这样的特征，既它相对于现有技术具有技术上的进步和/或者具有重大经济利益，并且使得该发明对于本领域技术人员而言是非显而易见的；“能够工业应用”是指该发明能够在工业上制造或者使用。

（二）排除客体

根据《印度专利法》，被排除在专利保护之外的主题有：（1）包含明显违背自然法则的内容或者没有意义的发明；（2）发明用途违背公共秩序或公共道德，或者会导致对人类、动物或植物生命或健康产生严重损害；（3）单纯对科学原理或抽象理论公式的发现或者对自然界存在的具有生命或无生命物质的发现；（4）单纯对已知物质新形式的发现，且该发现没有改进该物质的已知功用，或者仅为已知物质的新属性或新用途，或者仅为已知工艺、机械或装置的用途，除非该已知工艺产生了新产品或使用了至少一种新的反应物。其中已知物质的盐类、酯类、醚类、多晶型物、代谢物、纯形式、粒径大小、异构体、异构体混合物、络合物、组合物及其他衍生物应当被认为是相同物质，除非他们在功效方面具有显著不同的性能；（5）通过简单混合（仅为各组分性能的简单叠加）获得的物质及其生产方法；（6）仅为已知设备的排布或重新排布，且各设备以已知方式相互独立起作用；（7）农业或园艺方法；（8）对人体进行医疗性、手术性、治愈性、预防性诊断、疗法或其他治疗方法，或者为使动物免于疾病或提高其经济价值或生产率而采用的类似处理方法；（9）植物和动物整体或者任何部分，包括种子、变种和物种，但不包括微生物，以及本质上属于生产或者繁殖植物和动物的生物学方法；（10）数学或商业方法或计算机程序本身或算法；（11）文学、戏剧、音乐或者艺术作品或者其他任何美学创作，包括电影作品和电视制作；（12）单纯的智力活动方案或者规则或者方法，或者玩游戏的方法；（13）信息的表达方式；（14）集成电路布图设计；（15）实际上属于传统知识或是传统上已知组分的已知属性的组合；（16）有关原子能的发明；（17）宣称打算将物质用作或能够用作食品、医药或药物的发明；（18）与通过化学过程制备或生产的物质（包括合金、光学玻璃、半导体和金属间化合物）有关的发明。

（三）专利享有的权利

在印度，授权专利的专利权人享有以下权利：

（1）如果特定专利为产品专利，则专利权人有权限制、禁止和阻止未经授权的第三人在印度生产、使用、销售、许诺销售、进口该专利产品。

（2）如果特定专利为方法专利，则专利权人有权限制、禁止和阻止未经授权的第三人在印度生产、使用、销售、许诺销售、进口由该方法直接获得的产品。

（3）专利保护范围：专利保护范围由权利要求书决定，而权利要求书应依据说明书和附图进行解释。为确定专利保护范围，应考虑与权利要求书中描述的特征等同的特征，即一项权利要求不仅覆盖描述的全部特征，还包括其等同特征。

（4）专利权的期限：专利权的期限为自申请日起20年。任何维持费未在规定期限内缴纳的，专利的法律效力应当在规定的缴纳该费用的期限届满日终止。专利权因未缴纳维持费或专利期限届满而终止的，该专利所要求保护的主题无权受到任何保护。

（四）涉外要求

印度公民向国外申请专利需要提供以下信息：

（1）专利申请人就相同或实质相同的发明单独或与其他任何人共同向国外申请专利的，或者据其所知其在先权利人或在后权利人正在国外申请专利的，申请人应当与其申请一起提交以下文件：（a）描述上述申请详情的声明书；（b）保证书，保证截至印度专利授权日，在规定期限内提交声明书后按要求随时书面通知负责人与相同或实质相同发明的有关的其他在国外提交的每一件专利申请的详情。

（2）在印度提交专利申请后，并且直到被授予专利权或被驳回的任何时间内，负责人也可以要求申请人提交有关国外专利审查的详情。在此情况下，申请人应当在规定的期限内向负责人提交其可以获得的审查信息。

（五）申请限制

《印度专利法》对提出专利申请的主体有下列规定：（1）主张是真实且原始发明人的任何人；（2）主张是真实且原始发明人的任何受让人；（3）在死亡前刚被授权提出专利申请的死者的法定代理人；（4）上述主体可以单独或与其他任何人共同提出专利申请。

二、可专利性

（一）新颖性

《印度专利法》规定的新颖性为相对新颖性，依据《印度专利法》规定，发明专利仅保护在申请日（或优先权日）之前未被任何出版物披露，并且未在印度本国公开使用过的技术。但是在印度以外的国家或地区的公开使用不破坏新颖性。

（二）创造性

在印度，专利应当具备创造性方可被授权。印度将“创造性”定义为发明相对于现有技术具有技术上的进步和/或具有重大经济利益，并且使得该发明对于本领域技术人员而言是非显而易见的。

（三）实用性

与世界绝大多数国家一样，印度也要求专利申请的主题必须能够在产业上制造或使用，并且能够产生积极效果，也就是说发明所解决的必须是技术问题。

（四）说明书充分公开且清楚

《印度专利法》规定，发明专利的说明书及其他有关文件应当符合一定要求方可被授予专利权。说明书应当清楚、简明，并且：（1）充分、详细地描述发明内容及其实施方式，或者用途及操作方法；（2）公开申请人所知的、通过权利要求主张的发明的最佳实施方式。

三、专利申请和审查

（一）专利的申请

1. 申请文件

在印度，不需要提交权利要求书，而仅提交简单的说明书就可以获得优先权日，临时申请不是必需的步骤，类似中国的“国内优先权”。临时申请日起12个月内，必须提交正式申请，否则临时申请自动失效。

2. 申请的公开

印度专利申请的公开是在申请日或优先权日起18个月，专利申请人也可以选择缴纳一定官费提交提前公开请求，这样，该申请文件会在提前公开请求日起1个月内公开。

3. 公开文件的查询

印度专利申请公开后，公众可以到印度专利局查询专利申请者的说明书、专利局以及申请人的往来信函等文件，但需要向相应管辖的总局或分局提出书面请求并缴纳一定的费用。

4. 申请的撤回

当专利申请人不希望申请公开时，可以在申请日后的15个月内提交撤回申请请求，并缴纳官费，以避免申请公开。撤回的申请可以作为新的专利申请再次提交。

5. 实质审查请求的提出

印度发明专利实质审查可由申请人或者任何利益相关人（包括从事或推动与发明相同领域研究的人或组织）提出实质审查请求来启动。需在优先权日起48个月内提出审查请求，否则该申请将被撤回。

6. 申请需要提交的文件

在印度，申请专利所需文件的要求因提出专利申请途径的不同而不同。

对于直接向印度专利局提交的专利申请，需要：（1）专利申请表；（2）声明，声明专利申请人享有发明，并提供了原始真实的发明人名字，如果声明人不是申请人或申请人之一的，则应当提交申请人相信所写明的人就是真实、原始发明人的声明；(3) 同族专利申请信息，其中包括同族专利申请所在国家、申请日、申请号、申请状态、公开日期以及授权日期；(4) 专利代理委托书；(5) 申请文件，包括英文版或印地语版的临时说明书或完整说明书［包括各发明相关内容描述、权利要求书、说明书附图（如有）、摘要、摘要附图（如有）等］；(6) 优先权证明文件。

对于通过PCT途径进入印度国家阶段的专利申请，需要：(1) 专利申请信息表，其中需要包括发明名称、PCT国际申请日和国际申请号、申请人和发明人的英文名、国籍、地址等信息，优先权等信息；(2) 声明，声明专利申请人享有发明，并提供了原始真实的发明人名字，如果声明人不是申请人或申请人之一的，则应当提交申请人相信所写明的人就是真实、原始发明人的声明；(3) 同族专利申请信息，其中包括同族专利申请所在国家、申请日、申请号、申请状态、公开日期以及授权日期；(4) 专利代理委托书；(5) 优先权证明文件，一般不需要提交优先权证明文件原件，除非该PCT申请不符合PCT细则17a或b的要求，可在最早优先权日起31个月到期前提交，如果优先权文件是非英文申请，需要提交英文译文；(6) 申请文件，主要包括PCT国际公开文本的英文译文、根据PCT条约第19条提出修改后权利要求的英文译文、国际初审报告以及PCT条约第34条修改的申请文件的英文译文。

对于通过《巴黎公约》途径提出的专利申请，需要：(1) 专利申请信息表，其中需要包括发明名称、PCT国际申请日和国际申请号、申请人和发明人的英文名、国籍、地址等信息，优先权等信息；(2) 声明，声明专利申请人享有发明，并提供了原始真实的发明人名字，如果声明人不是申请人或申请人之一的，则应当提交申请人相信所写明的人就是真实、原始发明人的声明；(3) 同族专利申请信息，其中包括同族专利申请所在国家、申请日、申请号、申请状态、公开日期以及授权日期；(4) 专利代理委托书；(5) 优先权证明文件，优先权证明文件原件，可与申请同时提交或最晚在最早优先权日起18个月内补交（通常在申请日起4个月内提交较为稳妥）。如果提交提前公开请求，优先权证明文件应与该请求一起提交。如果优先权文件是非英文申请，需要提交英文译文；(6) 申请文件，包括英文版或印地语版的临时说明书或完整说明书［包括各发明相关内容描述、权利要求书、说明书附图（如有）、摘要、摘要附图（如有）等］。

（二）实质审查

印度实质审查通常在实质审查请求日或公开日（以后到者为准）起6个月内，审查员会对发明的新颖性、创造性及实用性问题进行实质审查并发出第一次审查报告（FER）。

不过由于专利积压情况的客观存在，印度专利局按照申请人提交实质审查请求的时间（而不是提交申请或申请公开的时间）对所有申请进行排序，总局和分局的各领域审查员分别依照此顺序提案审查。专利申请人需要在收到第一次审查报告（FER）之日起12个月内修改专利申请文件或者提交答复意见，如果答复获得印度专利局官员的认可，官员会在12个月期满后的一段时间内对专利授权。从当前实践来看，申请人大约在12个月期满后的6~8个月获得授权，但也有可能需要等几年时间才能获得授权。

如果专利申请人在修改完专利申请文件或者提交了答复意见之后，专利申请文件仍然没有达到授权的要求，印度专利局会发进一步的审查报告或者安排听证，在进一步对审查报告进行答复或者在听证后决定申请是否可被授权。需要注意的是，进一步的审查报告的答复期限同样是在第一次审查报告发出之日起12个月内。

如果专利申请人在收到审查报告之日起12月内没有修改专利申请文件，也没有提交答复意见，则该专利申请将被视为撤回。如果答复意见没有被接受，印度专利局会发出驳回通知书，申请人可以做出以下选择：第一，放弃该专利申请；第二，在驳回通知书下发之日起3个月内向印度知识产权申诉委员会（IPAB）请求上诉。IPAB的裁决是终审判决，不能再进行进一步的救济。

（三）授权前异议

在印度，任何社会公众都可以在专利申请公开后到授权前的任何时间针对未授权的专利申请向印度专利局提出书面的异议请求。印度专利局在收到异议申请书后会挑选3名审查员组成异议组，以对异议人及申请人的陈述意见书及其他证据进行审查，并在3个月内做出异议建议书，呈报给专利局官员，供专利局官员参考。

专利申请人在收到异议申请书及相关证据材料后2个月内，需要针对异议申请书中提出的各条理由做出全面答复，并提出相关证据。如果申请人未做答复或超过答复期限，该专利申请将被撤回。

异议人在收到专利申请人的答复后1个月内，还可以再提交一次证据，但此证据仅限于针对专利申请人提出的反证。

在收到双方上交的证据和意见陈述书，以及异议组的异议建议书后，专利局官员组织听证会。异议组3位审查员可以出席听证会，但是无权做任何决定。双方当事人如果想要参加听证会，需提前通知专利局官员并缴纳一定官费后方可参加。

在充分听取异议人与专利申请人的意见陈述后，印度专利局官员将做出异议决定，并将决定送达双方当事人。

（四）授权后异议

在印度，专利的利益相关人可以在专利授权之日起1年内提起异议申请。根据《印度专利法》的规定，提出授权后异议的理由主要包括：（1）授权的专利不属于专利法包括的客体；（2）授权的专利系非法取得；（3）授权的专利不满足《印度专利法》新颖性或创造性方面的要求；（4）授权的专利文件并未充分公开相应的技术方案；（5）授权的专利权利要求书得不到说明书支持；（6）授权的专利中所列的并非最佳实施例；（7）授权的专利未满足信息披露要求、未披露或错误提及生物资源的来源或地理起源等。

授权后异议的操作程序以及异议理由与授权前异议相同，所不同的是：提出异议的人只能是利害相关人；授权后异议提出时间是授权之日起1年内；授权后异议不是免费的。

（五）分案申请

在印度，专利申请人可以根据自己的意愿或者审查意见，在专利申请被授权或者被驳回之前的任何时间提出分案申请。分案申请文件需要在第一次提出的申请文件的基础上提出。

如果基于同一母案申请提交了两个以上分案申请，第二个或后续分案申请的审查应当与其母案申请和较早的其他分案申请进行对比审查，以防止重复授权。分案申请的优先权日和申请日均与母案申请的优先权日和申请日相同。

印度分案申请的专利权期限为20年，以母案申请的申请日起计算。当母案申请为PCT申请的国家阶段时，以该PCT申请的国际申请日起计算。

（六）专利无效

1. 专利无效程序的提出主体

根据《印度专利法》，在专利有效期内，任何利害关系人或者中央政府以及专利侵权诉讼中的被告都可以针对特定专利提出无效请求。

2. 专利无效程序的受理单位

在印度，利害关系人或者中央政府可以向知识产权申诉委员会提出专利无效请求，但是针对侵权诉讼提起的无效反诉申请，只能向印度高等法院提出。

3. 专利无效的理由

根据《印度专利法》的规定，对授权专利提出无效请求包括如下理由：

（1）在该完整权利要求书的权利要求中保护的发明，已经在具有更早的优先权日且在印度已经授权的另一件专利的完整说明书的有效权利要求中申请过；（2）被授予专利权的申请人是根据该法规定无权提出申请的申请人；（3）相关专利是通过侵犯请求人或请求人所委托的代理人所申明的权利而非法获得的；

(4) 在该完整权利要求书中任一权利要求的主题不属于该法规定范围内的发明；(5) 在该完整权利要求书的任一权利要求中，申请保护的发明已经在该权利要求所享有的优先权日之前在印度为公众所知或在印度公开使用过，或由于在印度及别国依《印度专利法》第13条规定的任何资料中公布过而不构成新的发明；(6) 在该完整权利要求书的任一权利要求中，申请保护的发明相对于在该权利要求所享有的优先权日之前在印度为公众所知或在印度公开使用过，或相对于在印度或别国公布过的技术是显而易见的或不含任何创造性步骤；(7) 在该完整权利要求书的任一权利要求中申请保护的发明是不实用的；(8) 在该完整权利要求书的，没有对请求保护的该项发明或其实施方法进行充分、完整的说明，也就是说，完整说明书中包含的对该项发明的方法的描述或对实施该发明的指导，不足以使在印度该项发明所属技术领域或相关领域的、具有一般技术和一般知识的人实施该项发明，或者该完整说明书没有公开申请人所知的并有权申请专利保护的实施该项发明的最佳方法。

四、专利的保护

(一) 专利诉讼的管辖

专利侵权诉讼、宣告不侵权诉讼以及请求救济诉讼不得向具有上述诉讼管辖权的地区法院的下级法院提起。但是，专利侵权诉讼的被告反诉专利无效的，侵权诉讼连同反诉应当一并移送高级法院管辖。

(二) 举证责任

在侵犯主题是获得一种产品的方法的专利诉讼中，法院可以指令被告证明其使用的获得产品的方法不同于专利方法，如果：(1) 专利的主题是获得产品的方法；(2) 相同产品是采用专利方法获得的可能性很大，并且专利权人或其权利继受人通过合理努力仍然不能确定实际使用的方法，但是专利权人或其权利继受人应当首先证明，该侵权产品与采用专利方法直接获得的产品相同。

在考虑一方当事人是否已经履行举证责任时，如果法院认为要求其公开任何制造秘密或者商业秘密是不合理的，则法院不应当要求其公开。

(三) 侵权诉讼中的救济手段

在专利侵权诉讼中，法院可以给予的救济包括禁令（按照法院认为合适的条件，如果有的话）以及原告选择的损害赔偿或利润。

法院根据案情认为合适的，也可以命令扣押、没收或者销毁侵权货物的原料和工具，而不给予任何赔偿。

（四）侵权赔偿

在印度，普通法对专利无约束力。专利权有地域性并且只有在印度获得正式授权后方能提起专利侵权诉讼。侵权损失的计算可追溯到专利公开日，但对于“黑匣子”类的专利申请，侵权损失只能自专利授权之日算起。

（五）侵犯专利权的例外

印度专利权应当受到下列限制：（1）政府或其他代表可以仅为自身使用之目的而进口或制造任何专利产品或依照专利方法获得的产品；（2）政府或其他代表可以仅为自身使用之目的而使用专利方法；（3）任何人均可以仅为实验或者研究包括传授小学生使用方法之目的而制造或使用任何专利产品或依照专利方法获得的产品或使用专利方法；（4）对于任何专利药品，政府可以仅为自身使用，或者配给政府或者其代表运营的任何诊所、医院或者其他医疗机构，或者中央政府指定公共服务的并在政府公报上通告的其他任何诊所、医院或其他医疗机构。

不视为侵犯专利权的情形：

（1）在外国登记的船舶或者航空器或者外国普通居民拥有的陆地交通工具仅为临时或者偶然进入印度（包括印度的领海领水）的，下列情形不属于侵权：第一，仅为在船上的实际需要而将发明专利用于船舶本身或者其机器、装备、器械或者其他附件上；第二，根据情况将发明用于航空器或者陆地交通工具或者其附件的安装或者操作上。

（2）该规定不得延及这样的外国的普通居民拥有的船舶、航空器或陆地交通工具，该国法律并不授予在印度有经常居所的人拥有的船舶、航空器或者陆地交通工具在该国港口、领水或其他该国法院管辖的范围内使用发明专利的相应权利。

此外，根据印度或其他国家规范产品的制造、建造、使用、销售或者进口的现行有效的法律的规定，需要某种信息，对于该信息的提交和开发合理相关的制造、建造、使用、销售或者进口专利发明的行为，不视为专利侵权行为。

他人根据法律授权进行生产和销售专利产品，任何人从该人处获得专利产品后进口的，不得认为属于专利侵权行为。

五、运　　用

（一）政府的实施

（1）如果一项发明为了中央政府、联邦政府或政府企业而制造、使用、行使或出售，则该项发明被称作政府的实施。

（2）在不违反规定（1）的一般原则时：①仅仅为了本身的使用，政府或代表政府对在本法实行以前授予的专利所包括的机器、设备或其他东西的任何发明的进口；②政府或代表政府对在该法实行以前授予的专利所包括的药物的任何发明的进口：第一，仅仅为了本身的使用；第二，为了传播于政府或代表政府维持的药房、医院或其他医疗机构，或其他由于中央政府考虑到它们所提供的公共服务而在正式公报上通知指定的那些药房、医院或医疗机构。

上述的进口对于本章也应视为是该项发明为政府的使用。

（3）对于通过《印度专利法》第47条规定的一项或几项条件而作的机器、设备或其他东西的进口、制造或使用，或对任何方法的使用，或对药物的进口、使用或传播，不得适用本章的任何规定。

（4）虽然该法作出规定，中央政府及其书面授权的任何人，在向专利局提交专利申请或已经批准专利以后的任何时候，可以按照本章规定为政府使用该项发明。

①当一项发明在完整说明书的相关权项的优先权日期以前除了由于专利权人或自他取得权利的人直接或间接地传达过该项发明外，已被政府或政府企业或其代表及时记载于文件中或试验、试用过，则中央政府或其书面授权的任何人为政府使用该项发明可以免缴专利使用费或其他报酬给专利权人。

②如果该项发明未做出上述记载、试用或试验，则中央政府或根据上一款授权的任何人在授予专利后的任何时间对发明行使用。且应根据中央政府或依上款授权的任何人与专利权人双方在使用前或使用后所商定的条件，或在无协议时由高级法院所决定的条件。但在对药物或食品的任何专利的这种使用情况中，专利使用费和其他报酬绝不应超过以规定方式确定的专利品纯出厂批发价的4%（不包括根据目前生效的任何法律所征收的税款及应付的佣金）。

③中央政府对于一项发明的授权可在专利批准以前或以后和在对之做出授权的行动以前或以后进行，并可授权给任何人，不管他是否被专利申请人或专利权人直接或间接地授权制造、使用、实施或出售该项发明或进口该专利所包括的机器、设备、药物或其他物品。

④当依该条中央政府或中央政府授权为政府使用一项发明时，则政府除认为这样做违背公众利益外，还应尽可能快地在使用后通知专利权人并向他提供他可能不时地合理要求的有关该项发明的使用范围情报；当为某政府企业使用该项发明时，中央政府可从该企业取得为了该项提供的必要的情况。

⑤为政府而制造、使用、实施和出售一项发明的权利应包括对行使该项权利而制造的商品的销售权，而该出售商品的买主以及他的代理人应有处理该商品的权力，即如中央政府或被授权者为该发明的专利权人一样。

⑥当已成为该条授权主题的专利具有该法所规定的独占许可证时或当该专利由于参考该发明的使用所确定的专利权使用费或其他利益（包括以最低专利使用费所支付的款项）而被转让给专利权人时，则发出的通知也应发给该独占许可证持有者或转让者，专利权人应视为包括指该转让者或独占许可证人。

（5）关于中央政府或中央政府授权的任何人，或者中央政府规定的专利权人或专利申请人，为了政府而对一项专利发明或专利申请未决定的一项发明的使用，在专利权人或专利申请人（或任何从他取得权利的人或得到权利的人）与除中央政府外的任何人之间于本法实行前后所授予或进行的任何许可证、转让或协议的规定应就下列作用无效：①限制或控制为了政府而对该发明或任何模型、文件或与之有关的情报的使用；②对为政府使用该发明或模型、文件或与之有关的情报规定支付款项（包括以最低专利权使用费所支付的款项）；而为了政府以及为政府目的复制或发表任何模型或文件，也不应视为对该模型或文件所具有的任何版权的侵犯。

（6）当专利权或申请取得专利的权利由于参考该发明的使用所确定的专利权使用费或其他利益（包括以最低专利权使用费所支付的款项）而转让给专利权人时，则于专利权人根据中央政府的命令为政府而使用该项发明时，应即如该项使用是通过该条规定的授权而进行的一样有效；而为政府对该发明的使用应即如对专利权人的规定包括对专利转让者的规定一样有效，根据该款应付的任何金额应在专利权人和转让者双方之间分担，比例可由双方商定，或在没有协议时由高级法院裁决。

（7）当要求中央政府或依该法所授权的人对为政府使用一项发明而支付款项时，当该项专利具有根据许可证授权为政府使用该发明的独占许可证持有人时，则该项金额应由专利权人和该许可证持有人分担，比例可由双方商定，或在没有协议时根据《印度专利法》第 103 条的规定，由高级法庭考虑许可证持有人在下列过程中所承受的花费而做出公正裁决：①在发明的过程中；②除参考对发明的使用所确定的专利权使用费或其他利益，包括由于该许可证而以最低专利权使用费所支付的款项外，在向专利权人的付款中。

（8）如果中央政府相信有必要将作为一件专利申请或专利的主题的发明为了公众而从申请人或专利权人处取得，则可在正式公报上对此发出通知，然后该项发明或专利以及与该发明或专利有关的所有权利即通过本条效力而转让授予中央政府。应将此项获取通知申请人，在授予专利的情况下应通知专利权人和可能记载在登记簿上作为有专利股权的其他人。中央政府应付给申请人或专利权人及登记簿上所载具有该专利股权的其他人赔偿费，金额多少由中央政府和申请人或专利权人及其他人双方商定；无法协商时由高级法院根据该项发明所带来的花费，而在有专利的情况下则根据其期限、它所实施的时间与所实施的方式（包括专利权人或其许可证持有人——不管是独占或非独占——在此期间所得的利润）和其他有关因素而做出公正的裁决。

(9) 任何关于中央政府或其授权人对权利的行使方面的争端，或关于为政府而使用一项发明的条件或关于任何人接受所付的一部分款项的权利或对获得一项发明或一件专利应付的赔偿费数量等方面的争端，均可由争执的任一方当事人以高级法院所规定的方式提交高级法院。

在该条所属以中央政府为一方当事人的任何诉讼中，中央政府可以：第一，如果专利权人为诉讼一方时，根据《印度专利法》第 64 条可取消专利的任何理由，通过反诉请求取消该项专利；第二，无论某专利权人是否该诉讼的一方，不予请求将其取消，而是对该专利的有效性引起争议。

如果在上述诉讼中出现一项发明是否被记载、试验或试用的问题，而对有关该项发明的任何文件的公布或对其试验或试用的任何证据的公布照中央政府看来会损害公共利益时，则可秘密地透露给另一当事人的辩护人或双方商定的独立专家。

在根据该条解决中央政府和任何人之间关于为政府使用一项发明的条件的争端时，高级法院应考虑该人或自他获得权利的任何人直接或间接地对为政府而使用所述发明可能收到的或可能有权收到的任何利益或赔偿费。

在该条所属的任何诉讼中，高级法院可在任何时候将整个诉讼或其中出现的任何问题或事实争议，根据高级法院规定的条件委托给某官方公诉人、官员或某仲裁人，该条上诉条款中对高级法院的规定应做出相应的解释。

当一件专利中申请权项的发明是由某人在中央政府或联邦政府供职时曾担任政府企业雇员时做出的，而该发明的主题由有关政府或政府企业的主要官员证明与政府职员或政府企业的雇员在执行正常职务的过程中所做的工作有关，则尽管本条有所规定，关于发明的各类争端由中央政府根据本条所适用的规定做出处理；但在处理前中央政府应给予专利权人和它认为与之有关的其他人一个听取意见的机会。

（二）强制许可

(1) 在不违反该法其他规定时，行使本章所授的权利时必须考虑下列总的原则：

①授予专利是为了鼓励发明、保证在商业上毫不延误地对发明充分合理与实际地加以实施；②授予专利并不单纯为了使专利权人对输入专利品享有垄断权。

(2) 自一件专利证签发之日起满 3 年以后，任何有关人可向局长提出申请，指出公众对该项专利发明的合理需要尚未满足，或该项专利发明供给公众的价格不合理，请求授予强制许可证以使用该项发明；任何人均可提出本条规定的申请，尽管他已经是该专利的持有许可证人；并不得根据他是否允许使用许可证或已经接受该许可证等理由而阻止其指出公众对该项专利发明的合理需要尚未满足或该项专利发明供给公众的价格不合理等情况；申请应讲明申请人感兴趣的种类及所规定的详细情况和申请所根据的事实。

（3）自一件专利确认日期满 3 年以后，中央政府可向局长申请发出命令对该专利签注“当然许可证”，理由是未满足公众对专利发明的合理需要或专利发明未以合理价格供给公众；专利局局长如相信上述理由时可命令将该件专利签注“当然许可证”；在补充专利有效时，该条规定的签注申请不管是对原专利或是对补充专利提出的，均应当作是对两种专利提出的签注申请；而当对一项已依该条被签注的专利授予补充专利时，该件补充专利也应作同样签注；应将根据该条所做的所有专利签注载入登记簿，并在正式公报上公布及以其他主管人认为需要使制造商注意签注的方式发表。

（4）一件专利签注“当然许可证”后，有意向在印度使用专利发明的任何人可请求专利权人在双方商定的条件下发给他使用发明的许可证，而不管他是否已经是该专利许可证持有人；如果当事人不能商定许可证的条件，任何一方当事人可向局长以规定形式申请解决该项条件；局长在通知当事人并听取他们意见后经过恰当的调查，应决定专利权人必须发给许可证的条件；局长在双方商定或由局长决定许可证的条件以前，应提出依规定要求的任何人向他申请，可以允许他在双方商定期间或局长决定期间、根据局长认为恰当施加的条件使用该项发明；对于视为签注“当然许可证”的每件专利，根据授予任何人的许可证所规定留给专利权人的专利权使用费和其他报酬绝不应超出以规定方式决定的专利品的纯出厂批发价的 4%（不包括依任何有效法命征收的税及应付的佣金）。

（5）①对于一件专利批准了强制许可证或签注了或视为签注了“当然许可证”时，中央政府或任何有关人在第一张强制许可证批准命令发出满 2 年以后，或根据不同情况在第一张许可证颁发满 2 年后，可以向局长根据公众对专利发明的合理需要尚未满足或该专利发明供给公众的价格不合理等理由，申请发出取消该件专利的命令；②每项根据①款所提的申请书，应包括规定的细则和申请所根据的事实，而在除中央政府所提申请外的申请书中，还应指明申请人感兴趣的种类；③局长如相信公众对专利发明的合理需要尚未满足或专利发明供给公众的价格不合理等理由，则可做出取消该件专利的决定；④每项根据①款所提出的申请，一般应在将其提交局长 1 年以后被决定。

(6) 以下情况应当视为没有满足公众的合理需要：

①如果根据专利权人没有在印度充分制造和根据合理条件提供专利品或对其有效使用很必要的部分专利品的理由，或如果根据专利权人拒绝根据合理条件授予许可证的理由：第一，损害了现有商业、工业或其发展，或新商业或工业在印度的开设，或任何人的贸易或工业，或经商或营造的各种人；第二，对专利品的需要没有从印度的制造量得到充分的或根据合理条件的满足；第三，没有提供或发展在印度制造的专利品出口市场；第四，损害了印度商业活动的开设或发展。

②如果根据专利权人在授予专利许可证时或在购买、租赁或使用专利品或专利方法时所施加的条件（无论在本法实行前或实行后），使不受专利保护的物资的制造、使用或销售，或者印度任何贸易或工业的开设或发展受到损害。

③如果该项专利发明未在印度商业上得到适当的实施或未得到最完全合理可行的实施。

④如果通过下列几种人从国外进口而基本上满足了印度对专利品的需要：第一，专利权人或其授权人；第二，直接或间接从他那儿购买的人；第三，专利权人未对之起诉侵犯专利权的其他人。

⑤如果专利权人或上述其他各种人从国外进口该件专利品阻止或妨碍了该项专利发明在印度商业上实施。

第三节　巴基斯坦专利法律制度

一、专利制度概况

巴基斯坦在 1911 年就颁布了《专利和工业品外观设计法》，此后又于 1997 年颁布《专利和外观设计条例》，2000 年颁布《专利条例》。《专利和外观设计法实施细则》于 1935 年 2 月颁布，并在 1935 年 12 月和 1956 年进行了修订。[1]

起初巴基斯坦专利侵权案件中可以使用包括禁令在内的各种法律救济手段，但是 2002 年修订的《专利条例》却取消使用专利、限制单个化学实体申请专利、限制衍生的保护、对生物技术发明申请专利设置壁垒以及建立强制许可机制等规定削弱了 2000 年颁布的专利法。

在相当长一段时期内，知识产权的公众认识度是比较低的，甚至很多专业

---

[1] 参见巴基斯坦专利法，THE PATENTS RULES，2003，http：//www. ipo. gov. pk/uploads/CMS/Patents_Rules_2003. pdf［EB/OL］，访问日期：2018 年 2 月 16 日。

研发人员没有基本的专利意识，对专利体系的术语及定义、专利的种类以及获取专利的流程并不熟悉。巴基斯坦一度盗版和侵权产品泛滥，是世界主要侵权产品的输出国，国际知识产权形象极差。近年来，为了改善上述状况，巴基斯坦采取了一系列措施。2005 年，巴基斯坦政府成立了知识产权组织（PIPRO），由总理亲自领导。该组织愿景是通过促进和保护知识产权使巴基斯坦作为一个负责任的国家融入全球知识产权的蓝图中。其使命是整合和升级知识产权基础设施以提升知识产权服务质量、提高公众知识产权意识以及加强知识产权执法协调，从而实现使巴基斯坦成为一个知识产权型国家的目标。2012 年巴基斯坦知识产权组织（PIPRO）颁布《2012 年条例》，旨在协调商标注册处、专利局以及版权局的相关工作。成立了知识产权特别法庭，并以此处理巴基斯坦各主要城市有关知识产权的争端。并且建立了知识产权执法总局、巴基斯坦海关，用于落实知识产权法律并打击假冒与走私产品贸易以及知识产权组织，方便相关方提交申请与开展检索的在线门户网站。

巴基斯坦于 1995 年成为与贸易有关的知识产权协议的缔约方，2004 年加入《巴黎公约》、世界知识产权（WIPO）条约，由此成为 WIPO 管理的工业产权领域条约的新缔约方。

（一）授予专利权的客体

在巴基斯坦，授予发明专利的客体为在任何技术领域中的任何新的且有用的产品或方法，并包括任何一种新的有用的改进。其中产品包括任何物质、物品、设备及机器，而方法包括任何制造产品的工艺、流程及方式。

（二）排除客体

在巴基斯坦，不能被授予专利权的对象有：（1）自然发现；（2）研究成果；（3）声音的产生方法；（4）计算机软件程序；（5）永动机；（6）创造音乐的方法；（7）为文章取奇特的名字；（8）商标；（9）发现已知物质的新特征；（10）字母表体系；（11）化学制品和药物制品；（12）速记体系；（13）文学、戏剧、音乐及艺术作品；（14）医学处方及专利药物；（15）索引体系；（16）纯粹的表格、图表或印刷的纸张；（17）外科手术；（18）对公共健康或繁荣有害的；（19）人类、动物、鲜花和植物的处理；（20）纯粹的科学和数学公式和法则。

（三）专利享有的权利

在巴基斯坦，专利权人享有以下权利：

（1）当专利为产品专利时，专利权人可以阻止未经许可的第三人制造、使用、销售，或许诺销售、进口专利产品的行为；（2）当专利为方法专利时，专利权人可以阻止未经许可的第三人使用该方法，并且阻止未经许可的第三人制造、使用、销售，或许诺销售、进口直接由此方法获得的产品的行为；(3) 专利权人有权转让、许可并且通过遗嘱处分其专利权；(4) 除了法律规定的其他救济手段外，专利权人还可以就未经其同意侵犯其专利权的行为，或者可能发生侵犯专利权的行为向法院起诉；(5) 任何通过信箱提出申请的要求保护药品和农业化学品有关产品，专利权人在获得上市许可后享有 5 年的独家销售权。

（四）涉外要求

(1) 专利申请人应当根据专利审查单位的要求提交其在国外申请的与在巴基斯坦所申请专利相同或实质相同的专利的日期及编号。

(2) 专利申请人应当根据专利审查单位的要求提交以下文件：①专利申请人收到的关于外国申请进行的任何检索或审查结果任何函件的副本；②外国专利申请授权决定的副本。③外国专利申请拒绝授权决定的副本。

(3) 专利申请人应根据专利审查单位的要求提交关于外国授权专利无效程序决定的副本。

（五）申请专利的限制

在巴基斯坦提出专利申请的必须是发明人或共同发明人之一，或以上二者权利的受让人，并且必须在巴基斯坦境内有文件送达的地址。

二、可专利性

（一）新颖性

发明内容具备新颖性，如果发明不构成现有技术的一部分，则可以认为该发明具备新颖性，现有技术应包括在申请日前或者优先权日前在世界任何地方向公众公开的所有内容，其中有形形式或口头披露、通过使用或以其他方式。

（二）创造性

发明内容具备创造性，如果发明在专利申请日之前对本领域技术人员来说不是显而易见的，那么该发明应被认为是具备创造性的，为了获得专利，新的技术方案必须对已有技术作出贡献，一项已知技术的新用途的专利，没有任何额外的创造力来克服新的困难，则不能被认为是一项发明，如果新的使用不涉及创造性，但是其方式和目的与旧的使用类似，尽管不完全相同，但由于没有对现有技术的实质性改进与补充，仍然不能认为是一项发明。

(三) 实用性

发明内容能够应用于工业，如果一项发明能够被制造或以其他方式工业使用，则该发明应被认为具有工业应用性。

三、专利申请和审查

(一) 专利申请

1. 专利申请的主体

以下人员无论是单独还是与其他人共同，可以提出专利申请：(1) 发明的真实第一发明人，或者其继承人及利益受让人；(2) 发明在即时死亡前指定的法定代表人。

雇员在完成雇主安排工作的期间所做出的发明创造，如果没有合同的明确约定，则申请专利的权利属于雇员，除非雇主证明如果不使用雇主的设施、设备等条件就不可能实现发明。对于具备重大经济价值的发明，如果最终申请专利的权利归属雇主，也应当基于公平给予雇员与发明价值相称的报酬。

每一份专利申请文件均应当按照规定的形式和方式向专利局提出，专利申请文件应当包含一份关于发明创造属于申请人，或者至少申请人是发明创造所有人之一的有效声明。

2. 优先权

依据任一国际条约或者公约，一项申请可以附一项声明，要求由申请人或者原权利人在向所述条约的任何缔约方提出的一件或者多件国家、地区或者国家申请的优先权。这项声明应当自申请人或者原权利人在向所述条约的任何缔约方提出的一件或者多件国家、地区或者国家申请的 12 个月内提出。专利申请的优先权日是该申请的申请日。

3. 单一性原则

每件申请只能涉及一项发明。

申请人在规定时间内，可以将一个专利申请分为两个或两个以上的申请，每个分案申请不得超出第一次申请的披露范围。分案之后的分案申请独立于原申请之外的另一个申请，且每一件分案申请有权享有原始申请的申请日。

专利权已经被授予了不符合专利法规定的申请，不应成为专利无效的理由。专利申请人可以随时向主管机关请求撤回专利申请。如果专利申请在专利公报公布前就被撤回，则专利申请的说明书、权利要求书及附图不得向社会公众公布。

4. 说明书

每一份专利申请文件都应具备完整的说明书或临时说明书，当申请时提交的为临时说明书的，应当自申请日起 12 个月内提交完整的说明书，否则视为放弃专利申请。

以同一申请人名义提出两项或两项以上的附有相同或类似临时说明书的申请，如果审查单位认为以上两项申请构成一个整体发明，或者其中一项发明可以适当地包含在另一项发明中，则可允许只提交一份完整的说明书。

如果申请人在提出专利申请时就提交了完整的说明书，并在说明书被接受前请求指示将上述说明书按照临时说明书处理，专利审查单位应当允许。

如果附有完整说明书的专利申请根据申请人的请求被视作临时说明书，申请人在接受完整说明书之前的任何时候提出要求，专利审查单位可以取消临时说明书，并将专利申请的申请日变为提交完整说明书的日期。

（二）专利审查

专利审查单位派发给审查员的每件专利申请都应当具有完整的说明书，审查员在详细审查申请文件中的说明书、权利要求书和附图后，应当就专利申请是否满足新颖性和创造性以及法律的其他要求向专利审查单位进行报告。

审查员应当在申请日起 18 个月内，尽快将审查结果反馈给专利审查单位。

如果审查员认为专利申请不符合法律规定的授权要求，专利审查单位应当给审查员至少一次答辩的机会，以陈述专利申请满足法定授权条件，并可以修改专利申请，如果上述答辩和修改的提交超过法律规定的期限，专利审查单位可以拒绝继续审查程序。

专利审查单位不得以任何方式保证专利的有效性。

专利申请自申请日起 18 个月内如果没有被接受，应当视为被拒绝授权，除非专利申请人已提出上诉。但是如果在上述 18 个月期限届满前或届满后 3 个月内，申请人向专利审查单位申请延长期限，并且缴纳相关费用的，期限可以被延长。专利审查单位在收到申请人按照法律规定的方式提出的延期申请后，可以将该日期延后到不迟于完整说明书提交后 21 个月。

如果专利审查单位认为专利申请中所涉及的发明不可能在不侵犯其他专利的情况下得以实施，申请人应当在通过插入完整说明书的方式向社会公众指示另一专利。

专利审查单位应当在官方公报中公布每一件专利申请。

（三）授权前异议程序

自专利完整说明书公布之日起 4 个月内，任何人可以根据以下理由向专利审查单位提出反对专利授权请求：（1）申请人是从其或者其法定代表人处获得了相关发明；（2）专利申请不满足法律关于可专利性的规定；（3）完整说明书对专利技术方案的公布没有到本领域技术人员可实施的程度；（4）专利权利要求书要求保护的范围不清楚，或超出了完整说明书公开的范围；（5）完整说明书中所描述的技术方案与在先提交的临时说明书不一致。

专利审查单位收到异议请求书后，应当向专利申请人发出通知，并且在做出决定前给予专利申请人及异议提出人陈述的机会。

（四）无效程序

专利无效请求需要满足以下形式要件：

（1）应当采用巴基斯坦专利审查单位提供的固定表格；（2）应当详细阐明提出专利无效的理由；（3）应当附上一份副本及一份意见陈述书，详细阐明申请人的相关利益及其所寻求的救济。

专利审查单位在收到无效请求书后，应当将请求书及意见陈述书的副本转交专利权人。

四、专利的保护

专利权人可向有管辖权的地区法院起诉任何在专利权有效期间，未经其许可制造、销售、使用、伪造或仿造其发明的人。

在专利侵权诉讼中，如果被诉侵权人提出专利无效的反诉，则应当并案移交高等法院裁决。

（一）侵权救济

在专利侵权诉讼中，法院可以为专利权人提供以下救济：

（1）通过损害赔偿、禁令以及查账的方式给予救济，在适当情况下，也可以采取临时措施；（2）如果专利保护的主题是产品的生产方法，被告需要证明生产同一产品的方法与专利不同，并且在没有相反证据的情况下，相同的产品应被认为是通过获得专利方法所获得的，只要该产品在专利权人提起诉讼之前一年没有投放市场，就应当认为是新的。

（二）临时措施

在专利侵权诉讼中，法院有权下令采取有效的临时措施：

（1）防止侵权，特别是防止通关后进入货物贸易渠道，包括进口货物；（2）保存涉嫌侵权的相关证据。

法院有权酌情下令采取临时措施，尤其是在任何可能对权利持有人造成无法弥补的伤害的延误或者存在明显的证据风险的情况下。

法院有权要求临时措施申请人提供任何合理的有效证据，以足够的确定性证明申请人是专利权人，并且申请人的权利受到侵害或者此类侵权行为即将发生，并且要求申请人提供足以保护被告并防止滥用的担保或同等保证。

在采取临时措施的情况下，受影响的人应该在最迟执行措施后立即发出通知，并且应当在被告要求下进行审查，包括聆讯权，以期在通知发出后的合理期限内做出决定这些措施是否应该修改、撤销或确认。

法院可要求临时措施申请人提供其他必要信息以识别有关货物。

如果临时措施最终被撤销，或者由于申请人的任何作为或不作为及随后发现没有侵权或威胁侵权行为而被撤销，法院有权根据请求命令临时措施申请人向被告提供适当的赔偿。

在专利侵权诉讼中，如果被告人能够证明在侵权行为发生时，其没有意识到专利的存在，也没有合理的理由推定专利的存在，则该被告人不应当承担赔偿责任。并且在没有专利编号标识的情形下，单纯的“专利”标识不得作为被告人能够意识到专利存在的合理理由。

专利赔偿责任的阻却事由，不影响禁令的发出。

五、运　　用

（一）政府机构和第三方的使用

在以下几种情形下，即使没有专利权人的同意，联邦政府也可以决定由一个政府机构或者指定的第三方实施专利：

（1）公共利益，特别是国家安全、营养、健康以及其他对国民经济重要部门的发展所必需的情形；（2）专利权人或者其被许可人已经被确定是违反公平竞争的行为，并且联邦政府已经确定了以补救上述违反公平竞争行为为目的的对特定专利利用的情形；（3）专利权人拒绝以合理的价格和条件将专利许可给第三方；（4）专利没有以有助于促进技术创新及技术传播的方式被利用。

联邦政府在做出上述决定之前会召集专利权人以及其他利益相关者举行听证。

政府机构和第三方对专利的利用应当仅限于联邦政府授权目的的范围内，并且应当综合考虑专利的经济价值来支付给专利权人相应的许可费。

向联邦政府请求授权实施专利的，应当附带证据证明请求人已经寻求与专利权人达成一份条件合理的专利许可协议，专利权人在合理的时间内没有给予许可，但是该条不适用于以下几种情况。

（1）在国家处于紧急状态或其他危及公众安全的情况下，联邦政府应当及时通知专利权人实施其专利的决定，并保证尽快合理地实施；（2）实施专利的目的属于公共非商业用途；（3）由司法机关或者行政机关认定的不正当竞争行为。

在半导体领域的专利，只有在实施目的为公共非商业用途，以及专利权人被司法机关或者行政机关认为为不正当竞争行为的情形下，联邦政府才可以做出授权实施专利的决定。

授权政府机构和第三方实施专利应当根据个别情况加以考虑，并不得禁止：（1）专利权人与其他人签订许可合同；（2）专利权人继续行使专利法赋予的其他专利。

如果第三方被联邦政府授权实施专利，该专利实施授权仅在该第三方，及与其特定业务相关的企业或个人间生效。

由联邦政府授权实施专利的政府机构和第三方，其实施专利应当主要是为了供应巴基斯坦市场的需求。

应专利权人、被授权实施专利的政府机构或第三方的要求，联邦政府可以在举行听证程序听取各方意见后，改变授权实施该专利决定中的相关内容。

当政府机构或第三方证明自己的合法利益需要充分保护。

联邦政府如果认定需要充分保护政府机构及第三方的利益，并且联邦政府予以确认的情况下，则实施专利的授权不能被终止。

（二）强制许可

在专利申请日起4年，或者专利授权日起3年，以最后期限届满为准，主管机关可以应请求发布强制许可来防止专利权滥用可能。

如果专利权人可以向主管机关证明现实中存在不实施专利的埋由，或者在巴基斯坦不具备实施专利的充分条件，则主管机关不得发布强制许可的决定。

强制许可决定的内容必须确定：（1）强制许可的范围和目的；（2）被许可人开始实施专利的时限；（3）被许可人向专利权人支付许可费的数额及支付方式。

强制许可的被许可人有权根据强制许可决定的内容在巴基斯坦以规定的时间和方式充分实施专利。

如果实施某一专利（以下简称“在后专利”）不能避免对在先授权专利（以下简称“在先专利”）的侵犯，并且在后专利相较于在先专利具备技术及经济上的进步性，则主管机关可以应在后专利权人的要求在必要的范围内发布强制许可决定，以避免在后专利的实施侵犯在先专利。

根据上一条发布强制许可决定的，如果在先专利权人请求实施在后专利的，主管机关也应当一并发布强制许可决定。

第四节　孟加拉国专利法律制度

一、专利制度概述

作为南亚地区人口第三多的国家，孟加拉国曾一度在政治和经济方面面临诸多挑战，包括政治斗争、公共部门效率低下以及贫困问题，后来经过一系列经济与社会改革，宏观经济稳定，国内生产总值增长迅速，且外商直接投资有所增长，特别在能源、电信与出口加工等范畴。

由于全国绝大多数的人口从事农业生产，政府对知识产权关注的力度不够。其专利立法可以追溯到 1911 年，是当时殖民的英联邦政府颁布的《专利和设计法》，该法律将发明、实用新型以及外观设计合在一起予以保护。后来在 1933 年增订了《专利法规则》，两部法律一直沿用至今。孟加拉国在 1971 年脱离英国殖民统治而独立后，国家对原有法律进行了全面的修改或重新颁定，1912 年的版权法和 1940 年的商标法分别在 2000 年和 2009 年进行重新修订，而专利法几乎被忽视，原有的专利法形同虚设。直到 2011 年孟加拉国过渡政府领导人法克鲁丁·艾哈迈德终于提出要采取措施修改 1911 年的《专利和设计法》，以充分利用 TRIPS 协议向孟加拉国等欠发达国家给予的优惠政策，生产和出口专利药品。❶

（一）授予专利权的客体

在孟加拉国，授予发明专利的客体是任何新的制造方式，包括改进和原始的发明，其中制造是指运用工艺、流程及生产方式来生产产品。

（二）排除客体

在孟加拉国，不授予专利权的对象主要包括科学理论、数学方法、动植物新品种、自然界存在的物质、商业方法以及疾病诊断治疗的方法。

（三）专利享有的权利

在孟加拉国专利权人享有如下权利：

（1）当专利为产品专利时，专利权人可以阻止未经许可的第三人制造、使用、销售，或许诺销售、进口专利产品的行为；（2）当专利为方法专利时，专利权人可以阻止未经许可的第三人使用该方法，并且阻止未经许可的第三人制造、使用、销售，或许诺销售、进口直接由此方法获得的产品的行为。

❶ 参见孟加拉国专利法，THE PATENTS AND DESIGNS ACT，1911，http://bdlaws.minlaw.gov.bd/print_sections_all.php?id=94［EB/OL］，访问日期：2018 年 2 月 16 日。

（四）申请专利的限制

任何人都可以在孟加拉国申请专利，无论其是否为孟加拉国公民，也无论其是单独还是联合提起专利申请。

二、可专利性

（一）新颖性

在孟加拉国，发明必须表现出一种新颖的元素，即在其技术领域的现有知识体系内未知的新特征，现有知识的这一部分被称为“现有技术”。

（二）创造性

在孟加拉国，发明必须显示一个技术领域的普通知识不能推断的创造性步骤。

（三）实用性

在孟加拉国，发明必须在工业上具有实际用途。

三、专利申请和审查

（一）申请所需提交的材料

在孟加拉国，提出专利申请需要一并提交以下材料：

（1）请求书：包括发明专利的名称、发明人或设计人的姓名、申请人的姓名/名称、地址等。

（2）说明书：包括发明专利的名称、所属技术领域、背景技术、发明内容、附图说明和具体实施方式。说明书内容的撰写应当详尽，所述的技术内容应以所属技术领域的普通技术人员阅读后能予以实现为准。

（3）权利要求书：说明发明的技术特征，清楚、简要地表述请求保护的内容。

（4）说明书附图：发明专利常有附图，如果仅用文字就足以清楚、完整地描述技术方案的，可以没有附图。

（5）说明书摘要：清楚地反映发明要解决的技术问题，解决该问题的技术方案的要点以及主要用途。

（二）专利申请的公布

专利审查单位在收到专利申请后，应当通知申请人申请被接收，并且将申请文件及附图向社会公众公布。

（三）授权前异议

任何人在专利申请文件公布后的4个月内，在缴纳异议费后，可以向专利审查单位以以下理由提出专利授权异议：(1）申请人是从其或者其法定代表人处获得了相关发明；(2）该专利申请要求保护的技术方案与在其申请日前已在孟加拉国提出专利申请要求保护的技术方案相抵触；(3）发明的性质及其实施方式没有在说明书中得到充分描述；(4）该专利申请要求保护的技术方案已在孟加拉国为公众知晓或者公开使用；(5）授权说明书文本描述的技术方案与提交审查说明书文本中描述的技术方案不同，并且该技术方案来自于异议者提出的专利申请，该申请如果授权的话，授权日在被异议专利的申请日与公布日之间，或者该技术方案在被异议专利的申请日与公布日之间被在孟加拉国出版的资料公布。

专利审查单位在收到专利授权异议请求后，应当向专利申请人发出异议通知书，在4个月内听取异议请求人与专利申请人的意见，并做出裁决。

专利审查单位做出的异议决定可以上诉。

(四）专利审查

专利审查单位派发给专利审查员的每一件专利申请都应当具有完整的说明书。

如果存在下列情形时，专利审查员可以拒绝接受申请，并责令申请人修改专利申请文件，且申请日自申请文件符合规定时起算：(1）完整的说明书中缺乏对发明技术方案的整体描述及具体实施方式；(2）专利申请的说明书及附图没有按照规定的方式进行撰写；(3）说明书的标题不足以体现发明的主题；(4）权利要求书没有充分限定发明所要求的保护的范围，或者在临时说明书之后提交完整说明书的情况下，在完整说明书中描述的发明与临时说明书中描述的发明不完全相同；(5）发明所要求保护的技术方案明显缺乏新颖性；(6）发明所要求保护的技术方案明显不具备单一性；(7）在要求外国优先权的情形下，在后申请的技术方案明显与在先申请不一致；(8）申请增加专利的情况下，说明书中描述和要求保护的发明并不是对原始说明书中所描述和要求保护的发明或权利要求的改进或修改。

如果专利申请人在临时说明书后提交完整说明书，并且要求取消临时说明书的，则该专利申请应视为提交完整说明书之日提出。

如果专利申请在申请日起18个月内仍然没有被接收，且专利申请人没有提出上诉，则该申请应视为被拒绝。

如果在上述期限届满前或届满后3个月内，申请人向专利审查单位申请延期，并缴纳相关费用的，可以最多延长3个月。

(五）无效程序

在向孟加拉国高等法院提出的侵权诉讼的被告，可以以下列理由全部或部分撤销涉案专利：（1）专利的技术方案实质上与孟加拉国有效的在先专利相同；（2）专利的申请人或申请人之一不是该专利的真正发明人、法定代表人或受让人；（3）专利是通过欺诈的手段获得的；（4）专利的技术方案在申请人并不是新的制造或改进的方式；（5）专利的技术方案收到了申请日前公知技术的启示，不具备创造性；（6）专利的技术方案不具备实用性；（7）专利的说明书并没有充分确定地描述技术方案的实施方式；（8）专利的权利要求书不足以清楚地确定所要求保护的发明的范围；（9）专利的技术方案的获得是基于一个虚假的建议；（10）专利的主要用途或实施意图与法律规定相违背；（11）专利权人违反或者没有遵守专利所包含的条件；（12）专利说明书没有公开申请人申请专利时已知的最佳实施例。

依据上条提出的专利无效请求，主管机关须将无效请求书送达所有专利权人以及利益相关人，而无须送达其他人。

将无效请求书副本通过挂号信寄往专利权人以及利益相关人登记簿上所登记的地址，视为充分送达。

四、专利的保护

专利权人可以在其专利有效期间内，对未经其许可制造、销售、使用，或者伪造、模仿其发明的人向有管辖权的地区法院提起诉讼。

如果专利侵权诉讼的被告提出专利无效请求，则专利侵权诉讼与专利无效程序一并转交高等法院审理。

在专利侵权诉讼中，法院可以应任何一方的申请做出强制令、检查账户令，并就此做出相应的决定和指示。

如果法院在专利侵权诉讼中证实专利的有效性存在问题，那么该法院之后关于相同专利的侵权诉讼中，如果被告因为上述专利效力判决而最终获得了对其有利的判决，则被告需要适当承担在先诉讼的部分费用，法院另有指示的除外。

法院在专利侵权诉讼案件做出判决后，应当将判决书副本呈交专利登记部门，并由专利登记部门将案件信息纳入专利登记簿。

如果被告人能够证明在专利侵权时其并不知情，也没有合理的理由使其知晓专利的存在，则专利权人无权追究被告人的侵权责任，并且通过盖章、印刻或其他方式将“专利”或任何暗示该产品已经获得专利的标记标记于产品之上不得视为对专利存在的合理通知，除非该标记保护专利授权年份和专利号。但本体规定不影响法律程序禁令。

五、运　　用

任何利益相关者均可以向专利、外观设计和商标主管机关提出专利强制许可或撤销的申请，证明特定专利在孟加拉国的实施程度没有满足社会公众的合理需求，并缴纳申请费。

主管机关在收到专利强制许可或撤销的申请后，应当充分考虑请求人所提出的理由，如果请求人与专利权人无法达成协议，主管机关可以自己做出决定，也可以将该请求转交给高等法院处理，高等法院应当按照法律规定的程序处理该请求。

如果主管机关或者高等法院认为特定专利在孟加拉国的实施程度没有满足社会公众的合理需求，则专利权人可能会被主管机关或高等法院命令向请求人按照公平的条件授予专利实施许可。

如果主管机关或者高等法院认为通过强制许可的方式仍然无法满足社会公众的合理需求，则专利可能被主管机关或高等法院的命令撤销，但是自专利授权之日起 4 年内，或者专利权人有合理理由不充分实施专利的，不得做出专利撤销令。

如果专利权人证明其不充分实施专利的合理理由存在贸易上的偏见，则不能被认为社会公众的合理需求得到了满足。

第五节　本章小结

通过对印度、巴基斯坦与孟加拉国专利法律制度的介绍，可以发现由于以上三国的历史渊源，巴基斯坦与孟加拉国专利法的大部分规定都源自印度专利法，只是印度的专利法规定更为详细，并且基于本国利益对药品及软件方面的专利做出了特别的规定，因此这里仅针对印度专利法进行评析，评析的重点将放在印度专利法与我国专利法的差异及对我国的启示上。

从总体来看，由于传承了英国法律的血统，印度专利法最大的特色在于规定的全面与细致，对专利的相关概念、授权对象、权利内容、申请与审查流程、侵权救济等都有非常详细的规定。

具体而言，印度专利法与我国专利法的差异主要体现在以下几个方面：

第一，在专利的排除客体方面，印度专利法用一章的篇幅详细罗列了十八类客体，并进行具体的解释，而我国专利法仅在第 25 条简单列举了六类客体。

第二，在新颖性方面，根据印度专利法，在印度以外的国家或地区的公开使用不破坏新颖性，而我国专利法在2009年修订后采用了“绝对新颖性”的标准，即申请日前国内外的发表公开、使用公开及其他方式公开，及任何主体提出的“抵触申请”都将破坏新颖性。

第三，在创造性方面，印度专利法考虑技术上的进步性以及经济上的利益，而我国专利法主要关注点还是在技术方面，发明专利需要突出的实质性特点及显著的进步。

第四，关于专利的申请及审查程序，印度专利法进行了非常详细的规定，而我国的相关规定则规定在《专利审查指南2010》中。

第五，《印度专利法》规定了授权前程序，任何社会公众都可以在专利申请公开后到授权前的任何时间针对未授权的专利申请向印度专利局提出书面的异议请求，以及授权后异议程序，专利的利益相关人可以在专利授权之日起一年内提起异议申请，而我国1985年开始施行的《专利法》中规定了授权前异议程序，1992年《专利法》修订将授权前异议程序改为授权后撤销程序，2000年《专利法》修订为了简化专利确权争议流程，将撤销程序与无效宣告程序合并，统一为无效宣告程序。

第六，在优先权方面，印度不需要提交权利要求书，而仅提交简单的说明书就可以获得国内优先权，我国则需要完整的专利申请文件。

此外，在申请程序、审查流程、专利保护及运用方面，印度专利法与我国专利法均存在一些差异，因此我国企业在印度投资及进行贸易活动时应当注意这些差异，以及时做好法律风险的防范。

第五章　西亚地区专利法律制度

西亚包括伊朗、土耳其、塞浦路斯、叙利亚、黎巴嫩、巴勒斯坦、以色列、约旦、伊拉克、科威特、沙特阿拉伯、也门、阿曼、阿拉伯联合酋长国、卡塔尔、巴林、格鲁吉亚、亚美尼亚和阿塞拜疆等国家或地区。本章选取土耳其和伊朗进行详细介绍。

第一节　概　述

一、现行专利法基本概况

西亚各国的科技发展水平，可以通过创新指数分析。全球创新指数（GII）通过使用推动创新、增加作为创新活动成果的产出等多个因素，衡量各国如何从创新中受益。GII 共设五个投入参数（机构、人力、常用与 ICT 基础架构、市场复杂度和业务复杂度）以及两个产出参数（科学与创新成果、健康要素）。2017 年 6 月 15 日由英士国际商学院、美国康奈尔大学和世界知识产权组织共同发布的 2017 年全球创新指数排名，与中国排名第 22 位相比较，土耳其排名第 43 位，伊朗排名第 75 位。可以看出西亚主要国家的科技发展水平。土耳其于 1879 年颁布首部专利法案，成为早期拥有知识产权法律的国家之一。但直至 1994 年土耳其专利局（TPI）成立，土耳其的专利法律制度才进一步得到规范，并于 1995 年相继出台《土耳其专利法》《土耳其保护工业设计条例》等一系列知识产权法律法规，奠定了土耳其知识产权保护现代法律框架。伊朗早在 1931 年就制定了《伊朗商标与专利注册法》，2008 年伊朗议会通过了《伊朗专利、外观设计和商标注册法》，自 2008 年 5 月 5 日起生效。

二、加入专利国际公约情况

西亚主要国家加入国际公约情况如表 5－1 所示。

表5-1 西亚主要国家加入国际专利条约情况

国家	《巴黎公约》	《与贸易有关的知识产权协议》（TRIPS）	《专利合作条约》（PCT）
以色列	√	√	√
阿联酋	√	√	√
土耳其	√	√	√
伊朗	√	×	×
卡塔尔	√	√	√
沙特	√	√	√
伊拉克	√	×	×
格鲁吉亚	√	√	√
阿塞拜疆	√	×	√
亚美尼亚	√	√	√
科威特	√	√	×
巴林	×	√	√
阿曼	√	√	√
黎巴嫩	√	×	√
约旦	√	√	√
也门	√	×	×
叙利亚	√	×	×

第二节 土耳其专利法律制度

一、专利制度概况

土耳其于2000年成为《欧洲专利公约》（EPC）成员，目前正积极争取跻身欧盟行列。为了弱化欧盟对其知识产权保护状况的指责并实现与欧盟立法体制的接轨，土耳其加紧了对知识产权相关法律法规的完善和修订工作，进一步增强国内知识产权执法力度，在知识产权领域取得的成就日益突出。土耳其于1879年颁布首部专利法案，成为早期拥有知识产权法律的国家之一。但直至1994年土耳其专利局（TPI）成立，土耳其的专利法律制度才进一步得到规范，并于1995年相继出台《土耳其专利法》《土耳其商标法》《土耳其保护工业设计条例》《土耳其著作权法》等一系列知识产权法律法规，奠定了土耳其知识产权保护现代法律框架。2004年，土耳其又通过《土耳其植物品种权保护法案》《土耳其专利复审和审查委员会实施细则》和《集成电路布图保护法案》，2007 年又颁布了《土耳其专利局专利审查员以及商标和专利代理人注册实施细则》。为了促进科技创新，完善国内的专利制度，又在 2014 年修订《土耳其专利法》。❶ 土耳其基本上拥有一套完整统一的知识产权立法体系。

《土耳其专利法》（2014）第 1 条就指出了该法的立法目的，即为了推动和促进技术创新活动，通过实施工业发明实现经济和社会发展。该法包含了授予工业产权的发明专利或实用新型的原则、规则、条件和要求。并在第 4 条规定了国际条约的适用问题，即根据土耳其法律在本国生效的国际协定，规定有比该法更有利的条款，申请人可以要求适用前述有利条款，如表 5－2 所示。

表 5－2　土耳其加入相关国际专利公约的统计

国际公约/条约/协定	加入时间
保护工业产权巴黎公约	1925 年
建立世界知识产权组织公约	1976 年
专利合作条约(1970 年)	1996 年
建立世界贸易组织协定	1995 年
国际专利分类斯特拉斯堡协定(1971 年)	1996 年
国际承认关于专利程序微生物保护布达佩斯公约(1977 年)	1998 年
建立工业品外观设计国际分类洛迦诺协定(1968 年)	1998 年
欧洲专利公约(1973 年)	2000 年
工业品外观设计国际保存海牙协定	2005 年

《土耳其专利法》共分为十四个部分，分别为一般条款，专利权利，专利的授权和发明人，职务发明，授权条款，专利权利内容，专利申请或专利有关的法律事务，强制许可，从属专利的保密专利，专利权无效宣告和专利权终止，专利侵权和侵权案件的法律程序，实用新型证书，代理人和代理机构，最后规定等部分。以下是对土耳其专利相关内容的介绍。

（一）保护客体

根据《土耳其专利法》（2014）的规定，专利和实用新型是《土耳其专利法》的保护客体。外观设计是《保护工业设计条例》中的保护客体，囿于篇幅所限，此处不对外观设计进行研究。

---

❶ 参见土耳其专利法，Turkish Patent Law，https：//atapatent. com/turkish－patent－law/［EB/OL］，访问日期：2018 年 2 月 16 日。

（二）不应被授予专利的对象

以下发明创造，不是专利法的保护对象：（1）科学发现、科学理论、数学方法；（2）智力活动、管理商业和贸易活动及游戏的计划、方法、方案和规则；（3）文学和艺术作品、科学著作和具有美学特征的创造，计算机程序；（4）用于信息或数据收集、管理、提供或展示和传播，且不含技术因素的方法；（5）用于人体或动物体的治疗、手术和诊断方法，不包括在上述方法和制造过程中使用的产品和合成物本身；（6）违背公共秩序或社会公德的发明；（7）动、植物品种及主要依赖于生物因素的养殖方法。

同时，《土耳其专利法》第155条还规定，实用新型还不能保护制备方法以及由制备方法得到的产品，或者化学药品。

（三）专利权人享有的权利

《土耳其专利法》（2014）将发明分为产品发明和方法发明。产品发明的专利权人享有的专有权利为：非经专利权人许可，不得制造、销售、使用或进口专利产品；对方法发明的专利权人的权利实施延伸保护，具体享有的专有权利为：未经专利权人许可，不得使用专利方法，以及销售、使用、进口或持有由专利方法直接制造的产品。此外，专利权人还享有自己实施专利的权利，也可以转让专利权，许可他人实施专利权等权利。

（四）涉外要求

在土耳其国内申请专利，除了本国自然人和法人可以作为申请主体外，《巴黎公约》成员方以及按照互惠原则处理的他国的自然人和法人也可以作为申请主体。常驻国外的自然人或法人可以在土耳其指定代理人来申请专利。但是，来自欧洲经济区的其他国家，或欧洲专利条约的缔约方的申请人无须委托代理人申请专利。另外，在外国已经提出过专利申请的，按照规定的条件可以享有国际优先权。提出优先权的期限是向国外专利授权机构提交发明专利申请书或实用新型证书申请之日起12个月内，又在土耳其申请专利的。

（五）申请相关限制

外国人在土耳其申请专利的，提交的说明书和权利要求书可同时提交英文、法文或德文文本，但在提交文件后的1个月内要将其译成土耳其文。在土耳其无居所或办公场所的申请人须指定注册专利代理机构提交申请。

国外主体希望享有国际优先权的申请人，应当在其申请之日起2个月内提出优先权申请。如果在优先权申请提出之日起3个月内优先权主张未能得到证实的，则视为未被提出。

二、可专利性

《土耳其专利法》规定，具有新颖性、创造性、实用性的发明应当受到专利保护。新颖性是指：“不属于本领域的现有技术的发明应视为具有新颖性。现有技术是指申请日以前已通过书面、口头、使用或其他形式公开，为世界各地公众所知，与本发明创造主题相关的信息/数据等。对于现有申请而言，已有在先申请且记载在申请日以后公布的专利申请文件中的技术内容也属于现有技术。”创造性是指：“如果一项发明超出了现有技术，且发明效果对所属领域的技术人员来说不能显而易见地预见，就认为应当具有创造性。”实用性是指：“发明是指能够在任何特定领域、工业、农业等产业易于生产或使用。”

《土耳其专利法》规定，具有新颖性且可适用于工业的发明可以获得实用新型证书，没有创造性的要求。实用新型的“新颖性”是指“实用新型证书申请书所涉及的发明，在申请日前已向公众公开，无论是在土耳其或世界其他地方，以书面形式或以任何其他方式公开，或它已在国内使用，无论是区域性的还是全国性的使用，应视为不具有新颖性。申请人在申请日前 12 个月或优先权日，已经出版的，不得被视为破坏本申请所涉及的发明的新颖性。提交实用新型证书之前在土耳其申请专利或实用新型证书的，应视为对后一种发明创造的新颖性的破坏，即使是在上述申请日后自行公布。”此外，对于违反公共秩序和社会公德的实用新型不得给予保护。

另外，在判断新颖性时，要考虑存在优先权情形下的信息公开问题，即宽限期的问题。该法规定：在下列情形下，信息公开是在申请日之前 12 个月内，要求优先权的将不会影响一项专利申请的所要求的发明创造的可专利性，信息公开超过 12 个月的会影响该发明创造的可专利性：（1）由发明人公开的；（2）由保存信息的政府机关公开的；由同一发明人已经提出另一件专利申请公开，且该另一申请还没有被专利局公开，或者由一项第三方提交的申请公开，该第三方直接或间接地从发明人处获知信息，且未经发明人的确认或同意的情况而提交了申请；（3）直接或间接从发明人处获知的信息被第三方公开的。

三、专利的申请与审查

（一）申请流程

向土耳其专利局提交专利申请的途径为：常规申请；经由 PCT 途径进入国家阶段；依据 EPC 授权的指定国申请土耳其专利的欧洲专利。最终的专利申请应以土耳其语形式提交。具体的申请流程为：确定专利申请人—提交法律规定的申请文件及附件—确定申请日—有国际优先权或者展览优先权的，可以提出享有优先权的声明，并提交相关的证明资料，当然，在提交申请文件后专利审查完成前，申请人可以撤回专利申请。

（二）申请文件

在土耳其，提出专利申请，必须提交以下申请材料：（1）书面申请书；（2）说明书；（3）权利要求书；（4）理解发明所必需的附图；（5）说明书摘要；（6）缴纳申请费用的证明文件；（7）确认具有提交专利申请权利的文件（假如该申请不是由发明人本人提交）和关于发明权的声明；（8）确认生物材料保藏的文件（如有必要）。

此外，申请从属专利（改进专利）的，应当提供该发明所依据的主专利（基础专利）的申请书。另外，在申请文件中要注明发明人的姓名；如果不符合发明专利申请主题单一性规定的，要按照要求提出分案申请；如果要提出享有国际优先权或者展览优先权的，则应自提出申请之日起2个月内提供相关的证明文件。

（三）审查流程

在土耳其，一件专利从申请到授权通常需要4~5年的时间，一件常规专利申请须经下述程序：形式审查（1~3个月）；新颖性检索（自申请日/优先权日起15个月内提出）；申请公开（自申请日/优先权日起18个月）；检索报告公开（自提出请求起1年时间）；专利类型选择决定（20年保护期的审查发明专利；或是7年保护期的未审查发明专利）；实审和进一步审查（最多3次审查）；授权或驳回。在TPI未做出申请不具备发明的单一性、新颖性或创造性的决定前，对一件授权专利提出异议是不可行的，除非其不符合形式要求。第三方仅有在申请审查期间（授权前），自检索报告公布日6个月内，向TPI对专利申请提出异议，并提交相关文件，审查员将在审查过程中对异议意见加以考虑。具体审查流程如下：

（1）形式审查。确定提交申请的日期后，TPI要根据规定对专利申请文件的合规性进行审查。主要审查专利说明书格式是否符合要求，权利要求和附图的可专利性要求是否超出审查范围。如果发现不符合相关要求的，专利局会要求申请人在规定的期限内修改，以满足相应规定的要求。申请人不答复的，视为撤回申请。如果发现该申请不符合专利法有关发明客体和不授予专利权的主题的规定，TPI可以做出拒绝授予专利权的决定。

TPI在进行形式审查过程中，如果就该发明的内容缺乏新颖性、实用性的特点提出疑问时，专利局应听取利害关系人的反对意见后，驳回申请并说明驳回的理由。经形式审查，发现了申请文件形式上的缺陷，或认为本发明的主题不是一个专利发明的，应暂停审查程序，申请人须在条例所规定的期限内补救不足或向专利局提出反对意见。在该程序中，申请人可以修改权利要求，或将申请分为多个分类申请。申请人如果对于申请日或优先权日的认定不服的，对初步审查结论或者拒绝授予专利权的决定不服的，可以请求 TPI 申诉委员会予以解决。

（2）公布。形式审查合格后，专利申请将于申请日（有优先权的指优先权日）起 18 个月后公布，供公众公开查阅，公布的内容包括符合法律规定的条件和所有细节。如果申请人提交了早期公开请求，TPI 将会提前公开该专利申请，但最早不会早于申请日起 6 个月。

（3）检索。专利局按规定审查了申请书后，应进行最新技术的检索，或者在收到申请人提出早期检索的申请后，进行现有技术的检索。检索完成后应按规定制作检索报告，由专利局或由专利局从国际公认的权威机构中指定的机构撰写。检索报告撰写完毕后，应当通知申请人。在检索报告中引用的参考专利和出版物的副本应当随报告一并发送给申请人。TPI 将在自提出请求起 1 年时间内，公开检索报告。

（4）选择审查程序。土耳其专利审查制度分为实质审查制度和非实质审查制度。检索报告的通知发出之后 3 个月，申请人应向专利局申报，请求实质审查。未按上述期限做出申报的，视为选择无实质审查而授予专利权的程序。

（5）实质审查程序及授权。首先，对检索报告的异议。现有技术的检索报告公布后的 6 个月内，第三人可按法定形式提出专利发明不符合可专利性要求，包括缺乏新颖性或创造性，或说明书描述不够具体等反对授予专利的异议。支持抗辩的书面证据应附有反对意见，并以书面形式提出。当第三人提出反对意见时，应将所有的反对意见和证据立即通知申请人。申请人可以在提出反对意见的期限届满后的 3 个月内对提出的异议做出答复；也可在该期限内再延长 3 个月，提出证据支持其答复，消除第三人所提出的反对意见；也可以在必要时修改说明书，附图和权利要求书。其次，实质审查。在第三方提出异议的 6 个月期限届满后，专利局将根据专利性要求开始审查。申请人在规定期限内对提出的异议不予答复的，不得拖延审查的开始。申请被审查后，专利局将裁定申请书是否有缺陷或满足专利性要求，同时应当说明理由，专利局的审查仅限于权利要求书的内容。专利局应将其制定的关于审查申请书是有存在缺陷或是否符合专利性要求的审查报告通知申请人，并允许申请人在 6 个月内纠正缺陷，修改权利要求或对该报告提出异议。最后，授权。在审查时，专利局发现申请符合专利的实质性要件，并且没有提出反对意见的，应决定授予专利，并通知申请人。或者，专利局在审查过程中提出审查意见的，根据申请人对申请书的修正情况做出最终决定，专利局的决定可以是授予全部或部分权利要求的专利权。根据最终决定，且申请人缴纳法定费用后，专利局应颁发专利证书。在实质审查授予专利权制度下，国家不保证授予专利权的标的物的有效性和实用性。

（6）无实质审查程序及授权。首先，对检索报告的异议。第三人可在现有技术检索报告公布之日起6个月内，向专利局提交有关检索报告内容的意见，并附上有关文件。在第三方对检索报告提交意见的期限届满时，专利局应向申请人转交已收到的关于检索报告的书面意见，连同第三人提交的证明文件一起送达申请人。申请人可以在收到第三方异议意见之日起3个月内，根据第三方的意见，就检索报告作出答复，如果他认为有必要，可以修改权利要求。其次，授权。专利局在收到申请人提交的现有技术检索报告的意见的期限届满之日起，决定不进行实质审查的，可在不考虑现有技术的检索报告或任何第三意见的情形下授予专利权。专利局根据所作出的决定颁发专利权证书，申请人应按规定缴纳费用。最后，公告。有关专利的申请文件和现有技术的检索报告，以及第三方提交的关于该报告的意见，授予专利权的决定等应向公众开放。对该项权利要求的任何修改，也应公开征求公众意见。国家不保证未经实质审查授予专利的有效性和实用性。

（四）无效

对于授权后的土耳其发明专利，第三人可向基层法院提出专利无效请求。（1）提起专利权无效诉讼的主体及时间。受害人或相关政府机关，可以通过公诉人向法院申请宣告专利无效。专利权的无效申请可在专利保护期内或者专利权失效后5年内提起。专利无效宣告的诉讼，应针对登载在专利登记簿上的专利权人提出，法院应通知登记在册的专利权人参与诉讼。（2）可以提出专利权无效的事项。以下情形可以提出专利权请求：发明创造的主题不符合本法可授予专利要求的规定；发明创造不符合新颖性、创造性、实用性要求；本发明的技术方案没有被清楚、完整地予以充分公开或以可理解的方式予以描述，本领域内所属技术人员无法实现；获得专利权的技术方案超出了申请的范围，或者超出了分案申请的范围；无效的理由仅涉及专利的一部分，申请专利的部分无效应通过取消对该部分的权利保护来宣告，部分无效不会导致全部专利的无效。（3）专利无效宣告的效力。专利无效的裁定，应当具有溯及力，因此，在宣告无效的情况下，根据该法给予专利申请或专利的法律保护应被视为自始无效。但是，在不损害专利权人的恶意行为造成损害的赔偿请求的情形下，无效宣告的溯及力不应延伸到以下方面：在无效宣告之前已发生法律效力的专利侵权案件的判决；无效宣告前已履行和正在履行的合同，根据合同已支付部分或全部款项，但是显失公平的除外。(4) 专利权无效对从属（改进）专利的影响。专利无效宣告不一定导致从属（改进）专利权的无效。但是，在专利宣告无效之日起 3 个月内，未提出将从属（改进）专利转变为主专利申请的，专利权的无效同时导致从属（改进）专利权的无效。

（五）复审

无效请求人和/或专利权人对无效宣告诉讼的判决不服的，可以向上诉法院上诉。对上诉法院判决仍然不服的，可以请求最高法院检视该案。

四、保　护

（一）专利侵权判定

以下行为构成侵犯专利权：(1) 未经专利权人许可，仿造全部或者部分专利产品的；(2) 当事人明知或应当知道该产品是全部或部分属于仿造专利产品前提下，仍然销售、分销或以其他商业用途，或者进口或商业化目的持有，或者使用侵权制备的产品；(3) 未经专利权人同意，使用专利方法生产，或销售、分销或以其他商业手段，或为了商业目的进口，或使用由专利方法直接获得产品；(4) 扩大专利权人根据合同许可或者强制许可授予的权利范围，或者未经专利权人许可将权利转让给第三人；(5) 参与上述 4 种专利侵权行为，或者帮助、教唆、引诱专利侵权，或者以任何方式，在任何情况下为侵权行为提供便利；(6) 未提供侵权产品来源和方式，而使用经非法制造或商业途径获得的侵权产品。

此外，当专利申请书依法公布的，申请人有权在民事诉讼或刑事诉讼程序前有权向专利局主张专利侵权。侵权人已被通知有专利申请及其保护范围的，提起专利侵权诉讼不必要专利申请已经公开。当法院判决侵权方存在恶意情形的，侵权行为可以被认为从公布前就实施了。但是，法院无权决定发明或实用新型申请公布前该专利的有效性。

（二）举证

在土耳其，产品专利侵权适用“谁主张，谁举证”的举证责任原则。但是涉及专利方法侵权的，适用举证责任倒置的规定。《土耳其专利法》第 136 条第 2 段规定，专利是生产或制备产品的方法的，所有具有该特征的产品都应当被视为是通过该专利方法生产或制备得来的。被告主张其生产或制备的产品不侵犯专利权的，应承担举证责任。

（三）禁令和担保

《土耳其专利法》规定了与禁令相关的预防措施，具体为：准备提起或已提起诉讼的权利人，为了确保诉讼，可请求法院裁定采取预防措施。预防措施包括没收侵犯专利权的制成品或进口产品，以及直接用于制造此类产品的方法等。请求法院裁定采取预防措施，需要原告提供在土耳其境内的侵权或者即将实施侵权的证据。预防措施的请求可以在诉讼程序前、诉讼程序中、诉讼程序后提出，申请实施预防措施的要求须另行审查。

此外，预防措施应具有保证判决充分有效的性质。并特别规定下列事项：（1）停止侵害原告的专利权；（2）在土耳其境内的海关、自由港、自由贸易区、监管范围内发现生产或进口侵犯专利权的商品，或实施侵犯专利权的方法的，予以没收；（3）为了防止申请错误，责令申请人提供担保，以保证可以赔偿的对方损失。

（四）赔偿

未经专利权人同意制造、销售、分销或以形式销售专利产品的，或为此目的进口该产品，或为商业目的储存该产品，或者主要利用该专利方法制造产品的，应当对该侵权行为采取补救措施，并对造成的损害赔偿。侵权人以其他方式使用专利发明的，应当对专利权人所造成的损失承担赔偿责任。但侵权人在专利权人通知其实施了侵权行为之前不知道该专利的存在或已停止该侵权行为，或者其侵权行为已经受到惩罚的除外。

赔偿专利权人所受损失的数额，不仅包括实际损失的价值，还包括因侵犯专利权而未实现的收益。未实现的收益可以按以下方法计算：（1）专利权人可能得到的收入；（2）侵权人通过使用专利所得到的收益；（3）侵权人在许可协议下合法使用该专利应支付的专利许可使用费。计算未实现收入时，应当特别考虑专利的经济价值、侵权时剩余的专利保护期限和类型，授予专利的任何许可证的数量。法院认定专利权人未依照本法规定履行专利权人的义务的，依照该法第137条第2款第（3）项的规定计算未实现的收入。

土耳其还规定了专利发明的声誉受到侵犯的救济措施：他人通过不当制造、进口销售专利产品，损害该专利发明声誉的，专利权人可以请求附加损害赔偿。

此外，该法还规定了减轻赔偿的情形：赔付给专利权人的赔偿金额大于侵权人以其他方式获得该发明专利权所支付金额的，确定赔偿额时应考虑到后者的数额。

（五）侵犯专利权的例外

以下属于侵犯土耳其专利权的例外：（1）该行为没有任何工业或商业目的，仅限于个人目的；（2）该行为是出于实验目的或科学研究目的；（3）临时制备以及使用在药店里没有大规模生产的药品，且仅用于组合处方和药品等相关行为时；（4）在巴黎公约成员方的船舶、宇宙飞船、飞机、陆运车辆的制造或经营中使用专利发明或仅为满足运输工具本身需要而使用的，如果所述车辆是临时或意外过境土耳其的；（5）凡 1944 年 12 月 7 日《民用航空国际公约》第 27 条规定的行为与一国航空器有关，该条规定适用于上述航空器；（6）药品许可证和含有许可产品的审批行为，包括所有必要的检验和试验。

《土耳其专利法》还规定了专利权的用尽和先用权。该法规定，专利权不应扩展到专利权人许可后，在土耳其销售享有专利保护的产品的行为。此外，专利权人无权阻止他人在申请日和优先权日之前善意地在土耳其实施该发明，或为实施发明作了真正有效的准备，并继续以同样的方式实施，或在准备的基础上实施发明。然而，只有在满足企业合理需求的必要范围内，第三方可以继续以与以前相同的方式实施发明，或在已做必要准备的基础上实施发明。实施该发明的权利只能与企业一同转让。

五、运　　用

（一）转让与许可

在土耳其，专利申请权或者专利权可以转让给其他当事人，专利权也可以继承或者许可他人使用。专利申请权或者专利也可以质押，在此情形下，应适用民法典中关于质押的规定。与专利申请或者专利有关的交易行为，应当以书面形式做出。此处应注意的是，专利申请权与专利权在转让和许可中具有不可分性，即就转让或者许可而言，专利申请权或者专利是不可分割的，即使两个或两人以上的人共同拥有。

对于具体的许可协议，专利申请权或专利权可以是在整个国内或部分范围内进行转让或许可，转让形式既可以是独占许可，也可以是非独占许可。除非协议另有规定，许可证应为非独占许可。许可人可以将同样的发明许可他人，也可以自行经营专利发明。独占许可不允许许可人再向他人颁发许可证，许可方只有在许可协议中明确保留这种权利的，才可使用该专利发明。除非协议另有规定，契约性许可证持有人不得转让或授权他人行使该专利权，在整个专利期间内契约性许可证的持有人在全国家范围内有权实施与专利发明使用有关的一切行为。

同时，该法还规定了专利权人实施发明专利的义务。《土耳其专利法》第 96 条规定：专利权人或者其授权的人有义务实施发明专利。实施专利的义务自公布专利的有关公告公布之日起 3 年内解除。实施专利的评估应考虑到市场情况。

（二）强制许可

《土耳其专利法》第7部分规定了强制许可制度，主要包括强制许可的原因、专利局对强制许可的调解、强制许可的具体程序、强制许可的费用、强制许可的法律性质等，具体内容如下。

关于可以提起强制许可的原因，该法规定：未取得许可证，并有下列情形之一的，应准予强制许可：（1）专利权人在专利公告之日起3年内未能充分实施其专利的；（2）发明专利实施具有从属关系的；（3）基于公共利益的考虑。

关于强制许可请求的提起。任何具有利害关系的人，可以以该专利无正当理由未被充分实施或者无正当理由连续3年未实施为理由请求给予强制许可。因技术、经济、法律方面的客观原因，视为构成专利未充分实施的正当理由。专利权人无法控制和违背的原因，应当作为专利发明实施的障碍。此外，如果不侵犯在先专利权的专利发明，该专利发明不能使用的，后发明专利的所有者通过提供证据证明他的发明与先前发明相比，服务于不同的工业目的或具有重大的技术进步的，可以请求法院批准使用在先专利。专利涉及与药理学有关的化学品或药品的生产过程，该方法专利代表了与在先产品专利有关的重大技术进步，方法专利权人和产品专利权人可以向法院申请授予在先专利发明的强制许可证。根据上述规定的因专利权之间相互依赖而授予的强制许可，从属（改进）专利被宣告无效或保护期限届满的，强制许可的授予也将无效。

同时，该法规定了基于公共利益的强制许可。部长理事会可决定在以公共利益为根据的强制许可是否可行。在本发明的实施中，或增加、扩大或改进其实施中，对公共卫生和国防产生具有重要意义的，应视为涉及公共利益。发明未充分实施或者质量、数量不足的，对国家经济技术发展造成严重损害的，应被认为涉及公共利益。发明的使用对国防或公共事业具有重要意义的，由有关部门和国防部或卫生部共同提出建议。授予强制许可时，可以根据其对国防的重要性，限制一个或多个企业实施该发明。专利权人有权将本发明用于公共利益而无须扩大或者委托给他人使用的，专利发明可以有条件地授予强制许可。在这种情况下，根据部长理事会的法令，法院可以允许专利权人实施该发明，或扩大或改善其专利发明的实施，以满足公众利益的方式自行实施，期限不超过一年。

专利局关于强制许可的调解。首先，提出调解请求。强制许可申请人可向专利局提出调解请求，以便获得同一专利的合同许可证，提出的调解请求应包括请求强制许可的范围和理由，并按照规定缴纳费用；其次，进行实际调解。

专利局应在受理申请书1个月内决定是否进行调解。专利局同意调解请求时，应立即通知双方当事人就许可合同进行调解。调解时间不应超过2个月。最后，做出调解决定。在通知双方当事人对调解请求达成协议之日起2个月期间届满后，尚未就授予合同许可证达成协议的，专利局应宣布调解和调查结束，并通知双方当事人。如果专利局同意授予许可证，可同意双方共同提出延长2个月期限的请求。在专利局做出最后决定前，只有当事人可以查阅与调解程序有关的文件，当事人和研究所的工作人员应将文件内容保密。根据调解请求和提交的文件以及经过适当调查后，确实存在需要给予强制许可的情况，请求者有偿付能力，并且具备发明工作的所有必要条件，专利局应在满足上述情形时同意调解。专利局应将调解决定书通知申请人和专利权人，并应附上调解请求书副本。

法院关于强制许可的具体程序。在专利局调解期限结束之日起，或从专利局拒绝调解请求之日起，或双方不能在调解活动结束前就授予许可证达成一致之日起，申请人可在3个月内请求法院授予其强制许可。法院在听取专利权人的意见后，应当决定在适当期限或立即决定强制许可的授予。法院应在规定期限届满后裁定该专利的强制实施是否实现公共利益。法院裁定公共利益尚未实现的，应当授予该专利发明强制许可。在审理强制许可案件时，法院请求书和所附文件的副本应当发给专利权人。专利权人自收到之日起1个月内，可以对上述文件提出异议。由于专利局拒绝调解请求而提出强制许可请求的，专利权人提出异议的期限不得少于2个月。专利权人提出异议时，应当参考专利局在调解程序中所用的有关文件，以及在该程序中提出但未在文件中涉及的证据。证据的副本应由法院发送给请求者。

法院关于强制许可的决定。法院应当将专利权人提出的异议通知给请求强制许可的一方，并在1个月内裁定拒绝申请或授予强制许可的决定。这一期限不得延长。专利权人对强制许可请求不提出异议的，法院在授予强制许可时不得拖延。准予强制许可的决定应包括以下内容：强制许可的范围、期限、应支付的费用、被许可人提供的担保、开始实施的日期以及保证认真、有效地实施专利的措施。对法院的判决不服，且专利权人提出中止实施本发明的证据被法院采纳的，本发明的实施应推迟到做出最终的许可决定为止。上诉不得延误最后决定的执行。

关于强制许可的费用。准予强制许可的决定应规定各方当事人应支付的费用。共同费用应由双方平等分担。在强制许可下，专利权人应当得到公平报酬。确定许可费时要特别考虑发明的经济重要性。同时该法还规定了专利局应提供奖励措施，以促进申请强制许可的专利许可申请。为此，专利局应定期公布此类专利。为加强专利发明的实施，部长理事会应提供财政、经济和其他方面的资助，鼓励企业为公共利益申请特定专利的强制许可。

关于强制许可的法律性质。《土耳其专利法》规定只有基于公共利益的强制许可才可作为独占许可，其他强制许可不得独占。但独占许可不得违背强制许可的目的，必须对专利发明的经济发展至关重要。被授予强制许可的，被许可方原则上无权再进口专利产品。但是，被许可人被授权强制许可时，可以为公共利益的目的而进口专利产品。这种进口许可证应临时签发，并限于满足特定的条件。《土耳其专利法》第 117 条规定：强制许可权只能与被收购的企业或其收购的部分一并转让。专利局应将转让行为登记在登记册上。因专利权的从属关系而授予强制许可的，许可证应当与从属专利一并转让。强制许可不允许再授权。为达到该目的而采取的任何行为都将被视为无效。

六、其　他

土耳其规定了不同类型权利的保护期限：经实质审查授予的专利权的保护期限为自申请之日起 20 年。未经实质审查授予的专利权保护期限为 7 年。7 年内提出实质性审查请求的，在实质性审查完成后授予专利权的，专利期限从申请日起延长至 20 年。实用新型保护期为自申请之日起 10 年，且不得延长。

土耳其关于年费缴纳的规定比我国严格。我国专利法实施细则规定了专利年费到期后 6 个月内仍有补缴机会，只是需要同时缴纳滞纳金。而土耳其专利法仅规定了因不可抗力而未缴纳专利费的，仍可补缴恢复，提出恢复申请应在专利权终止公告后的 6 个月内提出，超过 6 个月内通过多缴纳 50% 的滞纳金可以维持专利权有效，正常的年费应当在专利保护期内提前一年缴纳。

《土耳其专利法》还列明了专利权人放弃专利权的几种情形，其中专利权人放弃专利权须经过专利簿上许可人和其他专利权人的同意，需要经过利害关系第三人的同意；放弃时需要向专利局提交书面申请，并自在登记簿登记之日起生效。

《土耳其专利法》还规定了发明专利与实用新型申请之间的转换。该法规定：在专利局决定授予实用新型证书之前，申请实用新型证书的申请人可以要求专利局将有关申请转换为专利申请。专利局应在申请人提交申请书之日起 1 个月内通知申请人，上述申请将作为专利申请进一步审查，并应将提交该申请的文件通知他。申请人应在专利局通知之日起 1 个月内提出申请文件。申请人未在规定期限内提交所需文件的，转换请求应视为未被提出，该申请应作为一个实用新型证书的申请书进一步审查。实用新型证书的申请转化为专利申请时，实用新型证书的申请将无效。实用新型证书的申请转换为专利申请的，实用新型证书申请中所享有的任何优先权应适用于专利申请中，该优先权从申请实用新型证书之日起生效。

第三节　伊朗专利法律制度

一、专利制度概述

伊朗早在1931年就制定了《伊朗商标与专利注册法》，2008年伊朗议会通过《伊朗专利、工业设计和商标注册法》（Patents，Industrial Designs and Trademarks Registration Act），自2008年5月5日起生效。[1] 与其前身不同的是，新法律规定了将商标、专利和工业品外观设计优先登记注册，并且在保护这些证书方面更加严格，因为它具有知识产权。根据国家登记注册组织的资料，2008年在伊朗共有9 570项国家发明登记，与前一年相比，该组织登记的发明数量增加了38%。该法共分为4个部分，分别规定了专利、外观设计、商标和一般规定。该法共65个条款，基本规定了专利和外观设计的授权条件、申请要求、审查程序、无效和侵权认定等内容。其参加国际条约情况如表5－3所示。

表5－3　伊朗加入相关国际专利公约情况

国际公约/条约/协定	加入时间
巴黎公约	1959年
成立世界知识产权组织公约	2002年
专利合作条约	2007年伊朗议会批准加入《PCT条约》，但须待伊朗知识产权局具备足够的审查能力之后方能正式加入该条约。

该法规定发明专利保护的是一种技术方案，即一项发明是某个人首次提出生产某种产品或提出某个方法的思想结果，并为特定行业中技术、技巧等问题提供了一个解决方案。

对外观设计保护而言，任何线条（纹路）、颜色的组合或任何三维形状，无论是否与线条或颜色有关，只要认为这种组合或形状对工业品或手工业品提

[1] 参见伊朗专利法，Patents，Industrial Designs and Trademarks Registration Act Of the Islamic Republic of Iran，http：//www. wipo. int/wipolex/en/text. jsp? file_id＝197776［EB/OL］，访问日期：2018年2月16日。

供了独特的外观，都可视为外观设计。

二、专利制度概况

（一）保护客体

《伊朗专利、工业设计和商标注册法》中保护与专利有关的客体为：发明专利和外观设计，实用新型不包含在专利之中。

（二）不应被授予专利的情形

以下发明创造应排除在专利保护范围之外的事项：（1）科学发现、科学理论、数学方法和艺术作品；（2）进行商业活动，参与社会行为的计划，规则或方法；（3）人类或动物治疗或诊断疾病的方法；不在本款专利定义范围内的产品，以及专利和所使用的方法。（4）遗传资源、基因组件及其生物生产的方法；（5）任何已经在行业和技术上存在的东西。现有技术是指在世界任何地方，通过书面或口头出版物，通过实际使用或以任何其他方式，在提交文件之前，或在适当情况下，已经披露给公众的一切技术。如果在申请日或优先权日前6个月内披露的，不得妨碍该发明的可专利性。（6）这些发明的商业开发会违背伊斯兰教法的规定、公共秩序或道德的，不应被授予专利。

（三）专利权人享有的权利

对发明专利而言，专利授予人的权利如下：（1）专利权人以外的人在伊朗实施发明专利的，须经专利权人同意。专利发明的“实施”包括以下的任何一项行为：第一，如果某一产品获得专利权的，则包括①制造、出口和进口、许诺销售、销售和使用该产品；②储存此类产品用于许诺销售、销售或使用的。第二，如果某个方法获得专利的，则包括①使用该方法；②制造、进出口、许诺销售、销售和使用依照该方法获得的产品。（2）有权对任何人侵犯其专利权的行为，向法院提起诉讼。（3）转让或者许可他人实施该发明专利。

对外观设计而言，权利人享有的权利如下：（1）使用在伊朗境内登记的外观设计的，须经权利人同意。（2）使用经登记的外观设计，是指生产、销售或者进口含有外观设计的产品。（3）已登记的外观设计权利人，可以对未经其同意实施上述②款所述行为的行为人以及将来可能会实施侵权行为的人提起诉讼。

（四）涉外要求

该法规定，申请人可连同其申请书，提交声明书，要求获得《巴黎公约》

及其修订后规定的优先权。优先权可以基于在任何国家或巴黎公约缔约方提出的一项或多项国家、区域，或国际申请，并要求优先权：(1) 工业产权局应当要求申请人在规定期限内提供工业产权认证的申请书复印件；(2) 一旦请求被接受，将受《巴黎公约》规定的保护。如果不符合本条款的要求和相关规定，则该声明应视为无效。

应工业产权局的请求，申请人必须向上述办公室提供在国外申请专利的编号和日期。从根本上讲，在国外申请的专利应与提交给工业产权办公室的专利申请为同一项发明。此外，应工业产权局的要求，申请人应向该办公室提供下列文件：(1) 申请人已收到的，与外国申请有关审查结果有关的任何函件或通知的副本；(2) 在外国申请基础上获得授权的专利证书副本；(3) 外国申请被拒绝授权的最终决定副本；(4) 在国外申请的基础上专利无效证书的最终决定副本。

（五）申请相关限制

申请人的居住地或者主要营业地在伊朗境外，可由其居住或者业务在伊朗的代理人在法定代理范围内按要求步骤执行申请。如果外国人声明优先权的，要在规定的时间内提交相关证明文件。

三、可专利性

（一）授权的条件

对于发明而言，需要符合新颖性、创造性和实用性的要求。该法规定：如果一项发明包括一项新的创新，并且具有行业应用性（即实用性），该项发明就具有可专利性。该创新包括任何现有技术所没有预料到的，并且对于本领域普通技术人员来说不是显而易见的。如果一项发明是在给定的行业中可以被制造或使用，应被认为具有行业应用性。"行业"应做广义解释，包括手工业、农业、渔业和服务。

对于外观设计而言，需要符合新颖性、实用性的要求。该法规定：为本法的目的，任何线条（纹路）、颜色的组合或任何三维形状，无论是否与线条或颜色有关，只要认为这种组合或形状对工业品或手工业品提供了独特的外观，都可视为外观设计。本法所称的外观设计，保护范围不会扩展至没有外观变化而具有的单纯技术效果。具有新颖性或者独创性的外观设计可以申请注册。如果该外观设计在申请日以前或者优先权日以前未向公众披露、也未在世界任何地方以出版物或其他有形载体对外公开的，则应视为具有新颖性。

（二）类型和期限

对发明专利而言，专利权自专利申请之日起20年届满后失效。为维护专利权或专利申请，应在申请日后缴纳第一年年费，并在下一年开始前缴纳后一年度的专利年费。允许在6个月的宽限期内缴纳逾期的年费，同时缴纳滞纳金。未按时缴纳年费的，该专利申请视为撤回或者该专利失效。

对外观设计而言，已经登记的外观设计，自申请之日起5年内有效。在保护期内支付规定的费用后可连续两次续期5年，自该外观设计上一届有效期满后开始计算。在此期间未能办理的，可给予6个月的宽展期，续期的费用应在6个月的宽限期内缴清，同时缴纳滞纳金。

四、专利的申请与审查

（一）申请流程

首先，确定申请人。该法规定了谁有权提出专利申请且标明发明人的具体内容：(1) 提出专利申请的权利专属于发明人。(2) 两人或两人以上共同做出发明的，申请专利的权利归共同所有。(3) 两个或两个以上的人相互独立完成相同发明的，谁先提出申请，或者谁宣传有优先权，谁能证明他比对方更早有效提出申请的，他就拥有要求对其专利予以登记的权利。当然，他的申请没有被撤回、放弃或拒绝。(4) 已授权的专利可以转让，如果持有权利的人死亡，应转让给其继承人。(5) 在执行雇佣合同时做出发明的，专利的财产权应当属于雇主，本合同另有约定的除外。(6) 发明人的名字应在专利证书中注明，除非在向工业产权局提交的书面声明中，发明人表明不希望他/她的名字出现在权利证书中。

其次，提出专利申请。对发明专利而言，一份申请应当限于一项发明，或者属于一个总的发明构思的一组发明。未能指明总的发明构思的各部分之间的联系的，并不造成专利申请的无效。申请人可在申请未获批准之前，按照以下申请：(1) 修改该申请，但对中请文件的修改不得超过原申请说明书记载的范围。(2) 将该申请拆分成两个或多个申请。分案申请书应当享有同一申请日期，并享有初始申请的优先权日期。对外观设计而言，在一个申请文件中可以包含两个或者两个以上的外观设计，但要保证其属于同一类国际分类表中，或者属于同类产品，或者同一主题的组合。

最后，确定申请日期。对发明专利而言，工业产权局应当确定收到申请书的日期，确定申请书日期时应包括下列事项：(1) 要求授予专利的明示或暗示的事实。(2) 指明了确定的申请人身份。(3) 对发明的简要描述。工业产权局发现，在申请注册时，申请书不符合上述要求的，自该事项通知申请人之日起30天内，申请人应予以修改。在此情形下，注册日期应与修改日期相同。如果未在规定的期限内做出修改，则申请将被视为无效。申请书所涉及的附图事实上不包括在申请书里或附在申请书上的，工业产权局应当要求申请人提供所需的资料、图片。如申请人提交了符合要求的图纸，则该办公室应将收到附图的日期视为申请日。否则，应当将收到申请的日期作为申请日，并将附图说明视为不存在。对外观设计而言，申请日应为申请书递交工业专利局之日，在其提交申请时，该申请书应包含申请人的身份证明文件和所需要的能体现产品外观设计的图片。同时，该法还规定，在确定申请日后，申请人可以请求将外观设计的披露推迟12个月。或者声明优先权的，优先权日为申请日。

（二）申请文件

对发明专利而言，向工业产权局申请注册该专利的申请书须用波斯语做出，并写明申请保护的对象，并应签名，注明日期。如果需要，应包含请求书、说明书、权利要求书、摘要、图纸。并缴纳申请费用。为准备和提交申请，应注意以下几点：（1）申请人、发明人和其法定代表人的姓名和其他要求，且应在申请书中注明本发明的名称。（2）申请人不是发明人的，应当将证明申请人合法身份的文件随同申请书一并提交。（3）申请书中所列的请求应简单明确，并附有说明书，说明书对该领域普通技术人员来说足够清楚和完整。在该申请中，至少应说明实施该发明的一种方法。摘要应当仅用于提供技术资料，不得用于解释这项发明。

对外观设计而言，向工业产权办公室提交的外观设计申请书时，应附有能够充分体现外观设计的图片、照片或其他条款规定的图示，且要指明该外观设计将要适用的具体产品类别。以三维现状设计的外观设计，工业产权局可要求提交申请书时附带外观设计样品或设计草图。申请时应当缴纳规定的申请费。申请书必须包含设计的说明书，申请人不是创作者或设计者时，申请书中还应包含证明申请人有权申请外观设计的证明材料。

（三）审查流程

对发明专利而言，工业产权局自申请日确定之日起，应审查该申请是否符合本法的规定及有关规定。如果符合规定的条件和要求的，应授予专利权。否则，应驳回该申请，并通知申请人该决定。

对外观设计而言，工业产权局收到申请后，应当审查申请，以确定其是否提交了符合规定的申请材料以及是否缴纳了申请费，审查外观设计是否符合新颖性、实用性的要求，是否属于排除保护的范围之外。《伊朗专利、工业设计和商标注册法》第27条（c）款规定，确定满足上述规定后，工业产权局应当对外观设计进行登记，并向申请人出具外观设计登记证书；否则，工业产权局将驳回申请。

在专利或外观设计申请未获批准前，申请人可随时撤回其申请。

工业产权局在行使本法赋予的自由裁量权之前，须给予申请人提出异议或者充分阐述其观点的机会，工业产权局在做出任何决定时要对当事人的意见予以适当考虑。

(四) 授权公告

对于发明专利，工业产权局授予专利权后应当：(1) 公布授予专利权的指南。(2) 颁发专利证书。(3) 将专利证书的副本保留在其授权文件中，并在收取规定费用后，将授权证书原件交给申请人。(4) 应专利权人的请求，工业产权局应当对专利的文本或者图纸进行修改，以确定专利权的保护范围。但该更改不得使专利授权所公开的内容超出初始专利申请书所公开的内容。

对于外观设计，根据依法提出推迟外观设计授权公告请求的，应当在外观设计登记后，既不公告设计的表达，也不公告申请内容。在这种情况下，工业产权局推迟公告已公开的外观设计的日期和外观设计登记人的信息，注明申请日、延迟申请的时间和其他规定事项。在被请求延期的期限届满后，工业产权局应当公告登记的工业设计。

此外，登记表中的资料任何人均可查阅，且在法律、法规的规定下可以自行获取。

(五) 复审

对工业产权局做出的决定有异议的，利害关系人可在收到公告之日起 2 个月内向管辖法院提起上诉，该类案件的审理适用伊朗民事诉讼法的相关规定。审理法院应为争议地法院或德黑兰法庭特别部门管辖，有异议的，司法部应依本法规定在 6 个月内进行指定管辖。

(六) 无效

对于发明专利而言，任何利害关系人都可以向法院提出撤销该专利权。如果该请求撤销的人能够证明该专利权人不符合该法规定的任何授权条件，又或者该专利权人不是发明人或者继承人，法院应当判决撤销该专利权。

无效的专利，不论主张全部无效或部分无效，最终的无效判定将溯及既往，自授予专利权之日起视为无效。法院最终的判决应当通知工业产权局，工业产权局应予登记，并在缴纳了相关费用后尽快予以公告。

对外观设计而言，任何利害关系人均可要求法院宣告登记的外观设计无效。为此目的，要求无效宣告的人必须证明外观设计没有满足法定的要求，或者外观设计的申请人并不是创作者或其继受人。

五、保　　护

（一）专利侵权判定及禁令措施

该法所称的侵权行为，是指未经权利所有人同意，擅自实施受本法保护的权利的行为。

如果被许可人请求专利权人提起法律救济诉讼，但专利权人拒绝或没有实施的，为了保护专利权人的利益，法院可采取责令停止正在实施或者即将实施的有关侵权行为，判定赔偿金等其他司法救济措施。

（二）举证

在伊朗，产品专利侵权适用“谁主张，谁举证”的举证责任原则。但是涉及专利方法侵权的，适用举证责任倒置的规定。该法规定，在专利权侵权的民事诉讼中，专利权的标的是产品生产方法的，被告对此负有举证责任并承担证明后果。法院对提交的文件和证据负有保密义务，包括制造过程和商业秘密，保证被告的正当利益。不侵权行为的判定应满足以下条件：（1）该产品是新发明的；（2）很大程度上存在着使用专利方法制造产品，但经过合理努力，仍无法证明使用了该专利方法的。

（三）赔偿

该法规定，明知和故意实施侵权行为的，处1000万里亚尔以上5000万里亚尔以下的罚款，或者判处91天至6个月的监禁且赔偿被侵权人的损失。

（四）侵犯专利权的例外

以下行为属于侵犯专利权的例外，主要包括：（1）由专利权人或经其同意投放在伊朗市场上的产品予以使用的。（2）临时或者意外进入伊朗领空、领土或者水域的航空器、陆上车辆或者其他国家的航空器，为运输工具自身需要而使用发明的。（3）为实验目的而使用有关专利的。（4）任何人在申请前或在优先权要求之前，正在使用该发明或为在伊朗使用该发明作了有效和必要的准备的，可以继续使用。

前述第（4）款所述的在先使用权，只能与企业或经营权全部或部分一并转让。

六、运　　用

（一）强制许可

政府或经政府授权的人员，根据下列安排，可使用该专利。根据各个部门或主管机构最高负责人的意见，认为该发明专利涉及公共利益，包括国家安全、营养、健康或其他国民经济的重要领域，或者专利权人或被许可人实施专利的方式是反竞争的，且有关部门认为强制实施该发明可以弥补上述问题的，政府或授权人员就要求政府给予专利强制许可。该事项将由一个专门委员会讨论决定，委员会包括国家契约和产权登记组织的负责人，最高法院院长提名的法官、总检察长、伊朗总统的代表、部长或者主管机构最高负责人组成。经该委员会批准的，指定的政府机构或第三方以不经专利权人同意而使用该发明。

专利强制许可的实施应限于其授权的目的，并在考虑该决定的经济效益的情况下，给予专利权人适当的补偿。如果专利权人或其他利害关系人有异议，委员会应在听取了他们的意见并考虑强制许可实施对反竞争行为效果后再做出决定。委员会应当根据专利权人、政府机构、经许可使用本发明专利的第三方的要求，听取双方或任一方适当和必要理由后，做出新的决定。

如果专利权人主张，导致该强制许可决定的情形已经不存在，也不可能再发生，或如果他主张由委员会指定的政府机构或第三方没有遵守该决定的条款，委员会应对该事项进行讨论和审查，并听取了专利权人、部长或主管机构最高负责人和被许可人的意见后，终止专利强制实施许可，并视情况授权专利权人或其他人实施。然而，依照该款规定，如果委员会认为基于对获得许可人合法权益的保护，维持该决定是合理的，则不得终止强制许可。

存在委员会指定的第三人实施的情况下，被许可人只能将强制许可权随企业以及经营权一并转让给他人。

该条规定的强制许可不妨碍下列行为：（1）专利权人根据本法规定订立许可合同；（2）专利权人根据《伊朗专利、工业设计和商标注册法》第15条享有实施专利的行为。

请求委员会强制许可的，政府机构或个人应提供证据，证明已请求专利权人许可实施其专利，但未能在合理的时间内获得这种许可。在国家利益或不可抗力事件引起的紧急情况下，不适用本款规定，由委员会全权决定，但应尽快向专利权人通知委员会的决定。

政府机构或委员会许可的第三人使用该发明的，应主要供应于伊朗市场。

委员会做出的涉及半导体技术的专利实施许可，仅限于公共的非商业性使用，或主管机构最高权力机构认为专利权人或被许可人实施该发明专利的方式属于反竞争行为。

下列情形可以实施强制许可：如果一项取得专利权的发明比前已经取得专利权的发明具有显著经济意义的重大技术进步，其实施又有赖于前一发明的，工业产权局可以根据后一专利权人的申请，必要的时候可以给予实施前一发明的强制许可。在根据该款规定给予强制许可的情况下，委员会根据前一专利权人的申请，也可给予实施后一专利的强制许可。在根据本款给予强制许可的情况中，给予实施强制许可的决定应当规定实施的范围和功能和应当给予专利权人的适当补偿及付款的内容。

请求实施强制许可应缴纳规定的费用。

专利权人、政府机构或其授权的人，均可以向德黑兰公共法院就委员会在本条范围内做出的决议提起诉讼。

（二）转让与许可

该法规定，专利、外观设计可以转让或者许可。专利权、外观设计权以及申请的变更，应由利害关系人向工业产权局提交书面申请，并由工业产权局进行备案登记。工业产权局应将申请进行公示，以上变更申请在生效之前不得对抗善意第三人。专利、外观设计或者申请的许可合同，应提交工业产权局登记备案。工业产权局对合同内容负有保密义务，但须将参考资料进行公告，经备案的许可合同在履行过程中具有对抗第三方的效力。

第四节　本章小结

土耳其是一个横跨欧亚两洲的国家，北临黑海，南临地中海，东南与叙利亚、伊拉克接壤，西临爱琴海，与希腊以及保加利亚接壤，东部与格鲁吉亚、亚美尼亚、阿塞拜疆和伊朗接壤。土耳其地理位置和地缘政治战略意义极为重要，是连接欧亚的十字路口。土耳其在政治、经济、文化等领域均实行欧洲模式，是欧盟的候选国。宪法规定土耳其为民主、政教分离和实行法制的国家。土耳其拥有雄厚的工业基础，为世界新兴经济体之一，也是全球发展最快的国家之一。土耳其经济快速地发展，在生产农产品、纺织品、汽车、船只及其他运输工具、建筑材料和家用电子产品皆居领导地位。土耳其工业基础好，主要有食品加工、纺织、汽车、采矿、钢铁、石油、建筑、木材和造纸等产业。

土耳其通过制定《土耳其专利法》《土耳其保护工业设计条例》等相关法律，形成了完整的专利保护制度。该国专利法规定的内容具体，比我国的专利法内容丰富，而且，该国的专利法规定的某些制度值得我国借鉴，如专利与实用新型申请之间的转化，强制许可证中“公共利益”的阐释，专利局在强制许可中的调解程序，法院审理强制许可的诉讼程序，保密专利登记、保密期限延长和保密解除等具体制度。

在具体的司法实践中，针对知识产权案件专业性强的特点，土耳其建设了专门审判机构，计划在全国主要城市的法院设立 12 个专门的知识产权审判庭，目前已经在伊斯坦布尔、安卡拉、伊兹密尔等城市建立了知识产权审判庭，专门审理知识产权民事和刑事案件。该国还在检察院设立了知识产权检察处，专门办理涉及知识产权的刑事和民事案件。土耳其的知识产权民事案件，双方当事人可以直接到法院起诉、应诉，并委托律师代理诉讼。还可以请求检察官支持诉讼，检察官的地位更接近与当事人的代理律师，负责证据收集，当事人可以节省一大笔律师费。

此外，在《土耳其国家战略和行动计划》（2016—2018）中，为满足国内实际需要，将增加针对专利、商标、工业设计和地理标志的侵权的刑事法律条文，增加专利法中职务发明的条款，促进土耳其工业产权法律体系的国际化进程。

根据世界货币基金组织记录，当预计购买力平价为 9 320 亿美元时，土耳其的经济就会成为世界第十六大经济体。根据商务部的最新数据，截至 2017 年 7 月，中国为土耳其第十七大出口市场和第一大进口来源地。土耳其自中国进口的主要商品为机电产品、纺织品及原料和化工产品。[1] 2016 年，土耳其通过 WIPO 工业品外观设计国际注册海牙体系提交的国际工业品外观设计 6137 项，[2] 体现出了土耳其本国知识产权事业的进步。

伊朗中北部紧靠里海，南靠波斯湾和阿拉伯海，东邻巴基斯坦和阿富汗，东北部与土库曼斯坦接壤，西北与阿塞拜疆和亚美尼亚为邻，西界土耳其和伊拉克。国土面积约 165 万平方公里，世界排名第十八。据 2016 年伊朗国家统计数据库显示，伊朗人口达 8 028 万。伊朗在发展经济方面有很大的雄心，促进经济发展、提高工业水平等方面，市场潜力非常巨大。随着中国“一带一路”国家建设的不断发展，现在正是进入伊朗市场的最佳时机，目前伊朗市面上约 80% ~90% 的轻工业产品都是中国制造。伊朗政府重点要发展基础建设、发展工业、引进高新科技、招商引资。所以与之相关的建筑材料、机械、电子高科技产品、可再生能源（伊朗太阳能产业发展前景喜人）、汽车、石油化工等都是伊朗政府急切需要的。

伊朗通过制定《伊朗专利、外观设计和商标注册法》，形成了比较完整的专利保护制度。该法规定的内容比较具体，但与我国的专利法比较仍显粗糙，比如缺乏完善的复审制度，对实用新型不予保护等。伊朗的强制许可制度中的专门委员会的组成及议事办法值得我国借鉴。

在具体的司法实践中，伊朗采取了指定法院管辖的方式，一般是侵权地法院或者德黑兰公共法院进行管辖。在具体的行政管理中，伊朗的契约与产权登记组织下的工业产权局负责办理专利与外观设计登记事务。

---

[1] 参见中国专利保护协会和北京高文律师事务所发布的《土耳其知识产权发展报告 2017》。

[2] 参见《世界知识产权组织：2016 年度全球知识产权报告》，报告时间：2017 年 3 月。

在国际专利合作方面，伊朗于 1959 年加入《巴黎公约》，2002 年加入《成立世界知识产权组织公约》，2007 年伊朗议会批准加入《专利合作条约》，但须待伊朗知识产权局具备足够的审查能力之后方能正式加入该条约。总之，伊朗参与国家专利合作程度不高，国际化水平有待提高。

在中国与伊朗专利合作方面，2015 年 9 月，伊朗契约与产权登记组织与中国知识产权局签订知识产权合作谅解备忘录。目的是为在知识产权领域开展双边合作提供主要框架。合作谅解备忘录将提升中国与伊朗之间经济、商务、科学、技术的关系。合作谅解备忘录倡议，为该领域人员举办培训课程，交换信息、文件与经验以拓展公众尊重知识产权和版权的意识。合作谅解备忘录中还设想就此召开联合会议。

西亚国家除了以色列科技发达，创新能力强，有完备的知识产权保护制度外。其他国家如海湾六个国家，石油资源丰富，虽然经济发达，但科技创新能力一般；另外还有外高加索三国以及伊拉克、叙利亚、也门、黎巴嫩等长期处于战乱。这些国家虽然很多知识产权立法制度符合 WTO 或 WIPO 标准，但并不等于执法和司法保护能达到知识产权的国际标准。中国企业在中亚地区面临的不是与当地企业的竞争，更多的要考虑与欧美日等发达国家跨国公司在这些地区的竞争问题。

总之，西亚国家除了以色列、外高加索三国外，其他国家尚未形成完善的市场竞争秩序，知识产权保护水平不高，在申请专利保护中应注意当地的风俗习惯和宗教禁忌，中国企业可以借助专门机构了解、协助其工作。此外，中国与西亚地区的经贸合作前景广阔，但该地区经济社会局势不稳定，政治风险很大。我国企业在西亚申请专利时，可以考虑在中东六国申请 GCC 专利。

第二编　欧　　洲

第六章　欧盟专利法律制度

第一节　欧洲专利发展基本状况

根据欧洲专利局在2017年3月7日发布的《2016年年报》（Annual Report 2016）显示，2016年欧洲专利局受理的欧洲专利申请的数量约为16万件（与2015年持平）。除此之外，欧洲专利局2016年共授权专利9.6万件，较2015年增长40%，并创造了历史新高；共受理29.6万件专利申请，较上年同比增长6.2%（2015年为27.9万件），过去5年内专利申请量保持积极增长，表明世界范围内对于专利保护的需求正在持续增长。欧洲专利局凭借近年来实施的改革方案提高了生产力，2016年欧洲专利局审查员交付的产品数量增长8.5%，完成39.6万件专利性检索、实质审查和异议（2015年为36.5万件）并创下纪录。2014～2016年，欧洲专利局缩短了25%的检索/审查/异议时间（2014年为19.5个月，2016年为14.7个月），提高了专利审查的透明度，为创新企业和公众提供了更大的法律保障。

中国方面，2016年中国在欧洲专利局申请的专利数量位于第三（前五位是：美国、日本、中国、德国、韩国）。中国专利申请量同比增长24.8%，首次超过韩国（6.5%）。

第二节　欧盟现行专利立法基本概况

一、专利立法沿革

与欧盟有关的专利制度体现在四个层面，包括有关的国际公约、区域性的《欧洲专利公约》（EPC）、欧盟有关的法律文件以及各欧盟成员国的专利制度协调。[1] 通过以上四个层面的协调和递进，可知欧盟专利法律制度的最大特点是致力于构建和协调一个适用于欧盟所有成员国的统一的欧盟专利制度，截至目前，该目标已经获得了实质性的进展。2017 年 3 月，欧洲专利局宣布将在 2017 年开始正式启动欧洲单一专利，负责审理专利案件的欧洲专利法院将于 12 月 1 日开始运行。

（一）《欧洲专利公约》

《欧洲专利公约》（*European Patent Convention*，EPC）是区域性的国际公约，该公约针对欧洲专利，制定了一套适用于所有 EPC 缔约方的专利申请和授予的法律体系，包括实体法和程序法。该公约的制定与欧盟有着密切的联系，目前，该公约已在欧洲 38 个国家生效，包括所有的欧盟成员。

《欧洲专利公约》产生于 20 世纪 60 年代，为了协调和统一欧洲的知识产权秩序以加强欧共体内部的自由贸易，欧共体委员会开始为协调欧洲内部知识产权制度寻求方案。1969 年，欧共体委员会起草了欧共体专利法的条约草案，其中第一个条约的目的是建立一套欧洲范围内的统一的专利申请机制。在此基础上，1973 年 10 月 5 日，欧共体政府间外交会议签订《建立欧洲授予专利制度的公约》（即"欧洲专利公约"），该公约的成员国只需要向欧洲专利局（European Patent Organization，EPO）提交专利申请，在审查后获得授权，则申请人可以被授予欧洲专利，该专利因此在申请人指定的公约成员国境内可以获得专利保护，然而这不是一件专利，而是"一束国家专利"。EPC 的欧洲专利制度与各成员国的专利制度是并存的平行关系，公约的缔约国将审查专利申请及在其领土范围内对专利进行授权的主权转移给欧洲专利组织，缔约国则仍负责这些专利权利的执行，根据 EPC 第 2（2）条和第 64（1）条的规定，在缔约方中，欧洲专利在各缔约国具有独立的法律效力且与该缔约国授予的专利权具有同样的效力。因此，欧洲专利是一束具备国家专利效力的专利。申请人既可以直接向某个缔约方申请国家专利获得专利权，也可以向 EPO 申请欧洲专利并指定在该成员国获得专利权（但不可同时申请国家专利和欧洲专利）。获得授权后，欧洲专利只能在指定国的法院被执行，也只能在该国法院被撤

---

[1] 参见欧洲专利公约，https：//www. epo. org/law - practice/legal - texts/epc. html ［EB/OL］，欧洲专利公约实施细则，https：//www. epo. org/law - practice/legal - texts/html/epc/2016/e/ma2. html ［EB/OL］，欧共体生物技术专利指令，http：//www. wipo. int/wipolex/en/text. jsp？ file_id = 126957 ［EB/OL］，欧共体植物品种权条例，http：//www. wipo. int/wipolex/en/details. jsp？ id = 1416 ［EB/OL］，欧盟理事会共同体外观设计保护条例，http：//www. wipo. int/wipolex/en/details. jsp？ id = 1441 ［EB/OL］，欧洲专利公约审查指南 http：//documents. epo. org/projects/babylon/eponet. nsf/0/2A358516CE34385CC125833700498332/ $ File/guidelines_for_examination_2018_hyperlinked_showing_modifications_en. pdf ［EB/OL］，访问日期：2018 年 4 月 16 日。

销，同时，EPO 可以依据欧洲法审理第三人对欧洲专利提出的异议并对专利范围进行规定和撤销。

2000 年 11 月，在德国慕尼黑，对该公约的修改进行了一次重大的会议，该次会议对 EPC 进行修订，包括实体制度和程序规则，但以程序方面的修订为主，新公约的一个主要变化即是允许程序规则的修订不再经过大会修订。新公约被称为《欧洲专利公约（2000）》，于 2007 年 12 月 31 日生效。根据公约的规定，《欧洲专利公约实施细则》《关于欧洲专利制度一体化和制度导入的议定书》《关于欧洲专利组织特权与豁免的决定书》《关于对授予欧洲专利权的决定承认和司法管辖的议定书》《欧洲专利公约第 69 条国际议定书》都是公约的组成部分，当公约条款与实施细则条款发生抵触时，以公约条款为准。随着《欧洲专利公约（2000）》的诞生，《欧洲专利公约实施细则》、欧洲专利局的审查指南也做了更改。本章引用的即是《欧洲专利公约（2000）》（以下简称“EPC”）和 2006 年 12 月 7 日由行政委员会通过的《欧洲专利公约实施细则》（以下简称《实施细则》）的条款规定，引用的审查指南是与《欧洲专利公约（2000）》同日生效的 2007 版本。

（二）与欧盟有关的法律文件

欧盟一直在寻求统一的欧盟专利法和单一欧盟专利的实现，但是，专利领域可以说是欧盟知识产权统一进程中最缓慢的，至今没有统一的欧盟专利法。1969 年欧共体专利公约草案的第二个条约形成了 1975 年的欧共体专利公约（Community Patent Convention，CPC），以期达到欧共体专利通过欧盟法律授予而非通过欧洲专利公约授予的目的。根据该公约，申请的专利不再是欧洲某一国的专利，而是欧共体的专利，与欧洲专利公约相类似的是，共同体专利统一申请和审查授权程序，不同的是共同体专利只在欧盟成员国生效。另外，公约规定共同体专利法院有权对缔约国法院审理的专利诉讼案件进行预审裁决；共同体专利法院也负责专利权的行使和撤销共同体专利；各成员国遵守在欧盟地域范围内的“专利权穷竭”原则；该公约还对跨国专利诉讼的司法管辖权问题做了规定。欧盟又在 1989 年起草了《欧共体专利相关协定》，并在 2000 年 8 月打算通过《欧洲共同体条例》以进一步实现“共同体专利”，但是以上三个法律文件的努力都没有推动统一欧盟专利法的任何进展，均由于批准国家的数目不够而没有生效，相反地，欧盟专利法统一的进程带来了成员国更多的争论，其中关于语言问题的争论是最多的。Philips/Publication of Patent Specification ［2004］[1] 案中，申请人反对将专利申请译为

---

[1] Case T－276/99 Philips/Publication of Patent Specification，［2004］E. P. O. R. 3.

多国语言，认为翻译费用过高，将影响欧洲专利申请的成本并违反欧共体条约的规定；同时，在 BASF v. Pradident des Deutsche Patentamt 案中，申请人在德国法院提出相同的问题，认为德国专利法要求将申请翻译为德语的要求也与欧共体条约的规定相冲突，德国法院向欧盟初审法院提出请求后得到的答复是德国根据欧洲专利公约制定的规定并不违反《欧共体条约》第 28 条的规定。由此可见，由于欧盟各成员在争取本国在专利申请和实施方面的主权权利，在 2017 年欧洲法院的建立取得实质性进展之前，关于统一的欧盟专利法体系的建立尚处于停顿状态。

虽然统一的欧盟专利法体系尚未建立，但是，欧盟在生物技术、植物新品种、外观设计专利等方面的指令已经起到了协调欧盟各成员国相关法律的作用。

1.《欧共体生物技术专利指令》

《欧共体生物技术专利指令》的目的在于加强对生物技术专利的保护，并澄清了生物技术可获专利的范围。自 20 世纪 80 年代初至 1998 年年初，欧洲专利局收到了超过 1.5 万件涉及生物技术专利的申请，❶ 受巨大申请量的影响，1988 年，欧共体委员会提出了指令草案。在该指令颁布之前，除了荷兰外，没有成员国明确禁止授予生物技术专利，但是“不同成员国的法律和判例对生物技术发明提供的法律保护存在差异”，❷ 因此，欧共体委员会希望通过该指令澄清生物发明专利的保护适用于成员国法律规定的例外，并获得统一的保护。正如指令在序言部分提到的，该指令的必要性在于一是通过对欧盟成员国的生物发明提供有效的保护来刺激欧洲在生物工程领域的投资，以期超越在该领域领先的美国和日本；二是由于生物技术和工程在产业领域发挥着日益重要的作用，统一欧盟对基因、动植物品种等敏感问题的保护标准，可以鼓励对生物技术发明领域的投资。

该指令的颁布经过了十年漫长的争论，1998 年 7 月 30 日，该指令生效。指令在 1999 年转化到欧洲专利公约的体系之内，但到 2000 年 7 月 30 日为止，只有 4 个国家通过立法采纳了该指令。荷兰政府向欧洲法院提起请求废止该指令的诉讼，理由是指令并未澄清在什么情况下基于伦理原因授予生物技术专利是违法的。2001 年 9 月，欧洲初审法院驳回了荷兰的诉讼请求，法院认为指令第 5（1）条保护了人类尊严这项权利，此外，指令第 6 条对公共秩序和道德提供了附加保护，并且对足够多的客体不授予专利权利。2006 年，欧盟所有成员国完成了对该指令的国内法转化。

❶ 李明德．欧盟知识产权法[M]．北京：法律出版社，2009：375.

❷《欧共体生物技术专利指令》序言第（5）条。

指令对生物技术知识产权的保护方式和保护条件，与生物技术知识产权有关的遗传资源的保护和开发等都做出了明确的规定。指令明确了从自然环境中分离的或通过技术手段产生的生物材料可以成为客体，这一条的规定澄清了生物材料的发现与工业应用的区别。对于基因的可专利性，指令指出未说明功能的单纯 DNA 序列不包含任何技术信息，因此属于不具有可专利性的发明。指令还对源于人体的基因材料有关的生物技术发明做了特别的规定：不同形式或发展阶段的人体，以及对人体某一组成部分的简单发现，包括基因序列或基因序列的某一部分，都不可构成专利权利授予的条件。指令不允许对人的生命本身授予专利，但从人体中提取的基因可授予专利。对于生物技术发明与动植物品种之间的关系，指令规定植物和动物品种不能授予专利，但指令第 4（2）条规定，有关植物和动物的发明如果技术可行性不限于特定的品种，则具有可专利性。指令还规定了对于克隆人的方法不授予专利的原因；以及必须排除为工业或商业目的对人类胚胎任何使用的可专利性；以及对改变动物遗传同一性的方法，并对任何动物及由该方法产生的动物从研究或治疗等角度看不存在实质性医学利益的可专利性应予以排除。指令还在第 12 条规定了必要条件下的强制交叉许可，即“在利用特定的源于基因工程的新植物时，对有关的类或种，该植物品种与现有专利中的要求保护的发明相比具有相当经济效益的重大技术进步时，在保证费用的前提下可以授予强制许可的方式获得植物”。

2. 《欧共体植物品种权条例》

1994 年 7 月 27 日，欧共体理事会通过了《欧共体植物品种权条例》（*Community Plant Variety Right*，CPVR），[1] 并于同年 9 月 1 日生效。该条例的目的是建立与欧盟各国植物品种保护制度并存的欧盟植物品种保护制度，申请人可以选择成员国国内保护或者欧盟保护，但是欧盟保护与国内保护不可兼得。欧盟保护的优势在于一次申请、一个程序、一次技术审查、一个最终决定，即可统一获得欧盟所有成员国的保护。欧盟植物品种局（Community Plant Variety Office，CPVO）负责授权和管理欧盟植物品种权。所有的植物属或种，包括属或种的杂交种只要符合该条例第 5 条（以下法条引用均指该条例）的

[1] Council Regulation（EC）No. 2100/94 of 27 July 1994 on Community plant variety rights，即第 2100/94 号欧共体理事会条例。

规定都可以申请获得 CPVR，即要符合具有特异性、[1] 新颖性、[2] 一致性、[3] 稳定性、[4] 有适当的命名[5] 5 个条件。条例第 13 条规定了植物品种权的权利内容，即对于品种成分或收获材料进行下述行为应经过 CPVR 持有人的同意：生产或繁殖，为繁殖目的进行品种处理、提供销售、出售或其他上市、出口至欧盟境外、进口至欧盟境内，为了上述目的进行品种存储。对于该项权利的限制和例外在条例第 14 条有一个特别规定，称为农民例外，即为了确保农业生产，农民有权为了繁殖目的在田地使用通过种植受保护品种繁殖材料而获得的收获产品不属于侵权。

申请人可直接向 CPVO 提交纸质申请或通过本国相应机构转交纸质申请至 CPVO，申请材料可使用任何一种欧盟官方语言。申请人还可以进行电子申请，但仅可使用英语、荷兰语、法语、西班牙语和德语。申请材料包括申请表、品种拟定名称、技术问卷以及水果和观赏植物的彩色照片等。申请人在欧盟境内无居所或营业所的，需要指定一个欧盟受送达人，用于接收 CPVO 文件。申请材料符合条件的，将对申请的植物品种进行技术审查。技术审查主要是审查申请保护的植物品种是否符合特异性、一致性以及稳定性要求，也被称为 DUS 测试。审查时间短则 1 年，比如大部分观赏植物品种；长则 6 年，比如特定的果树品种。提出异议的，由 CPVO 根据双方提出的意见和证据做出最终裁决，仅仅对品种名称提出异议，则应在拟定名称公开后 3 个月内提出。对 CPVO 做出的决定不服的，可以向 CPVO 内部的上诉委员会上诉。有关强制许可等事项可直接向欧盟司法法院起诉，对于上诉委员会的决定不服的，也可以向欧盟司法法院起诉。CPVR 的保护期限一般为 25 年，藤本植物、树木、马铃薯品种则为 30 年，但在有效期内需按时缴纳年费。

3.《欧盟理事会共同体外观设计保护条例》

1993 年 12 月，欧共体委员会起草了欧共体外观设计条例和外观设计指令。1998 年 10 月 13 日，通过了"关于外观设计法律保护的指令"[6]（以下简

---

[1] 申请品种的特定特性与申请日前已知品种具有明显区别（条例第 7 条）。

[2] 申请日前该申请品种的成分（constituent）或收获材料（harvested material）未因利用该品种而被育种者本人或经其同意，在欧盟境内销售或以其他方式转让给他人未超过 1 年，或在欧盟境外销售或以其他方式转让给他人未超过 4 年（藤本、树木品种未超过 6 年）（条例第 10 条）。

[3] 经过繁殖，除可以预见的变异外，该申请品种的特异特性或其他描述特性应足够一致（条例第 8 条）。

[4] 经过反复繁殖后或者在特定繁殖周期结束时，该申请品种的特异特性或其他描述特性保持不变（条例第 9 条）。

[5] 每一个申请品种必须具有一个适当的命名，该命名应与相同或者相近的植物属或者种中已知品种的名称相区别（条例第 63 条）。

[6] European Parliament and of the Council of 13 October 1998 on the legal protection of designs.

称“指令”)，指令的出台目的是消除欧盟市场上因各成员国外观设计法律存在的差异而导致的影响市场一体化的各种因素，因此，该指令要求各成员国通过注册获得外观设计专利，并规定了保护的范围、条件、期限等。但是该指令并没有统一欧盟成员国关于外观设计的所有规定，关于外观设计保护的处罚、救济、实施、注册、续展和无效的程序都不在指令规定的范围之内。2001 年 12 月 12 日，欧盟理事会通过了《欧盟理事会共同体外观设计保护条例》[1]（以下简称“条例”)。条例的目的是通过建立统一的外观设计专利申请机制，实现一次申请就可以获得“共同体外观设计专利”，效力于所有成员国。

因此，条例创立了“共同体外观设计权”，如果权利人希望获得更好的保护，可向欧盟知识产权局（European Union Intellectual Property Office，EUIPO）申请注册共同体外观设计（Registered Community Design，RCD)。同时，未注册的外观设计也可以获得“非注册制共同体外观设计”的保护,但是，未注册外观设计权利人不享有独占使用权，只能在受保护期间禁止他人通过抄袭使用。RCD 与欧盟各国国内外观设计平行运行、互不冲突，但已经在欧盟各国国内注册、申请注册或以其他方式披露的外观设计可能构成对新颖性的挑战，反之亦然。指令和条例并没有与欧盟所有外观设计有关的法律进行协调，因此，在欧共体范围内，对于外观设计保护的规定还有较大差异，以下主要介绍的是欧盟理事会的指令和条例内容。

指令和条例的主要内容包括以下六个方面。

（1）未注册共同体外观设计（Unregistered Community Design，UCD)：条例提供了 3 年的非注册制外观设计保护时间，在保护期间，任何人未经许可不得商业性制造、销售、提供销售、营销宣传、进出口含有他人 UCD 的产品。但是，UCD 权利人不享有独占使用权，只能禁止他人通过抄袭使用。也就是说，他人独立创造出相同设计的，UCD 权利人不得主张侵权。

（2）可注册的对象：注册共同体外观设计（Registered Community Design，RCD）是一种在共同体范围内有效的单一权利，在注册的条件和侵权认定等方面，指令和条例的规定是相同的。欧盟知识产权局（EUIPO)[2] 负责共同体外观设计的注册和管理，总部设于西班牙阿利坎特。条例规定的可注册的范围是很广泛的，注册的对象指的是产品整体或部分的外观，包括因线条、轮廓、颜

---

[1] Council Regulation（EC）No 6/2002 of 12 December 2001 on Community designs.

[2] 根据 2016 年生效的欧盟条例［Regulation（EU）2015/2424］，自 2016 年 3 月 23 日起，原欧盟内部市场协调局（OHIM）更名为欧盟知识产权局（EUIPO)；网站：euipo. europa. eu；电话：+34 965 139 100；传真：+34 965 131 344；邮箱：information@ euipo. europa. eu；地址：Avenida de Europa，4，E－03008 Alicante，Spain。

色、形状、纹理和/或材料以及装饰等特征而形成的外观，比如软件图标、品牌标志、网页设计等都可以注册，计算机软件不包括在内。设计如果是一个产品的组合部分，则只有当构成复杂产品的一个部件，且在组合后仍是正常可见的，才可以获得注册。[1] 但对于未能构成复杂组合的内部部件时能否获得注册，没有详细的规定。如果按照条例和指令的规定，没有被排除在外的可以获得注册的资格，则产品的内部构造可以获得注册，但显然有矛盾之处，尚待解决。

（3）注册条件：根据条例和指令的规定，注册条件可以归纳为 7 个。分别是不得违反公共政策或公共道德；对象是指令中的“设计”；设计不是由单纯只能依技术功能存在的内容组成的；设计不是机械界面；申请人是该设计的权利人；设计具有新颖性；设计具有独创性。其中，关于“新颖性”的认定，条例第 5 条的规定是“申请日前在世界范围内没有相同或实质相似外观设计已经被申请注册、注册或以其他方式披露，但申请日前 1 年（宽限期）内在欧盟披露的，不视为丧失新颖性”。外观设计“新颖性”的标准与欧盟规定的标准的不同之处在于条例和指令会考虑公众对公开认知的程度，这样规定的目的在于排除侵权者主张在偏远地区或博物馆内找到设计来否定新颖性。[2] RCD 与欧盟各国国内外观设计平行运行，互不冲突，但已经在欧盟各国国内注册或申请注册或以其他方式披露的外观设计可能构成对新颖性的挑战，反之亦然。除了“新颖性”，外观设计还须具有“独特性”，条例对“独特性”的定义是与现有外观设计相比，申请注册的设计给“知情使用者”[3] 的整体印象不同。对于“知情使用者”的问题，EUIPO 认为知情使用者不一定是一个通常的消费者，而是某个对相关市场熟知的具有特定知识的人。例如，在上诉委员会 2008 年 7 月判决的 R1516/2007 - 3 号决定中，知情使用者是“销售该产品的部门的专业人士，因为他了解润滑市场，知道润滑油容器的各种形状”。另一个是上诉委员会在 R860/2007 - 3 号决定中，认为知情使用者是“习惯购买商品并经常浏览商品目录、访问商店并对相关产品有足够认识的人”。[4]

除此之外，有专家学者认为立法在考虑一个设计是否具有独特性时应该对一个设计自由发挥空间的程度加以考虑，一个高功能的设计可能比一个可任意发挥的设计更容易获得注册。[5] 指令规定“只能由技术功能决定的外表特征”

---

[1] 外观设计指令第 3（3）条。

[2] 外观设计指令第二稿的解释备忘录。

[3] 原欧盟内部市场协调局（OHIM）认为“知情使用者”不一定是一个通常的消费者，但可能是在某个市场领域内具有特定知识的人，可能是一个销售者或一个与交易商品有关系的人。

[4] 李明德．欧盟知识产权法［M］．北京：法律出版社，2009：411.

[5] Guy Tritton etc.，Intellectula Property in European（Third Edition），Sweet & Maxwell，2008：569.

不受外观设计保护，[1] 从立法目的上来看，指令采取的解释方式是所争议的设计不能采用其他外观，才不受保护。而法院采用的是更宽泛的解释，正如英国法院在 Landor v. Azure 案[2]中指出，因具有功能性就被排除外观设计保护的可能性是极小的，只有在证明其目的不能通过其他途径实现时，该设计才因具有功能性而被排除。此外，外观设计也不应被授予以下产品外观，即“为了与另一产品进行组合或机械连接、置入、环绕或对接，以使两个产品发挥作用，按照准确形状和尺寸生产的产品设计”。[3]

（4）权利内容与保护：RCD 所有人享有在现有以及未来所有的欧盟成员国中有效的外观设计专有使用权，任何人未经许可不得使用、制造、销售、提供销售、进出口、存储含有他人 RCD 或与他人 RCD 实质相同的产品。[4] 权利人注册和续展一次的有效期为 5 年，续展后最长保护期为 25 年。条例规定的外观设计的保护标准是一个已注册的外观设计的保护范围及与任何对于知情消费者不会产生不同整体印象的设计，[5] 另外条例规定了“在先使用”的抗辩，但有一个例外是某一在先设计不可能通过合理的正常交易被该领域内的人获悉时，则该外观设计不会无效，未经许可使用仍然构成侵权。外观设计的保护由成员国国内法院承担，因此外观设计专利的侵权范围由各成员国法院规定。[6] 指令和条例规定了不侵权的例外，包括：私人非商业性的使用；为试验目的的使用；为了引进和教学且没有不正当地损害对设计的正常利用；他国飞机、轮船等临时进入成员国时使用的设备。发现他人侵犯自己的注册外观设计后，权利人可以发出停止函，要求侵权方停止侵权。权利人还可以向欧盟任何一个成员国国内提起民事诉讼，任何一个法院发出的命令在全部欧盟成员国内都具有强制执行力。欧盟各成员国则负责根据其国内法，采取外观设计刑事犯罪调查起诉以及海关执法措施。

（5）注册程序：获得 RCD 有两个途径，一是直接向 EUIPO 申请获得，另一个是通过海牙国际外观设计注册体系，指定欧盟为生效国。EUIPO 承认 6 个月的国际优先权，自在中国首次提起外观设计申请之日起 6 个月内又在 EUIPO 注册申请同一设计的，可以享有优先权。提交申请分为在线申请和纸质申请，在线申请时间快、费用低（官方费用 350 欧元），在线申请还提供快速申请渠道，最快 2 天之内可获得注册。向 EUIPO 申请时提交的材料包括权利人姓名；

---

[1] 外观设计指令第 7（1）条，条例第 8 条 1。
[2] 李明德．欧盟知识产权法［M］．北京：法律出版社，2009：412.
[3] 外观设计指令第 7（2）条，外观设计条例第 8 条 2。
[4] 外观设计指令第 10 条和第 12 条，外观设计条例第 19 条 1。
[5] 外观设计指令第 9（1）条。
[6] 外观设计条例第 79 条 1。

产品洛迦诺分类;❶ 产品名称;产品说明、设计图示等信息。一次申请可包含多个设计,但必须属于同一类,申请装饰设计除外。提交申请时可以申请注册公开日推迟至申请日(包括优先权日)起30个月后以维持保密性,但30个月后还未申请公开的,注册失效。在欧盟国家没有主营业地或者真实有效的工商业场所或居住地的申请人,需委托代理人。EUIPO收到申请后不会进行实质审查,只进行初步审查,审查不合格的,会要求申请人在限期内补正,逾期未补正的,将驳回申请。不服决定的申请人,可以上诉至EUIPO的上诉委员会,不服上诉委员会决定的,可上诉至欧盟普通法院,不服判决的可上诉至欧盟司法法院。审查后符合条件的,发给电子注册证书并在公报(RDC Bulletin)上公布。推迟公开的,将仅公布申请号、申请日、注册日期以及申请人信息,图示不予公开。任何人认为RCD不符合授权条件的,可以向EUIPO申请宣告无效,驳回或无效的理由包括违反公共利益或社会公德;包含他人可以禁止使用的识别性标志;❷ 构成对他人作品的非法使用;❸ 或者不当使用《巴黎公约》第6条所涉及徽章、标记等。❹ RCD可以转让、许可,但要在EUIPO备案。

(6)配件的外观设计:为了避免因配件的外观设计保护影响欧盟市场的流通,指令和条例特别规定了"配件"外观设计的保护。在立法过程中,配件外观设计的规定引起了以汽车制造商为首的利益持有者的广泛争议,最后达成妥协。首先,指令和条例对配件外观设计的侵权规定了例外,即"为了修理某一物品而在共同体范围内进口配件或附件的,权利人不得主张权利"。其次,根据指令第14条的规定,关于配件外观设计的规定不需要成员国通过立法来实施,但限制成员国做出相关的规定。关于"修理条款"的规定,欧盟委员会一直在斟酌中,2007年11月欧盟委员会提出关于汽车配件和机械部件外观设计保护的议案,议案提议全面开放配件二级市场的竞争,提供配件的行为将不侵犯外观设计权。

(三)《欧洲专利诉讼协议》与《欧洲统一专利法院协定》

欧盟以签订国际公约以及提供"一束国家专利"的方式建立起现行的欧洲专利统一申请制度,但该制度在运行的过程中逐渐显现出其不足,其弱点会削弱欧洲的专利体系。

第一,专利申请经EPO授权批准后,专利并不当然在指定成员国生效,申请人仍需将授权的欧洲专利翻译为指定国的语言后才可在该指定国获得保

❶ 洛迦诺分类第11版(2017年1月1日生效)。

❷ 外观设计指令11(2),外观设计条例25(1)(e)。

❸ 外观设计指令11(2)(b),外观设计条例25(1)(f)。

❹ 外观设计指令第11条(2)(c),外观设计条例25(1)(g)。

护。欧洲专利及相关法律由 EPO 及数量众多的各国法官及当局机构的成员进行评估，而后者是受各国判例法及司法制度制约的。因此获得欧洲专利的专利权人仍要根据不同司法体系中所判决的案件结果来对自己提交的欧洲专利申请进行评估和预测，来决定产品的许可、投资、生产及销售等重要商业决策，不同体系之间的相互扯皮和时间拖延将可能导致对总体福利的消极影响。

第二，发生专利诉讼后，专利权人将在发生侵权行为的国家的法院对同一被控侵权人发出平行的侵权诉讼，一旦超过向 EPO 提起异议❶的 9 个月的期限或者异议被驳回，侵权人必须到所有的指定国对专利进行撤销。这一系列行为将会导致专利权人以及侵权人付出高昂的时间和经济成本。

第三，EPO 及其上诉委员会与 EPC 各个缔约国之间，均以不同的方式诠释 EPC 及其相对应的国内专利法，导致法律上的不确定性，这将影响到各利益方。EPO 的上诉委员会不审理侵权纠纷，它们针对其他事项的意见对成员国没有约束力。

事实上，这样的缺点正是由 EPC 的性质所决定的。EPC 作为“国际统一法”，法律实质性的统一目的只能在所有采用实质统一法律的各国以统一的方式对其实施的情况下才能达到，然而不同的司法主体需要本土化地诠释欧洲专利法及与之相适应的本国专利法，但能够确保欧洲专利法统一的欧洲专利法院并不存在。因此，欧盟提出了欧洲单一专利（Unitary Patent）及建立欧洲统一专利法院（Unified Patent Court）的改革方案。欧盟理事会与欧盟议会希望通过在《欧盟条约》第 20 条与《欧盟运作条约》第 326 ~ 334 条下的进一步合作设立“欧洲单一专利”。截至 2013 年 6 月，有 25 个欧盟成员国签署了单一专利改革方案，欧洲统一专利将适用于除暂时不决定加入的克罗地亚、意大利和西班牙之外的所有欧盟成员国。

但以上并不是说明 EPC 建立的制度就被弃用了，相反，EPC 的制定中早就为单一专利制度的发展做了铺垫，提供了倾向于欧洲化的诠释，例如，EPC 的序言部分就清晰地表达了促进缔约国在专利保护方面合作的意向且各国专利法均需与 EPC 一致以获得统一；EPC 的准备工作以及第 69 条和第 142 条❷均明确表达了统一的意向。需要强调的是，即使是施行单一的专利制度，今后关于欧洲专利的申请、审查与授予，也并没有任何改变，特别是在解决欧洲专利相关的保护范围（EPC 第 69 条）、撤销条件（EPC 第 138 条）以及可专利性

---

❶ 一旦专利被授予，任何人（专利权人除外）均可在 9 个月内对所授予的专利向 EPO 提出异议（参见 EPC 第 99 ~ 105 条）。

❷ EPC 第 142 条的名称即为“单一专利”，其规定“集团成员国可以达成专门协议，承认对其授权的欧洲专利在所有成员国内具有统一的法律效力，并规定欧洲专利申请必须同时制定所有集团成员国”。

标准（EPC 第 52 ~ 57 条）等问题时，仍然由 EPO 全权负责，因此 EPC 仍然发挥着重要作用。

除了 EPC 本身之外，CPC 和《欧洲专利诉讼协议》也意图建立"共同体专利公约普通上诉法院"（COPAC），意在建立欧洲统一专利法院，集中行使专利诉讼的管辖权。《欧洲专利诉讼协议》（European Patent Litigation Agreement，EPLA）以 EPC 为基础，是一个可选性的议定书。该协议提出要在欧盟构建一个共同诉讼体系，让权利人可以通过统一的法律程序在成员国行使专利权，第三方也可以通过一个诉讼程序在所有成员国内撤销欧洲专利。但是，该协议始终未能生效，欧盟委员会不赞成通过这个协议，其主要原因是由于其运行于欧盟法律之外以及高成本的内容翻译和协商不清的管辖权设置，导致这个协议并不能很好地像人们预期的一样对现有的欧洲诉讼体系进行改良。

根据此构想形成的另一个协定是《欧洲专利与欧盟专利法院体系草案》（European and EU Patents Court System，EEUPCA），2011 年春季，欧洲法院否认了该份由欧盟理事会提交的草案，理由是认为违反了《欧洲联盟条约》和《欧洲联盟运行条约》。[1] 之后，欧盟委员会分析了欧洲法院的意见，对草案进行修改，该协定草案修改后成为《欧洲统一专利法院协定》（UPC 协定），以上提到的欧洲统一专利法规只有在 UPC 协定生效之后才能得到适用，这说明在未来欧洲统一专利及未来的欧洲统一专利法院将会是不可分割的。UPC 协定设立了一个对于批准该协定的欧盟成员方而言具有法人资格的普通专利法院，协定仅允许欧盟成员方加入。UPC 协定建议的统一专利法院由初审法院、上诉法院与注册机构组成，对于以下案件具有排他性的管辖权：对欧洲专利、欧洲统一专利和补充保护证书（SPCs）的侵权诉讼；对未侵权声明的诉讼；对临时保护措施和禁令的诉讼；对于补充保护证书（SPCs）的撤销及反诉的诉讼。同时，UPC 协定规定欧洲专利法院对于 EPO 做出的决定的上诉也具有管辖权，这说明欧洲专利法院将不仅局限于民事领域，也涉及行政法院的范畴。由于欧盟法院不能接受一个面向欧盟成员方之外的协定，因此 UPC 协定是欧洲专利统一化进程中的一个重大进步。

UPC 协定的谈判在 2012 年达成一致，其需要经由成员方签署并经由国内立法程序方可生效。UPC 协定的生效至少需要 13 个欧盟国家通过国家立法来批准，包括 2012 年持有欧洲专利最多的 3 个国家：德国、法国和英国。法国是当前已批准 UPC 协定的 12 个国家之一，但是其他两个国家出现了延迟批准的现象。英国表示将在启动"脱欧"谈判的情况下完成批准程序，但对于

---

[1] Treaty on the Functioning of the European Union，TFEU.

"脱欧"后是否加入统一专利系统仍具有不确定性。德国联邦宪法法院则表示将对该项立法是否符合德国宪法展开审查，这意味着UPC协定的批准又将推迟。英国的"脱欧"程序和德国的审查程序对新的统一专利和UPC制度运行相关的时间表会产生明显的影响。[1]

二、加入国际条约综述

欧盟加入的涉及专利的国际公约包括《巴黎公约》、TRIPS协议、PCT等。由于欧盟是TRIPS协议的成员，2007年年底，欧盟委员会还代表欧共体接受了关于修订TRIPS协议的议定书，因此在解释其专利立法时有义务尽可能符合协议的文字和宗旨。同时由于所有欧洲国家都是巴黎公约和PCT的成员，同时也是世界贸易组织的成员，所以《巴黎公约》、TRIPS协议以及PCT对所有欧洲国家都有约束力，EPC的规定也会与上述国际协议的规定相符合，成员国因以上国际公约产生的义务不受影响。

第三节　欧盟专利法律制度

一、专利制度概况

（一）专利保护的客体

根据EPC第52条的规定，所有技术领域的发明都可以被授予欧洲专利，这与TRIPS协议第27条第1款的规定一致，公约一般性地将艺术领域的发明排除于专利制度之外，对于科学知识本身也不授予专利。对于技术领域的范围，EPC采用了排除式规定，列举了哪些不属于发明。

EPC第52条第2款第a～d项以非穷尽的方式列举了不作为"发明"而不授予专利的对象，包括：（1）发现、科学理论和数学方法；（2）审美创造；（3）进行与智力有关的活动、游戏比赛或是关于商业经营的方案、规则和方法，以及计算机程序；（4）对于情报信息的表达方法，以上均是抽象概念，其主要目的是排除非技术性的发明，在具体判断是否可以作为专利的客体时需要考虑整个权利要求的内容是否具有技术性。EPC与审查指南均没有说明技术效果的认定标准，但审查指南明确指出是否具有技术效果的问题不可与实用性、创造性、新颖性混淆。即使如此，EPC表明因为技术效果对于衡量创造

[1] 2017年6月，负责为将要生效的新司法制度奠定基础的机构概述了UPC改革的暂定时间表，这表明当前新的统一专利和UPC制度启动可能会延迟几个月，而非几年。

性具有重要的意义，因此应该在说明书中表明。此外，对于商业方法是否能作为可专利的对象，与计算机程序类似，二者都需要考察权利是否有“技术因素”，无论是技术手段还是技术解决方案，在德国电子支付系统案（Case No. X ZB 20/03）中，德国联邦专利法院建议有关使用计算机程序来实现商业交易的方法在要求授予专利权利时，权利要求书必须针对具体技术问题做出更详细的说明，这对于创造性审核中判断它对于在先技术而言是否具有一定的贡献性具有很大的帮助。而对于计算机软件发明是否具有可专利性，EPO 的观点发生了变化，从在 20 世纪 90 年代以 IBM 案为代表的案件中对计算机软件发明设定了较高的标准转变为到 21 世纪初从 Hitachi 案中，EPO 开始对计算机软件发明设定了较低的起点。

EPC 第 53 条规定了不授予专利权的具体情形，包括：（1）关于发明的商业性利用是违背善良风俗或公序良俗的，但是仅仅是因为某些发明的利用是因为部分或所有成员国的禁止性规定而就被认为违反善良风俗或公序良俗的除外；（2）植物或动物品种或实质上通过自然生产过程生产动植物的方法，但规定不适用于微生物学的方法及利用该方法获得的产品；（3）医治动物或人体所使用的外科或诊疗方法以及在人体或动物体上实施的诊疗方法，该规定不适用于未使用上述方法所用的产品，尤其是物质或合成。以上被排除的理由各不相同，植物品种被排除的理由是防止植物新品种权与专利权的重叠。动物品种权被排除的理由是防止将来对选用杂交或其他新型动物养殖方法的限制。第（3）款的排除是出于政策考虑的目的，然而在实践中，该政策的效力范围受到严格限制。对于第（1）款，根据实施细则第 29 条的规定，克隆人类的发明和影响基因遗传特征的方法，不得授予专利。

（二）专利的权利内容

根据欧洲法院 Centrafarm v. Sterling Drug［1974］案的判决，一项专利权的内容包括：保证专利权人酬谢发明人的创造劳动，拥有以生产产品或是许可第三方首次向市场投放为目的的使用发明的独占排他权，以及具有对抗第三人侵权的效力。EPC 没有具体规定专利的权利内容，作为一束专利，欧洲专利权利的内容与各个成员国的国家专利一致。EPC 第 64 条第 1 款表明欧洲专利在各个成员国的效力应该与国家专利的效力等同。欧洲专利权人自专利授权在《欧洲专利公报》上公告之日起享有对申请专利的独占权，部分国家需要权利人提供权利要求的官方语言翻译，如果权利人未在规定的时间内（绝大多数国家是 3 个月）提供翻译，授权专利则被取消。同时 EPC 第 67 条规定，任何成员国都可以选择限制第 64 条提供的临时保护，但是必须给予其和国内已公布的或是未审查专利申请同等的保护，同时成员国必须允许申请人有权向使用专利的第三方要求合理的补偿，只要第三方的行为根据成员国的法律构成侵权的。以下国家都规定了损害赔偿：爱沙尼亚、法国、芬兰、希腊、匈牙利、意大利、爱尔兰、马其顿、摩纳哥、波兰、罗马尼亚、瑞士、英国和土耳其，而其他国家只规定了合理补偿。

EPC 第 64 条第 2 款规定了专利权利从专利方法延及直接依照该方法获得的产品，这项规定来源于德国法，即方法专利包含了一项产品的权利要求，其目的是保护本土的产业不受外来进口产品的影响。根据 EPC 第 67 条第 4 款的规定，欧洲专利申请撤回、视为撤回或最终被驳回时失去法律效力，失去效力后的欧洲专利不再存在临时保护。

二、可专利性

欧洲专利需为产品发明或方法发明，满足以下要求即可申请注册专利：第一，具有新颖性；第二，具有创造性；第三，能够工业化生产或使用；第四，充分披露，使得相关领域的技术人员可以使用该发明；第五，申请必须具有单一性，一次申请仅能涉及一个发明或者属于同一发明构思的一组发明；第六，不属于不得授予专利的客体，比如人类或动物的治疗或诊断方法、新植物或动物品种、生产动植物的实质生物学方法、发现、数学方法、计算机软件、商业方法等；第七，发明的实施不得违反公共秩序或公共道德，比如克隆人体或将人类胚胎用于商业目的等。

（一）新颖性

新颖性的判断要先认定“现有技术”，看专利申请与现有技术进行对比是否属于“新技术”的范围，新颖性即不属于申请日（包括优先权日）前以任何形式为公众所知的现有技术。

1. 现有技术的认定

根据 EPC 第 54 条，现有技术由若干已有技术组成，通常也称为“公开技术”。第 54 条第（2）款和第（3）款提出了判断“现有技术”的基准日的方法，现有技术包括在申请日（包括优先权日）之前提出并在申请日当天或之后公布的申请内容。关于“公开方式”的定义，EPC 第 54 条明确了 3 种公开的方式：书面描述、口头描述和使用公开，同时兜底性的规定是以任何其他方式为公众所知的信息都属于现有技术；公众的含义经技术上诉委员会的解释是“技术人员”，如果在一次公开会议上向非技术人员口头披露不属于公众所知的信息，[1] 但如果是在一个技术会议上进行披露，包括摘要、论文、幻灯片展

[1] Case – T877/90［1993］E. P. O. R. 94.

示等，属于公众所知。[1] 对于受制于“保密义务”下的信息是否属于公众所知，在 T482/89 Telemcanique 案中，因保密的信息使得接受信息的人不得自由传播，该信息不属于为公众所知的范畴。

在实践中，EPO 对现有技术的审查基于检索报告中的文献，G1/92 Availability to the public 案中给出了欧洲专利新颖性的判断关键是一项公开技术破坏一个发明新颖性意味着该发明可以直接且毫无疑义地从现有技术中获得。在 T600/95 和 T312/94 案中，技术上诉委员会指出解释现有技术的内容不取决于该文件的使用目的，不应对部分内容进行解释，而是应该对其全部内容进行解释。在 G1/92，OJ1993 案中，公开出售的产品若本身没有暗含或公开除内部组成或结构以外的内容，只是被他人分解并分析得知的，则不能被认定为是公知的内容。在 T896/92 案中，通过附图披露的技术特征，只有在清楚体现技术功能时，才可以认定其已被公开。

2. 对比现有技术和专利技术

审查指南规定在审查新颖性时，要单一对比文件，不得合并对比文件，除非某一对比文件中明确提及现有文件的材料。如果发明是由某些技术特征组合而成的，则特征的连接方式必须是被现有技术公开或是被技术人员明显地推断得出。例如根据 Bayer 案，如果对比文件上有 2 个以上的技术特征列表，但只能根据另一个技术列表才可以推导得出发明的，则没有公开这一特定技术特征组合的没有破坏新颖性。审查指南还指明了已有技术无须全部公开申请人要求保护的发明内容，只要公开至少一种，就能破坏新颖性。

3. 医疗用途类发明

医疗用途类发明指的是医治人体或动物的医疗方法或者是用在人体或动物体之上的诊疗手段，具有专利性时可授予专利。EPC 第 54 条第（4）款和第（5）款规定了医疗用途类发明的权利要求，其新颖性在于已知物组合后新的医疗效果，认定该技术不属于现有技术的范围必须知道如何制造和得到制造化合物所需的物质。早先根据 T128/82Hoff－man－La Roche 案，申请人首次确认某一化合物的医疗作用的，可以使用概括性的语言说明用途而不需要限定发现的特定用途，因此，现有技术中公开任何一种相关医疗用途都会导致丧失新颖性的风险。其后 2000 年 EPC 引入了第 5 款的规定，根据该规定，发明的核心技术特征具有重要意义，而不是根据概括性的语言说明。在草酸依地普伦案[2]中，即使能从先前的技术中明显看出对映异构体的存在，但是单个化合物对映体以前只能作为对映异构体的混合物，这就体现了新颖性，判断的基准就是以

[1] Case－T455/91 GENENTECH/Expression in yeast [1996] E. P. O. R. 87.

[2] Decision of the Federal Court of Justice, dated 10 September 2009—Case NO. Xa ZR 130/07.

前的技术是否能帮助技术人员取得对映异构体。

4. 不丧失新颖性的方法

在申请日（包括优先权日）前6个月内由于明显滥用与申请人的关系或者为了在特定国际展览会上展览而公开的，或是他人滥用与专利申请人或与其法律上的前手专利权人之间的关系，不影响新颖性。对于EPC第55条第1款（a）项规定的滥用行为，常见的情况是第三人违反对申请人或其前手的保密义务，泄露发明内容，但在实践中要证明第三人与申请人或前手的关系以及证明“滥用”的情况是非常有难度的。例如在G3/98University patents案[1]中，项目的合作者泄露了发明的内容，但扩大上诉委员会认为巴西专利局提前公布属于“可悲的错误”，不构成明显的滥用，且无法证明他人与巴西专利局之间的关系，“滥用”要求行为人明知或应知其泄露行为会造成损害，所以认为仍旧破坏新颖性。

（二）创造性

EPC第56条定义了创造性的含义，使用了“创造性步骤”一词，对相关技术领域的一般技术人员来说不是显而易见的即为具有创造性的发明。当现有技术包括EPC第54（3）款中规定的文件在考察创造性时不在考虑范围之列。审查指南指出：“显而易见”是指没有突破正常的技术进步，只是通常地按照逻辑正常地进行技术发展，仅仅是本领域技术人员知识和技能的正常发挥结果。根据T181/82 OJ1984案，EPC没有将“技术进步”作为授权的实质条件，只是可以作为支持创造性的理由，但不能代替成为具有创造性的证明。

1. “问题-解决”判断方法

EPO利用判例法规则发展出解决具体区分“显而易见性”和“非显而易见性”的各种方法，“问题-解决”判断方法就是EPO最普遍使用的评价创造性的方式。审查指南指出该方法包含3个步骤：第一，确定最接近的现有技术；第二，确定要解决的客观技术问题；第三，从最接近的现有技术和要解决的客观技术问题出发，认定要申请的发明是否对于相关领域的技术人员来说是显而易见的。对于第一个步骤，根据T24/81，OJ1983案判断最接近的现有技术需要由本领域内普通技术人员在申请日的判断来进行，根据T641/00 Comvik案在判断时应该只考虑技术特征相关，不考虑非技术特征。根据T506/95Grote Hartmann案，其目的与发明上的近似性在考察相似的现有技术时相比于结构上的相似性更具有意义。对于第二个步骤，根据审查指南可知，解决方案必须是技术方案，并且对发明的贡献不能是排除在可专利性之外的，应当通过本领域的技术人员的知识和能力在最接近现有技术的情况下构建得知。但是“问

[1] Case - T385/92 UNIEVER/Deodorant Detergent [1996] E. P. O. R. 579.

题-解决"这个判断方法也不是百试百灵的，在 T465/92 Alcan International 案中，上诉委员会认为该方法所得来的结果是在发明之后做出的，属于事后之发明，应谨慎使用。由此 EPO 还提出了"能够-本来可以"（Could/Would）的判断方法来作为补充，EPO 认为在判定是否显而易见时，应当先考虑一个熟练但不具有创造能力的人能够（Could）想出来的发明，其次考虑一个熟练但不具有创造能力的人本来可以（Would）想出来的发明。但该标准只适用于"本来可以"部分涉及的技术原因，其他方面要谨慎使用。

2. 本领域的技术人员

本领域的技术人员是创造性评价的另一个重要因素，审查指南对本领域的技术人员的界定是一个在相关日期前知道本领域的公知常识的一个普通从业人员。对于在实践中需要寻找什么样级别的技术人员也有一定的争议。例如，在 NO. X ZR169/70 案[1]中，该案争议的焦点就在于当现有技术的专业人员考虑到一个方案的基本原则之后，向一个更高级的专家咨询对于他而言是否是必要的，创造性是否会因为该方案对更高级的专家是显而易见的而被否定？法官对本案的审查结果是如果一个拥有现有技术的专业人士在不同的技术领域可以找到一个解决方法，那么可以期待向不同的或者更合格的技术人员或专家咨询和获取信息，创造性因素不能因为这个解决方案对于更高级的专家来说是显而易见的就被否定。

3. 创造性判断的特殊情况

（1）对于意想不到的效果。根据 GKN SANKEY/Tractor Wheels 案，如果专利发明是显而易见的，则即使出现意想不到的附随效果，也不会因此影响显而易见性。

（2）对于长期需要解决的技术性难题。如果申请发明解决了长期困扰该领域既顺应的问题，则可以作为证明该发明具有创造性的有力证据。根据 T-106/84 案，即使某种技术看起来具有显而易见性，但如果该技术解决了长期需要解决的问题，它可能就是具有创造性的。

（3）商业成功。商业上的成功一般意义上不能作为判断创造性的根据，在 T121/01 案中，技术上诉委员会指出申请人获得的大量的荣誉和奖励可以证明产品具有创造性，则具有意义，如果这些奖励是对于产品其他的成就而授予的，则对创造性的判断没有意义。

（4）克服技术偏见。如果专利发明克服了技术偏见，则可以证明其具有创造性。根据 T119/82 Exxon 案，专利申请人必须举证证明技术偏见的存在，

---

[1] Decision of the Federal Court of Justice, dated 29 September 2009 - Case NO. X ZR169/70 - *Dioden-beleuchtung* (*Diode Illumination Decivice*), on examination of inventive step.

根据上诉委员会的判例，判断是否能够克服技术偏见的标准很严格，必须是与本领域主流专家的观点冲突才可以认定是克服技术偏见的方案。

（三）实用性

EPC 第 57 条规定了发明专利的实用性，能够工业化生产和使用的即具有产业实用性，根据 T116/85Wellcome 案，产业也包括“农业”。根据审查指南的规定，“产业”的范围很广，包括任何有别于审美技艺的有用或实用的技术，产业运用包括商业应用和金融应用，一种产品可以被制造并不代表其符合实用性的要求，除非披露了对该产品的营利性使用。对于实用性的判断问题，T74/93British Technology Group 案中，技术上诉委员会认为避孕方法如果是只适用于私人领域，则应被排除在产业应用之外，“产业”应该在最广义上被使用，虽然避孕方法与专业行为有联系，但不能认为该私人行为具有产业性，相反一个能被企业活动所应用的发明是被认为具有产业性的。

三、专利的申请和审查

（一）欧洲专利局

欧洲专利局（European Patent Office，EPO）根据 EPC 设立，负责审查授予可以在 42 个国家生效的欧洲专利，总部位于德国慕尼黑，在海牙、柏林、维也纳和布鲁塞尔设有分部。为实施授权程序，EPO 内部设立受理处、[1] 检索部、[2] 审查部[3]和异议部。[4] EPO 是一个跨国家机构，其做出的关于授权、驳回、撤销等决定对缔约国直接产生法律效力。

1. 语言

EPO 的官方语言有三种：德语、英语和法语，申请的语言必须使用其中一种，但如果是在以上三种语言以外的其他语言为官方语言的缔约国有住所或营业地的，可以以其他语言提出申请，但也必须提交译本，译本必须在申请后的 2 个月内提交，在全部程序中，该译文可修改成符合申请的原文，但权利要求书还应当翻译成 EPO 的其他两种官方语言，若申请撤回的，则不受此限。另

[1] 《欧洲专利公约》第 16 条：受理处负责审查欧洲专利是否满足受理条件，申请文件是否符合要求。

[2] 《欧洲专利公约》第 17 条：检索部负责对欧洲专利检索报告审查，同时为指定欧洲专利局的 PCT 申请制作欧洲专利补充检索报告。

[3] 《欧洲专利公约》第 18 条：审查部负责对欧洲专利进行实质审查，每一个审查部由 3 名有技术资格的审查员组成。

[4] 《欧洲专利公约》第 19 条：异议部的职责是审查对欧洲专利提出的异议，异议部由 3 名具备技术资格的审查员组成，至少 2 人未曾参与涉案专利的审查过程，异议决定由异议部全体口头做出，口头审理程序也必须由异议部举行，全体审查员参加。

根据EPC第14条第4款的规定，在使用除官方语言之外的成员国语言申请时，申请人按期提交申请的，可减少20%的费用。

2. 登记、公开、查阅

EPO设立欧洲专利登记簿，负责登记的事项包括：专利申请、专利和申诉以及需要登记的权利许可和权利转让。具体案件中的登记和撤销由法律部做出决定，任何人可查阅登记簿，申请公布前不作登记。《欧洲专利公报》负责在EPO规定需要公布的事项，除此之外，申请人还可免费获得EPO发行的申请人指南和与EPC相关的国内法出版物。专利申请公布后，任何人可申请查阅与该申请有关的卷宗，但决定和裁定的草案以及发明人放弃公开的文件不提供查阅。原则上，申请查阅未公布的申请文件需要申请人的同意，但任何人能证明申请人无权申请专利的可以不经申请人同意查阅卷宗。另一种可以不经申请人同意的情况是，任何人可以未经申请人的同意在申请人提出分案申请或一项新的申请时，申请查阅原始申请文件，以防新的申请存在不允许扩张的部分。

3. 程序原则

根据处分原则，当事人提出申请是EPO启动程序的前提条件，申请人可随时撤回申请但EPO不得强行要求申请人接受其不同意的专利文本。EPO依职权对事实进行审查，在审查过程中，当事人均有听证请求权，对于未按期提出的事实和证据，EPO无须考虑。对于口头审理程序，原则上，当事人提出口头申请的必须进行，EPO可以在任何情况下根据事实情况依职权进行口头申请。受理处、审查部和法律部进行的口头申请一律不得公开，异议部的口头审理程序一律公开。EPO应当告知当事人可以对任何决定进行申诉，没有告知法律救济手段的不影响申诉。

4. 申诉庭和扩大上诉委员会

申诉庭和扩大上诉委员会与EPO的其他机构相比具有司法独立性，其成员在做出决定时只受EPC的约束，这两个机构代替了独立法院对EPO的决定进行司法监督。申诉庭处理的是当事人对受理处、审查部和异议部的决定提出的申诉，EPC第108条规定申诉应当在被申诉的决定收到后的2个月内以书面形式提出，并缴纳1 120欧元的申诉费，申诉书应当写明被申诉的决定和申诉请求，在决定送达的4个月内说明申诉理由。对于不可提出申诉的决定提出申诉或是没有符合申诉的条件的或是没有缴纳申请费的，驳回申诉。如不服申诉庭做的决定，可以请求上诉委员会进行复审。根据EPC第112条和第112a条的规定，申诉庭认为案件审查具有必要的法律问题时可以依申请或依职权启动扩大申诉程序，扩大申诉委员会的决定对受理的申诉庭具有约束力。当事人请求扩大上诉委员会进行复审的，应在规定的期限内提出并缴纳2 500欧元的费用，且只能基于以下理由提出：申诉成员构成不合理；违反听证规定和当事人同意的由书面约束的规定的；不合理的拒绝或不考虑口头审理申请的；对一个与申诉无关的请求做出决定的；有犯罪行为影响决定可能性的。

（二）优先权

申请欧洲专利优先权的规定遵循《巴黎公约》，要求两个申请应涉及同一发明，披露的实质内容保持一致，EPO 在确定优先权是否成立时不局限于权利要求，而是将在先申请作为一个整体，如果有些权利要求的优先权没有获得认可的，之前的第一申请将成为现有权利，符合以上规定的在任一巴黎公约成员方获得申请专利的 12 个月内（如有合理理由，可延长 2 个月）再向其他成员方提出申请的，均可以要求优先权。

（三）申请人

根据 EPC 第 58 条，任何自然人或法人以及按照适用法等同于法人的任何团体都可以获得申请，专利申请可由数人提出。在缔约国既无住所也无营业所的必须由代理人进行代理，共同申请、提出异议或参加某一程序的，应指定一名共同的代理人，该共同代理人也可以是其中一名当事人。如果一名当事人或其专利代理人作为共同代理人的，则不需要提交代理委托书。

（四）申请材料

申请材料包括授权请求、发明说明书、权利要求书、附图（如有）、摘要、优先权文件（如有）、授权代理文件（如有），可使用任何语言编写，但未使用 EPO 官方语言（英语、法语、德语）的需要后续提交翻译为上述三种语言之一的版本。

1. 说明书

说明书的重点内容是要明确发明所涉及的技术领域，这包括两点：一是要尽申请人所知，写明背景技术，根据 T11/82Lansing bagnall 案可知，背景技术即已有技术；二是要写明需要解决的技术问题，即使没有写明技术问题也必须能从说明书中解读出问题和解决方案。同时说明书中还必须载明至少一种能够实现发明的方法，必须明确说明发明具有工业实用性的方式。

2. 权利要求书

权利要求书要求写明发明的技术特征，确定所要保护的主题，不建议进行商业上的优点陈述。内容应分成两个部分：第一个部分写与现有技术共有的特征；第二个部分写在现有技术上所增添的特征。原则上，一个申请不能在同一种类上包含一个以上的独立权利要求，除非涉及以下：（1）多个相互关联的产品；（2）产品或设备有不同的用途；（3）单一权利不能涵盖替代的解决方案。

附图不能限制权利要求，除非确有必要，权利要求中不应有附图，摘要必须要有，但摘要不能用于除了传达技术信息的其他目的。

需要注意的是欧洲专利申请必须具有单一性，即一份申请只涉及一项发明或是有密切联系的一组发明，缺乏单一性是检索部和审查部驳回申请的理由，但不能作为提出异议的理由，对于化学发明，如果权利要求涉及中间和最终产品，则认为是有单一性的。如果申请人不满足于将申请限制于一个发明的，必须提出分案申请。

（五）申请程序

1. 提交申请

向 EPO 直接提交申请有多种方式，在线申请包括使用在线申请软件、新在线申请 CMS 系统或者 Web 表单（Web－form）三种方式，此外还可通过邮寄、传真或直接递交纸质文件的形式提交申请。申请时需缴纳申请费用（费用明细见表6－1）。提交欧洲专利申请将被视为指定了所有的缔约国、延伸国、生效国，但后续应确认指定的对象，在确认申请时可以明确撤销对某些国家的申请。根据 EPC 第76条的规定，分案申请的内容不超过在先申请的内容的，分案申请的申请日视为在先申请的申请日并享有优先权。支持第一个分案申请的第二个分案申请的内容不得超过第一个分案申请的范围。分案申请的程序是独立的，提交分案申请必须在 EPO，不得在成员国国内提交申请，所使用的语言要与首次申请的一致。关于费用，申请费和检索费在提交申请后的一个月内缴纳，指定国费用在公开之后的6个月内缴纳。

表6－1 欧盟专利申请费用

项 目	细目及金额（欧元）		
申请费	在线		120
	非在线		210
	申请文件相关额外费用（超过35页）	每多1页	+15
	权利要求相关额外费用（超过15项）	第16～50项，每项	+235
		超过50项，每项	+585
检索费			1 300
指定费	指定所有缔约国		585
实质审查费			1 635
授权和公开费			925
异议费			785

续表

项 目	细目及金额（欧元）		
请求限制费	1 165		
请求撤销费	525		
上诉费	1 880		
复审费	2 910		
年费	从申请日起算	第 3 年	470
		第 4 年	585
		第 5 年	820
		第 6 年	1 050
		第 7 年	1 165
		第 8 年	1 280
		第 9 年	1 395
		第 10 ~ 20 年，每年	1 575

2. 形式审查

提交申请后，EPO 受理部将对提交文件的完整性和合规性进行审查，符合要求的，第一次提交的日期即为申请日。涉及根据实施细则第 57 条（a）~（d）、（h）、（i）要求的瑕疵，申请人必须在 2 个月内消除瑕疵。

3. 检索

初步审查后，检索部对申请进行检索并出具欧洲检索报告，EPO 会在提出检索报告的同时提出评价意见，检索开始前申请被驳回或撤回的，检索也被撤回并退回检索费用。检索报告会列明 EPO 掌握的文献，以此来检索专利申请是否具有新颖性和创造性。关于检索程序，2017 年出现一个新变化。以前，当申请人对检索报告进行回复但 EPO 仍没有发现申请具有可专利性时，EPO 需要在出具检索报告并进一步提供第一次审查意见后，才可向申请人发出参加口审程序的传票。2017 年 11 月 1 日以后，EPO 可以在发出检索报告之后即向申请人发出参加口头审查的传票，并以此作为第一次审查意见的通知书。

4. 公开申请

自申请日或优先权日后 18 个月，EPO 公布申请和检索报告，申请人在公开后 6 个月内应确定是否请求实质审查，在此期间申请人还应缴纳规定的指定费、延伸费及生效费。公开之后的申请可在指定国获得临时保护，成员国可以选择保护的时间，有的可能要求向其本国专利局提交权利要求书的翻译本，在该翻译本公开后才能获得临时保护。

5. 对申请的实质审查和授权

申请人提出实质审查的要求后，在缴纳费用之后，EPO 才会做出包括实质性审查的全面审查，如果费用没有缴纳的，专利申请将被视为撤回。审查部负责对专利申请进行审查，审查部将对申请所述的发明是否符合 EPC 和实施细则的要求，以实质审查为重点，如果审查结果没有满足要求，审查部会要求申请人在其规定的期限内做出声明，补齐缺漏以及在必要情况下提交修改过的说明书、权利要求书及附图，如果申请人没有及时答复意见通知书，申请将被视为撤回。如果审查结果不符合授权的条件，可以做出驳回的决定。

审查部认为符合授权条件的将以某一特定文本授予专利，如果申请人在规定期限缴纳费用和提交译本，则视为同意该文本。如果申请人不同意该文本的，应在《实施细则》第 71 条第 4 款规定的期限内申请修改，申请人若没有及时缴纳授予费、印刷费和译本的，申请被视为撤回。授权专利有效期为申请日起 20 年，但需依法缴纳年费。申请人不服 EPO 驳回授权决定的，可向 EPO 上诉委员会提起上诉。如果认为上诉程序存在重大程序瑕疵或依法基于其他特定理由，当事人可以请求扩大的上诉委员会进行复审。

6. 指定国的国内生效

授权公开后，申请人需要到指定国履行一系列的程序，专利才在指定国生效，但英国、德国、法国、瑞士、卢森堡、摩纳哥、列支敦士登、爱尔兰、阿尔巴尼亚不再要求履行国内程序，授权欧洲专利自动在这些国家生效。对于缔约国而言，专利的效力取决于译本的内容，授权专利的保护措施也由各国国内法规定。

7. 异议

欧洲专利授权后的 9 个月内，认为专利申请有瑕疵或不符条件的，可向 EPO 提交异议，异议成功的，专利在所有指定国失去效力。对 EPO 的决定不服的，可在收到决定的 2 个月之内向上诉委员会提起上诉，在 4 个月之内提交上诉理由，如果不满上诉委员会的决定，可继续向扩大上诉委员会提出复审申请。

8. 修改和限制撤销

申请人只能在接到检索报告之后才可以对申请材料进行修改，在接到审查部第一次审查通知后，有一次修改的机会。

申请人可以在授权后撤回申请，但以下两种情况下撤回无效：（1）第三人向 EPO 证明已经启动了主张权利的程序；（2）在申请的内容已经向社会公众公开的情况下。申请人还可以通过更改限制依授权的专利，可以撤回对某一缔约国的指定。当申请悬而未决时，表 6－2 的任一行为未完成即会导致程序的法定终结，也叫作申请的失效。

表6-2 申请的失效

项目	内 容
1	通过国家机关转递申请
2	缴纳申请和检索费
3	递交必要的翻译
4	审查申请的递交和审查费的递交
5	对审查通知或申诉庭的要求作出答复
6	对EPO要求的国内专利申请的说明
7	缴纳年费
8	缴纳专利授予费、印刷费和递交不是官方语言文本的要求
9	当审查申请在检索报告获得之前提出时维持申请声明

四、专利保护范围

根据EPC的规定，欧洲专利的保护主要是由各个缔约国的国内法院负责，所以关于欧洲专利的保护范围和方式也由各个成员国法院来确定，EPO只能通过异议程序及修改程序来影响欧洲专利。关于专利侵权的管辖和判决的执行遵守《欧盟布鲁塞尔条例》和《欧盟自由贸易联盟卢加诺公约》的规定。虽然EPO无权决定专利保护范围，只有当成员国国内法院要求EPO介入专利侵权的特定问题时，EPO才会介入，但EPC为各成员国统一专利保护范围做了规定和解释。

（一）欧洲专利保护范围

1. EPC第69条及《解释欧洲专利公约第69条议定书》

专利侵权的判定关键在于对专利权利范围的认定，对范围的认定又取决于法官对专利权利要求的解释。EPC第64条第（3）款规定欧洲专利侵权适用成员国国内法，然而专利侵权诉讼中最重要的问题是确定权利要求的保护范围，这一方面的国内法必须符合EPC第69条及其议定书。EPC第69条第（1）款和第（2）款规定了欧洲专利的保护范围。

（1）欧洲专利的保护范围应该依据权利的要求确定，发明说明书和附图用于解释权利要求。

（2）在公布欧洲专利的授权决定之前，欧洲专利申请的保护范围由公布的专利申请的权利要求来确定。但是，授权后的欧洲专利或是在经过异议程序、限制性修改程序和撤销程序后修改过的专利，在保护范围没有因这些程序而扩大的前提下应该溯及既往地确定申请的保护范围。

根据解释，绝大多数成员国只有当专利人获得授权并公布之后才会允许专利权人根据申请主张权利，对于允许在授权前就提出侵权上诉的成员国，如果因修改程序使得专利权人之前的诉请丧失法律支持的，则专利权人需要对此承担赔偿责任。如果申请被撤回或撤销的，则该申请自始不享有保护，申请人因此不得主张任何赔偿。

《解释欧洲专利公约第69条议定书》是为了统一成员国对上述第69条规定的解释而制定的，该议定书对第69条进行了解释，总体原则是EPC第69条既不能解释为专利的保护范围严格依照字面解释，说明书和附图只是解释歧义（英国采用的严格字面解释做法），也不能理解为权利要求只是参考，实际的保护内容应依据技术人员对说明书和附图的延伸性解释（德国采用的宽泛解释做法），而是应该在这两个极端解释中寻找平衡，这样可以保证权利人和第三方都公平地获知法律的确定性。

2. 等同特征

2000年公约修订在慕尼黑召开的时候，在EPO行政理事会草案中给EPC增添了新的条款，其中第2条是关于"等同"的规定。这条在草案中新增的条款意见协调成员国关于等同特征技术方面的法律规则，对等同特征进行了定义并且指明等同手段是确认专利保护范围所要考虑的核心因素。但在会议上，该提议遭到了反对并展开了激烈的争论，因为等同特征一旦被纳入第69条解释，法院就难以拒绝保护等同特征，英国对该条新增条款表示了强烈反对，认为对"等同"进行统一的规定也不能避免对该定义的不同解释，德国代表则表示支持上述的规定，但提出了自己的意见。

从司法实践的角度来看，德国和英国也对等同原则的问题采取了不同的做法。在标志着英国专利侵权标准由"精髓原则"向"符合目的性原则"转变的Catnic案[1]就是关于等同特征技术的经典案例。在Catnic案发生之前，英国对专利保护范围的认定以严格和狭窄的"周边限定主义"著称，即将专利权利的保护范围完全按照权利要求的文字内容来确定，被控侵权行为只有在重复再现了每一个技术特征之后才被认为是落入权利要求的范围之内，与之相对的就是以德国为代表的"中心限定主义"。Catnic案后，审理该案的法官提出了"符合目的性原则"，即判断被控侵权产品是否落入发明专利权的控制范围，首先要看该种改变是否会对专利发明的工作产生实质性的影响，其次要看这种改变对该领域的普通技术人员是否是显而易见的，最后是否在技术人员看来专

[1] House of Lords 27. 11. 1980 "Catnic" (IIC1981, 699).

利权人想将这种改变包含在专利权的范围之内。这个“三步法”和之后的“Improver”案一起被称为“Catnic - Improver 标准”，在日后的案例中被广泛运用。同时，EPC 也开始协调英国标准和德国标准，各个成员国也根据 EPC 第 69 条及其解释的议定书的相关规定修改了条款，并在司法实践中向着协调的方向前进。但实际上，Catnic 案所确认的目的性解释原则与 EPC 第 69 条议定书之间还是存在一定的区别，尽管 EPC 已经接受了等同的概念，大多数成员国也逐渐接受了 EPC 第 69 条议定书的规定进行协调，但英国法官并不十分接受，这也造成类似案件在不同成员国法院出现不同的判决。因此 2000 年 EPC 的修改未将关于“等同理论”方面的规则予以采纳，直到目前，法院还未能对权利要求的解释和欧洲专利的保护范围达成适用于全欧洲的统一规则，欧洲法官会议也未就议定书是否需要“等同原则”达成一致的意见。对于建立“欧洲统一的专利诉讼和维权体系”而言，上述差异还需要一段时间的过渡和协调。

（二）异议及无效程序

EPO 的异议程序与成员国国内法院的无效或撤销程序时有交叠。依据 EPC 第 99 条，一项欧洲专利的异议适用于所有缔约国，但只针对部分保护国提出，专利在有些保护国得到维持，在其他保护国得到撤销，或者在不同的保护国用不同文本维持。对于如果在 EPO 的异议不成功，是否可以在国内法院再提出撤销的诉讼问题，英国和德国都给出了肯定的答复。对于两国而言，EPO 的异议程序与国内法院的诉讼程序并不相同，且根据 EPC 第 138 条的规定，欧洲专利的效力最终取决于国内法院。

任何一个缔约方都可以主张一个欧洲专利在该国全部或部分无效，在涉及无效诉讼的国内法院的请求下，EPO 审查部可以收取 3 345 欧元的费用对受质疑的欧洲专利给出技术评价报告。[1] 对于无效的理由，缔约国则受 EPC 的约束：欧洲专利只有处于 EPC 第 138 条和第 139 条所允许的理由下才能被宣告无效。根据 EPC 第 138 条第 2 款专利权人在涉及专利有效性的程序中，有权通过修改权利要求对专利权进行限制，限制的文本是该程序的基础。

五、专利的运用

（一）许可

申请人可以在自己指定的成员国或成员国的部分地区将全部或部分的发明

---

[1] ［德］鲁道夫·克拉瑟．专利法（第 6 版）——德国专利和实用新型法、欧洲和国际专利法［M］．张南，译．北京：知识产权出版社，2016：813.

许可给第三人，许可的范围可以是特定技术领域或是特定的发明用途，许可的形式可以是排他许可也可以是普通许可。❶ EPC 没有要求许可的书面形式，许可合同的规定适用各个成员国的形式要求。在授予许可并缴纳费用和符合条件的材料后，转让人或受让人可以请求许可登记，如果请求的是排他性许可，应作为排他性许可来登记，对于做出分许可的许可人，其分许可必须与在先许可一起登录在册。

（二）转让

EPC 第 72 条规定了欧洲专利的转让应当采用书面形式，合同必须具备当事人签章，仅向 EPO 提交转让声明而不提交转让合同的，不产生转让效力，转让适用成员国国内法，根据奥地利 Shower Parition 案，在特殊情况下，转让合同可以不具有书面形式的要求。

第四节　本章小结

欧盟现行专利制度属于比较先进的，可以为我国提供一些启示。

第一，在专利申请制度方面，进一步精简我国的申请程序并优化有关专利申请的优先权制度。从专利机构的管理设置来看，EPO 下设受理处、检索部、审查部、异议部、法律部、上诉委员会和扩大上诉委员会。各部门之间分工明确，又相互协调统一，且只设立一个审查部来负责专利的实质审查，大大提高了专利申请和审批的效率。我国的国家知识产权局按技术领域划分部门，仅专利实审部门就有 9 个，机构的烦冗复杂拖慢了审查的进度，可将各实审部门缩减至 3 个，保留发明专利、外观设计专利、实用新型专利三个实审部门即可。

进一步明确有关优先权的法律规定。首先，在有关申请要件和优先权期限的问题上，EPC 的规定是扩大申请主体的范围并延长了优先权的期限可达 14 个月，而我国对于申请主体的范围作了严格的限制，特别对于本国优先权申请人要件的规定更为严格，这就为申请人的优先权申请增加了困难和限制，相较之下欧洲专利局不做区分的做法更为公平合理，且延长的优先权期限可以更好地维护申请人的利益。其次，EPO 对申请公开的要求是“全部公开”，且“充分公开”的标准是：本领域的技术人员根据在先前申请公开的内容，能够实施其表述的发明创造。笔者认为，我国专利法应该对申请文件做出充分公开的要求，因为按照目前不明确的规定，权利人很可能会利用规定不明确的缺陷将

---

❶ 这里要特别注意欧洲和成员国竞争法的规定，包括《欧共体条约》第 81 条第 3 款和《欧共体关于技术转让协议的第 772/04 号条例》。

没有充分公开的在先申请文件作为优先权文件，然后利用一年的优先权期限来完善发明，这种做法容易导致不公平竞争的行为，进而导致优先权制度的滥用。

第二，在专利审查制度方面，适当提高专利审查标准，放宽可专利性的范围并引入辅助请求制度。EPC 的专利审查标准要比我国更为严格，提高我国专利审查的标准有助于促进科技进步和经济发展。同时在可专利性的范围方面，EPC 往往对新技术留有余地，例如对于动植物品种，中国与欧盟的专利制度虽都将其排除在外，但 EPC 又规定了微生物学方法例外，有鉴于此，我国应适当放宽可专利性的范围，为未来技术发展创造前提，给予某些领域的专利授权以例外规定。

我国《专利审查指南 2010》规定：在答复审查意见通知书时，通常情况下申请人不能通过主动修改独立权利要求的手段来实现扩大保护范围的目的。所以，申请人在缩小独立权利要求的保护范围之后，即使审查部门做出有利的审查结果，在本案的后续审查过程中，申请人也没有机会来继续争取保护范围更大的权利要求。[1] 如果我国能引入 EPC 规定的辅助请求制度，特别是在无效程序中，在不改变现有的实质审查标准的前提下，增加辅助请求制度可以使复审委员会更了解权利人的真实意图，从而加快专利审查的相关进程，减轻审查部门的工作负担，提高审查的效率。

在专利诉讼制度方面，事实上，EPC 作为一项国际公约，其建立了一套包括专利许可的实体法法律体系，但对于专利诉讼的制度规定在实践中遭遇的挑战不断。一些缔约国忽略了以国际精神来落实 EPC 的国家法律进行诠释的责任，而完全从国家视角来对欧洲专利法进行诠释，这样无法完全实现统一的诠释，没有确保统一诠释的欧洲专利法院的存在给专利法带来了不确定性。但也正因为上述问题，欧洲委员会开始了建立欧洲专利法院和统一专利诉讼制度的历程，在此过程中经历的诸多改革历程和制定的法律性文件均能为完善中国的专利诉讼制度提供方向和参考。欧盟委员会为构建统一诠释欧洲专利法的专利法院提出的主要措施即是在各国层面创建专业化的专利司法制度，一种可能的解决方法是让法官参与到几个国家的法院当中，还应考虑建立欧洲专利律师的网络，在这种情况下，不同机构间的司法合作将会使程序趋于统一，外国法官的参与将比为各国司法机构提供做出在外国领土上具有效力的判决更有希望实现程序的统一，这也将简化地域管辖原则带来的问题。欧盟委员会还提出在某些条件下，创建国际参考机构更有可能成为迈向欧洲专利法统一诠释的重要步

[1] 汪宇伟."欧洲专利实践中的辅助请求及对中国专利实践的借鉴意义"，见2014 年中华全专利代理人协会年会第五届知识产权论坛论文集［C］. 北京：知识产权出版社，2014：1－8.

骤，当然，迈向统一诠释的更好的办法是设立共同的上诉法院。[1] 欧盟委员会在 EEUPCA 协定中提出建立一个二审制的有权处理针对欧洲专利的侵权与申请撤销方面的诉讼的欧洲专利法院，包括初审法院和上诉法院（Court of Appeal）。前者由一家中央法院（Central Division）和多个地方法院（Regional Divisions）共同构成。而欧洲专利上诉法院（同时作为特许咨询理事会）还将担负一项任务，即经要求，向审理专利侵权和有效性诉讼的各国国内法院提供有关问题的非强制性审理意见。欧盟委员会还提出应考虑不同司法措施间的“拼接法”，包括法院间合作的规定、程序中基础要点的统一以及法官内部平台的建立，欧盟的这种专利诉讼制度的专业化、统一化的发展趋势将会逐步推广到全球范围，我国可以从这个角度上制订专利制度发展的方向，进而再根据自身实际情况不断加以完善。

[1] ［德］史蒂芬·路金博．欧洲专利法：走向统一的诠释［M］．张南，译．北京：知识产权出版社，2016：221－223.

第七章　欧盟成员国专利法律制度

第一节　德国专利法律制度

一、专利制度概况

德国专利法中的“专利”仅指发明专利，其法律渊源为单行的《德国专利法》及《德国专利条例》《德国职务发明法》《德国专利费用法》等附属法。而实用新型、外观设计则分别受1891年颁布的《德国实用新型法》、2004年颁布的《德国外观设计法》规制。[1] 在德国，专利法与实用新型法、外观设计法和商标法统称“工业产权法”，是与反不正当竞争法协同保护工商业领域的成果。

现行《德国专利法》制订于1936年，尽管在“二战”后德国分裂期间专利法体系受到一定程度的破坏，但在德意志联邦共和国1953年通过的《第五部过渡法》仍然继承了1936年专利法的基本结构。1981年德国全面修订专利法，最新修订于2017年5月12日的专利法仍然是1981年的法律文本。

德国专利商标局源自1877年7月1日设立的德意志帝国专利局，在1990年10月3日两德统一后接管了原德意志民主共和国的专利主管机关的工作人员和专利文件。目前，德国专利商标局在德国境内共设有四处办公地点，包括位于慕尼黑的总部、位于柏林的信息与服务中心，以及位于耶拿和豪岑贝格的办事处。

迄今为止，德国加入的国际公约有：1883年《保护工业产权巴黎公约》；1970年《专利合作条约》（PCT）；1971年《国际专利分类斯特拉斯堡协定》；1994年《与贸易有关的知识产权协议》（TRIPS协议）。加入的欧洲境内的公约有：1973年《欧洲专利公约》；1975年《共同体专利公约》。

（一）保护客体

德国专利法从三个方面对客体进行规制：首先，专利保护的客体必须是专

---

[1] 参见WIPO世界知识产权组织网站，http：//www. wipo. int/wipolex/zh/profile. jsp？code = DE［EO/BL］，访问日期：2018年4月26日。

利法意义上的发明；其次，该发明必须具备新颖性、创造性和工业实用性；最后，发明必须不属于专利保护的排除情形。

对于发明的定义，德国立法上并没有从正面对其进行界定，而只是从反面列举了不构成发明的对象与情形。1969 年联邦最高法院在 Rote Taube 案的判决中，做出了对发明的经典定义："发明是指为达到因果关系上可以预见的结果而使用可支配的自然力的有计划的行为方案。"[1]

《德国专利法》第 1 条第（3）款规定了不属于发明的对象，如发现、科学理论或者数学方法；美学意义上的外形创造；智力活动、游戏、商业活动的方案、规则和方法，计算机程序以及信息表达。在第 1a 条、第 2 条、第 2a 条对其他不授予专利的对象与情形（如克隆人体的方法）也做出了相应规定。

在专利"三性"方面，德国专利法规定将授予专利的发明必须是新的发明，即不属于现有技术的发明。根据《欧洲专利公约》所提出的欧洲申请及根据《专利合作条约》所提出的国际申请，也具有与德国国内申请的相同效果；创造性是指"专业人员不能以显而易见的方式从现有技术获知"。[2] 工业实用性要求发明的客体在包括农业在内的任一工业领域可以被制造或被使用。

相对于发明专利，实用新型具有费用少、注册快的特点。德国对实用新型同样要求具备新颖性、创造性、实用性，并且其对创造性的要求和发明专利一样高。

外观设计是指一件完整产品或其部分的二维或三维的呈现形式，特别会以产品本身或其装饰的线条、轮廓、颜色、构造、表面结构或材料的特征反映出来。

（二）发明人的权利

不同于独占实施权和禁止权，发明人的权利在于保障发明人与发明之间的联系，这种联系既包含人格方面的权利，也包含财产方面的权利。

专利人格权包括署名请求权和自我决定权两个方面的内容。例如，根据《德国专利法》第 37 条第 1 款规定，申请人应在申请日之后的 15 个月内指明一个或多个发明人，并且保证就其所知没有其他人参与发明。自我决定权则是指发明人可以自我决定公布其发明还是将发明作为秘密予以保密，申请或不申请，以何种保护方式申请，实施还是不实施，修改还是不修改其发明。

发明人享有使用专利的权利，即使没有申请专利，发明人也享有使用其发

---

[1] BGHZ 52，74，79 – Rote Taube.

[2] 《德国专利法》第 4 条："Eine Erfindung gilt als auf einer erfinderischen Tätigkeit beruhend，wenn sie sich für den Fachmann nicht in naheliegender Weise aus dem Stand der Technik ergibt."

明的权利。发明人既可以自己使用，也可以许可他人使用。同时，发明人享有要求专利的权利。该权利是指发明人可以将发明申请专利、请求授予专利以及享有专利权内容的权利。对于侵害发明人要求专利权的行为，《德国专利法》第8条规定要求专利的权利人请求无权利的申请人转移因为申请而所获得的权利，即转移请求权。

（三）专利权的内容

专利权包含积极的独占实施权和消极的禁止权两方面内容。根据《德国专利法》第9条规定对产品专利、方法专利和利用专利方法直接制造的产品的分类，相应的专利权内容也有所不同。

对于专利产品，专利权人有权制造、许诺销售、销售、使用或为这些目的进口或占有，第三人未经同意不得实施这些行为；对于专利方法，仅专利权人有权使用，且专利权人有许诺销售的权利；为了避免将产品的制造转移至不存在这种专利方法的国外，随后再将产品进口到德国国内此种规避专利法的情形，《德国专利法》规定对于利用专利方法所直接制造的产品的许诺销售、销售、使用、进口与占有的权利，也属于专利权人。

（四）专利权的限制

《德国专利法》规定了10类限制专利权的情形，包括：（1）为私人目的；（2）为研究目的；（3）药品配制；（4）在临时过境的外国运输工具上实施专利；（5）先实施权；（6）国家明令；（7）强制许可；（8）许可意愿声明；（9）继续实施权；（10）专利权用尽。

二、专利的申请、审查与终止

在德国，专利可以通过德国专利局授予和欧洲专利局授予两种方式产生。其中，请求人通过德国专利局授予专利必须向该局就发明提出申请，或者通过联邦司法部在《联邦法律公报》的公告中确定的可以接受专利申请的专利信息中心递交申请。

根据《德国专利法》第38条规定，在专利授予程序期间，原则上可以对申请所包含的包括权利要求在内的内容进行修改，但不得扩大申请主题。此外，根据单一性要求，专利局或申请人发现一件申请包括两项以上发明的，必须对申请进行分案。分离程序是德国专利商标局特殊的一项程序，即从德国的发明专利中可以分离出德国实用新型的申请，原有的发明专利申请程序仍然继续进行。

（一）申请文件

根据《德国专利法》第34条规定，专利申请文件应包含申请人姓名、请求书、权利要求书、说明书及附图，第 36 条规定申请书应附具摘要。申请的全部或者部分不是以德文撰写的，申请人应当在申请提交后 3 个月内补交德文译文。

（二）审查流程

当满足规定的最低要求时，专利申请即产生效力，德国专利商标局启动专利授权程序。根据《德国专利法》第 42 条的规定，专利商标局首先依职权对每一项申请进行有限制的审查，除非当事人已经提交一份全面审查请求从而立即启动全面审查。

自申请日之后经过 18 个月，专利局在《专利公报》中提示可以查阅卷宗，并在《专利公报》中公布公开材料，任何人可以查阅专利申请的卷宗。"公开材料"包括申请书及摘要。

应专利申请人或第三人的检索请求，专利商标局确定用以判断发明申请的可专利性所应当考虑的公开出版物，对现有技术进行检索。❶

德国奉行"立即审查"与"延期审查"双轨制，审查请求可以由申请人或第三人在递交申请之后 7 年届满为止提出，递交申请之后马上提出审查请求的，立即启动审查程序；否则延期至提出请求时启动。

满足授予专利的形式与实质要件的，专利商标局审查处决定授予专利并公布专利文件。专利的授予公布于《专利公报》。

在德国从申请到获得专利授权大约需要 3 年的时间，费用在 210 ~ 390 欧元不等，年费在 70 ~ 1 940 欧元。申请一件德国实用新型的官费大约需要 40 欧元，每期维持费为 210 ~ 530 欧元不等。申请一件德国外观设计的官费大约需要 60 欧元，每期维持费 90 ~ 180 欧元不等。❷

2012 年 1 月起，中国国家知识产权局与德国专利商标局开通了专利审查高速路"PPH"项目，在要求中国优先权的请求下，如果中国的在先申请已经被授权或其权利要求已经被中国国家知识产权局认为符合授权条件，则可以通过参加该项目来加速相应的德国专利的授权程序。

德国实用新型和外观涉及的注册程序大致可以分为递交、审查和注册三个阶段，整个程序所需时间从 1 ~ 3 个月不等。外观设计在注册后 1 个月会被公开。

---

❶ 根据德国专利法，检索是一个可选的环节。

❷ 费用减免：为促进技术的进步，如果专利权人允许其他人实施其专利的，可以享有费用减免。《德国专利法》第 23 条第 1 款规定：如果专利申请人或者在登记簿中注册的专利权人（第 30 条第 1 款）已经以书面方式向专利局声明，允许任何人支付合理补偿以使用其发明，则收到该声明后，应向专利局缴纳的年费减半。

（三）专利权的失效

专利的保护期限为20年，超过期限则专利权消灭，受专利权保护的发明进入公共领域。此外，专利权人未缴纳年费和以书面形式向专利局声明放弃专利，或未指定发明人的，均有可能导致专利权失效。

在公布授予专利决定之后的9个月内，任何人可以依专利的可专利性、公开不充分等理由对专利提起异议。专利局的专利处在审查后做出维持、受限制地维持或撤销专利的决定。专利被撤销或受限制地维持的，需公布于《专利公报》。

在整个专利期限内可以向专利法院提起宣告专利无效之诉，但是需排除只要还可以提起异议或异议程序未终结的情形。

（四）实用新型和外观设计的对抗程序

任何人可以提起德国实用新型删除程序请求。在删除程序中，将由一位法律专业人员以及两位来自德国实用新型所涉技术领域的专利审查员组成的委员会做出是否无效该实用新型专利的官方决定。

外观设计专利的无效则是通过无效确认程序和无效宣告程序进行。任意第三方均可提起无效确认程序，一般涉及内容为绝对注册障碍，比如外观设计缺乏新颖性、独特性，或者其不满足德国外观设计的授权前提条件。而无效宣告程序仅利益相关人可提起，一般涉及内容为相对注册障碍，比如外观设计与在先已注册外观设计、在先商标或著作权等存在权利冲突可能性。

三、保　　护

（一）专利侵权判定

德国采用"中心限定原则"，在解释权利要求时以权利要求书为中心，全面考虑发明的目的、性质以及说明书和附图，将中心四周一定范围内的技术也包括在专利保护范围之内。在此基础上，适用"全面覆盖原则"和"等同原则"确定侵害行为。

（二）举证

在作为大陆法系的德国，原告负有侵权举证责任，需就涉嫌的侵权行为提供证据。通常，至少要提供被告的涉嫌侵权产品或方法特征的证据，用以证明被控侵权产品或方法与所主张的专利权利要求的每一个特征相同或等同。涉及被控侵权产品或方法的证据一般要包括样品、图样或其他实物证据。

在"谁主张，谁举证"的一般举证规则之外，德国专利法还规定了作为辅助手段的信息提供请求权，以保证受害人获得为实现其主请求权所必要的信息。信息提供请求权的义务人可以是侵害人，也可以是第三人。

（三）维权手段

专利权人在获知他人的行为可能侵犯其在德国或欧盟境内的专利权时，可以委托德国律师或专利律师向涉嫌侵权方发出律师函，提醒对方的行为涉嫌侵权。在掌握确切证据证明他人的侵权行为时，权利人可以委托德国律师或专利律师向侵权方发出正式的警告函，以要求侵权方在规定期限内签署相关声明或预警随后的法律措施。

权利人为维护其自身权益，可以向法院申请“临时禁令”来防止事态改变而造成权利人的权利无法得到或其权利的执行受到实质性损害。临时禁令从递交申请到签发禁令一般在1~2天，内容则是要求禁令相对人立即在德国境内停止侵权行为，否则将被处以罚金甚至拘留。

如果上述手段无法保障专利权人的合法权益，则权利人可以通过德国地方法院提起侵权诉讼。权利人可以提起诸如停止侵害、提供侵权信息、损害赔偿、承担程序费用、销毁侵权产品、召回已售出产品等的请求。

根据德国法律，侵权法院程序的正常过程如下。

（1）提交诉状：原告通过提起诉讼启动法院审理程序。起诉须包括所有相关事实和与证据（产品样品、检测报告等）证实的侵权情况有关的主要法律理由。原告须预付诉讼费。然后，法院会向被告送达诉状。

（2）交换理由概要和口头审理：法院会设定被告提交答辩的时限，然后安排口头审理。在口头审理之前，通常有两次或更多次的书面理由概要交换。根据相关年份案件数量，法院通常在提起诉讼后的5~9个月内安排实质的口头审理。德国有些法院会安排一个简短的初步口头审理，来讨论一些常规问题并详述审理过程。一审判决在8~12个月内做出。然而，对于无效程序或异议程序过程中中止的侵权审理程序，侵权法院做出的决定会大大延迟，因为诉讼当事人须等待无效程序或异议程序的结果，所述程序可能需要2年或更长的时间。在法院一审判决做出后的1个月内，可以针对侵权法院的一审判决向高级地区法院上诉。上诉程序通常的平均时间为1~2年。

第二节 法国专利法律制度

一、专利制度概况

法国的知识产权保护一直走在世界前列。1804年，法国颁布实施了世界上第一个《法国民法典》，并于1992年7月1日颁布92-597号法律将当时23

个与知识产权有关的单行立法汇编整理成统一的《法国知识产权法》（法律部分），从而形成世界上知识产权保护领域的第一个法典。[1] 在此后，法国又先后多次对法典进行修改和增补，使其知识产权立法始终处于领先水平。

目前，法国已经加入了《世界知识产权组织版权条约》（WCT）《世界知识产权组织表演和录音制品条约》（WPPT）《伯尔尼公约》《布鲁塞尔公约》《建立世界知识产权组织公约》《录音制品公约》和《罗马公约》。从总体上看，《法国知识产权法典》（法律部分）具有以下四个方面的特点。

1. 保护范围广

在法典颁布前，法国经过200多年的立法和司法实践已经形成门类齐全的知识产权法保护体系，法典的制定使这些相对独立和零散的知识产权各部门立法汇聚成一个内容丰富的有机整体，充分体现了法典这种立法形式结构清晰、逻辑严密的优点。《法国知识产权法典》共分三个部分：第一部分为文学和艺术产权，包括著作权、著作权至邻接权和关于著作权、邻接权和数据库制作者权的通则三卷；第二部分为工业产权，包括行政及职业组织、工业品外观设计、发明及技术知识的保护及制造、商业及服务商标和其他显著性标记四卷；第三部分为在海外领地及马约尔属地的适用，包括在海外领地及马约尔属地的适用一卷。卷下设编、章、条。由上可知，法典几乎囊括了所有的知识产权保护内容。

2. 保护水平高

法国知识产权的保护水平是随着知识产权立法200多年的演变发展而逐步提高的。目前世界上公认的作者自完成作品之日起自动获得著作权的理论，即源自法国。法国于1791年颁布的《法国表演权法》和1793年颁布的《法国作者权法》明确规定作品自创作完成即获得著作权，不需要履行任何登记手续。另外以著作权为例，立法者在制定1791年的表演权法和1793年的复制权法时即将文学和艺术产权称为“最神圣的所有权”。1957年的著作权法全面提升了著作权的保护水平。1985年的修改更上一层楼，将软件作为作品纳入著作权保护，并增加了对邻接权的保护，尤其是大量增加了著作权及邻接权集体管理方面的内容。

3. 保护更新快

法国制定知识产权法典后并未故步自封，尤其是为了贯彻欧盟近年来颁布的一系列有关知识产权的条例以及世界贸易组织，曾先后12次修改或增补法典，这说明法国知识产权立法进程出现加速发展的势头，而这在其他法律部门

---

[1] 参见WIPO世界知识产权组织网站，http：//www.wipo.int/wipolex/zh/profile.jsp？code = FR［EO/BL］，访问日期：2018年4月26日。

是十分少见的。

4. 保护手段有力

法国一贯重视加强知识产权保护手段的力度，例如在查出侵犯著作权及其邻接权时，专门设置了侵权扣押或海关扣押程序，通过这些扣押，权利人可以及时、有效地获得有关侵权的来源、范围方面的信息并作为证据在法庭上被采用，极大地便利了案件的查处。《法国知识产权法典》代表了大陆法系立法的最高成就，1992 年颁布《法国知识产权法典》（法律部分）不仅系统整合了法国已有的知识产权立法，而且使其他大陆法系国家有了一个知识产权立法的完整参照体系。

法国的专利机构是国家工业产权局，其隶属于工业部，是具有民事资格及独立财务的公共机构。

该机构的职责为：

（1）汇总及传播为保护创新、注册企业所需的一切信息，负责该领域的宣传和培训。

（2）实施工业产权、工商企业注册簿及手工业者名录方面的法律、法规。为此，该局尤其负责受理工业产权或与其有关的证书的申请的提交，负责审查颁发或注册证书及监控维持证书的效力，汇总工商企业注册簿，负责工业产权证书及法定公告汇总文件中的技术、商业及财务信息的传播。

（3）采取主动行动经常调整国内和国际立法，以适应发明人及企业的需要；为此，该局负责向主管工业产权的部长提出其认为在此领域有益的改革方案，参与国际协定的起草工作及在有关国际组织中代表法国。

（一）保护客体

任何发明可成为国家工业产权局局长颁发的工业产权证书的标的，该证书赋予其所有人及其权利继受人独占使用权。在不影响保护工业产权巴黎公约规定适用的情况下，住所或营业所不在本编适用领土内的外国人可享受本编的权益，条件是该外国人国籍国给予法国人互惠照顾。

（1）具有创造性和工业实用性的新发明可授予专利。

（2）以下不属于前款所称的发明：发现、科学理论和数学方法；美学创作；在游戏和经济活动中进行智力活动的方案、原理及方法，以及计算机程序；信息的展示。

《法国知识产权法典》规定：未包含在现有技术状况的发明具有新颖性。现有技术状况是指在专利申请之日前通过书面或口头描述、使用或任何其他手段而为公众所知悉的一切情况。在《法国知识产权法典》第 R612－12 条第 2 款中所述日期之前申请，并在该日或该日之后公布的法国专利申请、指定法国的欧洲或国际专利申请，其提交时的内容亦属于现有技术状况。

对于初次申请的规定：在巴黎联盟或世界贸易组织之外的国家提交时，只有该国赋予首次提交的法国专利申请或指定法国的国际申请或欧洲专利以相应优先权的，才可以赋予该申请具有《巴黎公约》规定的相应效力的优先权。

对于工业实用性的规定：一项发明如果可以在各项工业，包括农业中制造和使用，即被视为具有工业实用性。

其他特别规定：人体或动物的外科治疗或处理方法不被视为具有工业实用性的发明。本规定对实施该方法的产品，尤其是物质或成分不适用。以下所列不得授予专利：（1）公布或实施将违反公共秩序或社会公德的发明，但不得仅仅因为该实施为法律或法规所禁止即认为违法公共秩序和社会公德；为此，不得对人体及其部分或产品以及对人类基因的全部或部分结构的认识本身授予专利。（2）已适用有关植物新品种的规定所建立的保护机制的某一种或某一属的植物新品种。（3）动物品种以及生物学为主的方法获得的植物和动物品种，在本规定不适用于微生物方法以及此方法获得的产品。

（二）专利权人

工业产权证书的权利属于发明人或其权利继受人。数人独立完成同一发明的，取得工业产权证书的权利属于最早提交申请者，申请人被视为有权取得工业产权证书。

发明人是雇员的，除更有利于该雇员的约定，取得工业产权证书的权利以下列规定取得：

（1）雇员执行一个包含由于其实际职责相应的发明任务的工作合同，或从事雇主明确赋予的研究和开发任务而完成的发明属于雇主，完成这一发明的雇员享受额外报酬的条件，由集体合同、企业协议及单独的劳务合同确定。雇主没有参加有关的集体合同的，与额外报酬有关的一切争议由设立的调解委员会或法院解决。

（2）其他一切发明属于雇员。但雇员在执行职务的过程中或在企业经营领域内，或因了解或使用企业独有的技术或手段，及由企业提供的数据完成发明的，雇主有权依行政法院法规规定的条件及期限，获得全部或部分保护其雇员发明的专利权的所有权或用益权。

（3）雇员发明人应依据法律上规定的方式及期限将发明通知雇主，并由雇主出具收据。雇员和雇主应相互交换关于某一发明上所有有用的情况。他们均不得进行任何可能全部或部分危及本卷赋予权力行使的披露。雇员和雇主达成的有关雇员发明的一切协定应以书面为之，否则无效。

（三）专利权的内容

专利授予的保护范围由权利要求书的内容确定，但说明书及附图用以解释权利要求书。专利标的为方法的，专利授予的保护及于直接由该方法获得的产品。

未经专利人同意，禁止：（1）制造、提供、投入商业、使用，或为上述目的进口或占有专利产品；（2）使用专利方法，或在第三人明知或实际情况表明，未经专利人同意禁止使用该方法的，在法国领土上提供该方法的使用；（3）提供、投入商业、使用或为上述目的进口或占有直接由专利方法获得的产品。

未经专利人同意，同样禁止在法国领土上向一个无权使用专利发明的人提供或试图提供在该领土上实施与发明的基本要素有关的发明的手段，如果第三人明知或实际情况明显表明这些手段适于这种实施的。

专利授予的权利不包括：（1）在私人范围内且非商业的使用；（2）有关已获得发明专利的实验性行为；（3）根据医生处方，在药房内临时性的和少量的药物制造及此种制药活动。在本卷适用的领土上，任何人于专利申请提交日或优先权日已善意占有有关专利所保护的发明的，可以个人名义使用该发明而不问该专利的存在。本条承认的权利只可与其所依附的营业资产、企业或部分企业一同转让。

（四）专利权的限制

专利权是一种法定的垄断权，其创设的目的是实现保护和鼓励发明创造，刺激技术创新。但专利法的目的不仅于此。专利制度不仅要保护专利权人的利益，也要兼顾使用者和社会公众的利益。对专利权进行适当的限制，防止专利权滥用，才能使专利制度发挥出最佳的社会效益。《法国知识产权法典》也制定了相关规定。

有时候某些方面，在表面看来，一些行为都是未经许可实施专利的行为，但相关法律制度规定这些行为并不构成对专利权的侵犯，即不视为侵犯专利权的行为。其具体包括：（1）专利权用尽后的特定实施行为；（2）先用权人的特定实施行为；（3）将专利作为科学研究和实验对象使用的行为；（4）实施现有技术或现有设计抗辩等行为。

二、专利的申请和审查

与绝大多数国家的制度相比，法国专利的获得是比较容易的，因为不存在严格的实质审查。这种体制的内在逻辑是将专利的效力与技术经济价值更多地留给司法和市场来判断，政府在私权的产生和形式中尽量减少干预。政府节约了大量的人力物力，专利的审查程序大大简化，权利取得的周期也大大缩减。

至于专利的可靠性，无论是利害关系人还是专利权人都会在利益的驱动下仔细分析。同时，宽松的法国专利授予条件并没有带来浮躁的专利权滥用，因为，一方面，以滥用诉权的方式来实现专利价值的做法为法国司法体制所不容；另一方面，法国的市场经济成熟稳定，过于技巧或投机性的权利行驶方式难成气候。[1]

（一）申请的提交

1. 需要提交的文件

根据规定并由法规明确的形式和条件提交专利申请。专利申请提交日为申请人提交齐包括以下各项的文件之日：（1）提出申请专利的声明；（2）申请人的身份证明；（3）一份说明书及一个或数个权利要求，即使说明书和权利要求不符合本编的其他要求。

两份专利申请又由同一发明人或其权利继受人在最长12个月内连续提交的，申请人可要求第二份申请就两份申请的共同部分享有第一份申请的提交日。两份申请中如果有一份已要求过基于前一个国外申请的优先权的，上述要求不得受理。如果第一份申请按第一款已享有数个申请提交日且其中已有一个超过12个月的，上述要求不得受理。颁发一个根据本条享有在先申请提交日的专利，即导致初次申请中该共同部分效力终止。

一份专利申请只能涉及一个发明或一组发明，该组发明需相互联系组成一个总的发明构思。不符合前款规定的申请应在规定时间内进行分案处理；分案申请享有原申请的申请提交日及可能的优先权日。专利申请书必须足够清楚和完整地阐述发明，以使所属技术领域的技术人员得以实施该发明。发明涉及公众无法接触的微生物的使用时，未向授权机关提交该微生物的培养的，不视为已对发明进行了充分的说明。该培养向公众开放的条件由法律规定。

2. 权利要求书

权利要求书是发明和实用新型专利申请文件中最重要的一种文件。权利要求书应包括申请人对其发明创造要求法律保护的项目和范围，应简明准确。权利要求的范围应以说明书的内容为依据。一项专利申请是否符合专利条件，着重是审查权利要求是否符合专利法规定的条件。经专利局批准专利以后，其权利要求书具有法律效力。一项专利权是否受到侵犯，主要以是否侵犯权利要求来判断。如对权利要求有疑义的，可以专利说明书及其附图帮助解决。《法国知识产权法法典》第L612－6条规定：权利要求应界定要求保护的范围。权利要求应当简短明确并以说明书为依据。

---

[1] 冯术杰．知识产权法国际的视野与本土的适用［M］．北京：法律出版社，2015：209.

3. 对优先权的规定

（1）专利申请人欲主张前次申请优先权的，应在法规规定的条件和时间内提交优先权声明及前次申请的副本。

（2）可以就同一申请要求数个优先权，即使来自不同国家。可能的话，可以就同一权利要求要求优先权。要求数个优先权的，期限自作为优先权日的起点最早的优先权日计算。

（3）已就专利申请要求一个或数个优先权的，优先权仅包括要求优先权的申请部分。

（4）已要求优先权的发明的某个部分未在在先申请的权利要求中出现的，只需在先申请的全部文件明确反映出该部分即可授予优先权。

（5）优先权的效力在于，优先权日在适用时视为专利申请提交日。

（二）申请的审理

国防部长可向国家工业产权局秘密了解专利申请。未经授权，已申请专利的发明不得自由披露和适用。专利申请提交之日起5个月期满后，该授权自动取得。

由于不进行实质审查，法国专利的审查周期较短。国家工业产权局在申请日之后4周至最晚5个月内将申请转交国防审查，2~5个月内进行初步审查，7~9个月内发出初步检索报告和可专利性意见，申请人3个月或6个月内及时进行回复，第18个月公布专利申请和检索报告，第三人可以在3个月内提交反对意见和证据，申请人在3个月内对反对意见提交答辩，国家工业产权局于第25个月公布最终的检索评价报告，申请人支付专利授予和公告费后，第27个月即行授予专利。

任何申请如有下列事由即全部或部分驳回：不符合法规的相关规定的；不符合分案处理的；分案申请内容超出原申请说明书的范围的；发明标的不得授予专利的；其标的明显不得视为法规意义上的发明或工业实用性的发明；说明书或权利要求不足以实施相关规定的；经检索报告明确提示缺乏新颖性的，催告后未作修改的；权利要求没有基于说明书为依据的。

未遵守国家工业产权局时限的申请人，如有正当理由，且障碍直接导致专利申请或要求被驳回、其他权利或上诉手段丧失的，可申请要求恢复其权利。申诉应在障碍停止2个月内向国家工业产权局提起，未完成的行为应在此期间同时完成。申诉在未遵守期限届满之日起一年后才可以被受理。

在完成相关规定和程序后，授予专利，颁发的所有证书包括说明书、可能的附图、权利要求书，并在涉及专利时，包括一份检索报告。所有专利申请或专利均需最迟在行政法院确定的期限缴纳年费。未在前款规定的期限缴纳年费的，可在6个月的宽限期内缴纳，同时还需缴纳补充规费。除非发明明显不得授予专利，国家工业产权局向专利申请人及专利人征收的费用对于居住在法国的自然人在其无力交付所得税时，予以减扣。应其申请，这些人还可以得到与其在国家工业产权局程序相应专业的工业产权顾问的协助。协助费用由该局承担。

（三）发明的法定公开

国家工业产权局在行政法院规定的条件下，通过在工业产权官方公告上刊登，通过将全文提供公众使用，或通过数据库传播或信息载体的传送确保公布：（1）自申请日或在要求优先权的情况下自优先权日起18个月期满或期满前应申请人的要求，全部专利申请或实用证书申请资料；（2）公布全部补充保证证书赋以证书所依附的专利申请，或该申请已公告时，在申请证书中标注其依附的专利；（3）公布后续程序中的文件；（4）公布这些证书之一的颁发。

法国专利申请和审查程序的最大特点在于其实质审查的有限性，国家工业产权局仅对明显不属于发明的客体、明显属于不授权专利的发明及明显缺乏新颖性的发明申请予以驳回。因此，通过国内申请程序很容易获得法国专利。尽管没有严格的专利授予条件审查，但法国政府委托欧洲专利局做出的专利检索报告可以成为专利权人及利害关系人评价专利权效力及价值的有力依据。[1]

（四）无效

在下列情况下，可宣告专利无效：（1）专利标的不应授予专利的；（2）专利未充分、明确、完整地阐述发明以及该行业技术人员得以实施的；（3）专利标的超出了申请提交时的范围，或专利基于分案申请颁发而其标的超出了原始申请提交时的范围。无效部分只涉及部分专利的，无效宣告采用限制权利要求的形式。检察院可依职权对发明专利提起无效诉讼。

除有第三方异议，无效决定具有绝对效力。决定宣布权利要求部分无效的，专利人依该决定向国家工业产权局提交按判决修改后的权利要求书。产权局局长有权驳回修改不符合判决的权利要求书。补充保证书在下列情况下无效：其依附的专利无效；其依附的专利和市场准销许可相应的部分无效；相应的市场准销许可无效；颁发违反规定。其依附专利与市场准销许可相应部分的一小部分无效的，仅就与此小部分相应的部分无效。

三、保　　护

（一）专利的保护范围和期限

发明专利保护期限为20年。有关药物、药物制备方法、药物生产所必需

---

[1] 冯术杰. 知识产权法国际的视野与本土的适用［M］. 北京：法律出版社，2015.

的产品或该产品的制备方法可以享有最长5年的专利期限延长期。

实用新型保护期限为6年。

外观设计保护期限为5年，并可以续展4次，每次5年，最长不超过25年。

申请接受的文本语言为法语。

（二）专利申请的审查制度

法国专利法将创造性作为专利授予的实质性条件，引入专利审查制度，但法国专利法对于实质审查要求较低，非常有限，这也使得通过法国国内申请专利非常容易。

1. 发明

法国发明专利进行有限的实质审查，对专利的实质审查有限且不严格，这主要表现在对于创造性和实用性不做审查，仅对明显不属于发明的客体、明显不属于可授权专利的发明或明显缺乏新颖性的发明予以驳回，将专利检索报告提供给申请人和公众以方便对专利效力进行评价。因在实践中，申请人需要借助检测评价报告才能判断申请的可专利性，进而决定是否进行欧洲及国际申请，所以极少有人申请延期，故法国最后取消了专利延迟审查申请。由于不进行实质审查，专利申请周期相对较短，一般可于专利申请之后27个月内获得专利权。

2. 实用新型

法国实用新型专利既保护产品又保护方法，称为实用证书，但不进行实质审查。在法国申请发明专利的申请人须自申请日起18个月内提出检索请求并缴纳相关费用，如果申请人在规定的期限内未提出检索请求或未缴纳相关费用，法国工业产权局会依法向申请人颁发实用证书，该证书的保护期仅为6年。发明专利和实用新型只有发明对象能在某一工业领域（包括农业领域）制造和使用时，此项发明才被视为具有工业实用性。

3. 外观设计

法国对外观设计不进行实质审查。但它要求对富有经验的观察者而言，该产品的整体所引起的视觉印象完全不同于所有之前已经被披露的外观设计专利。

（三）权利的转让及丧失

系于专利申请和专利的权利可全部或部分转让。这些权利可全部或部分地进行独占或非独占地许可使用。被许可人违反前款许可的限制之一的，可以专利申请或专利授予的权利对抗之。在不影响《法国知识产权法典》第L. 611－8条的情况下，第一款所指权利的转让不得损害第三人在转让前的既得权利。

前两款所指转让或许可文件应以书面为之，否则无效。

所有系于专利申请或专利的转让或变动行为，非经在国家工业产权局设立的全国专利注册簿上登记，不得对抗第三人。但是，该行为在登记前可用以对抗在取得该权利之前即已知悉该行为并在该行为之后取得权利的第三人。

（四）专利的放弃

（1）专利申请人或专利人未在规定的期限内缴纳规定的年费的，自未缴年费应交之日起丧失权利。在法规规定的条件下权力丧失由国家工业产权局局长的决定确认或应专利人或第三人的要求确认，决定应予公告并通知专利人。

（2）若有未缴年费的正当理由，专利人在决定通知之日起 3 个月内提出复审以恢复其权利。在法规规定的期限内缴清年费的情况下，国家工业产权局局长同意恢复其权利。

专利人可随时放弃全部或部分专利或一个或数个专利的权利要求。放弃应向国家工业产权局以书面为之，放弃自公告之日起生效。在全国专利注册簿上登记有质押或许可物权的未经质权或许可的受益人同意，放弃不得受理。

（五）司法保护

1. 民事诉讼

任何对规定的专利人的权利的侵害均构成侵权。侵权人应承担侵权责任。但是，提供、向市场投放、使用、为使用或向市场投放而占有侵权产品者如非该产品的制造者，仅在知情故犯时承担责任，专利人可提起侵权诉讼。但是，独占被许可人在合同无相反约定且专利人在催告后未提起诉讼的，可提起诉讼。专利人可参加被许可人根据前款提起的侵权诉讼。所有被许可人可参加专利人提起的侵权诉讼，以获得应有的损害赔偿。规定的侵权诉讼的时效期限为有关侵权行为发生之日起 3 年。

2. 管辖及程序的规则

因侵权产生的全部纠纷由法院及其所属的上诉法院管辖，但不包括对主管工业产权的部长发布的行政性的法令、条例及其他决定提起的诉讼，这些法令、条例及决定应受行政诉讼法院的管理。受理专利诉讼的大审法院由法规确定。受理属法条规定的诉讼或抗辩的法院，可依职权或依当事人一方的申请，指定一个顾问自诉讼开始参加诉讼程序及听审。在不公开审理的过程中，顾问经允许可向当事人或其代理人提问。

四、运　　用

专利颁发 3 年期满或申请期满后，专利人或其权利继受人在其专利被申请适用强制许可证时无正当理由，且有下列情况，任何公法或私法的人可依以下各条获得强制许可证：（1）只要在欧洲经济共同体成员国或欧洲经济空间协定成员国领土上，尚未开始使用或未作真实有效的使用准备。（2）未以足够数量销售专利产品以满足法国市场需要的。上述（1）所述使用及（2）所述销售已停止3年以上的亦然。

强制许可证的申请应向大审法院提出：申请应附证据表明申请人不能得到专利所有人的使用许可，且已具备真实有效的使用专利的能力。强制许可证将以确定的条件颁发，尤其应确定其期限、适用范围及应付的报酬总额。应专利人或被许可人的要求，法院可裁定变动上述条件。

强制许可证及当然许可证为非独占性的。许可的权利只可与其所属的营业资产、企业或部分企业一同转让。强制许可的被许可人不遵守许可证颁发条件的，专利人及可能的其他被许可人，可诉请法院撤回其许可。在他人已获得专利的发明上改进的专利人，未经前专利人的许可不得实施其发明；前专利人未经改进专利人许可，不得实施其改进。应改进专利人要求且改进专利发明较前一专利具有显著技术进步和重大效益的，大审法院在检察院出庭的情况下，可在规定的期限届满后，出于公共利益并在实施改进专利所必需的范围内，向改进专利人颁发许可证。颁发给改进专利人的许可，只可与该专利一同转让。前一专利人向法院申请，即可获得改进专利的许可。

第三节　丹麦专利法律制度

丹麦现行专利制度由《丹麦专利法》（2017年）、《丹麦实用新型法》（2017年）、《丹麦工业品外观设计法》（2017年）、《丹麦雇员发明法》（2012年）、《丹麦秘密专利法》（2012年）组成。[1] 现行专利法于1967年12月20日制定，1968年1月1日生效。丹麦关于专利的法律是根据欧盟法律和国际条约制定的。丹麦国家专利、实用新型专利、外观设计已惠及格陵兰岛地区和法罗群岛，但欧洲专利并未涉及该地区。丹麦工业发达，造船业有最先进的技术，能生产目前世界上最大型的超级油轮，当今世界海上航行的船舶主机约有1/3是丹麦制造或丹麦专利生产的。[2] 丹麦2013年开始实施国家创新战略，在2015年度欧洲“创新联盟积分榜”居第二位，属于创新领导者国家之一。[3]

---

[1] 参见WIPO世界知识产权组织网站，http：//www.wipo.int/wipolex/zh/profile.jsp？code = DK［EO/BL］，访问日期：2018年4月26日。

[2] 王钰筱，郭品芳．国际贸易地理［M］．北京：中国物资出版社，2006：221.

[3] 中华人民共和国科学技术部．2016国际科学技术发展报告［M］．北京：科学技术文献出版社，2016：228.

丹麦是欧盟成员国之一，也是世界知识产权组织的成员，曾参与制定的关于专利的国际条约和协议包括《保护工业产权巴黎公约》（1894 年）和《与贸易有关的知识产权协议》（TRIPS 协议）。此外，丹麦加入的国际公约还有《工业品外观设计国际分类洛迦诺协定》（1968 年）、《专利合作条约》（PCT）（1970 年）、《国际专利分类斯特拉斯堡协定》（1971 年）、《国际承认用于专利程序的微生物保存布达佩斯条约》（1977 年）、《专利法条约》（2000 年）、《工业品外观设计国际保存海牙协定》（2008 年）、《建立世界知识产权组织公约》。

一、专利制度概况

（一）保护客体

《丹麦专利法》第 1 条（1）款规定“任何已经做出了适于被工业应用的发明的人或者其所有权的继承人，根据本法应当有权申请被授予发明专利权，从而获得排他性的商业利用发明的专利权。发明可能在所有技术领域获得专利”。因此，丹麦专利法所保护的客体只有发明。

（二）专利权人享有权利

专利权人享有独占权，通过专利授予的独占权应意味着除专利所有人以外，没有人可以擅自利用本发明，包括：（1）制造、提供、投放市场或使用专利产品，或为此目的的进口或储存产品；（2）使用作为专利主题的方法或提供在该国使用的方法，如果提供过程的人知道或在这种情况下显而易见的是未经专利所有人同意，方法可能不被使用；（3）通过提供、投放市场或者使用作为专利标的的工艺获得的产品，或者为此目的的进口或者库存产品。

（三）申请相关限制

《丹麦专利法》第 10 条规定“两项或两项以上相互独立的发明不得在同一申请中申请专利”。

（四）涉外要求

外国人在丹麦申请专利，专利商标局可以通知申请人指定一个居住在欧洲经济区（EEA）的代理人代理他与申请有关的所有事宜。代理人的姓名和地址应记入专利注册簿。

二、可专利性

（一）授权的条件

《丹麦专利法》第 1 条（1）款规定“任何已经做出了适于被工业应用的

发明的人或者其所有权的继承人，根据本法应当有权申请被授予发明专利权，从而获得排他性的商业利用发明的专利权。发明可能在所有技术领域获得专利"。第2条（1）款规定"专利应仅授予在专利申请提交之时与现有技术相关的新的发明，而且这些发明在本质上有所不同"。因此，发明专利的授予条件须满足实用性、新颖性和创造性。即为了获得专利，一项发明必须是全新的，在本质上有别于之前已经做出的任何发明，并有能力在工业上应用。

（二）不授予专利权的主题

《丹麦专利法》规定了不视为发明的主题或活动，包括：（1）发现、科学理论和数学方法；（2）审美创造；（3）智力活动、玩游戏和电脑进行商务活动或计划的方案、规则和方法；（4）信息演示；（5）人体和动物体疾病的诊断和治疗方法；（6）动物和植物品种；（7）生产植物或动物的基本生物过程；（8）人体在其形成和发展的各个阶段以及其中一个要素（包括基因的序列或部分序列）的简单发现；（9）违反公共秩序或道德的发明。

三、专利的申请与审查

（一）申请流程

丹麦的专利局包括专利和商标局与专利商标上诉委员会（专利上诉委员会）。丹麦专利商标局是负责专利授权工作的政府机构，专利和商标上诉委员会负责审查专利商标局决定的授权。专利申请应当向专利局提出，或者向专利法规定的外国专利局或者国际组织提出。专利申请在提交给丹麦专利商标局后，后者首先对其进行查新和专利审查，如果主张优先权的，应在优先权日起16个月内向丹麦专利局提交优先权文件。国外申请人申请丹麦专利，需委托已登记的丹麦专利代理人代理。如果申请人未遵守申请规定的要求，或者专利局对接受申请有其他异议，应当及时通知申请人，并在规定的期限内提出意见或者纠正申请。然而，专利局可以在没有咨询申请人的情况下，对其进行必要的修改。如果在收到申请人的答复之后，专利局仍然反对接受申请。除非申请人有机会就异议提出意见，否则申请将被拒绝。如果申请符合要求，并且没有发现授予专利的异议，并且已经确定申请人批准可以授予专利的文本，专利局应当向申请人发出通知，说明专利可以用于支付专利说明书公布的规定费用。自专利授权之日起，申请文件应当公开。

丹麦专利商标局已经和大多数其他的专利局包括中国国家知识产权局建立了一个专利审查高速公路制度，中国国家知识产权局—丹麦专利商标局的高速公路制度同样适用于专利合作条约下的工作产品。自2014年1月起，丹麦专利商标局也加入了全球专利审查高速公路制度系统。

专利审查高速公路制度系统由一些双边协议组成，这些协议根据各部门的工作产品，为申请人提供一种专利申请加速审查的方法。

（二）申请文件

申请发明专利需要提交的文件包括申请书、权利要求书、说明书和摘要。专利申请的官方语言为丹麦语和英语。可以以英语提交申请，但必须提交专利权利要求书丹麦语译文才能进行专利授权。发明人的姓名应在申请书上注明。如果发明人以外的其他人申请专利，则从申请中可以看出申请人有权获得该发明，并且发明人已经被告知提交该发明专利申请。然而，专利局可能需要进一步核实申请人对发明的权利。权利要求书中应包含发明的描述，包括必要图纸以及要寻求专利保护的事项的确切说明。说明应足够清楚，以使本领域技术人员能够实施本发明。摘要仅作为技术资料使用，不得作为任何其他目的考虑。

（三）异议

任何人均有权向专利局提出授予专利的反对。异议人应当声明其依据的理由，并自专利授权公告发布之日起9个月内提出。异议应附带规定的费用。反对意见只能基于专利被授予的理由，而不管以下事实：（1）不符合新颖性、实用性或创作性的规定；（2）它涉及没有以足够清楚的方式公开的发明，以使本领域技术人员能够根据描述来实施本发明；（3）其主题超出了所提交的申请内容。如果提出异议，应向专利所有人通报异议，并提出意见。专利商标局就专利申请的最终决定提出的上诉可以由申请人向专利商标上诉委员会提出。当专利被撤销时，专利所有人可以向专利商标上诉委员会提出上诉，或者专利商标局认定专利可以在异议后以修改后的形式保留。如果专利以未经修改的形式保存，或者专利商标局发现专利可以在经过正式提出的异议的情况下以修改后的形式保留，则可以向专利和商标上诉委员会提出上诉。如果反对方撤回上诉，则在情况合理的情况下，可以对上诉进行审查。

（四）专利权的终止

如果专利权人未按规定支付续展费，则专利权应从未支付费用的年份的开始日起失效。除了未缴纳年费使专利权终止外，丹麦专利法规定了法院可以裁决撤销专利，包括以下四种情形：（1）不符合新颖性、实用性和创造性的规定；（2）涉及未以足够清楚的方式公开的发明，以使得本领域技术人员能够基于说明书来实施本发明；（3）其主题超出了所提交的申请的内容；（4）在专利当局根据专利法有关规定通知申请人可批准专利后，专利所赋予的保障范围已予扩大。

四、保　　护

（一）专利权的保护范围

专利权的保护范围应当由权利要求书来确定。为了解释权利要求，说明书可以作为指导。

（二）专利期限

被授予的专利可以维持到专利申请提交之日起 20 年。专利授予后专利应当在每个费用年度缴纳续展费。

（三）处罚与损害赔偿责任

任何人故意或严重过失侵犯专利授予的专有权（专利侵权），将被处以罚款。对于这种侵权行为，应由受害方提起诉讼。如果侵权行为是在故意的情况下进行并且情节较重的，则可将刑罚提高至 1 年零 6 个月，除非"刑法"规定了更重的处罚。如果侵权行为意图造成重大而明显的非法利益，则应特别考虑加重处罚情节。在这种侵权案件中，除非为了公众利益，只有在受害方提出要求的情况下才能提起诉讼。

另外，任何人故意或者过失侵犯专利权的，应当支付受害方用于开发发明的合理补偿和受害方因侵权行为造成的进一步损害而受到的损害赔偿。为防止进一步的专利侵权，法院可以在提出要求时，特别决定构成专利侵权的产品应：（1）退出市场；（2）明确地从市场上移除；（3）销毁；（4）移交给受害方；（5）以特定方式更改。

（四）专利侵权判定

1. 直接侵权

《丹麦专利法》所规定的直接侵权行为是未经专利权人许可擅自利用本发明，包括（1）制造、提供、投放市场或使用专利产品，或为此目的进口或储存产品；（2）通过提供、投放市场或者使用作为专利标的的工艺获得的产品，或者为此目的进口或者库存产品。

在专利侵权案件中，在做出判决前，法院会采取临时禁令等多种措施，及时制止侵权行为的继续，以避免给权利人造成不可弥补的损害。在 2011 年丹麦法院受理的一起专利侵权案件中，辉瑞是一家总部设在纽约的药界巨头，其专利产品——畅销降胆固醇药 Lipitor 在丹麦销售，丹麦最大的药品批发商 Nomeco A/S 销售印度公司 Ranbaxy 的 Lipitor 仿制药。这家印度制药商的 Lipitor 仿制药于同年 7 月早些时候打入丹麦市场，使得丹麦成为其进军西方国家的第一根据地。此次纠纷涉及辉瑞的三件专利，包括生产过程和中间体混合成分。

受理此次专利保护案的法院在开庭前就对 Nomeco A/S 发出了预备禁令，禁止销售印度公司 Ranbaxy 的 Lipitor 仿制药。

2. 间接侵权

间接侵权规定于《丹麦专利法》第 3 条（2）款“通过使用作为专利主题的过程或者提供在该国使用的过程，如果提供过程的人知道或者在该情况下是显而易见的，那么该过程在未经该专利的所有人同意的情况下不得使用”。

（五）侵犯专利权的例外

在对专利权进行保护的同时，《丹麦专利法》也对专利权做了限制性规定，从而为公众使用专利产品留下合理的空间，具体规定在《丹麦专利法》第 3 条（3）款：专有权不得延伸至（1）为非商业目的而进行的行为；（2）专利所有人在欧洲经济区（EEA）内或在欧洲经济区（EEA）的另一个国家投放市场的产品；（3）为了与专利发明的主题相关的实验目的而完成的行为；（4）为获得欧盟、欧盟成员国或其他国家的人类或动物医药产品上市许可而必须获得专利发明主题的行为；（5）根据个别医疗处方或在如此准备的医药产品上的药剂制剂；（6）对项目做出重大投资并要求率先进行使用的第三方，如果其发明的知识来源于合法渠道，则它仅拥有有限的权利以继续使用和销售专利产品；（7）尽管发明专利已经被授予，但专利所有人以外的人可以在其临时或意外存在的情况下，在车辆、船只或飞机上利用本发明。

五、强制许可

（一）强制许可的情形

《丹麦专利法》第 45 条（1）款、第 46 条（1）款、第 46 条 a（1）款、第 47 条规定了强制许可的情形，分别是：（1）如果发明专利自专利权授予之日起超过 3 年，并且自专利申请之日起超过 4 年的情况下，在该国没有达到合理的实施水平，除非有正当理由不能实施发明，任何希望在本国实施发明的人都可以获得强制许可；（2）发明专利的所有人依赖专利或者属于他人注册登记的实用新型，可以取得强制许可，利用后一项专利保护的发明或者实用新型所保护的发明创造，前提条件是前发明构成重大的经济意义和显著的技术进步；（3）在丹麦，植物新品种通过专利法进行保护，育种人不得侵犯植物新品种权利的，可以申请强制许可实施发明，但是强制许可是开发受保护植物品种所必需的；（4）当重要的公共利益要求时，任何人希望商业性使用为他人持有专利的发明，都可以获得强制许可。

（二）强制许可的条件

《丹麦专利法》第49条规定了获得强制许可须满足的条件，具体包括：（1）强制许可只能授予那些无法以合理的条件获得专利许可的人，并且可能被认为有能力以合理和适当的方式利用该发明，并符合许可条件；（2）强制许可不得阻止专利所有人自行利用发明或者给予他人许可；（3）强制许可只能与被开发的业务或开发的目的一同转让给他人；（4）半导体技术相关强制许可只能用于公共非商业性开采，或者由法院决定或者行政决定确定的反竞争行为。

六、特殊规定

（一）补充保护证书

具有法律效力的欧洲专利组织对国家专利的最长保护期限是20年，但是根据营销授权日期，对药用产品和植物保护产品的保护期限可以延长5年。这受欧盟立法制约和管制。

补充保护证书保护活性化合物或化合物的组合，此二者受专利保护，并获有关当局如欧洲药品管理局授权，允许在市场出售。补充保护证书条款在专利到期时开始执行，且期限不能超过5年。然而，如果药品检测计划已经获得批准，且该计划涵盖所有欧盟成员国，则医药产品补充保护证书有限期可以延长6个月。

补充保护证书的申请必须在颁发营销许可或授予专利权后的6个月内提交。补充保护证书必须适用于每个欧盟国家，补充保护证书的规定同样适用于法罗群岛和格陵兰岛。

（二）实用新型

在丹麦可以申请实用新型专利，丹麦的实用新型体系于1992年开始建立，[1] 实用新型的相关法律规定由实用新型法专门确立。《丹麦实用新型法》规定实用新型专利只能授予产品和设备，不能授予方法和应用。实用新型专利的保护期为10年，自申请日起开始计算。

丹麦对实用新型申请采用形式审查、注册制，应当提交申请书、说明书、专利范围、摘要和图样等文件，实用新型注册申请应当向作为登记机关的专利商标局备案。申请应包含对要求保护主题的陈述。在同一申请中，实用新型注册可能不适用于两个或两个以上相互独立的创造申请。专利商标局发现申请不

[1] 中华全国专利代理人协会．发展知识产权服务业　支撑创新型国家建设［M］．北京：知识产权出版社，2012：224.

符合规定的，应当通知申请人，并在规定的期限内提出异议或者变更申请。如果申请人在期限届满之前未能提出意见或者采取措施纠正申请，申请应予以搁置。申请人在指定期限届满后2个月内提出意见或者采取纠正措施的，应当恢复申请的审查和其他处理。如果申请被发现符合要求，则应该被注册。实用新型登记通知由专利商标局公布。自提出申请之日起15个月后才会予以登记，如果主张优先权的，则直到优先日期之后的15个月后才会予以登记，除非明文要求提前实施申请的公布或者注册。

专利商标局对实用新型专利申请的最终决定的上诉可以由申请人提交给专利商标上诉委员会。上诉应在专利商标局通知当事人后2个月内向专利商标上诉委员会提出。对决定有利害关系的其他当事方可以在决定公布2个月之后提出类似的上诉。专利商标上诉委员会做出裁决前，不得在任何其他行政机关提起诉讼。如果当事人想要向法院提出对专利商标上诉委员会决定的诉讼，则应当在有关当事方被告知决定之日起2个月内提出。

（三）外观设计

《丹麦外观设计法》对外观设计进行保护，保护期自申请之日起自动保护5年，可续展4次，每次5年，最长不超过25年。丹麦外观设计专利申请的程序相对简单，且周期较快。

外观设计的注册申请采用形式审查、注册制，外观设计注册申请应提交丹麦专利商标局，应当提交申请书、该外观设计的图片或模型。要求优先权的丹麦外观设计申请提交期限为自优先权日起6个月。申请书必须包含有关申请人姓名或公司的信息以及设计的复制件。属于洛迦诺分类中的同一类，可以提交一份多项设计的申请。国外申请人须委托丹麦专利代理人提交外观设计申请。在申请时，可以提交模型，在这种情况下，模型将形成注册外观设计的基础。如果申请人是设计人员以外的人员的注册，必须由设计人员在设计登记簿上注明。如果申请符合规定，并且没有发现任何阻止注册的情况，则设计被注册，注册由专利商标局公布。如果申请人要求优先权，则可以推迟至申请日或优先权日起6个月后再公布。

第四节　瑞典专利法律制度

作为欧盟成员国之一，在欧盟知识产权法律体系下，瑞典也有其相应的知识产权国内立法。瑞典是世界上最早保护知识产权和知识产权制度完善的国家之一，同时也是世界上公认的创新型国家，这种优势的产生自然离不开其激励创新、推动科技进步的专利制度。《瑞典专利法》于1967年1月12日公布并实施，现行法是在2016年9月1日颁布实施的，期间经历了十余次修改。专利法只对发明予以专利保护，实行延迟审查制。发明专利保护期限自申请日起不得超过20年。目前在瑞典不能申请实用新型，根据现有法律规定，其尚未对实用新型进行立法保护。另外瑞典对外观设计单独立法予以保护，1970年6月29日颁布外观设计法，1970年10月1日正式生效，现行法为2016年9月1日颁布实施。❶

瑞典是国际上大部分与专利相关的公约和条约的成员，其中包括《保护工业产权巴黎公约》（1885年）、《工业品外观设计国际分类洛迦诺协定》（1969年）、《专利合作条约》（PCT）（1970年）、《国际专利分类斯特拉斯堡协定》（1971年）、《国际承认用于专利程序的微生物保存布达佩斯条约》（1977年）、《专利法条约》（2001年）、《与贸易有关的知识产权协议》（TRIPS协议）、《建立世界知识产权组织公约》。此外，作为欧盟的成员国之一，瑞典还施行了欧盟在专利方面的各项规定。

一、专利制度概况

（一）保护客体

《瑞典专利法》第1条第1款规定凡做出适于工业应用的发明的人或者其权利继受人，经申请，有资格按照该专利法第一章到第十章的规定，在瑞典就该发明获得专利权，从而取得在商业上实施该发明的独占权。因此，瑞典专利法所保护的客体只有发明。

（二）专利享有的权利

瑞典专利权人对其发明享有独占权，这种独占权的具体内容规定在该法第3条第1款和第2款。其中第3条第1款规定"专利所赋予的独占权是指，未经专利权人的同意，任何人不得通过下列方式使用其发明：（1）制造、提供或者使用受专利保护的产品，或者将其投放市场，或者为这些目的进口或者持有这些产品；（2）使用一种受专利保护的方法，或者在明知或者根据情况显然知道未经专利权人同意使用专利方法是被禁止的情况下，提供专利方法在瑞典使用；（3）提供或者使用受专利保护的方法所制造的产品，或者将其投放市场，或者为这些目的进口或者持有这些产品"。第3条第2款规定"独占权也指未经专利权人同意，任何人不得以如下方式实施发明，即在明知或者显然知道某种手段是适合并旨在实施该发明的情况下，将涉及发明实质内容的手段

❶ 参见WIPO世界知识产权组织网站，http：//www.wipo.int/wipolex/zh/profile.jsp？code=SE[EO/BL]，访问日期：2018年1月10日。

提供给无权实施该发明的人在瑞典实施该发明”。由这两款的规定可知，专利权人对专利产品具有独家权利，专利权人的独占权既是一种禁止权又是一种许可权，即专利权人享有独占性地使用其专利产品、专利方法、利用专利方法所制造的产品（此处的使用指广义的使用，包括制造、提供、销售、进口、持有等），并且控制涉及发明实质内容的手段，专利权人既可以禁止他人对其专利的使用，也可以许可他人对其专利的使用。

（三）涉外要求

1. 与国外申请者相关的重要信息——代理人

《瑞典专利法》第12条规定“专利主管机构可以要求在瑞典没有居所的申请人指定一位在瑞典有居所并有资格代为接收通信的代理人，并将代理人信息通知主管机构。如果申请人未按本规定指定代理人，通信将邮寄至最后所知的申请人地址。信件寄出视为完成送达”。也就是说，瑞典专利注册局（PRV）不直接接受外国人的注册申请，非瑞典居民须委托一家瑞典专利注册代理机构办理有关事宜。据悉，瑞典共有这类代理机构200余家，申请人可与瑞典专利注册局联系，请其推荐合适的代理人。申请人和代理人签订一份标准协议后，一切具体手续均由代理人代为办理。

2. 与国外申请者相关的重要信息——国家专利

瑞典是《巴黎公约》与《专利合作条约》PCT的缔约方，故国外企业和个人可以通过《巴黎公约》和《专利合作条约》PCT途径在瑞典申请专利。根据《瑞典专利法》第33条第3款“申请人一旦按照第31条规定向专利主管机构提交申请译文或者在申请是瑞典文或英文时提交副本后，即可适用第22条第二款、第三款的规定”。尽管PRV的工作语言是瑞典语，但其审查团是用双语工作的。因此，PRV接受英文的专利申请，并将根据实际情况进行具体判定，而无须再提交翻译稿。PRV还将根据要求将判定翻译成英文。申请者可根据其发明的重要性以及与先前技术的相斥程度来选择继续进行申请或使其有效。在前者的情况下，瑞典专利注册局要求在公布的2个月前将申请书全文翻译为英文，即优先权日的18个月后。瑞典是欧盟成员国，如果在欧盟某成员国的专利注册机构注册后，再提交一份专利的瑞典文本，即可在瑞典自动得到保护。瑞典专利注册局也是北欧国家在这方面的龙头机构，在瑞典专利注册局注册的专利，同样在丹麦、挪威、芬兰和冰岛自动得到保护。

3. 与国外申请者相关的重要信息——欧洲专利生效程序

若要使一项欧洲专利在瑞典生效，无须在瑞典通过代理来提交翻译文件，但建议提供至少一个有效地址。

瑞典已批准了有关实施 EPC 第 65 条规定的"伦敦协议"，并已于 2008 年生效。若一项欧洲专利在 EPO 获批时所用的语言为英语，在瑞典应提交瑞典语的翻译文件以使其生效。对于以法语或德语获批的欧洲专利，申请人可以选择提交瑞典语的全部文件翻译，或者提交瑞典语的声明及英语的描述和图片。这将节省一定的成本，因为部分"伦敦协议"的缔约国可以接受英语的描述。

4. 国际专利

早在 20 世纪 70 年代，EPC 和 PCT 合作启动之初，瑞典便加入其中。1978 年，瑞典专利注册局成为 PCT 下的国际检索单位和国际初步审查单位。其最新的进展为与日本专利局和美国专利及商标局建立了 PCT 专利审查高速通道（PCT－PPH）协议。PCT－PPH 协议对专利申请所带来的好处是比正常的审查日要提前很多。

二、可专利性

（一）授权的条件

根据《瑞典专利法》第 1 条第 1 款"凡做出适于工业应用的发明的人或者其权利继受人，经申请，有资格按照本专利法第一章到第十章的规定，在瑞典就该发明获得专利权，从而取得在商业上实施该发明的独占权"，第 2 条第 1 款"专利只授予相对于专利申请日前的已知技术而言是新的并且与其有实质区别的发明"的规定，以及瑞典专利申请的绝对新颖性标准，发明获得专利权必须满足申请专利的发明对比所有申请前已知的全球现有发明，它必须具有新颖性，能够解决一个具体的技术问题，并且必须达到不同于此前发明的特别技术水平。

（二）申请相关限制

《瑞典专利法》共规定了 8 种不能申请专利的主题，分别是：第 1 条第 2 款规定"下列各项，不应被视为发明：（1）仅仅是发现、科学理论或者数学方法；（2）仅仅是艺术创作；（3）仅仅是实施智力活动，进行比赛或者商业经营的方案、规则或者方法，或者计算机程序；（4）仅仅是信息显示"。第 1a 条规定"专利不授予植物品种或动物品种。就生产植物或动物的基本生物过程而言，不得授予专利权"。第 1b 条规定"处于其形成和发展的各个阶段的人体，以及仅仅发现其一个要素，包括基因的序列或基因的部分序列，都不能构成可取得专利的发明"。第 1c 条规定"专利不得用于违反公共秩序或者道德的商业性发明"。第 1d 条规定"外科或治疗方法或兽医治疗方法，以及用于人类或兽医学的诊断方法不得授予专利"。

三、专利的申请与审查

（一）申请流程

国家专利授予的实质性法律框架与《欧洲专利公约》（EPC）相协调一致，均包含立法与判例两部分。在 RA1990ref. 84 的判决中，最高行政法院宣布瑞典国内各级法院在处理有关专利有效性类案件时，应依照欧洲专利局（EPO）上诉委员会的判例法。

《瑞典专利法》第二章“瑞典专利申请的程序”对申请流程做出了规定，瑞典采用早期公开延迟审查的专利审批制度，发明专利申请需要经过实质审查。在收到申请后，PRV 首先进行初步审查，调查该发明和申请是否满足授予专利的要求，并将在自申请日起 6 个月内做出新颖性检索和审查报告。申请人须在收到审查意见后的 4 个月内答复审查意见。自申请开始会获得 18 个月的保密期，但此后申请将会公布，因此公众都可以看到。瑞典发明专利申请要求优先权的，可在优先权日起 16 个月内提出，或在新申请提出后 4 个月内提出。专利的保护期是 20 年，自申请日或优先权日起计算，前提是专利权人依法缴纳年费。

（二）申请文件

瑞典专利申请必须用书面形式，向瑞典专利主管机构，或向某外国的专利主管机构或向某一国际组织提出。申请所需要提交的文件规定在《瑞典专利法》第 8 条第 2 款、第 3 款、第 4 款中。第 8 条第 2 款“专利申请应当包括发明说明书，必要时应包含附图，以及要求专利保护的内容（专利权利要求）的具体说明”。第 8 条第 3 款“专利申请还应包括说明书摘要和权利要求书”。第 8 条第 3 款“专利申请应写明发明人姓名和地址。如果专利申请是由发明人以外的人提出，申请人应证明其对该项发明所拥有的权利”。因此，发明专利需要准备的材料包括说明书、权利要求书、说明书摘要、说明书附图以及专利权利要求的具体说明；由申请人签名或者盖章的专利申请委托书（无须公证或者认证）；申请人名称、申请人地址、发明人姓名、发明人地址等信息。

（三）复审

《瑞典专利法》第 26 条第 2 款“如果第 15 条第 3 款或者第 19 条第 2 款的恢复请求被驳回，或者第 18 条的转移请求被允许，申请人可以针对驳回决定或者转移决定提出上诉，请求按照第 18 条给予转移的人可以就驳回”。第 27 条第 1 款“根据第 26 条的上诉应当在决定之日起 2 个月内向专利上诉法院提出”；第 2 款“针对专利上诉法院的最终判决不服可在判决之日起 2 个月内上诉至最高行政法院"。所以，如果专利未被授予，申请人可以向专利上诉法院提起上诉，该法庭可以授予专利。专利上诉法院的判决可以上诉到最高行政院。

（四）无效

《瑞典专利法》第 24 条规定"任何人都有权对已授权的专利提出异议。异议应当在授权之日起 9 个月内向专利主管机构书面提出"。第 25 条第 1 款规定"经异议，在下述情形下专利主管机构应当撤销该专利：（1）授权专利不符合第 1 条和第 2 条的规定；（2）发明未被清楚公开至本领域技术人员能够据其指导实施发明；或者（3）涉及在提交的申请中不明确的主题"。这种规定与 Art. 99EPC 相类似。除了在 Art. 100EPC 中所详尽列出的情况外，如果专利权人没有得到授权，瑞典的国家专利也同样可以提出异议，从而可以由第三方在高效的专利异议程序管理框架下处理有关授权的争议，而无须经过地区法庭。

专利权人可根据其意愿要求自始至终地限制或撤销，此项规定与 Art. 105aEPC 相类似。当专利权人发现对其专利的现有保护范畴不利的先前技术时，可考虑提出此项要求。限制请求可在专利失效后提出。对于在瑞典生效的欧洲专利来说，可向 PRV 提出限制请求并仅在瑞典生效，或者向欧洲专利局提出请求，并在所有缔约国生效。在后者的情况下，该欧洲专利将在瑞典重新生效，并获得新的范畴。

四、保　　护

（一）专利权的保护范围

《瑞典专利法》在第四章"专利的范围和期限"第 39 条规定了专利权的保护范围，即"专利保护的范围应根据专利权利要求来确定。说明书可用于解释专利权利要求"。同时，在权利要求的解释上，《欧洲专利公约》第 69 条及其议定书也是重要的判断依据。[1] 因此，在专利权的保护范围的确定方式上瑞典采用的是折中原则。

（二）专利侵权判定

1. 直接专利侵权行为

《瑞典专利法》对专利侵权的一般规定是第 57 条第 1 款"故意或者因严重过失侵犯专利赋予的独占权（侵犯专利权）的人，应予罚金或者判处最长 2 年的监禁。违反第 57b 条规定的禁令并被判罚金的人，不得就禁令所涉及的侵

[1] 毛金生，谢小勇，刘淑华．海外专利侵权诉讼［M］．北京：知识产权出版社，2012：161.

权行为被判刑”。但是，对于该规定的内容必须结合《瑞典专利法》第3条的规定来判定。第3条规定了何种行为构成专利侵权。

专利所赋予的独占权是指，未经专利权人的同意，任何人不得通过下列方式使用其发明：(1) 制造、提供或者使用受专利保护的产品，或者将其投放市场，或者为这些目的进口或者持有这些产品；(2) 使用一种受专利保护的方法，或者在明知或者根据情况显然知道未经专利权人同意使用专利方法是被禁止的情况下，提供专利方法在瑞典使用；(3) 提供或者使用受专利保护的方法所制造的产品，或者将其投放市场，或者为这些目的进口或者持有这些产品。

以下是一个瑞典涉及产品提供的重要案例（DT39/00 \ 事件 T 1253/89）。在该案中，瑞典公司的原告发明了与各种型号或规格容器的拐角相符的扭转锁。同为瑞典公司的被告则在英国开始其扭转锁的制造，并将扭转锁向瑞典和芬兰的顾客出售。作为侵权产品扭转锁由被告位于斯德哥尔摩郊外的瑞典公司提供出售，并运往芬兰和瑞典销售。在芬兰出售的扭转锁没有通过瑞典的领土。原告使用瑞典的专利权，向瑞典的法院起诉被告。由于专利在芬兰是不适用的。原告在提起涉及向芬兰提供扭转锁的诉讼时，也援用了瑞典的专利权，此外，被告向瑞典的接收人提供发票的事实，证明被告在芬兰曾出售扭转锁。因此，原告主张其侵犯了瑞典的专利权。瑞典地方法院和上诉法院做出的判决均支持原告，即支持专利权人的诉讼请求，被告在两个时间（在瑞典出售和在芬兰出售）中，由于涉及瑞典的专利权侵权，因此必须支付损失赔偿金。上诉法院还判决增加了损失赔偿金。[1]

在该案中有一个争论点，《瑞典专利法》第3条在“方法权利要求”和“产品权利要求”之间设置了差异。其规定专有权不包括购入从海外使用的方法。对于在海外（即瑞典以外的各国）购入产品，该法第3条完全没有谈及。法院对此的结论是：专有权利包含在海外购入的产品之中。

2. 连带侵权

连带侵权规定于《瑞典专利法》第3条第2款：未经专利权人同意，任何人不得以如下方式实施发明，即在明知或者显然知道某种手段是适合并旨在实施该发明所说的情况下，将涉及发明实质内容的手段提供给无权实施该发明的人在瑞典实施该发明。如果该手段属于可以广泛获得的普通商业产品，本款只适用于提供手段的人企图引诱接受人进行第1款所述行为的情况。

---

[1] 毛金生，谢小勇，刘淑华．海外专利侵权诉讼［M］．北京：知识产权出版社，2012：168.

（三）侵犯专利权的例外

《瑞典专利法》第3条第3款、第4条第1款、第5条中对专利权进行了限制性规定，将一些使用专利的行为排除在侵犯专利权外，从而为公众使用专利保留了空间。第3条第3款规定"下列情况不视为侵犯独占权：（1）非商业性的使用；（2）使用由专利权人或者经其同意投放在欧洲经济区市场上的、受专利保护的产品；（3）在与发明本身有关的实验中使用发明；（4）与参照药品有关的研究、试验、检验和实际操作措施；（5）根据个别情况下的医生处方药物或者在这种情况下准备的医药产品的措施药物制剂"。第4条第1款规定"任何在某项专利申请提出时已经在瑞典商业性地使用该项发明的人，无论该专利是否授予，均可继续其使用并保持其总体特点，只要该使用不构成对申请人或者先前的合法权利人的明显损害。这种使用权根据情况也适用于为在瑞典商业性地使用某发明已作了实质性准备的人"。第5条规定"尽管一项发明被授予了专利，在定期交通或者其他情况临时进入瑞典的外国运输工具、飞行器或者其他外国通信设施上仍可为其自身需要使用该发明。尽管一项发明被授予专利，瑞典政府可以判令进口外国飞行器的备件和附件并用于在此修理，只要该国对瑞典飞行器给予同等待遇"。

（四）侵权的法律责任

侵权行为的法律责任规定于《瑞典专利法》第57条：故意或者因严重过失侵犯专利赋予的独占权（侵犯专利权）的人，应予罚金或者判处最长2年的监禁。试图或者准备进行前述犯罪的人，应当按照《瑞典刑法典》第23章的规定给予处罚。

五、运　　用

（一）强制许可

《瑞典专利法》第45条第1款对强制许可做出了下述规定：如果自授予专利权起满3年，而且自提出专利申请起满4年，该项发明在瑞典没有以合理程度实施的，若无可接受的未实施该发明的理由，希望在瑞典实施该项发明的人均可获得强制许可。

（二）专利质押

1967年颁布实施的《瑞典专利法》，并未对专利质押制度做出明确规定。后因专利制度的缺失导致瑞典各级法院无从识别和判断专利质押行为的法律效力，不利于专利权质押活动的开展，阻碍了发明家获取外源性资金。[1] 于是瑞典于 1987 年第五次修改专利法时，将这一制度写入了专利法，并单独作为一章，现共包括 12 个条款，内容涉及出质对象、质押登记的效力、重复质押、质押失效的除外规则、登记机关的确立、登记机关的审查义务等。从程序设计到实体框架，搭建起专利质押的整体框架。

1. 出质对象

《瑞典专利法》第 94 条规定，已授权专利或者在瑞典具有效力的专利可根据该章的规定质押。但是，就第 80 条第 3 款、第 95 条第 1 款和第 2 款、第 96 条第 1 款和第 3 款、第 97 条第 1 款和第 3 款以及第 99 条、第 100 条和第 104 条提到的欧洲专利而言，不适用。质押还可适用于：（1）瑞典专利申请；（2）已根据第 31 条进入瑞典或者根据第 33 条第 3 款或第 38 条进行处理的国际专利申请；或者（3）根据第 88 条专利主管机构已经收到译文的欧洲专利申请，或者根据第 93 条已经转化的欧洲专利申请。专利申请的质押还包括申请中被分案的部分。因此，可以出质的权利包括瑞典授予的专利和在瑞典生效的欧洲专利；瑞典专利申请权；国际专利申请权和欧洲专利申请权。不仅专利权可以出质，专利申请权也可以出质。

2. 专利质押登记机关

《瑞典专利法》第 95 条第 1 款规定，对专利或者专利申请的质权通过书面质押合同的登记成立。登记申请向专利主管机构提出。瑞典的专利主管机构为专利注册局，因此瑞典专利局承担对专利及专利申请的质押登记义务。

3. 专利申请登记簿

《瑞典专利法》第 95 条第 2 款规定，如果已登记的质权已经转移给他人，应经请求记录在专利登记簿上或者专利申请登记簿上。第 96 条第 2 款规定，除非有相反证据，专利登记簿上的专利权人被视为对专利拥有权利的人。如果登记申请涉及对专利申请的质押，除非有相反证据，专利主管机构记载的发明人或者受让人被视为拥有该专利申请的权利人。因此，专利申请登记簿具有公示效力，在发生权属纠纷时，可以作为证明权利归属的初步证据。

4. 重复出质

《瑞典专利法》不仅明确规定了专利权或专利申请权可以重复出质，而且区分了不同质权之间的优先效力。《瑞典专利法》第 95 条第 3 款规定，如果质押已向两个或者多个人分别做出，除另有协议外，登记申请首先被专利主管机构收到的质押优先。第 4 款规定，如果在同一天提出多个质押合同的登记申

---

[1] 韩赤风，张兆永．瑞典专利质押制度及其借鉴［J］．知识产权，2015（10）：136.

请，除另有协议外，应按申请的时间顺序确定先后。如果同时申请或者无法确定时间顺序，则具有相同的权利。

5. 单方登记申请

《瑞典专利法》第96条第1款规定，登记申请应由专利权人或者专利申请人或者接受质押的人提出。申请人应当确认出质人对专利或者专利申请的权利。

六、特殊规定

瑞典对外观设计进行单独立法，外观设计的定义是：“对产品外形的线条、图样、形状位置或三维形状及颜色与其结合做出的新的、原创的设计”。对于外观设计的申请，瑞典专利局将在发出受理通知的3个月内进行审查，但并不审查新颖性和独特性，仅对申请是否违背公共道德等问题进行审查。审查合格后，外观申请需要6~8周方可授权，授权后的2个月内任何人可对此外观设计提出异议。申请外观设计需要准备的材料包括：（1）需要提供正六面视图和立体图；（2）对外观设计的简要说明，包括产品名称、用途、设计要点等；（3）由申请人签名或者盖章的专利申请委托书（无须公证或者认证）；（4）申请人名称、申请人地址、发明人姓名、发明人地址等信息。

第五节　本章小结

欧盟成员国中选取了德国、法国、英国、丹麦和瑞典等国家阐述其专利制度，其专利制度相对比较完善，能很好地为其经济社会发展服务。

德国的专利制度至今已经形成完善的法律体系，我国的专利制度很多都是从德国借鉴过来。一方面，在专利法律中，明确规定了可授予专利等的保护客体和发生侵权时相应的法律救济措施。另一方面，为了维护发明人的正当权益，在专利法等相关法律中专门规定了严厉的惩戒条款，一旦确认侵权，地区法院有权没收、销毁侵权产品，侵权人将面临刑事处罚。在司法保护方面，德国的法院系统分为普通法院、劳动法院、行政法院、社会法院和税务法院五个系统。专利诉讼属于民事案件，因此其适用于普通法院系统。专利案件依其性质而划分为无效、异议案件和侵权案件。对于不同性质的专利案件，应向不同的法院提起诉讼。设有专门的专利法院，不服德国专利商标局的法律事务部的审理的，可以向专利法院提起申诉。在海关保护方面，海关有权查扣、没收涉嫌侵权的产品，是行政执法中的重要一环。

法国运用《知识产权法典》的形式对专利进行保护，其法典对专利保护客体规定最广泛，确定生物技术、基因工程、卫星传播中新技术的可专利性，注重知识产权保护的体系化。

丹麦对发明、实用新型和外观设计分别立法予以保护，既可以对每一种客体通过详细的立法进行规定，又可以根据不同客体的自身特点分别加以规定，从而实现对专利的完善保护机制。欧盟由多个主权国家组成，在不同国家之间，经济、科技发展以及综合竞争力有很大不同。在创新绩效上，国与国之间也有实质性不同，其中丹麦则是以创新为产业优势的国家，激励创新和对创新成果的保护自然离不开完善的专利制度，丹麦对专利制度翔实的规定非常值得我国借鉴。

瑞典拥有全球最好的科研教育机构、稳定的社会经济、一流的商业环境和完善的创新系统。[1] 据欧洲专利局的一份报告显示，2016 年瑞典人均专利申请数量仅次于瑞士、荷兰，居于第三位。作为创新强国，通过对瑞典专利法的介绍，可以看出瑞典的创新成果离不开瑞典专利制度的完善性和先进性，尤其是其专利质押制度，对于实现专利成果的转化具有重要意义，这一点也非常值得我国借鉴。

---

[1] 韩宇，史岸冰．生物技术产业现状与发展前景［M］．广州：广东经济出版社，2015：144.

第八章　非欧盟国家专利法律制度

第一节　概　述

欧洲共45个国家/地区，目前不是欧盟成员的有：英国、俄罗斯、土耳其、乌克兰、白俄罗斯、冰岛、瑞士、挪威、马其顿、阿尔巴尼亚、阿塞拜疆、格鲁吉亚、黑山、斯洛文尼亚、塞尔维亚、波斯尼亚和黑塞哥维那、科索沃、摩尔多瓦等国家。欧盟成员目前已经扩大到27个，此部分内容请参阅本书的欧盟专利法律制度部分。在上述非欧盟国家中，由于各自的特殊原因未加入欧盟，同时各自的经济、政治、文化发展水平也有较大差距，特别是在经济水平和专利保护水平上更是千差万别。以下简要介绍几个重点国家的基本情况。

（1）俄罗斯。俄罗斯是中国的邻国，横跨亚欧大陆，据中国海关统计，2016年中俄贸易额为695.6亿美元，同比增长2.3%，中国继续保持俄罗斯第一大贸易伙伴地位。2017年，伴随着俄罗斯与中国友好关系的快速发展，“一带一路”倡议越来越受到俄罗斯社会各界的重视和青睐。俄媒体对“一带一路”的报道呈现井喷式增长，俄社会舆论对欧亚经济联盟与“一带一路”的对接充满期待。

（2）乌克兰。乌克兰是世界上第三大粮食出口国，有着“欧洲粮仓”的美誉。乌克兰工农业较为发达，其农业产值占国内生产总值20%。重工业在工业中占据主要地位。参与“一带一路”倡议对乌克兰是一个重大机遇，有利于发挥乌克兰贸易与运输潜力。乌克兰地处欧亚结合部，拥有得天独厚的地理优势，多条运输走廊可为运往欧亚非三大洲的货物提供中转服务。为利用这一优势，乌克兰计划实施一系列基础设施项目，包括建设港口、粮仓、冷库等。[1]

（3）白俄罗斯。白俄罗斯地处中欧平原，有丰富的森林、钾盐、泥炭和水资源。工农业基础较好、工业部门齐全、机械制造和加工业发达。2013年

[1] 钟忠，陈俊锋．乌克兰副总理说“一带一路”是乌克兰的重大机遇［EB/OL］．［2018－01－31］．http：//www.xinhuanet.com/world/2017－10/05/c_1121763877.htm.

中国和白俄罗斯建立了全面战略合作伙伴关系，2014 年 12 月 22 日，双方签署共建“丝绸之路经济带”合作议定书。2016 年 9 月，白俄罗斯总统访华期间，双方签署联合声明，将两国关系提升至相互信任、合作共赢的全面战略合作伙伴关系。双方在白俄罗斯建立了中白工业园，该工业园是独联体国家中税收政策最为优惠的工业园区。各种政策和措施的落实，对于中白两国的友好合作共赢提供了更多的机会，对于我国企业对外投资有着良好的影响。

（4）塞尔维亚。塞尔维亚地处东南欧巴尔干半岛中部，与克罗地亚、波黑、黑山、阿尔巴尼亚、马其顿、保加利亚、罗马尼亚以及匈牙利接壤。国土面积 7.75 万平方公里（不含科索沃地区）。北部为著名的伏伊伏丁那多瑙河冲积平原，地势平坦，土壤肥沃，被誉为粮仓。中部、东部、西部及南部为丘陵和山地。目前，塞尔维亚与中国合作开展了若干“一带一路”重大旗舰项目，例如中欧陆海快线的匈塞铁路项目、河钢对塞钢厂的收购项目和科斯特拉茨热电站项目等。这些项目为塞尔维亚人民带来了切实的利益，同时也顺应了我国产能的需求以及“一带一路”倡议的规划。此外，这些大项目的有效实施还能够为其他中东欧国家，乃至欧洲国家起到示范效应，鼓励这些国家积极参与“一带一路”倡议，开展与我国的合作。❶

（5）瑞士。瑞士国土面积 41 284 平方公里，北部与德国接壤，东临奥地利和列支敦士登，南临意大利，西临法国。全国地势高峻，西北部的汝拉山区、中部的平原及南部的阿尔卑斯地区构成三个自然地形区。连接欧洲南北的主要干线穿越瑞士的阿尔卑斯山。在瑞士，几公里内的土地上就会看到完全不同的景色及气候条件。2016 年 4 月，中瑞两国共同宣布建立创新战略伙伴关系，瑞士成为中国第一个也是唯一一个以创新为标志的战略伙伴，这对深化两国合作具有重要引领作用，两国加强创新合作的新时代由此开启。瑞士积极支持中国的“一带一路”倡议，在欧洲国家中率先加入亚洲基础设施投资银行（简称“亚投行”）。2017 年 1 月 15 ~ 18 日，中国国家主席习近平对瑞士进行国事访问、出席世界经济论坛 2017 年年会并访问瑞士国际组织。❷

本章选择非欧盟国家中的俄罗斯、瑞士和塞尔维亚三个国家进行详细介绍，较为详细地介绍上述三国的专利法。在介绍每个国家的专利法过程中，第一部分概述该国家专利法的立法历史、现行专利法的立法体例以及该国所加入的国际公约或协定的情况；第二部分则对现行专利法进行详细介绍，涉及该国

---

❶ 马骏驰．塞尔维亚总统访华　开启 2017“一带一路”新篇章［EB/OL］.［2018 - 01 - 31］. http：//opinion. haiwainet. cn/n/2017/0401/c351062 - 30834662. html.

❷ 张茂荣. 习近平瑞士行为“一带一路”迎来新机遇［EB/OL］.［201/ - 01 - 31］. http：//www. beijingreview. com. cn/shishi/201701/t20170119_800085817. html.

现行专利法所包含的专利制度、专利保护的范围与保护方式、侵权与维权以及其他相关内容；最后一部分则对该国的专利法进行简单评述，总体来看能够涵盖到相关国家专利法的全部主要内容，对于理论研究和对外投资实务工作具有一定的参考价值。

俄罗斯知识产权法作为民法典的第四部分，是全球范围内较为特殊的立法方式，而瑞士和塞尔维亚则通过单行法的方式对专利进行保护。本章内容写作的参考资料主要为上述三国在各自的知识产权主管机关官方网站上公布的最新文本，其中俄罗斯专利法为俄文文本，瑞士和塞尔维亚为英文文本。同时，还参考了国内相关学者的译本或者论文等资料，下文中已做出标注。

第二节　英国专利法律制度

一、专利制度概述

英国在知识产权方面已参加了众多的国际公约，包括1883年《保护工业产权巴黎公约》、1886年《保护文学艺术作品伯尔尼公约》、1961年《罗马公约》、1970年《专利合作条约》、1994年《与贸易有关的知识产权协议》(TRIPS协议)等。根据1994年TRIPS协议第2条和第9条的规定，除不适用《伯尔尼公约》保护精神权利的规定之外，所有成员都必须实施《伯尔尼公约》《巴黎公约》《罗马公约》《集成电路知识产权公约》的规定，而不管这些成员是否签署上述知识产权公约。TRIPS协议第3条同样规定了国民待遇原则，但其第2款规定相关行政程序和司法程序除外，因此，根据TRIPS协议，一般应适用保护国法，只有在涉及相关行政程序和司法程序等少数情形时才适用法院地法。

对于上述所参加的国际公约，英国先后通过了相应的国内法予以实施。上述国际公约几乎都提及国民待遇原则，这一原则要求法院地国在选择准据法时一般应适用保护国法。但是，保护国法这一表述过于宽泛，在知识产权的不同领域，保护国的确定方式是不同的，而且，这些国际公约主要涉及保护知识产权的统一实体法，而并非专门的知识产权冲突法公约，显然，仅仅依据这些国际公约不可能完备地解决知识产权的冲突，因此，英国的相关国内法除实施这些国际公约之外，又规定了许多有关法律适用的规则。

英国最新的专利法文件为"2007年专利条例"，其自2007年12月17日起施行。规则"2007年（SI 2007年第3292号）"，纳入2017年4月6日起生效的所有修正案。该合并不包含尚未生效的未来修正案。2007年"专利规则"

完全取代了1995年专利规则（经修订）和1997年专利（补充保护证书）规则。❶

（一）保护的客体

（1）属于下列情况之一者，按本法规定不作发明论，即①发现、科学理论或数学方法；②文学、戏剧、音乐、艺术作品或任何其他美学作品；③从事智力活动、文体游戏或进行业务的方案、规则、方法或计算机程序；④信息的表达。

按上述规定在该法中不得视为发明的事物，系仅就其专利权与专利申请而言，不得视为发明。

（2）属于下列情况之一者，不得授予专利：①发明的发表或采用一般有可能鼓励违法、不道德或反社会行为的产生；②动物或植物的任何品种，动物或植物的任何基本属于生物学过程的繁殖方法，但不属于微生物学处理方法或该类方法的产物。

（3）不得只因联合王国现行的任何法律或其中的某些规定对某些行为有所禁止，则将该类行为视为如第（3）款中所列的违法、不道德或反社会的行为。

从以上规定可以看出，英国对专利的获得不仅从正面也从反面对专利的新影响进行了规定和限制，一方面鼓励了人们进行发明创造，另一方面防止人们对一些公理的抢占与垄断，以便更好地发挥专利法的功能。

Young诉Rosenthal&Co案（1884）："……一个关于观念或数学公式或诸如此类的任何东西不能成为一项发明的对象"。医学方法和疾病的治疗技术是不能授予发明权的，但新产品如药品则可能授予专利权（Wyethand Brother Ltd's Applicationband Schering AG's Application案[1985]）。虽然混合物药品可作为专利的对象，但服药的指导说明不能授予专利权。如果这些指导说明以一种新颖的形式结合进包装中，那么它也可以被授予专利权（Organon Laboratories Ltd's Application案[1970]）。❷

（二）专利权的主体

可申请专利的主体为：

（1）申请和取得专利的权利，任何人均可单独或另一人共同提出专利申请。

---

❶ 参加英国知识产权局网站，https：//www. gov. uk/government/organisations/intellectual – property – office［EO/BL］，访问日期：2018年3月10日。

❷ 知识产权法（最新不列颠法律袖珍读本）［M］. 徐亮，译. 武汉：武汉大学出版社，2003.

（2）发明专利可授予下列之一者：①主要是授予发明者或共同发明者；②不授予上述人等，而根据法律、外国法律、条约或国际公约的规定或条例，或根据在做出此项发明前发明者达成任何协议所必须履行的条件，在发明过程中有权在联合王国获得此项发明全部产权；③在任何情况下，专利可授予上述提到的某一个或若干个人的一个或若干个法定继承人；或授予任何上述的人以及另一个上述的一个或若干个合法继承人。

（3）该法中提的一项发明的“发明者”，系指该发明的实际创造者，“联合发明者”也应同此解释。

（4）除有相反的情节能成立外，申请专利的人应为按照上述款有资格获准专利的人，两个或两个以上联合提出申请的人，也应为有资格获准专利的人。

在一项发明批准专利前的任何时候（无论是否已提出申请）：

（1）任何人可向专利局局长提出异议，探究他有否资格获得此项发明的专利单独地获得，或其他人共同获得，或他是否已有资格或可有资格享受批准专利后或专利申请案所赋予的权利。

（2）为此项发明申请专利的两个以上共有者中的任何一个人，也可就申请案中的权利是否应被转让或授予任何其他人提出异议。专利局局长可就这个异议做出决定，并就该决定发出专利局局长认为适宜的命令。

（三）专利权的限制

1. 不视为专利侵权的情况

专利权是一种法定的垄断权，法律创设这种垄断权是为了实现保护和鼓励发明创造、刺激技术创新的目的，但专利法的目的远不在于此，专利制度也必须兼顾专利权人、专利技术使用者和社会公共利益。因此，设计一种合理的运作方式防止专利权人滥用就显得尤为重要。英国在专利法中首先规定了不视为侵犯专利权的行为。

（1）专利侵权的抗辩。许多抗辩事由可对抗一项专利侵权的指控。这包括偶然侵害，一个偶然的侵害行为，例如，产品被制造出来是由于偶然，不会构成一个侵权行为。私人使用行为是出于私人或非商业目的不属于侵权行为。实验出于实验的目的，而以使用专利物质为条件进行的行为不是侵权行为。权利欠缺，专利权主张者以非法或不当的手段获得专利并本不应享有该项权利。

（2）权利穷竭。即一个产品经过专利人同意已经投放市场的情况，如果一个专利权所有人已经同意对产品的一次处分，那么他无权反对随后的处分行为。

2. 专利的撤销

撤销的理由有：发明不是一个可授予专利权的发明；专利被授予一个没有

资格获得专利权的人；专利详细说明书没有充分揭示专利内容；禁止性的修改。

3. 对优先权日期的规定

由于专利权具有强烈的地域性，而且发明人往往会因为申请同一件专利申请的前后问题而产生纠纷，专利一般采取“先申请原则”，在英国专利法中，申请专利的一项发明的优先权日期或包含在此件申请中的任何其他内容的优先权日期（不管它是否与此发明相同），除本法下列规定之外，均指提出申请的日期。其内容是本款规定可能构成侵害专利的行为，凡有下列情况者不作侵害论：（1）属于个人行为且无商业上的目的；（2）为进行与该发明主题有关的实验的行为；（3）此行为的采取是为了按已注册的内科或牙科开业医生的处方为个人临时调制一种药剂，或处理这样调制的一种药剂；（4）此行为是为了纯粹关系到一艘有关轮船的需要而采取的，即当该船暂时或偶然驶入联合王国内河或领海时，在此船舶上或其他器、索具、器件或其他附件内使用的产品或工艺；（5）此行为属于使用于暂时或偶然进入联合王国或穿越联合王国（包括联合王国上空和其领海）的有关飞机、气垫船或车辆的体内或操纵中使用的产品或工艺，或使用于此类飞机、气垫船、车辆的附件上；（6）此行为属于使用一架合法进入或飞越联合王国的有豁免权的飞机，或向联合王国进口或在联合王国使用或贮存此类飞机的零件或附件。

二、可专利性

专利权作为一种国家根据发明人或设计人的申请，赋予一些对社会具有符合法律规定的利益为前提，根据法定程序在一定期限内授予发明人或者专利人的一种排他性权利。发明作为一种能够解决较为重大的技术问题而对产品、方法和改进提出的新的技术方案，它需要符合一定的条件。

只有满足下列条件的发明才能获准专利：

（1）发明是新颖的。英国专利法规定，一项发明只有当它不构成现有技术的一部分时才被认为是新颖的；并对现有技术进行了说明，从发明来讲现有技术应被认为包括所有的事物，举凡在此项发明确权日期之前任何时候已以书面或口述形式，或因使用，或以任何其他方式公之于众的（不管是在联合王国或其他地方），不具有新颖性。

（2）包含有创造性步骤。如果一项发明对一个熟悉这门技术的人来说，并不是显而易见的，同时，注意了仅因上述条款而构成现有技术一部分的事物，那么，该项发明应被认为包括一个创造性步骤。

（3）可用于工业。英国专利法规定：①假如某一项发明在一种产业（包括农业）中能够制作或使用，此项发明应被认为能作工业上的应用；②对人或动物身体进行外科手术治疗或诊断的方法方面的发明,不应看作能够进行工业应用的发明；③对含有一种物质或物质组合的产品,不得因此产品用于上述规定的方法而不认为它能作工业应用。

三、申请和审查

（一）申请专利的一般步骤

英国申请专利的一般步骤可以描述为：申请、检索、公布、实质审查、授予专利权。

（1）申请文件的提交：向英国知识产权局提交专利申请表和专利规范。申请费和搜索费可以延期一年缴纳。

（2）初步检查和检索：初步审查报告发出时，里面可以包含任何需要予以纠正的正式要求，并带有搜索报告。

（3）公布：从申请日期起 18 个月内，英国知识产权局出版规范不涉及是否公开，以及发明是否符合专利能力要求。

（4）实质审查：申请人必须在出版后 6 个月内提交实质审查请求。然后英国知识产权局将审查该案例，并可能会提出异议，如果发明是显而易见的，修正案在某些情况下可能克服异议，并最终保障专利安全。

申请可以在网上提交，许多后续的程序也可以在网上进行。一旦获批，专利从申请日起可以保持 20 年的有效期。续期费在第五年缴纳，此后每年一缴。在标识专利文章时，现在可以通过在文章上添加网址作为标识，来代替以往的专利号和专利国家名称。

（二）专利的申请文件

为了将相关资料保存下来，为日后检索提供资料与方便，并在发生纠纷时有据可查，《英国专利法》做出如下规定。

（1）每件专利申请都必须：①按规定的形式编写，并按规定的方式呈交专利局；②按本款规定缴费（本法下文称申请费）。

（2）每件专利申请必须包含：①批准专利的申请书；②专利说明书，内容包括发明介绍，一项或几项请求权项，以及发明的叙述或权项中引述的任何附图；③摘要。

（3）专利申请案的说明书应以足够清楚和完整的方式披露此项发明，使任何熟悉本行业的人都能实施此项发明。

（4）在不违反上述款的情况下，规则中可规定在按说明书操作中需要使用微生物时，申请说明书应符合哪些要求，方可根据该法被认为是符合上述款规定。

(5) 权利项应：①详细说明申请人要求保护的内容；②简明扼要；③说明书符合；④要关系到一件发明或形成一个发明概念的一组发明。

从以上内容可以看出，权利项说明是专利申请中重要的内容，权利要求可以日后成为他人使用相关技术的行为是否构成专利侵权的依据。所以在申请文件中，应该以权利要求为依据，清楚、简要地限定要求专利保护的范围。

同时，英国在申请文件中对权利要求书采用的是目的解释。比如在Catnic案的第三审中，英国上议院法官阐述了其“目的解释方法”的观点：对于专利说明书，应进行目的解释。每一个案件所面临的问题是：对于发明所意定使用的领域具有实际知识和经验的人来说，是否认为专利权人将严格遵循权利要求书中的用语作为发明的必要条件，即使对于发明的实施方式没有实质影响的任何变更都将会落入专利独占权的范围之外。这种理论的出发点在于，专利权利要求书是专利权人自己撰写的、用以设定专利权独占范围的文件。因此，在根据专利权利要求书确定专利的独占范围时，应当重视专利权人的意思。专利权人的意思并不是指专利权人内心的意思，而是本领域技术人员所理解的专利权人的意思。在2004年10月判决的Kirin－Amgen案中，已经成为英国上议院法官的霍夫曼（Hoffman）又对目的解释方法进行了进一步阐释：

(1) 议定书问题只是确定专利保护范围的指南，而不是标准，在有些案件中不能适用。(2) 在解释权利要求、确定专利保护范围时只需要回答一个问题——本领域的技术人员对专利权人使用权利要求书中的语言是如何理解的。(3) 英国的目的解释和美国的等同原则，都是为了突破字面主义在解释专利权利要求方面给予专利权人合理保护的阻碍。英国采用目的解释，就不可能再采用等同原则。(4) 判断本领域技术人员对专利权利要求是如何理解时，本领域技术人员通常所具有的知识以专利申请日（优先权日）的知识为准。

(三) 关于提出申请案的日期

申请日在专利法中具有重要的作用，它可能涉及专利的申请是否成功，所以对相关关系人的影响也是很大的。在英国专利法中规定的专利申请的呈递日期是指，除依本法下列规定外应以有关申请的下列条件最先得到全部满足的日期为准。即（1）向专利局呈交的文件中应说明：为请求专利呈递申请书；(2) 证明专利申请人身份的文件；(3) 有对请求专利的发明提出说明的文件（不管此项说明是否符合本法其他规定或符合有关规则）；(4) 该申请人缴纳申请费。假如任何这样申请案中绘图的提供日期，比按照上述条款被认为是提出申请案的日期较晚，但在按下面条款开始初步审查申请案之前，专利局局长将给申请人一个机会，在规定的期限之内提出请求，将提供绘图的日期作为根本法提出申请案的日期。

（四）申请案的公布

《英国专利法》规定：申请案具有提出的日期，待规定时间结束后，只要该申请案在专利局准备公布就绪之前不被撤销或驳回，专利局局长就应尽快将此申请案按呈递时的形式公布（不仅包括原来的权项，而且包括对这些权项的修改以及在公布的准备就绪前提出的全部新权项要求），但是如申请人要求，专利局局长也可以在上述规定时间之内将上述申请案公布；不管在何种情况下，都要在刊物上报道该申请案已公布和公布的日期。

（五）初步审查和查档

《英国专利法》做出如下规定。

（1）一件专利申请案具有提出日期且未被撤回，在规定时间结束之前：申请人以规定形式请求专利局进行初步审查和查档时；为审查和查档缴纳规定的费用（查档费）后，专利局局长将把申请案交审查员进行初步审查和查档；除该申请案包括一项或一项以上的权项，他不把此申请案交付查档。

（2）在对一件申请案进行初步审查时，审查员应判断申请案是否符合本法要求，以及根据本法制订的规则中关于形式要求的规则，并应将其判断报告专利局局长。

（3）假如向专利局局长的报告认为申请案不完全符合形式要求，专利局局长可给申请人一个机会对报告提出意见，并在规定的时间内修改申请案，使其符合这些要求；如果申请人做不到这一点，专利局局长可以驳回申请案。

（六）实质审查以及批准或拒批专利

在公开后6个月内，申请人应当请求一次审核和检查。

专利局局长把一件申请案交审查员进行初步审查和查档的条件得到满足时，并且在根据该款提出请求的时候或在规定时间内：（1）申请人按规定的形式向专利局要求进行实质审查；（2）为进行该审查缴纳规定的费用。

专利局局长将把此申请交审查员进行实质审查；如果申请人没有在规定时间内提出此项要求，或未缴纳所规定的审查费，该申请案应看作在所规定的时间结束时已被撤销。

1. 发明

英国发明专利申请程序与中国有一定差异，其授权流程为：专利申请、形式审查、检索、早期公开、实质审查、专利授权。

主要差异在于：（1）检索，英国知识产权局在收到申请人提交的检索表格之后，将检索已公开的现有技术，以确定该申请是否具有新颖性，或者是显而易见性，并将检索到的文件副本发送给申请人。如果申请的某一处或几处不符合形式要求，英国知识产权局也会向申请人发出通知。从收到申请人请求检索的表格到得到检索结果，英国知识产权局需要花费3~4个月。中国在专利申请中，并无此程序。(2) 英国享有12个月的优先权，但优先权文件认证本可于优先权日起16个月内补交。

2. 外观设计

英国外观设计采用注册制度，要求具有相对新颖性，无法单独使用或纯功能性的造型设计不能取得外观设计专利。享有6个月优先权，申请时即需要主张，优先权文件认证本可于优先权日起3个月内补交。英国外观设计在大部分英联邦国家都可得到保护。

3. 英国专利申请费用，如表8-1所示。

表8-1 英国专利申请费用

类型	费用名称	官费（英镑）
发明	申请费	30
	检索费	150
	实审费	100
	授权费	50
外观设计	申请费	60（首件申请） 440（第二件起）

具体法条规定：

(1) 按照该法批准的一件专利，在该法下列规定中应被认为在批准通告在刊物上发表之日获得批准，即日生效，并应遵守下述第 (3) 款持续生效，直到由提出该项专利申请之日或另外规定的其他日期开始算起的20年结束时为止。

(2) 除将该规则的草稿提交议会两院并决议通过外，不得按该条制订有关其他日期的规则。

(3) 一件专利在转期费的规定缴纳日期结束时，如未能缴纳，应停止生效。

(4) 假如在所规定的日期结束之后的6个月的时间里缴纳转期费以及任何规定的附加费，此项专利在本法中应认为它从未失效。

(七) 批准专利的公布和专利证书

(1) 按照该法批准一件专利之后，专利局局长应尽快地在刊物上发表一项通告，公布该项专利已经获准。

（2）专利局局长在发表通告之后，应尽快地送给该专利权人一份规定格式的批准证明书，证明此专利权人获准专利。

（3）专利局局长发表了有关一项专利通告的同时，还应发表该专利的说明书、专利权人的名字和发明者（如不是专利权人）的名字，以及专利局局长认为需要发表的构成或关系到该项专利的任何内容。

四、保　　护

（一）专利的保护期

发明专利的保护期限为20年。外观设计自申请之日起自动保护5年，可续展4次，每次5年，最长不超过25年。接受语言申请文本为英语。

（二）专利的放弃与注销

1. 专利的放弃

（1）专利权人可在任何时候通知专利局局长放弃他的专利。

（2）一个人可通知专利局局长，对根据该条放弃的专利提出异议；如果他这样做了，专利局局长将通知该专利权人并决定这个问题。

（3）假如专利局局长认为该专利的放弃合理，即可接受此项要求，并且自他的接受声明在刊物上发表之日起，此件专利即停止生效，但对于在该日之前的任何行为提出的侵害、诉讼均不成立，在该日之前，为了王国政府而使用此项专利发明无权要求取得报酬。

2. 专利权人也享有依法进行专利注销的权利

根据该法下列规定，法院或专利局局长经任何人申请唯有根据下述理由之一方可命令注销一项发明的专利，即（1）该发明为不能取得专利的发明；（2）该专利授予了一个不是按上述条款唯一有资格取得此件专利的人，或授予两个或两个以上的人，但并不只是他们才有资格获得此件专利；（3）此件专利的说明书没有足够清楚和完整地揭示出此项发明致使熟悉此技术的人无法实施；（4）此件专利的说明书所揭示的内容超出了该专利提出申请时所揭示的内容，或者如果该专利是按照上述条款提出的一件新申请而批准，或按上述条款所提出的申请而批准，当专利说明书揭示的内容超出了先前申请时所揭示的内容；（5）专利保护因一项更正请求而扩大，而该更正请求本属不应予以接受者。

（三）专利诉讼

根据《英国专利法》规定，如有人在专利有效期间未经专利权人同意，在联合王国对于一项发明有下列行为之一者，应作侵害发明专利论处：

(1) 当该发明是一项产品时，他制造、处理、请求让他处理、使用或进口该项产品，或无论是否为了处理而保存该项产品。

(2) 当该发明是一项工艺时，在联合王国使用了该工艺，或推荐他人使用该工艺，而他明知，或在当时任何精神健康的人理应知道，未经所有者同意，在联合王国使用该工艺会侵害该专利。

(3) 当该发明是一项工艺时，他处理了，请求让他处理，使用或进口任何从该工艺直接获得的任何产品，或者无论是否为了处理而保存此类产品。

当专利权人感到自己的权利受到侵害时，可以依据《英国专利法》的相关规定进行诉讼补救。符合本法本部分的下列条款时，有关一项被宣称侵害专利的行为，该专利的所有者可向法院进行民事诉讼：

(1) 制造、处分、提供给他人处分、进口、使用或持有专利产品。

(2) 在英国使用专利方法或提供给他人使用。

(3) 处分、提供给他人处分、使用或进口任何通过使用专利方法获得的产品，或持有这种产品。在不损害法院的任何其他裁判权的条件下，在这些诉讼中可提出下列要求：①要求给被告禁令限制他的令人担心会造成侵害的行为；②命令他交出或毁掉使专利权受到侵害的专利产品，或作为该产品不可分割的一部分的物品；③要求赔偿这种损害造成的损失；④要求交出他从侵害中获得的利益的账目；⑤要求宣布该专利有效并受到了他的侵害。

(四) 对赔偿侵害损失的限制

(1) 在侵害专利的诉讼中，如被告证明在发生侵害的那个日期他不知道，而且没有充分理由假设他已知道该专利业已存在，不得判他赔偿被侵权者的损失，也不得命令他交出获利账目；一个人不应被认为已经知道或有充分理由假设他已经知道专利的存在，如果理由仅仅是一项产品上附有“专利”或“已获专利”等字样，或任何表示或暗示该项产品已获准专利的字样，除非这类字样注明专利证号码。

(2) 在侵害专利诉讼中，如侵害发生于上述延长期内，但在按该款缴纳转期费和附加费之前，法院或专利局局长认为适宜，可拒绝判予损失赔偿，或发布此类命令。

(3) 当按照本法规定准许对一项专利说明书进行修改时，如对该专利的侵害是在决定准许修改之前发生的，在诉讼中对该侵害造成的任何损失无须赔偿，除非法院或专利局局长认为已发表的该专利的说明书忠实可靠，具有合理技巧和见解。

(4) 优先权日期之前开始的使用继续使用的权利。

当一项发明获准专利时，一个人在联合王国于该发明的优先权日期之前，采取了一项善意的行为，如当时专利已生效，则将构成对专利的侵害，或者此人善意地做了有效而认真的准备去做此行为，那么此人就获得了赋予的权利。相反，如果没有这种规定，比如先前原则开始制造产品或使用方法的人因此无法继续进行使用和制造，显得有失公平，特别是当其已经为制造和使用准备了大量的人力物力投资之后，他人因为专利获得批准而要求其不能按照原来的计划进行生产和使用，必将导致较大的经济损失和资源浪费。

五、运　　用

（一）强制许可

从一件专利批准之日算起3年期满以后，或可能规定的其他期限满期后的任何时间，任何人皆可根据下述第（3）款规定的一个或一个以上的理由向专利局局长请求：（1）就专利签发许可证；（2）将此件专利登记使就此专利签发的许可证成为当然许可；（3）当申请人是政府部门时，可请求将专利许可证授予请求书中指定的任何人。

签发强制许可的依据是：（1）该项专利发明能在联合王国作商业性实施而未作商业性实施或未在商业上尽可能作最大限度的实施；（2）当专利发明是一项产品时，联合王国对此项产品的需求：（3）该项专利发明可能在联合王国作商业性实施，但实施受到阻止或妨碍；（4）由于专利权人拒绝按合理条件签发许可证，致使影响国家和公共利益的，等等。

（二）专利等的登记

专利局应连续保存供专利登记用的登记簿。这种专利登记簿应符合为本节订立的规则，并按规则进行登记。在该法中，除在上下文中有其他的含义之外："登记"作名词用时是指专利登记簿。"登记"作动词用时，对于事物则指在登记簿内登记该事物或记载该事物的各项细节或有关通知；涉及人时则指将其姓名载入登记簿。

登记等对专利权的影响。宣称根据本条适用的契约行为或文件或事件获得一件专利或专利申请案所有权的人，应有资格反对任何其他人宣称根据在先的该条适用的契约行为或文件事件已获得那项所有权，其条件是在后一契约行为、文件或事件发生的时候存在下列情况：（1）在先的契约行为、文件或事件未登记；（2）如申请案未公布，则在未将在先的契约行为、文件或事件通知专利局局长时；（3）在任何情况下，根据在后的契约行为、文件及事件作宣称的人不知道有在先的契约行为、文件及事件。

上述款同样适用于这种情况，即任何人宣称根据该条适用的契约行为、文件或事件获得专利申请案的权利，而该项权利根据在先的适用该条的契约行为、文件及事件所获得的任何这种权利是不相容的。

（三）登记簿的更正

（1）法院可在任何受害者请求时命令对登记的项目进行增补、改变或删除，以作更正。

（2）在根据该条进行的程序中，法院可对更正登记簿中必要和宜于作决定的问题做出决定。

（3）法院的规则中可规定把依据该条提出的申请通知专利局局长，要求他为申请案出庭，并执行法院就申请案发布的命令。

（四）专利权人请求登记签发当然许可证

（1）在专利获准后任何时间，该专利的所有者皆可向专利局局长请求登记，同意签发当然许可证。

（2）当提出此项请求时，专利局局长将把此项请求通知已登记享有此项专利的直接、间接权利的任何人。如果该专利权人不因有合同不许他就此项专利签发许可证，即可登记此一请求。

第三节 俄罗斯专利法律制度

知识产权在俄罗斯受其国家法律保护，同样受俄罗斯参与的国际条约的保护。俄罗斯联邦涉及知识产权保护的国家立法主要包括：《俄罗斯联邦宪法》《俄罗斯联邦民法》《俄罗斯联邦刑法》《俄罗斯信息、信息化和信息保护法》。俄罗斯有关知识产权的规定，主要在2008年1月1日开始生效的《俄罗斯联邦民法典》第四部分——智力活动成果及个性化方式的权利。[1] 该部分规定了受保护的智力活动成果及个性化标志的内容、著作权、专利权、发明权、育种成果权、集成电路设计技术权、生产秘密权、智力活动成果的使用权。

《俄罗斯联邦民法典》第七编规定了知识权利，即对智力活动成果和个性化标识（知识产权）的权利，由8章构成的。作为《俄罗斯联邦民法典》的第四部分，该编是在2006年12月18日通过的，自2008年1月1日起生效。它替代了6部此前在该领域中有效的俄罗斯联邦法律：《俄罗斯联邦专利法》《俄罗斯联邦商标、服务标记和原产地名称法》《俄罗斯联邦计算机软件和数

[1] 参见俄罗斯联邦知识产权局网站：https：//rupto. ru/en/regulations [EO/BL]，访问日期：2018年1月10日。

俄罗斯联邦民法典第四部分的最新修订本（最新由2015年12月30日第431－FZ号联邦法修改），参见世界知识产权组织网站：http：//www. wipo. int/wipolex/zh/details. jsp? id＝17110 [EO/BL]，访问日期：2018年1月10日。

据库法律保护法》《俄罗斯联邦集成电路布图设计法律保护法》《俄罗斯联邦著作权与邻接权法》和《俄罗斯联邦育种成就法》。因此，涉及知识权利的清单和内容、效力、限制、行使方式和民法保护方式的规范实际上就完全集中在俄罗斯联邦民法典中。2006 年 12 月《俄罗斯联邦民法典》第四部分的通过标志着长达 13 年的俄罗斯民法法典化进程全部终结。

由于俄罗斯横跨欧亚大陆，在知识产权保护方面，俄罗斯既加入了大部分的全球性专利公约或协定，也加入了诸多区域性如《建立欧亚经济共同体条约》《知识产权保护领域规则的统一原则协定》等横跨欧亚大陆的区域经济一体化条约，同时还包括《欧亚专利公约》等在内的区域性专利公约，其情况如表 8－2 所示。

表 8－2　俄罗斯已加入专利国际公约及其加入时间

序号	公约/协定名称	加入时间
1	与贸易有关的知识产权协定	1997 年 1 月
2	建立世界知识产权组织公约	1967 年 10 月
3	保护工业产权巴黎公约	1965 年 3 月
4	专利合作条约	1970 年 12 月
5	国际专利分类斯特拉斯堡协定	1975 年 9 月
6	国际承认关于专利程序微生物保护布达佩斯公约	1977 年 12 月
7	建立工业品工业设计国际分类洛迦诺协定	1969 年 5 月
8	欧亚专利公约	1994 年 9 月
9	工业品工业设计国际保存海牙协定	2002 年 8 月
10	专利法条约	2009 年 5 月

一、专利制度概述

《俄罗斯联邦民法典》第七编详细规定了知识产权方面的内容，其中第 1226 条定义了知识权利：知识权利是对智力活动成果和与之等同的个性化标识（智力活动成果和个性化标识）的承认，包括作为财产权的所有权。其中第 1345～1407 条对专利部分的内容进行了规定，分别包括专利权的客体、专利权的种类、专利权的内容、专利权处分、职务发明、专利申请与法律保护等内容。

（一）专利权保护客体

根据《俄罗斯联邦民法典》第 1349 条的规定，专利权的客体是指在科学技术领域中符合本法典对发明与实用新型的要求的智力成果，以及在艺术构造领域中符合本法典对工业设计的要求的智力成果。同时除非另有规定，该部分规定适用于国家秘密资料的发明。但对包含构成国家秘密资料的实用新型和工业设计，不得依本法提供保护。

同时，在该条中，还规定了包含违反伦理道德以及社会公益等不得成为专利权客体的内容，包括：（1）人类的克隆方法；（2）人类胚胎细胞基因链变形方法；（3）出于工业和商业目的使用人的胚胎；（4）违背社会利益、人道主义和道德的其他内容。

（二）专利权人享有的权利

关于专利权人享有的权利，《俄罗斯联邦民法典》在第1345条和1356条进行了列举和解释。发明、实用新型和工业设计的作者享有对专利的专有权和作者身份权（作者地位）。同时，作者还享有包括专利取得权，职务发明、实用新型或工业设计的使用报酬取得权。

此处的作者身份权指法律承认作者作为相关专利的作者的权利，该权利不可剥夺和让与，即使发生专利的使用权的让与，也不对该作者身份权产生影响，并且该权利不可放弃。

发明、实用新型和工业设计的专有权包括专利取得权和专利专有权，即除非有其他法律规定或约定，作者对专利享有专利取得权和专有权，这种专利取得权可以通过合同转让，或者因劳动（职务）而向他人移转。权利的转让，应当签订书面合同，否则无效。此外，权利人所享有的专有权可以自己实施，亦可以自由处分。

（三）涉外要求与限制

俄罗斯是大多数国际性和区域性专利公约的成员，在涉外专利方面，有如下规定。

公约优先权方面，根据《俄罗斯联邦民法典》第1382条的规定，根据《巴黎公约》的国际申请，外国申请人的发明和实用新型专利的优先权为12个月，工业设计的优先权为6个月。由于不可归责于申请人的原因导致未能在上述期限内提交申请的，申请人可就该期限向俄罗斯负责知识产权事务的联邦机关申请不超过2个月的期限延长。负责知识产权事务的联邦机关只能在与查明所申请发明的专利能力有关的发明优先权的真实性时才有权要求申请人提交首次申请的俄文译本。另外，如果就同一专利、实用新型或工业设计有多个申请人要求优先权，且优先权日相同，则申请人应当达成协议以确定权利归属，如果无法达成一致的，申请视为被撤回。

在专利申请涉及国家秘密审查方面，在俄罗斯境内创造的发明或实用新型的专利申请在自向相关联邦机关提出之日起6个月届满，且在上述期限内申请人没有被告知其申请中包含构成国家秘密的信息时，可以向其他国家或国际组织提出申请。此外，如果申请人有较强的国际申请意愿，亦可以请求联邦机关对是否涉及国家秘密进行审查，以便早于上述期限提起国际申请。

二、可专利性

根据《俄罗斯联邦民法典》第 1350 ~ 1352 条的规定，发明、实用新型和工业设计在可专利性方面具有相同的部分，也有不同的部分，以下简述。

发明专利能力要件。任何领域中属于对产品或者方法的技术解决方案均可作为发明受到保护。如果发明具有新颖性、具有发明水平且在工业上可适用，则可以授予专利权。新颖性强调现有知识水平所不知晓的，具有新颖性；发明水平指的是对于相关领域的专家而言，一项发明不是明显的从现有技术水平中可以知晓的，就有发明水平。这实际上与我国专利申请要求的新颖性、创造性和实用性有相似之处。

以下不属于发明（但不排除可以申请其他类型的专利）专利：（1）发现；（2）科学理论和数学方法；（3）仅涉及外观美感需求的解决方案；（4）游戏、治理和经营活动的规则与方法；（5）计算机软件；（6）仅在于展示信息的解决方案。以下不得作为发明而寻求权利保护：（1）动植物品种及其生物学方法，微生物除外；（2）集成电路布图设计。

实用新型专利能力要件。实用新型只需要具备新颖性和实用性即可。以下不得作为实用新型进行保护：（1）仅涉及外观美感需求的解决方案；（2）集成电路布图设计。在确定实用新型的新颖性时也应考虑外观设计中的现有技术水平，对于实用新型的申请将进行实质审查。

工业设计专利能力要件。需要注意的是，2014 年俄罗斯对《俄罗斯联邦民法典》知识产权法部分做了较大修改，该修正案于 2015 年生效，该修正案规定，外观设计是由工业或者手工业者制造的、物品的外观表现形式。而之前的法律规定外观设计需要具有艺术和设计方面的美感。修订后的外观设计定义扩大了外观设计的保护范围。修正案还对外观设计的显著性做了较大改动，规定显著性是为防止相关使用者对具有相似用途的物品产生混淆而设定的，若物品的创造性不能在外观设计优先权日之前世界已知资料中被公众所知，即为具有显著性。在确定显著性特征时，要考虑所有于俄罗斯联邦境内在先申请的发明、外观设计和实用新型专利。工业或者手工业生产制品外部形态的艺术设计方案，可以作为工业设计受到保护。本质上具有新颖性和原创性，即满足工业设计专利能力。以下不得作为工业设计而受到本法保护：（1）仅涉及某项产品的技术功能的；（2）建筑（模型除外）、工业、水利技术等客体；（4）来源于液态、气态等颗粒体中产生的具有不稳定形态的客体。另外，新的修正案还规定以下内容不得申请为外观设计专利：（1）容易使公众对商品的来源产生误认的；（2）商品外部包装可能会误导消费者的；（3）与俄罗斯联邦著名文化遗产的官方名称和标志相同或整体相似的；（4）与世界文化自然遗产相同或整体相似的；（5）与其他人类的个性化产物相同或整体相似的；（6）其他容易使消费者产生误认的。

三、专利的申请与审查

（一）申请流程

申请人依照该法典向负责知识产权事务的联邦行政机关提交申请。申请专利的声明需要以俄语表述，其他申请文件可以用俄语或者其他语言表述，如果申请文件是以其他语言表述的，需要在申请后附俄语译本。具体申请流程为：（1）申请人提交专利申请材料由联邦机关进行形式审查（可以补充）且确定申请日；（2）在申请提交后 18 个月内，由相关联邦机关就已通过形式审查的专利申请进行公开，申请人可要求在公开信息中匿名，且允许申请人申请提前公开；（3）在专利申请之初或者专利申请 3 年内，申请人或相关第三人可以请求就已通过形式审查的发明申请实质审查，该期限可由申请人申请不超过 2 个月的延长；（4）颁发发明专利或者拒绝颁发发明专利的决定。根据《俄罗斯联邦民法典》第 1390 ~ 1391 条的规定，实用新型和外观设计的申请流程基本按照本流程进行。

（二）专利申请审查

根据《俄罗斯联邦民法典》第 1384 条的规定，发明人提交的申请文件，应当满足该法第 1375 条的形式要求，包括：（1）申请人基本情况，包括专利申请基本情况说明、申请人基本信息等；（2）就实施的角度对欲申请的专利的充分说明；（3）就发明的本质而言的专利本质进行的全面描述；（4）参考资料。该规定与实用新型和工业设计申请的行使要求基本一致。

俄罗斯专利申请审查流程与其他国家基本一致，即包括形式审查、信息公开、实质审查、做出决定等，以下简述。

形式审查。申请人提交符合基本形式要求的材料后，联邦机关即对此进行审查以查明其是否符合专利申请的基本形式要求。另外，申请人对发明材料可以提交补充材料，此时，审查机关应当审查该补充是否改变了所申请的发明的本质。在审查通过后，由联邦机关就此确定发明申请提交的日期，并在形式审查通过后立即通知申请人。

如果该申请未通过形式审查，则由联邦机关向申请人询问并建议其在收到询问起的2个月内提交修正后的申请文件。如果申请人未在规定期限内补充申请，则视为撤回申请，该期限可以由联邦机关做不超过10个月的延长。

如果申请人提交的申请违反了发明的单一性要求，负责该审查的联邦机关将通知申请人，且申请人应当在收到通知后2个月内告知联邦机关希望审查哪一个发明，如有必要则应当对申请文件做出修改。如果申请人未就此做出回应，则由联邦机关就该申请陈述中的第一个发明进行审查。

信息公开。在申请提交后的18个月内，联邦机关对通过形式审查的发明申请在官方公报上公布发明申请的信息，发明人可以在公开的信息中匿名。根据申请人在发明申请提交后的12个月内提出的请求，联邦机关可以在申请提交后18个月届满前提前公开申请信息。

另外，如果在申请信息公开当日该发明申请被撤回或者视为被撤回，那么该申请信息对该申请人在自发明申请信息公布之日起12个月内提交的后来申请不构成现有技术水平。另外，根据2015年生效的《俄罗斯联邦民法典》修正案，外观设计的申请期限可以延长至作者、申请人或者（直接或间接从设计者或申请人处获取相关信息的）其他人公开该外观设计之日起6个月到1年。

实质审查。实质审查的启动申请由发明专利申请人或者第三人在提出申请时，或者在从该发明申请提出后的3年内向联邦机关提出。如果是第三人提出的实质审查请求，则联邦机关应该就此通知申请人。该期限可以由申请人在届满前提出不超过2个月的延长申请，由联邦机关审查该延长是否符合规定以及是否缴纳了相关费用，并做出是否批准的决定。如果在规定期限内未提出实质审查的请求，则该专利申请视为被撤回。

实质审查包括信息检索、专利能力审查。信息检索的目的在于对所申请的发明进行创造性和发明水平评价，在信息检索时，联邦机关将对不能作为专利权客体（第1349条第4款）的信息、不属于发明（第1350条第5款）的信息、不得作为发明提供权利保护（第1350条第6款）的信息进行检索，联邦机关应当就此在实质审查开始之日起6个月内告知申请人。联邦机关应当在实质审查开始后的6个月内将信息检索报告发送给申请人，如果因为信息检索的原因需要延长发送报告的期限的，联邦机关应当将延长期限以及原因通知申请人。如果联邦机关在实质审查过程中认为需要申请人提交相关审查所必需的补充材料，联邦机关可以通知申请人就此提交，申请人在收到通知后的2个月内，应当提交相关补充材料，或者申请不超过10个月的延长期限，如果申请人既不提交补充材料也不提出期限延长的申请，则该发明专利申请视为被撤回。

专利权授予或拒绝授予的决定。如果经联邦机关审查，相关申请符合全部的专利申请要件，则由联邦机关做出附有该发明陈述的授予发明专利的决定，并在该决定中指明发明优先权日。否则由联邦机关做出拒绝授予专利权的决定。

复审。在做出授予或者拒绝授予专利权的决定前，联邦机关将对审查结果通知申请人并建议其在6个月内对审查结果中援引的拒绝授予专利权的原因进行说明，并提出自己的观点，联邦机关将对该期限内作出的说明进行考虑并作出最终决定。对于联邦机关做出的上述授权、拒绝授权或者确认专利申请撤回的决定，申请人可以在收到决定之日起6个月内向专利争议局（行政机关）提出异议。

另外，在超过相关期限的救济方面。如果申请人错过了提交文件、补充材料、实质审查期限、异议期限等期限或者延长申请的期限，可以通过提交其未能遵守期限的正当理由和证明其已缴纳相关费用的方式向联邦机关请求恢复该相关期限。

专利效力的终止与恢复。根据《俄罗斯联邦民法典》第1363条的规定，专利权的保护，自首次向负责知识产权事务的联邦行政机关提交专利申请书之日起开始计算，其中发明专利保护期为20年，实用新型保护期为10年，外观设计保护期为15年。专利权可以获得临时保护，但是专利专有权的保护只能在授权后才进行。

根据《俄罗斯联邦民法典》第1398条的规定，发明、实用新型或者外观设计专利在有效期限内，因为存在以下情况，可能被部分或者全部确认为无效：（1）不符合该法规定的专利能力条件；（2）专利授权决定中存在专利申请中不存在的特征；（3）具有相同优先权日的数个相同专利在授权专利权时不符合该法第1383条的规定的；（4）专利授予给不应当授予的权利人的。专利权被部分无效的，将颁发新的专利证书。

第1398条第1款中的前3项的无效原因，可以由任何知悉情况的人向专利争议机关提出无效申请。第4项无效原因可以由任何知悉情况的人提起司法程序以确认其无效。

专利被全部或部分确认无效的，自其专利申请提交之日起被撤销。依相关专利而签订的合同，已经履行的部分有效。

四、专利保护

根据《俄罗斯联邦民法典》第1229条的规定，专利权人对其专利享有专属权，有权按照自己的意志以任何不与法律相抵触的方式使用以及处分该专利。权利持有人可以按照自己的意志许可或者禁止他人使用智力成果或者个性化标识，但是不禁止并不视为同意。除该法典规定的例外情况，不经专利持有人的许可，他人不得使用权利人的专利。

（一）专利侵权

根据《俄罗斯联邦民法典》第1250条的规定，智力权利以该法典规定的方式进行保护，同时应考虑侵犯权利的实质和侵权的后果。智力权利的保护可以根据权利人或者法律规定下的其他人的请求而启动。侵权人无过错的，不免除其终止侵犯智力权利行为的义务，也不免除对侵权人适用旨在维护智力权利的措施。无论侵权是否具有过错，法院均应当公布关于已经发生的侵权行为的裁判，制止侵犯智力活动成果或者个性化标识或构成侵权威胁的行为，费用由侵权人承担。

（二）侵权责任承担

禁令与停止侵权的请求。根据《俄罗斯联邦民法典》第1252条第2款的规定，在侵犯知识产权专属权的案件中，权利人可以通过诉讼保全程序对已经做出侵犯智力活动成果或个性化标志的物质载体、设备和材料采用诉讼立法规定的保全措施，包括对物质载体、设备和材料进行扣押。

对于知识产权专有权的保护，可以通过提起以下几种请求而获得救济：（1）确认专有权；（2）制止侵权或者有侵权可能的行为；（3）赔偿损失；（4）对为侵权而使用或者而准备的设施设备或者物质载体，可以请求没收；（5）请求法院公布侵权判决并确认权利归属。

针对侵权损害赔偿，该法规定了侵权损失赔偿和侵权补偿金赔偿两种方式。根据《俄罗斯联邦民法典》第1252条第1款和第3款的规定，在专有权被侵害时，权利人有权要求加害人为其损失承担赔偿责任，或者权利人可以要求加害人为上述侵权行为支付补偿金代替损害赔偿，如果权利人选择补偿金，那么免除其对所受损失的数额承担的证明责任。补偿金的数额，由法院根据本法典的规定，根据侵权行为特点以及案件的其他情节并考虑请求的合理与公平性决定。权利持有人有权请求加害人为每种不法使用智力活动成果或个性化标志的情形或者为所实施的整个侵权行为支付补偿金。根据2015年生效的修正案，专利侵权中的赔偿金额可按法定赔偿1万~500万卢布或是发明、实用新型或工业设计许可使用费的2倍来确定。而此前只规定基于损害请求赔偿。

（三）侵犯专利权的例外

《俄罗斯联邦民法典》第1359条规定以下不属于侵犯发明、实用新型或者工业设计专有权的行为。

（1）在结构、辅助设备中或者在使用（水路、航空、汽车和铁路运输）运输工具或者外国航天技术时，使用了其中应用发明或者实用新型的产品和应用了工业设计的制品，其条件是这些运输工具或者该航天技术是暂时地或者偶然地停留在俄罗斯联邦内，且上述产品或者制品是专门为运输工具或者航天技术的需要而使用的。该行为不视为侵犯对在俄罗斯联邦登记的运输工具或者航天技术提供的权利的外国国家对运输工具或者航天技术的专有权。

（2）对其中使用了发明或者实用新型的产品或者方法进行科学研究，或者对使用了工业设计的制品进行科学研究，或者对这些产品、方法或者制品进行试验。

（3）在紧急状态（自然灾难、事故、失事）下使用发明、实用新型或者工业设计，但须在最短时间内将该使用通知专利持有人并随后向其支付适当的补偿。

（4）为满足个人的、家庭的、家务的或者其他与经营活动无关的需要而使用发明、实用新型或者工业设计，且此类使用的目的不是获取利润或者收益。

（5）在药房中按照医生的处方使用专利一次性制备的药品。

（6）向俄罗斯联邦境内进口、使用、销售、许诺销售、其他投入民事流通的行为或者出于此类目的而保管其中使用了发明或者实用新型的产品或者使用了工业设计的制品，如果该产品或者该制品以前就经专利持有人或者其他人经专利持有人许可而投入民事流通的。

《俄罗斯联邦民法典》第 1360 条规定，为国家安全利益而使用发明、实用新型或者工业设计，俄罗斯联邦政府有权无须经过专利持有人同意而批准使用发明、实用新型或者工业设计，但须在最短期内就此通知专利持有人并向其支付适当的补偿。

五、专利运用

（一）专利的使用

根据《俄罗斯联邦民法典》第 1358 条的规定，权利人可以依据该法典中第 1229 条和第 1358 条规定的方式使用其专利，并且可以按照法律规定自由处分其专利。发明、实用新型或者工业设计的使用是指以下方式：

（1）向俄罗斯联邦境内进口、制造、使用、销售、许诺销售、其他投入流通的行为或者出于此类目的保管其中使用了相关专利的产品。

（2）对直接通过专利方法获得的产品实施本款第 1 项中规定的行为。如果以专利方法取得的产品具有新颖性，则相同的产品即被认为是通过使用专利方法而获得，有相反证明的除外。

（3）对在其运作（使用）时按照其用途自动地使用了专利方法的设备实施本款第2项规定的行为。

（4）实施其中使用了发明的方法，特别是通过使用该方法而应用。

（二）专利转让与许可合同

需要注意的是，根据2014年修改的《俄罗斯联邦民法典》，在专利许可和转让领域，如果双方同时申请登记，则不需要提供合同副本。否则应当在申请登记时一并提交下列文件之一：（1）有双方签名的专有权处分声明；（2）许可或转让协议；（3）经过公证的合同摘录。另外，商业组织之间的无偿转让和独占许可是被禁止的。修正案还规定了被许可人未支付许可费而根本违约时，合同对方单方终止许可协议的情形。

（1）转让合同。根据该法第1365条的规定，根据专利转让合同，一方（专利持有人）全部移转其专有权给另一方（专利取得人），这种合同可以是在持有人通过申请而取得专利后签订，也可以是在专利取得前即已负有移转义务。专利的转让，应当签订书面合同，且向联邦机关进行登记。

（2）一般许可合同。根据该法第1367条的规定，按照双方签订的是使用许可合同，专利持有人一方在合同约定的范围内，向被许可方提供专利证书证明的专利权。专利的许可，应当签订书面合同，且向联邦机关进行登记。

（3）当然许可合同。根据该法第1368条的规定，表述为专利的公开使用许可，即专利持有人可以向联邦机关提交可以向任何人许可专利使用权的声明。此种情况下，联邦机关会将公开专利许可的信息当年的下一年降低专利维持费用50%，以鼓励专利使用。专利的许可，应当签订书面合同，且向联邦机关进行登记。

（4）强制许可。根据该法第1362条的规定，如果发明或者工业设计自专利颁发之日起4年内没有被专利持有人使用或者充分使用，实用新型在自专利颁发之日起3年内没有被专利持有人使用或者充分使用，导致不能向相应的市场提供充足的商品、工作或者服务，则任何愿意并准备好使用该专利、实用新型或者工业设计的人，在专利持有人拒绝按照惯例与该人签订许可使用合同时，有权向法院起诉专利持有人要求其提供在俄罗斯联邦境内使用发明、实用新型或者工业设计的简单（排他性）强制许可，并由法院判定许可使用费，费用的数额不得低于可比合同中许可费的数额。如果专利持有人的此种不使用或者不充分使用的情形已经消失或者存在的可能性很小，则这种强制许可可以依照专利持有人的起诉而终止。

(5) 再许可使用合同。根据该法第1238条的规定，经许可人书面同意，被许可人可以按照合同向他人提供对知识产权的使用权。但许可范围限于被许可人被许可使用的范围，再许可合同期限超过被许可合同期限的，视为与许可合同期限相同。除非合同另有约定，被许可人就再被许可人的行为向许可人承担责任。其他内容按照许可合同的规定处理。

六、其 他

(1) 在先使用权。根据该法第1361条的规定。在发明、实用新型或者工业设计的优先权日（第1381～1382条）之前就已经善意地在俄罗斯联邦境内使用独立于作者而创造的同等解决方案或者为此做了必要的准备，则保留不扩大该使用范围的继续无偿使用同等解决方案的权利（在先使用权），在先使用权只有在与该同等解决方案使用或者必要准备发生地的企业同时转让时，才能转让给他人。值得注意的是，根据2015年生效的民法典修正案，俄罗斯引入了从属发明、实用新型、外观设计的概念，用来定义基于在先专利权实施的发明、实用新型或者外观设计。这是俄罗斯立法上的全新概念。

(2) 专利保护期限的延长。在涉及药品、杀虫剂以及农业化学的专利中，如果自专利申请至获得应用批准的时间满5年的，则该专利的保护期可以经申请而延长。上述期限在自发明专利申请提交之日起至第1次获得发明应用批准之日止5年内专利权予以延长。此时发明专利效力期限延长不得超过5年。期限延长申请由专利持有人在自获得发明应用批准之日起或者专利权证书颁发之日起专利有效期间的6个月内提出，取决于最后届满的期限。值得注意的是，俄罗斯于2014年对该部分内容作了修改并于2015年1月1日生效，新的规定实用新型亦可依照程序获得不超过3年的延长保护期，发明专利的保护期限没有变化，但修正案规定，在药品、杀虫剂、农业化学专利延长保护期限时，需要公布增加的专利；外观设计亦可以相应申请延长保护期，但总保护期限不得超过25年。实用新型专有权和证明该权利的专利权证书的效力期限由负责知识产权事务的联邦行政机关根据申请中指明的期限予以延长，但不得超过3年，而工业设计专有权和证明该权利的专利权证书根据申请中指明的期限中予以延长，但不得超过10年。

第四节 瑞士专利法律制度

根据瑞士联邦知识产权局网站上公布的法律来看，目前，瑞士联邦现行专利方面的法律有《瑞士联邦发明专利法》(专利法)、《瑞士专利法条例》《瑞士联邦代理人法》《瑞士联邦专利法院法》等。[1] 现行《瑞士联邦发明专利法》(专利法)“Federal Acton Patents for Inventions (Patents Act, PatA)”制定于1954年并于1956年1月1日生效，最新版本为2017年1月1日生效的修订版本。该法共七个部分148条。由于瑞士在专利方面只针对发明授予，而将外观设计等单独进行保护，故下文将主要围绕《瑞士联邦发明专利法》做详细介绍。

瑞士作为世界知识产权组织总部所在地，加入了大部分的全球性的知识产权公约或协定，还加入了欧洲地区的诸多知识产权协定，同时还分别与各国签订了诸多涉及知识产权的双边或多边协定，如《欧洲专利公约》(1977)、《中华人民共和国与瑞士贸易协定》(1975)。表8-3为瑞士加入的专利保护相关的国际公约或协定情况概览。

表8-3 瑞士已加入的专利国际公约及其加入时间

序号	公约/协定名称	加入时间
1	与贸易有关的知识产权协定	1997年1月
2	建立世界知识产权组织公约	1967年7月
3	保护工业产权巴黎公约	1883年3月
4	专利合作条约	1970年6月
5	国际专利分类斯特拉斯堡协定	1971年3月
6	国际承认关于专利程序微生物保护布达佩斯公约	1977年4月
7	建立工业品工业设计国际分类洛迦诺协定	1968年10月
8	欧洲专利公约	1977年10月
9	工业品工业设计国际保存海牙协定	1928年6月
10	专利法条约	2000年6月

一、专利制度概况

(一) 专利保护客体

根据《瑞士联邦发明专利法》(以下简称“该法”)，发明专利仅授予工业领域具有新颖性的发明申请。

---

[1] 参见瑞士联邦知识产权局网站，https://www.ige.ch/en.html [EO/BL]，访问日期：2018年1月10日。

(二)专利权人享有的权利

专利权的取得。发明人，其继承人或者其他持有相关发明的人，有权被授予专利。同一项发明被多个发明人同时独立开发出来的，先提出专利申请的人或享有优先权的人享有被授予专利的权利。总之，向瑞士联邦知识产权局(IPI)提出专利申请的人，被视为有权被授予专利权的人。该法第16条规定，专利申请人或者权利人为瑞士公民或者法人的，其权利保障依照《巴黎公约》中关于工业产权方面的规定进行，与该法有冲突的，《巴黎公约》相关规定优先。

根据该法第11条的规定，相关专利产品上可以标注联邦标识或专利号码。联邦议会有权标注其他描述性标识。

根据该法第14条的规定，专利权有效期为20年，自专利申请日开始计算。但如果专利权人自动放弃或者向IPI请求宣告无效的，或者未在规定时间内续缴专利规费的，专利权消灭。

二、可专利性

专利本身仅授予工业领域的创新型发明，但是包括人体各个部分、人成长的各个阶段，包括胚胎和人体基因序列或者部分序列，均不可申请专利，如果该基因序列是通过技术手段获取的并且有特定的功能指向，满足可专利性的其他条件，则可以申请专利。

不可授予专利的情形。如果一项发明的目的违反人类尊严、社会道德和社会公共政策，不能申请专利，特别是以下情形，绝不应授予专利：(1)克隆人的方法和以此获得的克隆物；(2)利用人体细胞形成的杂交生物过程，从而获得的人类胚胎干细胞和实体；(3)通过使用人生发材料和由此获得的单性生殖实体的孤雌生殖过程；(4)改变人类的种系遗传特性的方法和由此获得的种系细胞；(5)未修饰的人胚胎干细胞和干细胞系；(6)将人类胚胎用于非医疗目的；(7)在没有充分的人类利益和动物利益需要的情况下，改变动物的基因特性并使其遭受痛苦。同时，以下情形亦不得授予专利：(1)在人体或动物身体上试验的用于治疗或者诊断的外科手术或者治疗方法；(2)植物品种和动物品种或基本上用于生产植物或动物的生物过程；但是，除第1款的保留规定外，只要其应用在技术上不限于单一植物或动物品种，微生物或其他技术工艺及由此获得的产品以及与植物或动物有关的发明具有可专利性。

三、专利的申请与审查

（一）申请流程

申请资格。任何涉及专利行政程序中的主体，如果没有瑞士公民或者法人资格的，应当指派其代理人的地址以便程序进行，但如果只是为了确定专利申请日而提交申请，或者为已经获得授权的专利缴纳相关费用、提交相关的翻译或者其他请求的，只要不会引起其他争议，可以允许不提供必要的在瑞士的通信地址。

代理与监管。专利申请可以由发明人或者其他权利人提起，也可以由上述人员委托代理人提起，但代理人需在瑞士有提供服务的办公场所。

专利申请人在提交的专利申请材料中，应当通过书面形式确认发明人的姓名，发明人的精神权利不得放弃。

优先权。该法第 17 条规定，瑞士专利申请的国际优先权，依照《巴黎公约》或者《建立世界贸易组织的协定》进行，即优先权期限为自第一次提交起 12 个月。但优先权的适用，以申请人第一次提交该专利申请的同时提出为准，并提交相关证明。

专利申请文件。专利申请文件中，应当包括以下内容：（1）专利申请书；（2）专利说明书；（3）专利请求；（4）附图；（5）专利摘要；（6）其他需要的文件。

（二）专利申请审查

1. 专利申请与专利权授予

瑞士并未明确区分专利的形式审查与实质审查，而是在该法第 59 条进行了统一规定，但是实质审查的启动，以专利申请人缴纳相关费用为前提。

根据该法第 59 条的规定，在专利申请文件提交后，IPI 将进行初步形式审查，审查内容包括：（1）申请的专利内容是否落入该法第 1 条及第 2 条规定的不具备专利性的内容的范围；（2）是否有其他不符合要求的情况。但在初步阶段，IPI 并不审查该专利申请是否符合新颖性水平方面的内容。经过以上审查，不符合要求的，IPI 将告知申请人撤回申请或者进行补正申请，并给予其补正的期限。

实质审查。在支付审查费用后，专利申请人可以请求 IPI 做如下审查工作：（1）在专利申请日或者要求的优先权日开始后 14 个月内，提供现有技术水平审查报告；（2）或者在专利申请日或者要求的优先权日开始后的 6 个月内安排国际专利检索。根据该法第 7 条的规定，如果一项发明超出现有技术水平，将被认为具有新颖性，超过现有技术水平包括超出申请日或者优先权日在社会上能够通过任何方式获取的各类书面或者口头资料。其不丧失新颖性的公开情形与我国类似。

审查通过。经过形式审查与实质审查，IPI 认为申请完全符合专利条件的，将通知申请人审查程序结束。

申请驳回。以下情形中，专利审请将被驳回：（1）不符合可专利性的条件，但是申请人未在规定期限内撤回该申请的；（2）有其他不符合申请条件的情形，申请人未在规定期限内补正的。

公开程序。IPI 在专利申请日的 18 个月满后或者优先权日 18 个月后应当立即公开该专利申请，或者在申请人的请求下早于上述期限公开。公开的文件包括专利说明、权利要求、附图、摘要等。如果可能，应当公开现有技术状态报告或国际检索报告，如果该法第 59 条第 5 款规定的现有技术状态报告或国际检索报告未在专利申请中公布，则应另行公布。

异议程序。在专利被登记核准并公开后的 9 个月内，任何人有权通过书面形式向 IPI 提出异议。但异议事由仅限于所异议专利的可专利性并由 IPI 做出决定，对于 IPI 的决定，可以上诉到联邦行政法院。

专利核准登记与公示程序。专利审查通过后，IPI 应当将其登记在册并颁发专利证书并进行公示，二者同步进行，公示内容包括专利数量、专利类别、专利名称、申请日期、专利权人的姓名与住所，如果可能，还包括优先权日、代理人的名称与营业场所、发明人的姓名等。IPI 还应当公开专利说明书。

专利申请人或者专利权人未能在规定时间内缴纳申请费用或者续展费用的，可以履行相关义务请求 IPI 继续进行专利申请或者续展专利权。该期限为，在收到 IPI 通知起的 2 个月内或者权利期限届满后的 6 个月内。

2. 无效宣告程序

全部无效。根据该法第 26 条的规定，法庭将在以下情形中，根据申请，宣告相关专利无效：（1）根据该法规定不具备专利性的专利；（2）根据相关专利说明，其他人无法在实践中实施该专利的；（3）专利的内容超过了确定申请日期的版本中专利申请的内容；（4）专利权人并非发明人，也非发明人的继承人，也没有任何其他合法的权利来源的。即使某个有效专利在专利申请中申请人要求优先权且优先权被承认的，法庭也有权要求权利人对其权利来源提供证明。全部或者部分无效宣告诉讼除第 26 条第 4 项规定外，可以由任何人提起，但第 4 项无效宣告的请求，只能由有相关权利资格的人提起。

部分无效。根据该法第 26 条的内容，如果一项专利中的部分具备无效的要件，则法庭可以宣布部分无效，但法庭应当给予专利权人补正的机会，也可以征求 IPI 的意见。

全部或者部分无效宣告诉讼除第26条第4项规定外，可以由任何人提起，但第4项无效宣告的请求，只能由有相关权利资格的人提起。专利权被放弃或者宣告无效的，其权利自始无效。

四、专利保护

（一）专利侵权

侵权行为。根据该法第66条的规定，以下行为人将承担民事或者刑事责任：（1）非法使用他人专利，包括仿造行为；（2）拒绝向当局说明其所持有的非法使用他人专利的产品的来源、数量，且拒绝告知侵权产品的市场扩散范围以及上下游买家与卖家；（3）未经授权，移除专利产品上或者外包装上的专利标识的；（4）任何人唆使上述任何行为，或协助上述任何行为。

举证责任倒置。对于进入市场的新型同类产品，将会被推定为使用了专利权人的专利，除非有相反证据证明。对于已存在于市场的相关产品，只要专利权人提供了表面证据，则类推适用上述规定。

在民事法律领域，就一项事件或者关系的存在与否，任何利益相关人可以基于下述理由向法院提出确认宣告请求：（1）专利权已失效；（2）相关被告已做出本法规定的侵犯专利权的行为；（3）对侵权人的侵权行为，原告并未做出任何回应；（4）根据官方规定，原告已无法实施相关专利；（5）根据本法第36条关于基础依赖性专利权（下文将详述）的规定，新专利的专利权使用人无法获得已有专利权人的使用许可；（6）一项专利违反了专利唯一性原则，已被无效。

（二）侵权责任承担

1. 民事责任

一旦经法院定罪，对于侵权产品以及制造侵权产品的设施设备或者其他辅助物品，法院可以判令没收、拍卖或者销毁。拍卖所得将按照下列顺序使用：罚款；调查费用和司法费用；受害者因不可上诉带来的损失以及其诉讼费用；拍卖物主。即使最终撤回起诉或者认定无罪，法院仍然可以给予专利侵权的违法行为而判令销毁制造侵权产品的设施设备及相关物品。

初步措施。请求初步措施的请求人可以请求法院做出保全证据、事件认定、发布禁令的决定。

赔偿责任。无论是故意还是过失，对他人专利权产生侵犯的，应当根据侵权责任法承担损害赔偿责任。除非合同明确禁止，独占许可的被许可人有权就侵权行为独立提起民事诉讼。其他许可的被许可人可以加入侵权诉讼中以主张自己受到的损失或者损害。

判决公开。在侵权诉讼中，法院可以授权胜诉方公开判决，费用由败诉方承担，公开的行使、程度和时间由法院决定。刑事案件判决的公开，根据《瑞士刑法典》的规定执行。法院应当免费向 IPI 提供判决书副本。

该法第 8 条规定，专利权人有权禁止他人未经许可而商业性地使用其专利。此类侵权行为包括制造、储存、提供、销售、进出口，或者运输侵犯他人专利权的产品或服务。

2. 刑事责任

根据该法第 81 条的规定，故意违反该法的规定而侵犯他人专利权的，根据被侵权人的自诉，将可能承担 1 年以下的有期徒刑或者罚金，该自诉期限为被侵权人意识到侵权人的身份起 6 个月。而如果该侵权行为以营利为目的，将被依职权提起公诉，侵权人将承担 5 年以下有期徒刑或者罚金。

3. 海关协助

根据该法第 86 条的规定，海关有权就其发现的将要入关或者出关的涉嫌侵犯专利权的货物告知专利权人。在此情况下，海关可以扣押相关货物不超过 3 个工作日，以便于相关权利人提起其他权利请求。如果专利权人或者被许可人有明确的证据表明相关侵权货物将出关或者入关，其有权通过书面形式请求海关拒绝释放其扣押的货物，并可以请求提取相关样品进行检验。

（三）侵犯专利权的例外

1. 专利权限制

在先使用权。根据该法第 35 条的规定，专利权不得影响到在该专利申请日以前或者专利申请要求的优先权日以前已经和合理善意的商业性使用该专利或者为使用目的而做出的准备。此种在先使用权可以继续使用，但使用权本身不得转让，如果要转让的，只能与相关商业实体或者服务实体一起转让。另外，专利权不得对抗在瑞士临时停靠或者过境的使用了相关专利的交通工具。

农业使用。已经获得专利权人授权的农作物、动物生产材料专利的农民，在自己的农场中可以对该材料进行重复耕种使用，但是如果该农民希望将该专利给第三方使用的，须经过专利权人的允许。专利权人与农民签订的限制农民重复使用相关专利或复制专利产品的合同无效。但是相关农作物的品种范围，由联邦委员会确定。

基础依赖性专利权。根据该法第 35 条的规定，如果一项新的专利的实施，有赖于实施已有的一项专利，那么如果该新的专利相较于已有专利代表了重大的经济意义上的技术进步，则该新的专利可以获得已有的专利的非独占使用权，并且新专利的使用权许可只能与已有专利使用许可一同签订。新的专利对于已有专利的使用许可的取得以给予已有专利权人其专利许可为条件。

2. 不认为是侵犯专利权的行为

该法第9条规定了不侵犯专利权的行为，包括以下情形：(1) 仅出于个人用途的非营利性的实施行为；(2) 用于科学实验的目的；(3) 在瑞士国内或其他国家为取得药物销售许可而进行的必要的实施专利的行为；(4) 教育研究机构为教育目的的需要；(5) 为了职务新品种的开发而事实地对生物材料的使用；(6) 在农业科学研究上必要的行为。对以上行为达成的禁止或者限制使用合同无效。

五、专利运用

无理由不实施。根据该法第37条的规定，取得专利权3年内，或者提出专利申请后的4年内，专利权人不充分实施其专利且无法提供相反证明的，其他有合理理由的人可以向法庭请求获得该专利的非独占使用权。在申请人的请求下，法庭可以根据实际情况立即授权申请人实施该专利，并且，如果申请人提供证据证明其已做好准备立即实施该专利且提供全额担保的，专利权人将有机会被提前听证。如果根据上述的许可仍然无法满足市场需要，那么任何人有权在上述非独占许可做出2年后，请求法院宣告该专利无效。

关乎公共利益的专利。在公共利益领域，如果相关专利权人没有充分合理理由拒绝许可的，他人可以请求法院判令专利权人做出专利许可。

在半导体技术领域、科研工具制造领域、医用诊断和医药领域，相关人员均有权向法庭或者IPI申请非独占许可。

六、其　　他

(一) 欧洲专利申请和欧洲专利

根据该法第109条的规定，《欧洲专利公约》优先于该法。欧盟专利与瑞士专利互相承认，欧盟专利一旦在欧盟专利公报上刊登，瑞士知识产权局将会立即将其进行登记，在欧盟申请的专利转为在瑞士申请，可以根据《欧洲专利公约》的规定进行。

(二) 其他国际专利

其他国际专利的申请，根据《专利合作条约》(1970) 进行，瑞士知识产权局可以作为选定局、指定局。其他相关内容依据该法规定进行，与《欧盟专利公约》有冲突的，公约优先。

(三) 对有效专利的局部改造

专利权人有权就其已授权的专利进行局部改造，并可以向IPI请求撤销一项权利要求，或者将多项权利要求合并为一个权利要求，但撤销或者合并的行为，应当指向一个专利。

但是，如果改造行为事实上不能构成单一专利，那么将被限制，此时专利权人可以请求分解为多项专利来覆盖新提出的权利要求，新申请的专利的申请日按照原始专利的申请日确定的。IPI 将为专利权人就改进形成的新专利的申请设定截止日期，超期提出的申请将不会被接纳。

（四）对医药专利的补充保护

根据该法第七部分（补充保护）第 140 条的规定，IPI 应就药品以及农作物专利中的活性成分或其组合给予补充保护证书，该活性成分或者活性成分的组合视为产品。

第五节　塞尔维亚专利法律制度

一、专利制度概况

塞尔维亚现行专利法为 2011 年 12 月 27 日的《塞尔维亚共和国政府公报》上公布的《专利法》（以下简称“该法”），该法自 2012 年 1 月 4 日起生效。塞尔维亚知识产权局官方网站公布了本法的英文版与塞尔维亚语版，该部分内容的撰写主要参考了塞尔维亚知识产权局网站上公布的上述《专利法》英文版本。[1]

该法共 20 章 178 条，较为全面地对专利问题进行了规定。与我国不同，塞尔维亚专利保护仅针对发明和实用新型（原文为“petty patent”即小发明，为避免混淆，以下统一称实用新型）。以下将针对具体问题做进一步介绍。

目前，塞尔维亚尚未加入 WTO 和欧盟，故 TRIPS 协议并不对其产生效力，但近年来，塞尔维亚在经济体制和政治体制上不断完善，并且由于继承了塞黑的国际法地位，故前南联盟和塞黑已加入的国际公约或协定对塞黑均有约束力。并且，2006 年塞尔维亚共和国成立后，塞尔维亚对塞黑已加入的国际条约或协定均发布了继续适用宣告，故下表中的加入时间均为 2006 年。表 8－4 为塞尔维亚已加入的国际公约或协定一览表。

---

[1] The Patent Law（“Official Gazette of the Republic of Serbia”，no. 99/11，dated December 27，2011；in force since January 4，2012）［R/OL］．［2018. 1. 10］．http：//www. zis. gov. rs/legal – regulations/laws – and – regulations. 110. html.

表 8-4 塞尔维亚已加入与专利保护相关国际公约/协定情况

序号	公约/协定名称	加入时间	备注
1	与贸易有关的知识产权协定	—	未加入 WTO
2	建立世界知识产权组织公约	2006 年 9 月	
3	保护工业产权巴黎公约	2006 年 9 月	
4	专利合作条约	2006 年 9 月	
5	国际专利分类斯特拉斯堡协定	2009 年 7 月批准	南斯拉夫联邦于 1971 年签署
6	国际承认关于专利程序微生物保护布达佩斯公约	2006 年 9 月	
7	建立工业品工业设计国际分类洛迦诺协定	2006 年 9 月	
8	欧洲专利公约	2010 年 10 月	
9	工业品工业设计国际保存海牙协定	2006 年 9 月	
10	专利法条约	2010 年 5 月	

（一）专利保护客体

根据该法第 7 条的规定，可授予专利权的发明应当具有新颖性、实用性和创造性，专利权授予的客体可以是一种产品、过程或者是产品或者过程的使用或者应用方法。

（二）专利权人享有的权利

临时保护。对于专利申请开始至授权期间相关发明权利状态，世界各国一般均给予一定程度的保护，但此类保护一般均有所限制。在该法第 18 条中，规定专利申请的提交将使得相关发明被赋予临时受保护的权利，临时保护期自专利申请日至授权日，临时保护的内容为专利申请提交后公开的范围。专利申请最终未获授权的，该临时保护视为自治无效。

权利人。根据该法第 2 条的规定，专利权归属于发明人或者其继承人，或者根据本法规定的其他人，如发明人的雇主或者雇主的继承人等；属于共同发明的，专利权归发明人共同享有；多个发明人对各自独立的发明而提出同一专利请求的，专利权归属根据申请先后进行判定；行政主管当局雇用的员工不得对其任职期间或者离职后 1 年内的发明提出专利权请求。

发明人的精神权利。发明人有权在专利申请全程署名的权利，包括申请书、说明书、专利登记簿、专利权属证书以及公告上。

发明人的经济权利。发明人对其在申请中的发明以及获得授权的专利或者小专利享有经济权利。

职务发明的权利归属，根据合同约定或者法律规定进行认定。关于职务发明方面的规定，在该法第9部分。雇员作为发明人创造出职务发明后，应当及时向雇主提交关于该发明全部内容的报告。对于职务发明，除非有合同约定，其专有权归属于雇主，但发明人享有该专利的精神权利，同时有权取得报酬。

关于职务发明，《塞尔维亚专利法》有较为全面的规定，除上述一般规定外，本法还规定，当雇员开发出一项发明后，应当及时向雇主报告该发明的具体情况，雇主有权优先决定是否申请专利，如果雇主认为没有必要申请专利且该发明不含商业秘密的成分，则发明人有权决定是否以自己的名义申请专利并取得专利权。

权利保护期。《塞尔维亚专利法》第39条不但规定了专利保护期，还对增补专利保护期进行了规定，发明专利的保护期为自申请日起20年，实用新型的保护期为自申请日起10年。对于增补专利，其保护期不得超过基础专利，如果增补专利成为基础专利，那么其保护期不得超过原基础专利的剩余保护期限。

（三）涉外要求与限制

专利权的归属为外国自然人或者法人，在塞尔维亚没有住所或居留权的，根据塞尔维亚签订的国际条约或者协定，也应当根据该法享有国民待遇。

二、可专利性

该法第2部分是关于专利性方面的规定。第7条规定，专利权是指在任何技术领域授予的发明权，强调新颖性，涉及创造性的步骤，并且应当能被工业化使用。实际上强调了新颖性、实用性和创造性。

此外，该法还专门强调了生物领域的发明。根据该法第7条第1款，对含有生物材料的产品、加工或使用生物材料的产品的过程发明，应授予专利权，包括：（1）在自然环境或者通过技术手段提取出的生物材料；（2）动物或者职务，只要相关技术手段不是仅针对于某一种动物或者植物种类的；（3）微生物技术或者其他技术手段，或者通过上述技术获取的产品。

需要特别指出，下述内容不归为发明：（1）发现、科学理论或者数学方法；（2）美学创作；（3）心理或者精神活动表达，游戏方案或者商业方法；（4）计算机程序；（5）信息表达方法。此外，人类身体或者其发展变化阶段，以及其组成要素、全部或者部分基因序列，也不应当通过专利进行保护。

以下情形中，对于发明的商业性使用将违反公共利益或者社会伦理道德，不应当对相关发明或者实用新型授予专利保护：（1）克隆人类的程序；（2）对于人类生殖细胞的遗传同一性进行修改的程序；（3）对于人体胚胎细胞的工业性或者商业性使用；（4）对于人类或者动物没有医疗价值而对其遗传同一性进行修改的方法；（5）在人体上进行测试的外科手术方法或者诊断方法；（6）植物或动物品种或生产植物或动物的基本生物过程，这一规定不适用于微生物过程或通过这种过程获得的产品。

三、专利的申请与审查

代理。根据该法第 2 条与第 5 条的规定，在塞尔维亚没有住所或者居留权的外国自然人或者法人，申请专利的，应当在塞尔维亚行政主管当局或者代理人协会上列明的代理人名单上选择代理人以代理其申请。但下列事项，无须委托代理人：（1）为确定申请日而进行的申请或者其他活动；（2）接受主管当局发出的关于确定申请日的通知；（3）支付相关费用，相关费用在该法第 40 条进行了规定，首次缴费应当包含专利维持费用的前三年的全部费用，其后每年续缴一次维持费用。

（一）专利申请与专利权授予

根据该法第 70 条的规定，专利主管部门应当分别设置及发明专利申请登记簿、发明专利权登记簿、实用新型申请登记簿、实用新型权利登记簿。上述登记簿应当向公众公开。

申请的提起。该部分内容在该法第 77 ~ 79 条。专利申请的提起，自申请人向专利主管部门提交申请文件开始，申请文件应使用塞尔维亚语，使用其他国家语言的，申请人应同时提供塞尔维亚语翻译文本，未同时提供翻译文本的，专利主管部门应请申请人在申请提交后的 2 个月内提供，未在规定期限内提供塞尔维亚语翻译文本的，将导致专利申请被驳回。外国人通过国际条约或者协议申请的，也应当向塞尔维亚专利主管部门提交申请文件，除非国际条约或协定有其他规定外国人提交的申请同样受该法保护。专利申请应当遵守发明的单一性原则。申请文件应当包括以下内容：（1）申请书；（2）发明说明书；（3）一个或多个发明保护请求；（4）如果有，可以根据保护请求附图；（5）摘要。

申请书、说明书、权利要求书以及摘要应当符合该法第 81 ~ 85 条的规定，其中申请书中不应当含有下列内容：（1）与法律或者道德相悖的内容；（2）所申请的专利不应减损他人专利的质量或者数量；（3）明显不必要的，不重要的内容。如果申请书中含有上述内容，主管部门在公开程序中将忽略该部分内容。

申请日的确定。申请日的确定对于专利申请来讲意义重大，在塞尔维亚，如果专利申请人希望尽早确定申请日，除申请材料外还应当在专利申请提交时明确以下内容，以便于获得申请日的确定：（1）寻求授权的明示表示；（2）申请人的姓名和住址；（3）对相关发明的描述，尽管该描述可能不完全符合本法规定。专利主管部门应当首先审查申请人提交的关于确定申请日的材料，不符合要求的，应当请申请人在收到补正通知起2个月内进行补充，并告知不做出正确补正的，将被驳回申请，该驳回决定可以在收到驳回决定之日起15日内向行政机关申请复议，不可对复议机关的决定再次申请复议，可在收到政府决定之日起30日内对该决定提起行政诉讼程序。材料符合要求或者经补正符合要求的，专利主管部门应当对申请日期做出判定。

授权请求。授予权利的请求应明确指出请求专利保护或实用新型保护、与申请人有关的信息，与发明人有关的信息，发明人不希望在申请中被提及的声明，以及发明的名称，该发明的名称应清楚简明地陈述发明的技术指定，并排除所有商业名称。

根据该法第68条，在专利申请公开以前，专利主管部门不得将申请文件交由任何人审查，经申请人本人或者授权的他人通过书面形式申请，且提供已缴纳相关费用证明的前提下，专利主管部门应当提供审查所需的申请文件。

形式审查。申请日确定后，专利主管部门将做以下形式审查：（1）申请费用缴纳证明；（2）代理人的代理证明；（3）发明人是否希望在申请中匿名的申请；（4）申请优先权的，优先权材料；（5）申请权的来源的说明；（6）申请人为外国人的，依照相关程序提出申请的；（7）专利申请材料符合该法要求；（8）专利申请表、附图、摘要等是否按照本法规定填写完整；（9）其他。

满足所有形式要求的专利申请，专利主管部门应当请申请人决定是否缴纳检索费用并进行专利检索，检索请求一旦做出，不得撤回，申请人应当在收到主管部门的通知后一个月内做出是否检索的决定，在规定期限内申请人未做出检索请求或者未缴纳检索费用的，主管部门应当做出驳回申请的决定。申请人可以在收到主管部门是否检索的通知之前就直接请求进行专利检索。主管机关应当在收到请求书和提交检索报告的费用证明后，根据权利要求，在专利申请书的基础上，根据说明书和附图，出具检索报告，并将其转交申请人。在收到检索报告之前，申请人不得就该发明的实质内容提请补充修改。

专利申请公开。专利公开是专利申请的必要环节，在以下情形中，专利申请信息应当立即在政府公报上公开：（1）专利申请提交后18个月期满后，有优先权日的，自优先权日开始计算18个月期限；（2）在上述期限届满前，应申请人的请求可以立即公开，但不应当早于申请日后3个月；（3）在上述期间届满前，授予专利的决定生效时，专利申请应当同时与专利说明书同时公开。

公开期间异议程序。在主管部门程序进行前，专利申请信息公开后，任何第三人均可以就所公开的申请信息的可专利性提起异议，异议的提出应当通过书面形式，由专利主管部门做出决定。

实质审查。申请人欲提起实质审查申请的，应当签收检索报告起6个月以内进行，并缴纳相关费用，逾期未申请后申请人希望请求进行实质审查的，可以在收到实质审查申请期限届满后30日内提起，实质审查申请不得撤回，逾期不提起实质审查请求的，主管部门将作出驳回专利申请的决定。实质审查主要针对可专利性、不可专利性、专利唯一性、权利要求公开是否充分等问题进行审查。实质审查不审查发明的实用性。对于以上审查内容，主管部门认为不符合要求的，应当给予申请人2个月以上，不超过3个月的补正时间。

紧急审查程序。紧急审查程序是《塞尔维亚专利法》特有的一种程序，其目的在于迅速明确专利权的效力，以便司法机关、海关等机关的司法或行政程序的进行。在司法程序中，或主管市场检查当局或海关当局要求下进行检查监督或海关程序中，申请人可以向专利主管部门申请实质审查紧急程序。在尚未获授权的情况下，相关发明被侵权且权利人提起民事侵权诉讼程序的，申请人在缴纳审查费用以及提交已提起侵权诉讼程序的证明的前提下也可以提请紧急审查程序。

非损害性公开。一项发明的全部或者部分在申请日前的6个月内落入现有技术水平的，在以下情况下，仍然被视为具有新颖性：（1）与申请人或者其前任权利人有关的明显的滥用；（2）根据国际展览公约，相关发明被申请人或者其合法前任权利人在官方或者官方承认的展览中展出的。

专利审查决定。如果专利申请所需的所有要求均已具备，专利主管部门应当向申请人送达主管部门对所受理专利申请的授权草案，并告知申请人在收到草案后的30日内进行确认。申请人未在规定时间内书面确认的，主管部门将根据其送达的草案做出专利授权决定，申请人对草案有异议的，应当提交其异议理由与补正方案，异议理由与补正方案被接受的，将根据补正后的权利请求授予专利权，否则按照原草案授权。在实质审查阶段，如果主管部门认为该发明不符合实质审查要求，且经过补正仍无法达到要求的，将做出拒绝授权的决定。

（二）专利权中断、撤销

专利权可能因某些原因而失去法律保护，该法第41～43条规定了专利权中断或终止的原因，包括以下三种：（1）专利权人未续缴专利维持费用；

(2) 申请人撤回申请，或者放弃专利权；(3) 专利权人或申请人死亡或者法人解散的，但被合法继承的除外。

在下列情形中，任何人均有权在任何时候向专利主管部门请求部分或者全部撤销相关专利：(1) 相关发明不具备可专利性（该法第7~8条）；(2) 相关发明落入不可专利的范围（该法第9条）；(3) 相关发明不具备新颖性或者创造性；(4) 相关发明在申请专利时公开不充分；(5) 所授予权利的范围超过在申请的申请日期或优先日期披露的本发明的描述所支持的范围，或者如果在分案申请上给予保护，其主题范围超出了基本申请的范围。

四、专利保护

(一) 专利侵权

专利侵权是专利权保护中的核心内容，各国对于此部分的规定一般分为两个部分，一部分为民法保护，另一部分为刑法保护，塞尔维亚专利法也采用了此种方法。出于对专利权人对其专利进行商业性专用的保护，专利权人有权禁止他人未经同意发生下列行为：(1) 制造、销售或者许诺销售相关专利产品，或者出于上述目的而进口或者存储；(2) 使用相关专利方法；(3) 许诺销售相关专利方法；(4) 许诺销售人或者产品提供者明知或者应当知道相关产品含有未经授权的专利的，仍然许诺销售或者提供产品的。

民法保护。专利权人或者独占许可的被许可人可以对侵权行为直接提起民事侵权诉讼程序，并提出以下诉讼请求：(1) 确认侵权行为；(2) 停止侵权；(3) 赔偿侵权损失；(4) 请求公开判决结果，由被告方承担公开费用；(5) 没收或者销毁侵权产品；(6) 没收或者销毁侵权工具、设施设备等；(7) 要求被告人提供其他相关侵权人的信息。如果侵权人是基于故意或者重大过失而侵权，原告有权请求法庭判令侵权人按照许可费用的3倍进行惩罚性赔偿。该诉讼程序的提起应当在权利人知道侵权行为后的3年内提起，最长不超过侵权行为本身开始后5年，持续侵权的，自最后一次侵权行为结束时起算，该诉讼程序采用举证责任倒置的原则。

临时救济措施。在专利权人或者专利申请人提供证据证明其权利正在或者有即将遭受侵犯的可能时，法院可以应请求做出如下临时救济措施：(1) 没收或者召回市场上流通的侵权产品；(2) 没收或者召回已流向市场的侵权工具、设施设备等物品；(3) 对侵权人发出禁令。此外，塞尔维亚专利法还规定了预防性救济措施与证据保全程序。

刑法保护。法人未经授权制造、进出口、许诺销售、销售、存储侵权产品或商业性使用侵权产品的，可以判处10万~200万第纳尔的罚金，对企业主可判处5万~50万第纳尔的罚金，主要侵权责任人可被判处5万~15万第纳尔的罚金。对未取得代理资格但违法开展代理业务的法人，可判处10万~100万第纳尔的罚金，相关负责人可判处1万~5万第纳尔的罚金。

（二）侵犯专利权的例外

专利权本身含有垄断性，因此，世界各国均通过立法对其进行一定程度的限制，特别是在一些非商业用途的使用方面，一般不视为侵犯专利权。该法第5部分规定了专利权限制，以下介绍。

专有权例外。专利权人根据该法享有专有权，但不及于以下情形：（1）对相关发明的使用或者专利产品的使用为个人性质的，且非出于商业性的目的；（2）研究开发活动，或者根据本法划定的范围为某些人用药物、动物用药物、医用产品、植物保护用品取得上市销售许可而提前对相关专利进行的必要使用；（3）在药房根据单一处方直接、个别地准备药物，并将这种药物投放市场。

权利用尽。权利人自己或者经其许可，将专利产品投放于塞尔维亚市场的，他人对该产品的使用和转让均不侵犯专利权。

在先权利。在先权利是限制专利权的又一情形，在先权利一般指在相关发明被申请专利之前，他人已经开始实施该发明，或者已为实施该发明做了必要的准备，应当有继续善意单独实施的权利。根据该法第23条的规定，一项专利专有权不应当影响在先权人对于该发明的善意的实施，但在先权人在实施该发明时只有自己实施的权利，无许可他人实施的权利。

五、专利运用

（一）专利的使用

专利权使用方面的规定在该法第4部分。专利或者实用新型权利人，享有以下专有权：（1）使用其受保护的专利权进行生产活动；（2）销售相关专利产品；（3）转让专利权；（4）专利权或者基于专利申请而产生的权利的抵押权（该法第47条）。

（二）专利转让与许可

权利移转。专利申请权或者专利权，可以通过合同或者继承的方式全部或者部分转让。经专利权人、申请人或者受让人的请求，上述权利移转应当由行政专利主管部门记录于权利登记簿上，该登记产生对抗第三人的效力。专利权或者专利申请权转让的，双方应当通过书面形式签订转让合同。

许可合同。专利申请人或专利权人可以就其申请或者其专利产生的权利做出许可，该许可合同应当通过书面形式，经许可人或者被许可人的请求，应当将许可信息记录于专利主管部门权利登记簿，该登记产生对抗第三人的效力。

强制许可。强制许可并不发生在所有的专利上，但是在一些特殊情况下，如果专利权人拒绝许可他人商业性使用其专利权，或者为许可合同的达成设置了某些不合理的条件，政府部门将做出强制许可的决定。在该法第 26 条中，强制许可指向以下情形：（1）专利权人自己或者经其许可的他人在塞尔维亚境内不实施该专利，或者不充分实施该专利；（2）某项专利部分或者全部的商业性使用，在寻求专利权人许可的过程中发现无法实现的；（3）经过司法或者行政程序认定的防止垄断的需要；（4）其他特殊情况，在该法第 29 ~ 30 条有所涉及，包括植物繁殖、关系公共健康领域等专利的情况，在这些特殊情形中，主管行政机关有权做出强制许可。实施人申请强制许可的，应当在相关专利申请提交 4 年后，或者授权 3 年后提出，同时还应当满足该法第 26 条规定的其他条件，如果实施人提出了强制许可申请，则专利权人有权通过提交证据的方式拒绝接受强制许可。

专利权人的报酬。强制许可条件下，实施人应当根据双方达成的许可费用向专利权人支付报酬，无法通过合同达成费用条款的，管辖法院应当根据法律规定、相关案例、许可本身的经济价值做出判决。

值得注意的是，塞尔维亚虽然尚未加入 WTO，但是该法对 TRIPS 协议仍然有所涉及，特别是在涉及公共健康领域的公共许可。该法第 33 条规定，负责公共卫生健康的塞尔维亚政府机关应通知 TRIPS 理事会其最终决定是否授予有关制造出口到具有公共卫生问题的国家的药品专利的强制许可，以及对其进行修改和终止的具体条件。

六、其　　他

关系到国防和国家安全的发明，世界各国均对此问题给予关注，在是否公开、使用许可、进出口等问题上，此类专利均受到限制。该部分内容在该法第八部分有所体现，塞尔维亚国民对塞尔维亚共和国的国防或安全具有重要意义的专利申请将被视为秘密申请，此类申请应当经过主管国家防务的行政机关的备案。并且，此类发明不得公开，关于此类发明的出口应当经过国家国防机关的批准，此类专利应当归属于国防机关专用。

优先权。专利优先权是指专利申请人就其发明创造第一次在某国提出专利申请后，在法定期限内，又在另一国以相同主题的发明创造提出专利申请的，根据有关法律规定，其在后申请以第一次专利申请的日期作为其申请日，专利申请人依法享有的这种权利，就是优先权。专利优先权的目的在于，排除在其他国家抄袭此专利者，有抢先提出申请，取得注册之可能。优先权相关内容在该法第 89 条有详细规定，塞尔维亚尚未加入 WTO，但已经是观察员，因此本法规定申请人所属国家或地区是《巴黎公约》成员或者 WTO 成员的，根据相关规定享有优先权，希望使用优先权的，应当在专利申请提交 2 个月内提交优先权申请。

国际专利申请。欧盟专利申请和欧盟专利保护按照欧盟专利办公室的规定进行，详情参阅本书欧盟专利法部分。其他国际专利申请，按照《专利合作条约》规定的程序进行。

第五节　本章小结

英国作为世界上最早实行知识产权保护的国家，早在 1624 年就颁布了被称为现代专利法之始的《英国垄断法》；在英国，各项权利的申请、审批和保护程序都比较方便。作为管理知识产权的官方机构，英国知识产权局责任重大。其职责不仅包括专利、设计、商标和版权等方面的申报、审核和批准，还负责协调政府决策者、执法部门、企业等各方面的努力，共同对付知识产权领域的犯罪行为。英国是世界知识产权组织（WIPO）成员，是《专利合作条约》（PCT）和《商标国际注册马德里协定》等一系列知识产权国际条约的成员，积极履行国际条约和国际组织的约定。

俄罗斯于 2012 年 9 月成为世界贸易组织第 154 个成员。为此，俄罗斯在民法典第四部分生效后又进行了大规模的与世贸组织以及国际社会接轨的修订，俄罗斯此番法律修订工作持续了近 4 年，修订涉及民法典所有四部分在内的近 2000 处内容，被看作 1995 年第一部民法颁布之后的一次重要立法案。俄罗斯在知识产权法律修订方面不懈的努力，赢得了世界的认可。

俄罗斯作为具有强大综合实力的大国，在专利保护方面有着较为全面和详细的保护。《俄罗斯联邦民法典》从内容的完善性方面来看，已经能够较为全面的涵盖专利保护的内容。需要指出的是，其立法仍然存在较大的完善空间，特别是随着近年来全球专利案件如标准必要专利许可纠纷的出现，也需要对该法典做出进一步的完善。俄罗斯于 2014 对《俄罗斯联邦民法典》做了较大规模的修订，专利法部分也得到了较大范围的修订，在专利能力、专利保护期、专利侵权赔偿责任承担、从属专利等领域都有新的变化，需要我国政府部门和企业注意，特别是在俄罗斯申请专利以及维权时，应及时根据最新的法律法规而做出应变措施。

瑞士作为世界知识产权组织总部所在地，加入了大部分的全球性的知识产权公约或协定，还加入了欧洲地区的诸多知识产权协定，同时还分别与各国签订诸多涉及知识产权的双边或多边协定，其专利制度比较完善。

瑞士对于农业的规定比较特殊，如已经获得专利权人授权的农作物、动物生产材料专利的农民，可以在自己的农场中对该材料进行重复耕种使用，不受专利权人限制其重复使用合同的限制，在农业科学研究上必要的行为也不认为是侵犯专利权的行为。对于强制许可范围比较宽泛，除了关乎公共利益的专利，在半导体技术领域、科研工具制造领域、医用诊断和医药领域，相关人员均有权向法庭或者 IPI 申请非独占许可。

塞尔维亚尚未加入 WTO，但已经是其观察员国家，故 TRIPS 协议并不对其产生效力，其他相关的国际公约和协定几乎都已加入，关于专利优先权则规定申请人所属国家或地区是《巴黎公约》成员或者 WTO 成员的，根据其专利法规定享有优先权，从而解决国际优先权的问题，其专利法只保护发明和实用新型。

塞尔维亚专利法对于职务发明的规定比较完善，其审查程序中规定有紧急审查程序，使得司法程序或行政程序中需要快速明确专利权利的效力的专利申请予以得到快速审查，方便了申请人和专利确权的要求。对于国防和国家安全的发明，塞尔维亚政府管理比较严格，对其列入秘密申请，不得公开，其出口受到国家国防机关的管控。

总体而言，此三个国家各具特色，俄罗斯在民法典中对专利进行规定，立法先进；瑞士由于其特殊的地理位置，国际公约和多边协定签订得比较多，对农业的保护比较完善；塞尔维亚由于处于东欧，其专利制度受苏联的影响深刻，有着浓厚的历史印记。

第三编　非　　洲

第九章　非洲阿拉伯语区国家专利法律制度

第一节　概　述

“一带一路”沿线北非区域，北隔地中海望欧洲，南接非洲南部，西临大西洋，东有红海，是陆上交通亚欧非三洲的重要中转站，地理位置极为重要。该区域有 7 个国家，分别是埃及、阿尔及利亚、利比亚、毛里塔尼亚、摩洛哥、苏丹和突尼斯。由于特殊的地理条件，北非国土面积大且沙漠地形所占比例高；矿藏种类丰富、储量巨大，是世界能源生产重要产区；在历史上，北非各国长期受到英国、法国、意大利三国的入侵；深受自然条件限制，该区域经济水平较低，技术相对落后；北非的自然和人文特征与西亚地区相似度高，为了研究方便，人们有时把它和西亚放在一起研究，称阿拉伯世界。本章选取埃及、阿尔及利亚和摩洛哥 3 个国家进行介绍。

阿拉伯埃及共和国，简称“埃及”，位于北非东部，领土还包括苏伊士运河以东、亚洲西南端的西奈半岛。埃及既是亚、非之间的陆地交通要冲，也是大西洋与印度洋之间海上航线的捷径，战略位置十分重要。由于地处亚非欧三大洲的交通要冲，埃及作为“一带一路”西端交汇地带的区位优势非常突出。埃及是中东人口最多的国家，也是非洲人口第二大国。埃及是举世闻名的四大文明古国之一，在经济、科技领域方面长期处于非洲领先态势。埃及经济的多元化程度在中东地区名列前茅。然而，近年来，埃及的经济却不乐观，全国贫穷人口较多。尤其是 2011 年年初以来的动荡局势对国民经济造成严重冲击。

阿尔及利亚民主人民共和国，简称“阿尔及利亚”，是非洲北部马格里布的一个国家，有相当大一部分是在撒哈拉沙漠，北部则位于地中海沿岸。其国土面积居非洲各国、地中海各国和阿拉伯国家之冠，排全球第 10 位。阿尔及利亚经济规模在非洲居第四位，仅次于南非、尼日利亚和埃及。国内有丰富的自然资源，石油与天然气是阿国民经济的支柱。自阿尔及利亚 1962 年独立以来，中阿双边友谊以及合作在政治经济和文化领域稳步推进。2014 年 2 月，阿尔及利亚成为第一个与中国建立全面战略合作伙伴关系的阿拉伯国家。近年来，双边在经贸领域的合作也卓有成效。自 2013 年以来，中国成为阿尔及利亚最大的进口国。双边贸易额在过去10年增长了10倍。同时，阿尔及利亚已成为中国海外建筑企业的最大市场之一。

摩洛哥王国，简称"摩洛哥"，是位于非洲西北部的一个沿海国家，扼守直布罗陀海峡，其东部以及东南部与阿尔及利亚接壤，南部紧邻西撒哈拉，西部濒临大西洋，北部和西班牙、葡萄牙隔海相望。从15世纪末至20世纪初，摩洛哥先后遭法国、西班牙等殖民者入侵。1912年沦为法国的保护国，北部狭长地区和南部的一个地区则划为西班牙的保护地；1956年独立，1957年定名为摩洛哥王国。摩洛哥是连接欧洲、中东和非洲三大市场的枢纽。2016年5月11日，中国和摩洛哥发表了《关于建立两国战略伙伴关系的联合声明》。

第二节　埃及专利法律制度

现行《埃及专利法》制定在《关于保护知识产权的2002年第82号法》中。《关于保护知识产权的2002年第82号法》共有四部，《埃及专利法》（以下简称"该法"）列于第一部，包含专利和实用新型（第一章）、集成电路布局设计（第二章）和商业秘密（第三章）相关内容。[1] 在该法生效的同时，涉及发明和工业图纸和外观设计专利的1949年第132号法，予以废除；发明专利中有关食品相关化学品和医药化学品的规定除外，自2005年1月1日起废止。埃及加入国际公约的情况如表9-1所示。

表9-1　埃及加入专利国际公约的情况

专利国际公约	加入时间
保护工业产权巴黎公约	1951年7月1日
关于工业品外观设计国际注册的海牙协定	1952年7月1日
关于国际专利分类的斯特拉斯堡协定	1975年10月17日
专利合作条约	2003年9月6日

此外，埃及不是非洲知识产权组织（OAPI）和非洲地区工业产权组织（ARIPO）成员国，但埃及可以以观察员的身份出席ARIPO的会议。

一、专利制度概况

《埃及专利法》保护的客体是：（1）发明，每一项发明，凡能够工业应用的，新颖和带有发明步骤的，涉及新的工业产品、革新性工业方法或已知工业

[1] 参见WIPO世界知识产权组织网站，http：//www.wipo.int/wipolex/zh/profile.jsp？code = EG［EO/BL］，访问日期：2018年3月10日。

方法再新应用的，应根据该法规定授予发明；（2）实用新型专利，对于建造或构成手段、工具、设备或其部件、产品、合成物或生产上述所有之物的方法中，以及其他在流行用法中使用的物项中的新技术性增添，应根据该法的条款授予实用新型专利；（3）集成电路布图设计，“集成电路”一词在适用该法的规定中指任何最终或中间形态的货品，其中成分，至少其中之一为活跃成分，以及某些或所有相互联系，不可分地形成于一块绝缘材料之内或表面，意在与某些或所有连接一同完成一项电子功能；“布图设计”一词在适用该法的规定中指任何为用于制作的集成电路准备的三维布局；（4）商业秘密，未公开的信息应根据该法的规定保护，只要此种信息：①是保密的，意思是作为一体或处于其构成物的明确外形和组合中，一般不为通常处理此种有关信息的圈内人士知晓或容易接触；②由于保密而具有商业价值；③合法控制信息的人持续采取合理步骤为其保密。

《埃及专利法》不仅从肯定的角度对专利保护的客体进行列举，还从否定的角度对专利不得授予的对象予以排除。发明专利不得授予下列项目：（1）其利用可导致损害国家安全、违反公共秩序或道德或严重损害环境或人、动物或植物之生命或健康的发明；（2）科学理论和发现、数学方法、程式和布局；（3）用于人或动物的诊断、治疗和手术方法；（4）植物和动物，无论其珍奇程度如何；但微生物和用于产生植物或动物的非生物和微生物学过程除外；（5）活生物体、组织、细胞、天然生物材料、脱氧核糖核酸（DNA）和基因组。集成电路布图设计可能包含的任何概念、方法、技术系统或加码信息不得为保护的对象。

关于保护期限。发明专利规定的保护期为20年，自在埃及申请专利之日开始；实用新型的保护期为7年，不可延展，自在埃及阿拉伯共和国向专利局提交实用新型专利的申请之日开始；集成电路布图设计的保护期为10年，自在埃及阿拉伯共和国申请注册之日或自在阿拉伯共和国或国外首次商业性利用之日中较早者起算。

关于专利享有的权利。专利应给其所有人以权利防止第三方以任何方式利用其发明。如果专利权人在任何国家经销产品或就此授权第三方，其防止第三方进口、利用、出售或分销此种产品的权利应当穷竭。下列行为不得被视为对此权利的侵犯：（1）与科学研究有关的行为；（2）除非出于恶意，在就相同产品或制造方法提交专利申请之前，第三方在埃及制造某一产品、使用制造某一产品的方法或为此目的采取认真措施。上述第三方可以仅为本机构继续同一活动，即使授予专利也不扩大。除非连同整个机构，从事此种活动的权利不可以转授或转让；（3）为获得其他产品间接使用构成发明内容的生产方法；

(4) 在世界贸易组织成员方或单位之一或在以互惠对待埃及的国家或单位之一将发明用于地面、海洋和空中运输手段中，如果任何此种手段临时或偶然存在于埃及；(5) 第三方为获得营销许可在其保护期内制造、安装、使用或销售产品；只要营销不在保护期结束之前开始；(6) 第三方从事的上述以外的行为，只要此种行为在无碍第三方合法利益的情况下不无理与专利的通常利用相冲突并不无理损害专利所有人的合法利益。

二、可专利性

在下列情况下，发明不得被视为整体或部分具有新颖性：(1) 如果在专利申请提交之日前，已经就发放发明专利提交了一件申请，或已经就发明的部分或整体在埃及或国外发放过专利。(2) 如果发明已经在埃及或国外公开利用或实施，或如果说明书在专利申请之前已经披露以致领域内熟练人员能够利用此发明。以上披露不包括发明在专利申请提交之日前6个月内在全国或国际性展览上披露。

三、专利的申请与审查

关于专利的申请。提交发明专利申请时应缴纳费用。从第二年开始并持续到为专利规定的年限终止，还应缴纳逐年增长的年费。除审查费以外，专利申请人应向专利局支付请求帮助的专家报酬。申请实用新型专利时应支付费用，还应支付从第二年开始直到专利期满逐年增加的年费。该法行政条例应确定每件申请不超过1000埃镑，以及降低付费的规则和豁免费用的情况。

关于申请所需的文件。就被申请的每一产品和方法申请专利，应附带关于发明的详细说明（说明书），其中充分详述所涉主题和能使领域内熟练人员将其实施的最佳办法。说明书应清楚地写进有关方要求保护的新要素（要求书）。如有必要，申请还应附带发明的工艺图。如果申请涉及的发明包含生物、植物或动物学材料或医学、农业、工业、职业或环境或文明遗产领域的传统知识，发明人应通过合法手段获得其出处来源。如果申请涉及微生物，申请人应披露此种生物，并应向由该法实施条例指定的单位交存活培养物。取决于该法第38条的条款，申请人在所有情况下有义务就此前同一发明或联系其主题已经在国外提交的申请以及此种申请的审查结果提供完全的信息和数据。

关于审查流程。形式审查阶段。根据该法第13条的规定，如行政条例所示，专利局可要求专利申请人对申请做出其认为合适的修改或补全。申请人在被通知之日起3个月内未这样做，应被认为放弃申请。就此要求，申请人可在

30 天内根据行政条例指明的程序针对专利局发出的决定向该法第 36 条规定的委员会提起申诉。专利申请人可在宣布专利申请被接受之前的任何时候提交修改说明书或工艺图的申请，并附加关于修改的性质和理由的声明，前提是此种修改不会改动发明本身的实质内容。

实质审查阶段。专利局应根据该法第 1 ~ 3 条对专利申请和附件进行审查，以核实发明具有新颖性、带有发明步骤和能够工业应用。如果发明满足上述条件，并且专利申请遵守了该法第 12 ~ 13 条的规定，专利局应以行政条例规定的方式在专利公报上公布申请被接受。在专利公报公布申请被接受之日起 60 天内，任何有关方可以依据实施该法的行政条例限定的条件，以给专利局的包含反对理由的通知的形式，对发放专利的进行提出书面异议。提出异议者应支付实施该法的行政条例规定的 100 ~ 1000 埃镑的费用。如果异议被接受，此种费用应予返还。

关于专利的终止。在下列情况下，由专利而来的权利应终止并由此进入公共领域：（1）根据该法第 9 条的保护期终止；（2）专利权人在不损害其他人权利的情况下放弃其专利；（3）做出专利无效的裁决；（4）根据实施该法的行政条例规定的程序被通知要求支付后，在应支付之日起 1 年内不支付年费或数额为应缴费用 7% 的迟付罚金；（5）发放强制许可后 2 年内不在埃及实施发明，以及根据任何有关方向专利局提交关于进入公共领域的申请；（6）专利权人在实施其权利中进行滥用，而强制许可或许不足以弥补此种滥用。专利权人的权利根据上述条款被终止的，其专利应当以行政条例规定的方式在专利公报上公布。

四、保　　护

专利侵权判定及赔偿。在不损害该法第 10 条规定的情况下，任何方从事任何以下行为应被处以支付 2 万 ~ 10 万埃镑的罚金：（1）为商业周转的目的仿冒专利或根据该法授予专利的实用新型的物件；（2）在知情的情况下为交易目的销售、许诺销售或周转、进口或拥有仿冒的产品，对此种产品或其生产方法已授予发明或实用新型专利并在埃及阿拉伯共和国有效；（3）非法在产品、广告、商标、包装材料或其他物件上置放信息使人相信此一方已经注册了发明专利或实用新型专利。在重犯的情况下，应适用不超过 2 年的监禁以及 4 万 ~ 20 万埃镑的罚金。在所有情况下，法院应下令没收与犯罪有关的仿冒产品和犯罪使用的工具，裁决应在一家或两家日报上公布，由获罪人支付该费用。

五、运　　用

关于转让的规定。专利可以整体或部分地无偿转让，还可以作为抵押或用益权的对象。无碍有关商业销售和抵押机构的规定，专利不得转让，有关的抵押或用益权不得对抗其他人，除非在专利注册处登记之日后。专利的转让、抵押或作为用益权应根据行政条例规定的期限和程序公布。

关于强制许可的规定。经由总理政令成立的部长级委员会批准，专利局得发放实施发明的强制许可。就下列情况发放此种许可时，该委员会应明确专利所有人的经济权利。

第一，如果主管部长视情况认为实施发明可实现以下目的：（1）非商业性公共用途的目的，诸如维持国家安全、卫生以及环境和食品安全；（2）遇有紧急或极端紧迫的情况；面临上述第（1）项和第（2）项的情况，应发放强制许可，无须事先与专利权人谈判，或在与之谈判后经过特定一段时间，或为取得实施许可提出适当条件；（3）支持国家在对经济、社会和技术发展至关重要的部门中的努力，但不得无故侵害专利权人的权利并考虑其他人的合法利益；第（1）项和第（3）项规定情况下强制许可的决定，应及时通知专利权人，在前述第（2）项的情况下应在最近的可合理得到的机会通知。

第二，在可有数量的专利药品不能满足国家需要，由此发生质量下降，由此发生价格不正常提高的情况下，或如果发明与用于危急情况以及慢性、不治或地方疾病有关的药物或与用于预防这些疾病的产品有关，无论发明涉及药物、药物的生产、生产药物使用的主要原料还是药物生产所需原料制备的方法。在所有此种情况下，强制许可的决定应及时通知专利权人。

第三，尽管为其提出适当先决条件并且合理的谈判期间已过，如果专利权人拒绝许可其他人为任何目的实施发明。在此种情况下，申请强制许可的人应当证明其已经进行了认真努力从专利权人取得自愿许可。

第四，自专利申请提交之日过去4年或自专利授权之日过去3年两者之中的较长者，如果专利权人自己没有或没有许可他人在埃及实施专利，或专利没有被充分实施，以及如果专利所有人无故停止实施发明超过1年。完成实施可通过在埃及生产受保护的产品，或通过使用其中受发明专利保护的制造方法。但是，尽管上述两个时段中的任何一个已过，如果专利局认为不实施发明系由于专利权人无法控制的法律、技术或经济原因，可另外给予宽限期以实施发明。

第五，如果证明专利权人滥用权利，或如果证明其以反竞争的方式运用自己的专利权，而这些包括以下行为：（1）过高定价专利产品，或就其价格和销售条件对客户实行差别对待；（2）不向市场提供专利产品或以不公平的条件提供；（3）停止生产受保护的商品或生产此种商品的数量不符合生产能力与市场需求之间的比例；（4）根据公告的法律约束，行动或行为方式对自由竞争有不利影响；（5）以对技术转让有不利影响的方式行使法定权利。在所有以上情形中，得发放强制许可，无须谈判或谈判经过特定一段时间，即使强制许可不以满足国内市场需要为目的。如果导致发放强制许可的情况为持续性并可以预见再度发生，专利局可以拒绝终止强制许可。在估算对专利所有人的适当补偿时，应考虑其滥用权利和反竞争做法造成的损害。如有证明显示发放强制许可 2 年后该许可没有充分弥补因专利权人使用权利中的滥用或其反竞争的做法对国家经济的不利影响，专利局可以使该专利无效。任何有关方可根据实施该法的行政条例所规定的期限和程序就专利无效的决定向该法第 36 条规定的委员会提出申诉。

第六，如果发明专利的权利人非实施另一项于此有必要的发明不能实施自己的发明，而这一发明相对于另一发明显示出重要的技术进步以及技术和经济重要性，权利人可以从其他被授权人处获得强制许可，其他被授权人在此种情况下可享有同样的权利。前述两项专利之一经许可的实施不可以转让，除非连同另一项专利的实施一同转让。

第七，如果发明涉及半导体技术，不得发放强制许可，除非为公共和非商业利益的目的，或为补救被证明为反竞争行为的后果。

发放强制许可，应考虑以下情况：（1）申请发放强制许可，应根据个案独自的情况解决，许可应主要以满足国内市场需要为目的；（2）申请强制许可的人应证明其在合理的时段中为以公平的报酬从专利所有人处获得自愿许可进行认真的努力，但没有成功；（3）就向第三方发放强制许可的决定，专利权人应有权在收到发放强制许可的通知之日起 30 天内依照行政条例规定的条件和程序向该法第 36 条规定的委员会提出申诉；（4）申请强制许可的人或被许可人应有能力以切实的方式在埃及阿拉伯共和国实施发明；（5）获得强制许可的被许可人应承诺根据先决条件并在发放强制许可的决定规定的期间和范围内实施的发明；如果强制许可期限终止而没有完成该实施的目的，专利局可将期限更新；（6）实施强制许可应限于申请的人，但专利局可以将其授予另外一方；（7）获得强制许可的被许可人不应有权将此种许可转让给他人，除非是与实施发明有关的机构或一方；（8）专利权人应有权为实施其发明获得适当的报酬，估算报酬时应考虑发明的经济价值，专利权人应有权就报酬估算的决定在收到决定通知之日起 30 天内根据实施该法的行政条例规定的期限和程序向该法第 36 条规定的委员会提出申诉；（9）强制许可应在终止日期结束，但是，如果发放许可的理由不复正当并可能将不会正当，专利局可决定在终止日之前撤销强制许可，此种情况，应遵照行政条例规定的程序；(10) 如果取得强制许可的理由不复正当并可能将不会正当，专利权人可在终止日之前要求终止强制许可；(11) 在终止日之前终止强制许可，应当考虑被许可人的合法利益；(12) 如果被许可人在发放之日起 2 年内未实施许可或违反许可中规定的义务，专利局得自行或应任何有关方的请求更改强制许可的先决条件或取消强制许可。

由于与国家安全有关的原因以及在极端紧迫的情况下，强制许可在主管部长决定的基础上或许不足以应付之，经该法第 23 条提到的部长级委员会批准，发明专利可以被征用。征用可限于为国家需要征用实施发明的权利。在所有情况下，对征用应给予公平的补偿。补偿的估算应通过该法第 36 条规定的委员会进行，并依照做出征用决定时通行的经济价值。征用决定应在专利公报上公布。对征用的决定和对委员会关于补偿估算的决定的上诉，应当在根据带回执的挂号信通知有关方之日起 60 天内提交行政法院。行政法院应及时就上诉做出裁决。

第三节　阿尔及利亚专利法律制度

"二战"后，工业发达国家陆续进行专利法的修订，许多发展中国家也纷纷制定专利法。阿尔及利亚在 1966 年通过了新专利法。如今，现行《阿尔及利亚专利法》是 2003 年 7 月 19 日起实施的；现行《阿尔及利亚关于集成电路布图设计保护的法令》是 2003 年 7 月 19 日起实施的；现行《阿尔及利亚关于外观设计保护的法令》是 1966 年 4 月 28 日关于外观设计保护的第 66 ~ 86 号法令。[1] 阿尔及利亚加入国际公约情况如表 9 - 2 所示。

表 9 - 2　阿尔及利亚加入专利国际公约的情况

加入的专利国际公约	条约在阿生效时间
保护工业产权巴黎公约	1966 年 3 月 1 日
建立世界知识产权组织公约	1975 年 4 月 16 日
专利合作条约	2000 年 3 月 8 日

阿尔及利亚不是非洲知识产权组织（OAPI）和非洲地区工业产权组织（ARIPO）成员国。

[1] 参见 WIPO 世界知识产权组织网站，http：//www. wipo. int/wipolex/zh/profile. jsp? code = DZ [EO/BL]，访问日期：2018 年 3 月 10 日。

一、专利制度概况

《阿尔及利亚专利法》保护客体是，由创造性产生并易于工业应用的新的发明可受专利保护。发明可涉及产品或过程。

以下情况不能作为发明：（1）科学原理、理论、发现和数学方法；（2）计划、原则或纯粹的智力或趣味活动的方法；（3）教学、组织、管理或者经营的方法和制度；（4）治疗人体或动物体的手术、治疗或诊断方法；（5）简单的信息介绍；（6）电脑程序；（7）独特的装饰性的创作。

下列情况不能获得发明专利：（1）植物或动物品种和生产植物或动物的方法；（2）在阿尔及利亚领土上发明的实施违反公共秩序或道德；（3）在阿尔及利亚领土上开发的，不利于人或动物的健康和生命，也不利于植物的保护，或者严重影响环境保护的发明。

关于专利享有的权利。专利期限自申请之日起20年，依照适用法律的规定，缴纳注册和维持费用。专利赋予其所有人以下独占权：（1）专利为产品的，为防止第三人未经其同意擅自制作、使用、出售、提供出售或者进口该产品；（2）专利为方法的，为了防止第三方在未经他同意的情况下擅自使用、提供出售、出售或进口根据这种方法获得的产品。专利权人也有权通过继承转让或转让专利，并签订许可协议。发明专利的权利仅限于为工业或商业目的而做的行为。这些权利不会延伸：（1）为科学研究这唯一目的的行为；（2）产品合法投放市场后，涉及该专利所涵盖产品的行为；（3）在临时或偶然进入水域、领空或国家领土的外国船舶、航天器或陆地车辆上使用专利方法。

另外，《阿尔及利亚专利法》第14条还规定：还保护下列行为——一个人，善意地，在专利申请日或有效优先权日：（1）制造产品或使用该专利保护的发明的工艺对象；（2）已经为这种制造或者使用认真准备，尽管存在该专利，仍然有权继续其活动。该在先使用权只能转让或被许可给公司或公司合伙人或已经在使用或准备使用的公司。

二、可专利性

关于专利授权的条件，必须满足：（1）新颖性，如果一项发明不属于现有技术范畴，那么这项发明就是一种新的发明；（2）创造性，如果发明对现有技术是非显而易见的，那么该发明应被认为是有创造性的；（3）实用性，如果发明的目的可以在任何行业中制造或使用，则该发明应被认为在工业上适用。

三、专利的申请与审查

专利的申请。凡想取得发明专利的，必须向主管部门明示请求。

专利申请必须包括：一份请求、一份描述、一项或多项权利要求，一个或多个附图，必要时还要摘要；支付规定费用的证明文件。专利申请应涉及一个发明或连接在一起的一组发明，从而形成一个整体的发明构思。它可以不包含任何限制、条件、保留或权利分配。说明书必须以足够清楚和完整的方式公开该发明，以使本领域技术人员能够实施该发明。权利要求必须确定所要求保护的范围。必须清楚、简明，完全基于描述。摘要仅用于技术信息目的。

关于优先权。在官方或官方认可的国际展览会上展出发明的任何人可在展览结束之日起 12 个月内申请保护该发明，优先权日从发明对象公布之日起算。

关于专利申请的撤回和更正。在授予专利之前，申请人可以全部或部分撤回申请。在授予专利权之前，并在缴付规定费用后，申请人可以根据他的请求在提交的文件中更正经证实有重大错误的文件。在合理需要的情况下，在没有缴纳应交税款或未能在可以延长的时间内做出更正的情况下，专利在国家发布。

专利的审查。形式审查阶段。主管部门备案后，应当核实申请书是否符合上述规定的申请手续和申请文本。当申请不符合这些条件时，请求申请人或其代理人在 2 个月内将文件正规化。如果有理由，应申请人或其代表的要求，可以增加这个时间。在上述期间内调整的申请应当保留首次申请的日期。如果文件在规定的期限内没有被正规化，申请被视为撤回。实质审查阶段。主管部门还应审查请求内容是否属于《阿尔及利亚专利法》第 7 条所指范围之外，并且显然不被排除在该法第 3 ~6 条保护之外。

专利的登记。主管部门应当以发行顺序备存所有专利，以及根据该条例登记的一切行为以及为其申请采取的案文。任何人可以在支付规定费用后查阅专利登记册或从中取得专利摘要。

专利的公布。主管部门公布专利公报。专利说明书、权利要求书和附图应由主管部门保留。

权利的丧失。权利的丧失有三种原因：（1）放弃，发明专利持有人可以在任何时候以书面声明的形式全部或有限放弃一项或多项权利要求；只有在被许可人同意放弃的声明下，放弃专利才能进行注册。（2）无效，根据任何利害关系人的请求，有管辖权的管辖机构对发明专利的一项或多项权利要求做出的完全或有限的无效的宣布：①如果发明专利的主题不符合《阿尔及利亚专利法》第 3 ~8 条的规定；②如果发明的描述不符合《阿尔及利亚专利法》第 22（3）条的要求，或者专利的权利要求没有界定所寻求的保护；③如果同样的发明是在阿尔及利亚的在先申请之后或者从先前的优先权中受益的发明专利。（3）失效，没收发明专利是在《阿尔及利亚专利法》第 9 条所规定的维持费未缴存的情况下，在提交周年日的情况下发生的。但是，自该日起给予专利权人或专利申请6个月的宽限期，以支付应缴的费用以及逾期付款的罚款。强制许可颁发后2年，专利发明运作的缺陷或不足，由于专利所有人责任的，主管法院可能应有关部长的请求经咨询工业产权部长后，宣告该专利无效。

四、保　　护

《阿尔及利亚专利法》针对侵犯专利权的行为制定了民事制裁和刑事制裁。

民事制裁。根据《阿尔及利亚专利法》第12条和第14条的规定，第11条所述行为未经所有权人同意即行使，构成侵犯专利权的行为。专利所有权人或其继承人可以对任何已经或正在实施该法第56条行为的人提起诉讼。如果申请人证明有上述行为之一已经发生，主管法院给予民事补救，可以下令停止这些行为以及现行法律规定的任何其他措施。尽管有该法第58条第2款的规定，未经专利所有权人同意而制造的任何同样的产品，除另有证明外，应被认为根据至少以下一种情形获得的：（1）专利的主题是获得新产品的过程；（2）通过专利程序获得相同产品的可能性很高，专利权人尽管做出合理努力仍然无法确定实际使用哪种程序。在这种情况下，主管法院可以命令被告证明获得同一产品的过程与专利过程不同。在要求提供证据的情况下，主管法院将不披露被告的商业秘密，应考虑被告的合法利益。该法第58～59条所述的任何诉讼的被告可以在同一诉讼程序中就发明专利无效宣告提起诉讼。

刑事制裁。《阿尔及利亚专利法》第56条所指的任何明知而犯的行为构成伪造罪。伪造罪可处以6个月至2年徒刑，并处以250万～1000万第纳尔或者这两者之一。故意隐瞒、出售、展示或者向国内介绍假冒伪劣商品的，以伪造者身份处以同样的处罚。

五、运　　用

权利的转让。专利申请或专利所产生的权利，和/或任何附加的权利证书可以全部或部分转让。涉及所有权转让行为，授予使用权或者终止使用权行为，或者对专利申请或者专利的质押或者质押的解除行为，必须以书面形式根据管辖法令登记在专利注册簿中。上述行为仅在注册后有效对抗第三方。

关于许可合同。发明专利的所有人或者申请人可以通过合同授予他人利用其发明的许可。因开发缺陷或不足的强制许可。任何人可以在专利申请日起4年后，或者在发明专利申请授予之日起3年后的任何时候，从主管部门获得公开的缺陷或不足的许可。主管部门只有在核实开发缺陷或者不足的实际情况下，并且没有理由认定该专利发明公开缺陷或者不足的情况下，方可颁发强制许可。上述第38条所称强制许可，只可以授予提供保证能够弥补产生缺陷的申请人。上述第38条所称强制许可为非排他性的，主要用于供应国内市场。根据案件的具体情况，考虑到许可的经济价值，可以给予强制许可，但要给予充分的赔偿。强制许可只可以在使用专利所在的企业或合伙人的一方进行转让。这种转让只能在主管部门的授权下进行。

关于上述强制许可的撤回。《阿尔及利亚专利法》第45条规定：在不影响该条最后一款规定的情况下，应专利所有人的请求，强制许可可因下列情形撤回：(1) 如果提供强制许可的条件不复存在；(2) 强制许可的受益人不再符合规定的条件。主管机关认定有理由维持许可的情况下，特别是被许可人开展工业发明专利或者为此工业开发认真做准备的情况下，不得撤销强制许可工业开发。

从属专利的强制许可。如果受专利保护的发明在不侵犯原有专利权利的情况下不能被利用，专利许可可以根据请求授予专利权人。这种许可只有在必要的程度上才能授予，这项发明的使用，呈现出显著的技术进步并且具有显著的经济利益，并且涉及较早专利主题的发明。早期专利的所有人有权以合理的条件获得互惠许可，以使用作为后续专利主题的发明。

为公共目的的强制许可。具有下列情形之一，工业产权部长可随时向国家部门或部长指定的第三人授予专利申请或专利的强制许可：(1) 在公共利益，特别是国家安全、营养、健康或国民经济其他部门发展需要的情况下，特别是在确定专利药品价格过高或者平均市场价格受歧视的情况下；(2) 如果司法或行政机构发现专利所有人或其持有人正在利用这项发明的方式是反竞争的，而且负责工业产权的部长认为，根据该款进行的这项发明的开发将会纠正这种做法。

六、外观设计的保护制度概况

外观设计的保护客体是，用于给予任何工业或工艺品特定外观以及作为模型的任何线条、颜色的组合，与颜色相关或不相关的任何塑性造型，以及可以作为样式制造其他单位并且在外形上区别与其他相似模型的任何工业物体。

（一）授权的条件

只有原创和新的设计受益于该法授予的保护。一个设计是新的，如果它还没有被创建。如果一件物品既可以被认为是一种外观设计，也可以被认为是一项可取得专利的发明，而且新颖性的组成要素与该发明的组成要素是不可分离的，那么该物品将受到涉及发明人证书和专利的1966年3月3日第66～54号法令的保护。

（二）专利的申请与审查

外观设计的审查。任何设计文档应以挂号邮件的形式交付或送交主管机关，并确认收到。该注册可包括1～100个旨在并入相同类型的物品的图纸。申请必须包括：（1）4份送存申报表；（2）6份完全相同的申请副本，或每个对象或图纸的两个样本；（3）私人委托书，如果存款人由代理人代表；（4）应缴税款收据。任何希望利用在先外国送存优先权的人，必须附上他的设计送存：（1）主管部门签发的设计身份证明；（2）根据优先权要求支付的费用的收据。

外观设计的保护期限和阶段。该法令授予每项设计的保护期限为自提交之日起10年。这段时间分为两个阶段：（1）一年；（2）第二年起九年，这九年须缴纳维持费。在第一阶段保护期间，如果申请人或其继承人不要求公布，则设计的申请仍然是保密的。申请人或者所有权继承人可以在第一阶段保护期内或者在该期限届满时要求全额或者部分归还保证金；它只涉及不需要广告的对象。在第一阶段保护期到期后的一年内尚未撤回的设计属于公有领域。在第一阶段保护期结束时，该法第13条的保护范围必须公之于众。

外观设计要缴纳的费用包括：（1）独立于注册设计数量的固定费用；（2）每个设计的费用；（3）广告费，如果适用的话。

外观设计的公开。设置登记簿进行公布，年度目录由主管部门公布。登记簿的设计复制证明和一份说明的副本向公众公开。

外观设计的优先权。任何出现在官方或官方认可的展览中的设计都享有临时保护。如果持有人自设计展示之日起6个月内注册，并且具有在展会上出具的担保证明书的支持，享有优先权。

（三）保护

关于侵犯外观设计的处罚。侵犯外观设计所有人的权利构成假冒的，处500～1.5万第纳尔的罚款。如果是累犯，或者罪犯是为受害方工作的人，罪犯将被判处1～6个月的监禁。当自主管理和国有部门的权利受到侵害时，这些处罚翻倍。法院可以命令在其决定的地方张贴判决书，并将判决书全部或部分插入指定的报纸，费用由被定罪者支付。为了受害方的利益，法院可以下令没收侵犯该命令所保证的权利的物品，即使在无罪释放下也是如此；法院也可以在被定罪的情况下没收专门用于制造有关物品的工具，并将其交付给受害方。提交之前的事实不会引起任何来自该命令的刑事或民事诉讼。申请之后、公布之前的事实，不能引起诉讼，甚至是民事诉讼，除非受害方确定了被告的恶意。

受害方可以由任何宣誓代理人进行详细的说明，不论是否扣押该法第 24 条所述的物品或工具，由管辖法院院长在其命令下进行和执行。

（四）运用

图纸或模型的转让。设计的所有人可以通过合同将其全部或部分权利转让给他人。如果公共利益有此要求，主管当局可以授予使用设计或模型的权利给任何要求的企业，同时予以权利人补偿。涉及所有权转让、授予使用权或者停止使用权，质押或者解除质押的行为，必须以书面形式记录在案，并记入外观设计专用注册簿。

七、集成电路布图设计保护制度概况

根据现行《阿尔及利亚关于外观设计保护的法令》的规定，可以看到：

保护客体。"集成电路"是指一种产品，在它的最终形态或中间形态，是将多个元件，其中至少有一个是有源元件和部分或全部互连集成在一块材料之中和/或之上，以执行某种电子功能。"布图设计（拓扑图）"是三维布图，无论其表达如何，多个元件中至少有一个是有源元件，并且和集成电路的全部或部分互连，或者是指为集成电路的制造而准备的这样的三维配置。

保护的权利。该条例赋予权利持有人禁止第三方在未经他同意的情况下进行下列行为：（1）复制受保护的布图设计（拓扑图）的全部或其任何部分，无论是否将其结合到集成电路中，但复制不符合第 3 条所述原创性要求的部分除外。（2）为商业目的进口、销售或者以其他方式供销售受保护的布图设计（拓扑图），或者其中含有受保护的布图设计（拓扑图）的集成电路，或者包含这种集成电路的产品（以至于继续包含非法复制的配置图）。

权利的限制。根据该条例所授予的保护不包括下列行为：（1）为私人用途或仅为评估、分析、研究或教学的目的而复制受保护的版面设计；（2）在集成电路中纳入基于这种分析或评估所创建的布局设计，并在上文第 3 条的含义内表现出独创性，或者就这种布局设计而言，该条例第 1 段所述的行为；（3）该条例第 5 条第（2）款所述的任何行为，如果该行为是针对受保护的布局设计进行的，或者该布局设计被纳入的集成电路由持有人或经其同意已经投放市场；（4）善意获得侵权的集成电路的销售和供销，该条例第 5 条第（2）款所述的任何行为，但对于采用非法复制的布图设计（拓扑图）的集成电路而进行的该款所述的任何行为，如果进行或者指示进行该行为的人在获得该集成电路时不知道或者没有合理的依据知道该集成电路包含有非法复制的布图设计（拓扑图），任何缔约方没有义务认为上述行为是非法行为。但是，一旦该人已收到足够详细的通知，告知布局设计已被非法复制，他可以在通知被告知之前已经或已经下令执行上述任何行为并将被要求向持有人支付相当于根据自由谈判的许可证支付的合理费用的金额，以用于这种布局设计。(5) 该条例第 5 条第（2）款所述的任何行为，其是针对由第三方独立创造的相同的原始布局设计来执行的。

保护的期限。保护自申请登记的申请日期起或第一次商业性使用布图设计的日期起生效。保护在其生效之日后的第 10 个年度终止。

（一）授权的条件

关于原创性要求，下列事项可能受该条例保护：原装集成电路的配置。如果布局设计是其创建者的智力努力的结果，并且如果在其创建时对于布局的创建者和集成电路的制造商不常见，则布局设计被认为是原创的。当布局设计由一些常见元素和互连组合而成时，只有组合作为整体，才符合前两段所述的条件。保护的范围排除：布局设计所授予的保护仅适用于集成电路本身的布局设计，不包括布局设计中包含的任何概念、过程、系统、技术或编码信息。

（二）申请与审查

注册申请。注册申请可以在商业使用之前提交，也可以在操作开始之日起 2 年内提交。申请保护布局设计的申请日期为主管部门至少接收一份申请人的身份证明文件，及其获得配置图注册的意向，布局设计的副本或图纸。任何保护版面设计的申请，须按照现行法例缴付规定的费用。

登记。主管部门应当备存一份名为“布图设计登记册”的登记册，登记该法令规定的所有行为及其申请文本。

形式审查。申请符合形式要求的，主管部门应当在上文第 15 条所述登记册中进行布局设计登记，而不用审核原创性，或申请所列事实的准确性，并且要向申请人发出登记证明书。任何人可以咨询布局设计的注册，并从中收取摘录，但须缴纳费用。

公布。布图设计的登记以及登记册中的任何其他登记，均应在《工业产权公报》上公布。任何人都可以查看注册布局设计的记录。但是，如果没有持有人的授权，并且没有支付根据现行法律规定的费用，则不得发行副本。

权利的丧失。权利的丧失有三种原因：（1）撤回，在注册前，可以随时以书面声明方式撤回布局设计的提交，并按照现行法律的规定缴纳费用；如果一个布局设计的提交是以一个以上的人的名义进行的，只有在所有人都要求的情况下才可以撤回。如果质押或许可等权利已经登记在布局设计登记册上，只有经过权利人的书面同意，撤回声明才能被接受；（2）放弃，布局设计的所有人可以通过发给相关部门带有签名的请求，放弃他的布局设计的全部或部分内容；如果布局设计属于一个以上的人，只有经全体所有人书面同意，放弃申请才可以受理；如果有关布局设计的质押权或许可权已经记入该条例第15条所指的登记册，则放弃申请只有在持有人书面同意的情况下方可予以受理；主管部门接受后，放弃登记在布局设计登记册上，自登记之日起生效；（3）无效，布局设计的注册将由法院判决宣布无效：①如果该条例第3条所定义的布局设计不能得到保护；②如果申请人不是该条例第9～10条规定的创造者；③如果在上文第8条规定的期限内没有提交存档；如果无效理由只影响部分设计的，则只有相关部分宣布无效。

（三）保护

关于侵权和制裁。侵犯该条例第5～6条规定的布图设计所有人的权利构成侵权行为，应承担其民事和刑事责任。明知是违反这些权利的，处6个月以上2年以下有期徒刑，并处250万～1000万第纳尔的罚金或这两个惩罚之一。法院如果定罪，可以责令从交易渠道中销毁或者移除违法产品，以及没收其制造所使用的工具。如果需要扣押，法官可以要求申请人提供担保。

（四）运用

权利的转让。注册布局设计所附的权利可全部或部分转让。涉及所有权转让，授予使用权或者终止该权利的行为，或者与布图设计有关的质押或质押解除，必须依照管辖该行为的法律以书面形式记录，并记录在结构图的注册表中。这些行为在注册后仅对第三方有效。关于合同许可。布图设计的所有人可以通过合同授予他人使用布局设计的许可。许可协议中包含的条款是无效的，如果它们在工业或商业层面对被许可人施加限制，构成滥用该命令授予的权利，对竞争产生不利影响。

强制许可。有下列情形之一，即使没有持有人的授权，负责工业产权的部长可以决定，他指定的公共机构或第三方可以使用布局设计：（1）公共利益，包括国家安全、食品、卫生或国民经济其他重要部门的公共利益要求为非商业性公共目的使用受保护的布局设计；（2）如果司法或行政当局认为其持有人或其被许可人，是以不正当竞争的方式运作的。根据布图设计所有人的要求，工业产权部可以撤销强制许可：（1）授予强制许可的理由不复存在的；（2）强制许可的受益人不再符合规定的条件。尽管有该条第1款的规定，但工业产权部部长如果确信保护授权受益人的合法利益有利于维护后者的权益，则不得撤回授权。

第四节 摩洛哥专利法律制度

摩洛哥现行专利法律制度规定于《摩洛哥工业产权法》。[1] 该法于2000年颁布生效，分别于2006年和2014年进行修订。该法所称的工业产权保护，涵盖了发明专利、集成电路布图设计（拓扑图）、工业品外观设计、工厂标志、商标或者服务标志、商品名称、原产地标志和原产地名称的保护以及对不正当竞争的压制。摩洛哥加入专利国际公约的情况如表9－3所示。

表9－3 摩洛哥加入专利国际公约的情况

加入的专利国际公约	条约在摩洛哥生效时间
保护工业产权巴黎公约	1917年7月30日
关于工业品外观设计国际注册的海牙协定	1930年10月20日
建立世界知识产权组织公约	1971年7月27日
专利合作条约	1999年10月8日
国际承认用于专利程序的微生物保存布达佩斯条约	2011年7月20日

摩洛哥不是非洲知识产权组织（OAPI）和非洲地区工业产权组织（ARIPO）成员国。

一、专利制度概况

摩洛哥工业产权制度保护范围。就该法而言，工业产权保护涉及专利、集成电路配置方案（拓扑图）、工业品外观设计、商标或服务标志、商标名称、地理标志和原产地名称以及对不正当竞争的保护。工业产权最广泛地理解，不仅适用于工业、商业和服务业，而且也适用于农业和采矿业领域。

发明可以涉及产品、方法和任何新的应用或为达到未知结果的已知手段的组合。发明还涉及任何种类的药物组合物、药物产品或治疗剂，包括获得它们的方法和装置。

二、可专利性

发明专利的授权条件。在所有技术领域，任何涉及创造性活动并能够在工业上应用的新发明都是可以获得专利的。不属于《摩洛哥工业产权法》第22条含义范围内的发明：（1）发现以及科学理论和数学方法；（2）审美创造；

[1] 参见WIPO世界知识产权组织网站，http：//www.wipo.int/wipolex/zh/profile.jsp？code＝MA［EO/BL］，访问日期：2018年3月10日。

(3) 信息的介绍;(4) 进行智力活动以及赌博或经济领域活动的计划、原理和方法,以及计算机程序。然而,其实施涉及使用计算机、计算机网络或其他可编程设备并且具有由一个或多个计算机程序全部或部分地制成的一个或多个特征的发明是可专利的。为了涉及创造性,计算机实现的发明必须做出技术贡献。

下列行为不具有可专利性:(1) 发明违反公共秩序或良好的道德;(2) 手术治疗方法或治疗人体或动物体以及应用于人体或动物体的诊断方法,这一规定不适用于产品,特别是用于实施这些方法之一的物质或组合物;(3) 植物和动物品种以及基本上用于生产植物或选择动物品种的生物过程。这一规定不适用于微生物方法和通过这些方法获得的产品。

三、专利的申请与审查

专利的申请。发明专利的申请,应由申请人或者其代表在工业产权负责机构的要求下提出。这种申请将导致在申请日起 1 个月内支付所需的申请费用和检索费用。在没有缴纳应交税款的情况下,在上述期限内,专利申请被视为撤回。申请专利的文件必须包括:(1) 内容按规定的发明专利申请书;(2) 该发明的说明和/或说明的一部分;此说明可以在提交时以任何语言提供;(3) 一项或多项权利要求;(4) 说明书或权利要求书的附图;(5) 摘要,申请日期为申请人或其代理人提交 (1) 项和 (2) 项所列文件的日期。在申请日,专利申请文件中不含有一个或者多个《摩洛哥工业产权法》第 31 条 (1) 项和 (2) 项所述文件的,申请人或者其代表人自提交之日起 3 个月内将档案正规化。

说明。发明的说明应包括:(1) 该发明涉及的技术领域的指示;(2) 申请人已知的现有技术状态的,指示对于理解该发明可以认为是有用的;(3) 发明陈述,结构化的权利要求书,用于理解技术问题以及为其提供解决方案;在适当的情况下,该发明相对于现有技术的优点;(4) 附图的简要说明,如果存在的话;(5) 该发明的至少一个模式实施例的详细说明;演示文稿原则上附有示例和参考附图 (如果有的话);(6) 指出该发明易于工业应用的方式,如果这样的应用不能从该发明的描述或性质明确得出的话。该发明的描述必须以充分清楚和完整的方式公开足够的信息,使得本领域技术人员能够实施该发明的发明人已知的发明,而无须过多的实验。

权利要求。权利要求通过指明该发明的技术特征来界定所寻求的保护的主题。除非绝对必要,否则权利要求不能基于表达该发明的技术特征,仅仅简单地参考说明书或附图。权利要求必须清楚,简洁并基于说明。

摘要。该发明的技术内容的摘要是专门针对信息缩写的。这个摘要必须简明扼要，并附有摘要图。标题必须表明该发明的目的。它必须清楚而简明地表明发明的技术指定，并且不包含任何奇特的名字。

该专利申请不得包含：（1）违反公共秩序或者道德的要素或者图样；（2）有关第三方产品或程序的贬损声明，或专利申请或第三方专利的价值或有效性。与现有技术的简单比较本身并不被认为是贬义；（3）显然与该发明的描述无关的元素。专利申请不得包含任何限制、条件或保留。

关于申请的更正。申请人或其代理人在授予专利权请求之前并且有正当理由的，可以要求更正表达或者誊写错误以及提交的文件中发现的重大错误。应当自申请之日起15日内由工业产权负责机构决定更正申请。

专利的审查和修改。工业产权局在权利要求的基础上做出初步检索报告，对专利申请的可专利性提出意见，并考虑到说明和附图（如果有的话）。在起草初步检索报告时，负责工业产权的机构应确定摘要的最终内容和发明的名称。一旦初步检索报告附有可专利性意见，应立即通知申请人或其代表最终通过的发明名称和摘要。申请人从收到初步检索报告，连同可专利性的意见，通知之日起，有3个月的时间，修改权利要求，并酌情提交意见。使得该发明的目的超出原始提交的申请的内容，权利要求不能被修改。

专利申请的撤回。专利申请的持有人或者具有特殊权力的授权代表，可以自申请之日起，在申请公布之日前，以书面声明方式撤回专利申请，但须符合下列规定：（1）如果在《摩洛哥工业产权法》第58条第1款所述的国家专利登记册中记载了许可或抵押的实际权利，则撤回声明只有经过这些权利人的书面同意才能被接受；（2）如果专利申请是共同拥有的，只有在共同所有人要求的情况下才可以撤回申请。

公布。发明专利申请未被驳回或者撤回的，自申请日起，或者一个或者多个优先权要求从最早的优先权日起，18个月届满，公布发明专利申请。专利申请的公布应包含说明书、权利要求书和附图，如有的话，那些文件已经提交或者适当的时候进行了修改的文件，以及清楚的摘要，附有可专利意见的初步检索报告也要公布。如果上述初步报告和摘要与申请日不同的，则另行公布。

授予专利。负责工业产权的机构发布授权发明专利，包括说明书、最新权利要求、附图（如有）、最终检索报告，以及可专利性意见。

禁止披露和利用的专利。就国防目的而言，专利申请发明的披露和利用可以予以禁止。为此，从提出申请之日起30天内的任何专利申请，可由工业产权组织所在地的负责国防管理的政府主管部门进行咨询。自提出专利申请之日起5个月内，负责国防管理的政府主管部门决定禁止披露和使用该申请。禁止最终披露和利用的决定所涵盖的专利申请可能不公开。

发明专利保护期限。发明专利保护期限自申请日起 20 年。

专利权授予的权利。专利申请或发明专利所附权利自专利申请的提交日起生效，并赋予持有人或其继承人独占实施权。专利授予的保护范围由权利要求的内容决定。但是，说明书和附图可以用来解释权利要求。如果专利对象是一个方法，那么专利授予的保护延伸到直接从该方法获得的产品。在没有专利所有人的同意的情况下禁止：（1）上述专利所涵盖的产品的制造、供应、投入交易、使用，或者进口或者占有；（2）使用作为专利对象的方法；或者（如果第三方知道或者未经专利所有人同意禁止使用该方法是明显的）在摩洛哥境内提供使用；（3）以上述方式供应、投放市场或者使用，或者进口或者持有该专利所涉及的方法直接获得的产品。

专利授予的权利并不包括：（1）在私人场合和非商业场所的行为；（2）在与专利发明主题有关的实验的基础上进行的行为；（3）根据药物处方，在制药单位临时制备药物的工作，也不涉及准备药物的行为；（4）为科学研究或实验目的而使用的装置；（5）在摩洛哥市场上由专利所有人或在其明确同意的情况下，在摩洛哥领土上进行的与该专利所涵盖的产品有关的行为；（6）在临时或偶尔进入摩洛哥领空、领土或领水的国际保护工业产权联盟成员国的飞机、陆地车辆或船舶上使用专利物品；（7）在先使用权。

专利权的无效，下列情况下，法院应任何有利害关系的人的请求，宣布专利无效：（1）依照《摩洛哥工业产权法》第 22 ~ 29 条的规定，发明不具有可专利性的；（2）如果该发明的描述没有足以使本领域技术人员实施的方式公开；（3）该发明的目的超出了所提交的申请；（4）如果权利要求没有界定所寻求保护的范围。无效的理由仅部分影响专利的，无效以权利要求的相应限制限定。

四、保护和运用

专利的转让。专利申请或专利附带的权利可全部或部分转让。他们可以全部或部分地作为独占或非独占经营许可以及质押的对象。

专利未实施或未充分实施的强制许可。依照《摩洛哥工业产权法》第 61 ~ 62 条的规定，任何公私权利人可以在专利授权 3 年后，或者在专利申请的申请日起 4 年后，从法院获得该专利的强制许可。如果在请求时，除了合法的借口，专利所有人或其继承人：（1）未开始使用或做出有效和认真的准备使用摩洛哥王国的领土上作为专利对象的发明；（2）没有足够数量的专利产品销售，以满足摩洛哥市场的需求；（3）在摩洛哥，专利的开发或商业化被放弃 3

年以上。强制许可申请应交由法院，必须附上原告无法向专利所有人取得许可的理由，包括合理的商业条款和条件，并且处于有效利用专利的状态。强制许可只能是非排他性的。它是根据法院确定的条件授予的，特别是授予期限和范围，这些条件将仅限于授予许可的主体，以及产生的使用费数额。这些费用是根据个人情况，并考虑到许可证的经济价值。法院可以根据所有权人或被许可人的要求修改这些条件。

从属专利的强制许可。被专利保护的发明在不侵犯原有专利权的情况下不能被利用的，而原有专利权人以合理的商业条款和条件拒绝经营许可的，在后专利权人可以在与《摩洛哥工业产权法》第60~62条所规定的相同条件下，依法向法院申请强制许可，但须符合：（1）在随后的专利中要求保护的发明假设与现有专利中所要求保护的发明相比具有显著的技术进步和相当大的经济利益；（2）在先专利的所有人有权以合理的条件获得相互许可，以使用后续专利中要求保护的发明；（3）在先专利的许可不得转让，除非后续专利也被转让。

应公共卫生利益需要的许可。应公共卫生利益需要，如果向公众提供的这些药品的数量或质量不足或价格过高，药品专利、获得药品的方法专利，以及为获得这些药品所需的产品专利或者生产上述产品的方法专利，都必须利用。应当由行政主管部门根据公共卫生的要求制定。上述规定也适用于根据摩洛哥王国正式批准的国际协议拟出口到没有生产能力或制造能力不足的国家的药品。

应国防目的的许可。为国防目的，国家可以随时取得对专利申请或者专利发明的使用许可。这是根据国防部的要求授予的行政许可。在专利所有人与有关行政部门之间没有友好协议的情况下，特许权使用费的金额由拉巴特行政法庭确定。

五、工业品外观设计保护制度概况

保护客体。工业设计是任何线条或颜色的组合，以及作为工业设计的任何塑料形式，无论是否与线条或颜色相关联，只要这样的组合或形状给工业或工艺产品一个外观，并且可以用作制造工业或工艺产品的类型。工业品外观设计必须与其类似的设计区分开来，要么由一个独特的、可识别的结构赋予其新颖性，要么通过一种或多种外部效应赋予它一个清新的面貌。

如果两个或两个以上的人共同创造了工业设计，共同获得法律保护的权利属于这些人或者他们的继承人。但是，只是在创造工业设计的时候提供帮助的人并不被认为是创造者或者共同创造者，因为他没有作出创造性的贡献。

违反道德或公共秩序的工业品外观设计，以及工业品外观设计标识、缩略语、名称、徽章装饰、货币和《摩洛哥工业产权法》第135条（1）款所述的欧盟成员国或其他成员国控制和保证的标志，但经主管当局授权使用的除外，为不受本法保护的工业设计。

（一）授权的条件

工业品外观设计必须与其类似的设计区分开来，要么由一个独特的、可识别的结构赋予其新颖性，要么通过一种或多种外部效应赋予它一个清新的面貌。

如果工业设计或模型在知情的观察者身上产生的整体视觉印象不同于在提交日期之前（在适当的情况下，在有效要求的优先权日期之前）通过广告或任何其他方式向公众提供的任何设计所产生的视觉印象，则工业设计或模型具有新颖性或清新的外观。

（二）申请与审查

备案。希望取得工业品外观设计登记证的，应当按照规定的条件向工业产权局备案工业品外观设计保存单。费用可以按照规定的条件和手续，以电子方式向工业产权局缴存。在这种情况下，申请日期是该组织收到费用的日期。如果所述工业设计类别属于工业品外观设计的同一类别，那么同一的费用可以承载100个工业品外观设计。

申请所需材料。工业品外观设计的申报必须在申请日提交：（1）工业品外观设计申请，提及工业品外观设计的对象，其内容由法规规定；（2）工业品外观设计的复制图形或照片复制品，以及与之有关的图形或照片复制品的标题。并且复制品可以伴随着一个简短的描述；（3）应付税款的理由。不包含上述（1）~（3）所述文件的工业品外观设计申请在提交时不予受理。

材料的更正。在申请日，工业品外观设计档案中不含有《摩洛哥工业产权法》第114条1~3项所述的一个或多个文件，申请人或者其代理人自提出申请之日起3个月内，将其档案正规化。任何在上述期限内未被正规化的工业品外观设计申请，均视为撤回。在提交工业品外观设计之日起3个月内，申请人或其代理人可以根据保证书的要求，要求更正表达或转录错误以及文件中发现的资料错误，工业外观设计的图形或照片复制品不得修改，在3个月期限之后，不得修改上述错误。

公布。工业品外观设计应当自注册之日起6个月内按照规定的程序公布。在提交时，申请人可要求延迟公布，最长期限为18个月。在上述期间，申请人可以随时要求立即公布。

（三）保护

权利的保护及限制。工业品外观设计的每一位创作者或其所有权的继承人都有开发、出售这一工业品外观设计的专有权利，但不得损害其可能持有的法律规定（特别是有关保护文学艺术作品的立法）的其他权利。工业品外观设计的注册赋予其所有人权利，禁止第三方为商业或工业目的进行下列行为：(1) 工业品外观设计的再利用；(2) 进口、提供销售和销售复制受保护工业设计的产品；(3) 持有这种产品以供出售或销售。工业设计所赋予的权利并不包括：(1) 私下和非商业目的的行为；(2) 在与工业设计的目标有关的实验基础上进行的行为；(3) 在国际保护工业产业联盟成员国的飞机、陆地车辆或船舶上，暂时或偶尔进入摩洛哥的领空、领土或领海时，使用工业品外观设计。

权利保护的期限。该法保护的工业品外观设计的专有使用权，自首次交存之日起，最多25年。

权利的续展。工业品外观设计注册自申请之日起5年内有效。根据持有人或其具有授权委托书的授权代理人的要求，连续续延4次，每次续期5年。续期注册必须在有效期届满前6个月内提出。但是，自有效期届满之日起有6个月的宽限期。

如果注册欺诈第三方的权利，或违反法律或传统的义务，认为有工业设计权利的人可以提出财产诉讼。除非申请人是恶意的，否则诉讼时效是从工业品外观设计注册之日起3年内。

（四）运用

转让及许可。申请注册或已注册的工业品外观设计上的权利可全部或部分转让。他们可能会全部或部分地作为独占或非独占的经营许可以及质押的对象。

六、集成电路布图设计保护制度概况

保护客体。布图设计（拓扑图）是一种三维布局，无论其表达、元素，其中至少有一个是有源元件，并且集成电路的全部或部分互连，或这样的三维布局为要制造的集成电路做准备；集成电路是一种产品，在其最终形式或中间形式，是将多个元件其中至少一个是有源元件和部分或全部互连集成在一块材料之中和/或之上，并意图执行电子功能。

（一）授权的条件

原创集成电路的布图设计（拓扑图）是指它们是其创建者的智力努力的

结果，并且在其创建时对配置方案的创建者和集成电路制造商而言并不常见的（拓扑图），这些拓扑图可受该法保护。集成电路只有在组合作为一个整体符合上述条件时才受到保护，这些集成电路由相互独立的元件或互连组合而成。授予集成电路布图设计（拓扑图）的保护只适用于集成电路本身的布图设计（拓扑图），排除任何嵌入在这个布图设计的概念、方法、系统、技术或信息。

（二）申请与审查

申请。在提交集成电路布图设计（拓扑图）的副本或图纸的同时，必须提交集成电路布图设计（拓扑图）文档的申请，在集成电路已被商业利用的情况下，还应提交该集成电路的样本以及集成电路打算实现的电子功能的信息。《摩洛哥工业产权法》第 96 条所述申请的提交，除非该计划是共同的，否则在该计划成为世界上任何地方的第一次普通商业运作的 2 年之后，不得发生。如果集成电路的拓扑图从未被使用过，则在第一次对集成电路的拓扑图进行编码之后 15 年内，所述存档不能在任何情况下被使用。

权利期限。集成电路的布图设计（拓扑图）在申请日起 10 年内受到保护。

保护的权利及权利限制。在没有权利人同意的情况下，集成电路布图设计（拓扑图）禁止：（1）无论是通过集成电路还是其他方式，生产整个受保护布图设计（拓扑图）或其中的一部分，除非复制的集成电路布图设计（拓扑图）的部分不符合《摩洛哥工业产权法》第 91 条所述原创性要求；（2）为了商业目的进口、出售或以其他方式分发受保护的布图设计（拓扑图）方案或其中包含受保护的布局设计的集成电路，或包含非法复制的布图设计的集成电路的物品。以下行为不被认为是非法的：（1）《摩洛哥工业产权法》第 99 条第 1 项所述的行为，是为了私人目的或者仅仅为了评估、分析、研究或者教学而进行的；（2）根据该法的规定，在这种评估、分析或研究的基础上创造具有保护资格的独特拓扑图；（3）《摩洛哥工业产权法》第 99 条所提述的关于包含非法复制布图设计（拓扑图）的集成电路或任何包含此类集成电路的物品的行为，凡曾经或将要做出的人不知道，并且没有一个合理的理由知道，当他获得集成电路或包含它的物品中，它包含了一个以非法复制的布图设计。如果集成电路的布图设计（拓扑图）不是证书申请的主题，则在其创建之日起 15 年内，不得产生专有权。

权利的宣告无效。集成电路布图设计（拓扑图）证书，不符合《摩洛哥工业产权法》第 91 条规定的原创性要求，以及不符合《摩洛哥工业产权法》第 97 条规定的条件的，可以依照有关利害关系人的请求，宣告无效。

第五节　本章小结

目前，世界各国对新颖性的判断采用的标准有三种：“绝对新颖性”标准，即在专利审查中引用世界范围内任何国家的出版物或实际活动，都能否定一项发明的新颖性；“相对新颖性”标准，即在专利审查中，只引用一国之内的出版物或实际活动来否定发明创造的新颖性；“混合新颖性”标准，取前二者标准的中间地带，对不同的公开方式采用不同的地域标准。

《埃及专利法》采用的是相对新颖性标准。采用该标准，一项发明只要在本国范围内没有被公开，就具有新颖性；即使在国外的出版物上已公开发表或在国外已公开使用，也不影响申请的新颖性。在信息能够广泛和快速获知的当今，采用该标准无异于变相鼓励抄袭国外新技术。目前，采用该标准的仅有少数国家。

1966 年的《阿尔及利亚专利法》在建立专利制度的同时，还采用了发明人证书制度，即实行发明人证书制度和专利制度并存的双轨制。根据发明人证书制度，发明人一旦获得了发明人证书，国家将给予发明人在精神和物质上的奖励，但该发明的权利却归属于国家，该发明的实施已由国家掌控，发明人不得拒绝国家批准的其他人使用其发明。这从某种意义上说，是专利制度公权化的反映。2003 年的《阿尔及利亚专利法》，废止了发明人证书制度，基本实现了与国际接轨。《阿尔及利亚专利法》从 1966 ~ 2003 年的跨越可见，发展中国家对保护“私权”以及激励创新力度的加强。阿尔及利亚的外观设计和集成电路布图设计进行单独立法保护。

摩洛哥的专利制度带有浓厚的国防色彩。为国防目的，国家可以根据国防部的要求授予的行政许可，随时取得对专利申请或者专利的发明的使用许可；就国防目的，负责国防管理的政府主管部门还可以决定禁止披露和使用专利，禁止披露和利用的最终决定所涵盖的专利申请可能不公开。工业品外观设计和集成电路设计都单独立法进行保护。

另外，摩洛哥将国家专利体系扎根于国际体系中。从 2015 年 3 月 1 日起，摩洛哥将欧洲专利视为国家专利，即自 2015 年 3 月 1 日起，任何一个提交欧洲专利申请的人可要求在不支付费用的情况下让摩洛哥承认其专利有效。摩洛哥批准的欧洲申请和专利与摩洛哥本地申请与专利享有同等法律效力，并受摩洛哥专利法约束。摩洛哥是第一个与欧洲专利局（EPO）签订专利有效协议并使之生效的国家。

第十章　非洲英语区国家专利法律制度

第一节　概　述

长期以来，作为非洲地区 54 个国家和 6 个地区的第一大和第二大经济体，尼日利亚与南非在非洲具有一定的代表性和号召力。而随着其国内政治、经济的发展，尼日利亚和南非近几十年与非洲其他国家以及亚、欧、美等大洲的商贸往来日益频繁，其技术市场也渐渐地与世界接轨。在经济技术贸易的交往过程中，尼日利亚与南非也逐渐建立起相对独立、完善、富有本国特色的专利法律制度，因此，对两个国家专利制度的解读可以为研究非洲其他国家相关问题提供一个参考。

另外，对于专利制度（更为确切地讲，应是工业产权制度），非洲英语区国家还单独成立了非洲地区工业产权区域性保护组织（African Regional Industrial Property Organization，ARIPO），该组织创立于 1976 年 12 月 9 日。[1]

ARIPO 在 1985 年 12 月对卢萨卡协议做出修订，以便扩大该组织的成员面向所有的 UNECA 或非洲统一组织（OAU）成员国，并将其名称改为非洲地区工业产权区域性保护组织（ARIPO），目的在于能够反映整个非洲的状况，共享成员国在工业产权事务方面的资源，避免财力和人力资源的重复和浪费。

根据《卢萨卡协议》第 4 条，ARIPO 的成员国必须是联合国非洲经济委员会成员国或 OAU 成员国。《卢萨卡协议》的 15 个缔约国就是 ARIPO 的成员国，它们是博茨瓦纳、冈比亚、加纳、肯尼亚、莱索托、马拉维、莫桑比克、塞拉里昂、索马里、苏丹、斯威士兰、坦桑尼亚、乌干达、赞比亚和津巴布韦。

《卢萨卡协议》第 4 条还规定了 ARIPO 与非成员国的合作。按照该规定，ARIPO 与安哥拉、埃及、厄立特里亚、埃塞俄比亚、利比里亚、毛里求斯、

---

[1] 20 世纪 70 年代初期，非洲英语国家在内罗毕举办了非洲地区专利和版权研讨会，此次会议提出了成立地区工业产权组织的建议。1973 年联合国非洲经济委员会（UNECA）和世界知识产权组织（WIPO）对这些非洲英语国家提出的请求给予答复，支持通过建立地区组织共享知识产权资源。经过非洲经济委员会（ECA）和 WIPO 等一系列会议之后，创建非洲英语国家工业产权组织（Industrial Property Organization for English - speaking Africa，ESARIPO）协议得以起草，即《卢萨卡协议》，该协议于 1976 年 12 月 9 日在赞比亚卢萨卡举行的外交会议上通过，并于 1978 年 2 月 15 日生效。

纳米比亚、尼日利亚、塞舌尔和南非等10个国家进行合作。这些国家可以以观察员的身份出席ARIPO的会议。

ARIPO成立的主要目的在于整合成员国在工业产权方面的资源，以避免人力和财力资源的重复。因此，《卢萨卡协议》的前言中明确声明，成员国“意识到有效和持续的信息交换以及在工业产权法律和活动方面的协调和协作中获得的益处”。成员国同时认识到“创建非洲地区工业产权组织以在工业产权方面进行研究、提高和合作将最好地实现”这一目的。

总体而言，ARIPO地区专利体系在其存在的20年中已经证明，它正在实现该组织成立之目标。尽管该体系通过哈拉雷议定书[1]与PCT相联系，并通过其成员国的国家法与《巴黎公约》相联系，但应当认识到，该地区体系尚不是最理想的制度。我们殷切期望ARIPO地区体系成为理想的国际专利制度的铺路石。

表10－1是尼日利亚[2]和南非[3]在专利制度方面的国内立法以及参加的主要国际条约情况。

表10－1　尼日利亚及南非国内立法及参与的国际条约情况

<table>
<tr><th>国家</th><th>国内立法</th><th>加入的主要国际条约</th></tr>
<tr><td rowspan="6">尼日利亚</td><td rowspan="2">专利和外观设计法（1971年）</td><td>巴黎公约（1963年9月2日）</td></tr>
<tr><td>生物多样性公约（1994年11月27日）</td></tr>
<tr><td rowspan="2">1971年专利规则（1971年11月10日）</td><td>与贸易有关的知识产权协定（1995年1月1日）</td></tr>
<tr><td>WIPO公约（1995年4月9日）</td></tr>
<tr><td rowspan="2">1972年“专利和外观设计（附加过渡和保留规定）令”（1972年11月27日）</td><td>专利法条约（2005年4月28日）</td></tr>
<tr><td>专利合作条约（2005年5月8日）</td></tr>
<tr><td rowspan="2">南非</td><td>1978年专利法（1978年第57号法，根据“2002年专利修正案”修正，1978年4月26日）</td><td>巴黎公约（1947年12月1日）</td></tr>
<tr><td>1997年知识产权法修正案（1997年第38号法，1997年9月19日）</td><td>WIPO公约（1975年3月23日）</td></tr>
</table>

[1] 由于卢萨卡协议仅仅创建了ARIPO，而未详尽规定其作为工业产权组织的权力和职能，因此需要签署附加的法律文件以授予该组织在工业产权领域代表成员国行使特定的职能。哈拉雷议定书即为ARIPO框架下的专利和外观设计议定书，与此同时签署的附件还有关于商标的班珠尔议定书。

[2] 参见WIPO世界知识产权组织网站，http：//www. wipo. int/wipolex/zh/profile. jsp？code＝NG［EO/BL］，访问日期：2018年4月10日。

[3] 参见WIPO世界知识产权组织网站，http：//www. wipo. int/wipolex/zh/profile. jsp？code＝ZA［EO/BL］，访问日期：2018年4月10日。

续表

国家	国内立法	加入的主要国际条约
南非	专利审查条例（2003年1月17日）	与贸易有关的知识产权协定（1995年1月1日）
	2005年专利法修正案（2005年第20号法，2005年12月9日）	生物多样性公约（1996年1月31日）
	2008年"公共资助研发法"知识产权2010年第R.675号法规（2010年8月2日）	布达佩斯条约（1997年7月14日）
	2011年科学技术法修正案（2011年第16号法）	专利合作条约（1999年3月16日）

第二节　尼日利亚专利法律制度

尼日利亚是非洲第一人口大国，同时，作为非洲第一大经济体，据2013年数据统计，尼日利亚国内生产总值达5 099亿美元。[1] 同时，尼日利亚也是非洲能源资源大国，是非洲第一大石油生产和出口大国，截至2014年，尼日利亚境内已探明石油储量居非洲第二、世界第十；已探明天然气储量居非洲第一、世界第八；已探明76种矿产中有34种具备商业开采价值。国内政局方面，尼日利亚政局基本保持稳定，自实行民选政治以来社会发展总体平稳。但随着国内种族和宗教冲突日益激烈，恐怖活动愈加频繁，使尼日利亚面临的安全风险不断升高。

尼日利亚的制造业包括皮革制造和纺织工业（集中在卡诺、阿贝奥库塔、奥尼查和拉各斯）、汽车制造、T恤、塑料制造和食品加工业。

一、专利制度概述

尼日利亚的专利法律制度深受西方资本主义国家尤其是英国的影响下，并在此基础上逐渐建立和发展起来。1970年以前，尼日利亚主要的专利事务管理体制都是在英国的殖民统治体系下发展起来的。专利的申请和注册等情况都受到《英国1925年专利法令》和《1968年专利权利（限制）法》的调整。《英国1925年专利法令》将尼日利亚的专利法体系列入了整个英国的专利法体系之中，一项发明若希望在尼日利亚受到专利保护，必须先在英国获得专利授权。

---

[1] 同期中国的国内生产总值为568 845亿元，按年平均汇率（1美元=6.193 2人民币元）测算，2013年，中国名义GDP（国内生产总值）折合9 1849.86亿美元。

1970 年尼日利亚政府颁布《尼日利亚专利与设计法》，规范专利的登记注册。这是尼日利亚政府以保护知识产权联合国际局 1965 年颁布 BIRPI 模范法[1]为基本参考制定的。该法令颁布后，尼日利亚的专利法律体系脱离了英国的控制，走向独立的发展道路，这是尼日利亚国家历史上第一部正式颁布的专利法令。但是，1970 年的《尼日利亚专利与设计法》没有建立起完备的专利审查、注册和公布机制，专利机构也没有为专利技术建立数据库，借鉴资本主义国家专利法律而建立的制度没有给尼日利亚的技术和工业发展带来多少积极的影响。于是，该法令曾于 1971 年和 1972 年进行局部的修改和内容上的部分扩充。另外，为了更好地弥补 1970 年《尼日利亚专利与设计法》促进工业发展的不足，1979 年尼日利亚国家工业产权保护办公室颁布“第 70 号法令”，并于 1981 年开始实施。

目前尼日利亚的专利法制度是 1990 年的《尼日利亚专利和工业品外观设计法》，其是在 1970 年《尼日利亚专利与设计法》的基础上进行完善后形成的，该法对专利的授权和管理等方面的内容进行了综合性的规制。其主要内容分为三部分（专利、外观设计和两个附件），涉及发明的专利能力、专利的授权和运用、专利许可使用等诸多方面的问题。与此同时，此前在尼日利亚境内适用的英国专利法、英国（保护）外观设计法以及 1968 年的专利权（限制）法令和 1949 年《英国专利法（修改案）》诸法律被取消。但是在该新法律文本的附件二内，对依照英国先前的法律而合法取得了专利权，而在一定条件下和时期内有合理的理由得到专利保护的专利权人制订了一个过渡时期的保留条款，对其既得利益进行保护。

现行尼日利亚负责专利保护管理与技术信息的主要有以下几个部门：尼商业部负责专利和工业设计的注册与管理；国家技术获取与促进办公室（NOTAP）负责工业与经济发展关键技术的引进，通过下设专利信息与文件中心（PIDC）向企业及研究院提供免费信息；尼日利亚食品与药品管理局（NAFDAC）负责对假冒伪造药品的监管。相关的法律文件有：1990 年《尼日利亚专利和工业品外观设计法》、1990 年《尼日利亚技术转移法令》、1992 年《尼日利亚国家技术获取与促进法》、1990 年《尼日利亚假冒伪造药品法》和 1993 年《尼日利亚技术援助合作法》等。但目前没有地理标识、集成电路外

[1] 为保护发展中国家的发明和技术秘密，1963 年保护知识产权联合国际局（BIRPI，世界知识产权组织 WIPO 的前身）拟定了《发展中国家保护发明模范法》（即 BIRPI 模范法），交 69 个当时自认为是发展中的国家（和地区）的政府（其中包括尼日利亚，其委员会成员代表为时任尼日利亚联邦工商部注册处代主任 D. O. 埃格布伊先生）进行研究并提出意见，后来又成立模范法委员会制订相关制度，于 1965 年在日内瓦颁布了该模范法。

观设计和未披露信息的相关法律规定。

尼日利亚专利法修订情况，如表10－2所示。

表10－2　尼日利亚专利法修订情况

序号	法律或法案	备注
1	尼日利亚专利与设计法	1970年，1971年12月1日实施
2	尼日利亚第70号法令	1981年实施
3	专利和工业品外观设计法	1990年实施

二、可专利性

（一）专利授权的条件

《尼日利亚专利与设计法》第1条规定：可申请专利的发明必须满足以下两个条件：（1）它是新颖的，经过发明创造性的活动而产生，具有工业上的可运用性；（2）它构成对已获得专利的发明进行改进，属于新颖的，经过发明创造性的活动而产生，具有工业上的可运用性。该条款根据尼日利亚具体情况对“新颖性”这个国际性的标准做了解释。这里的“新颖性”要求、对授予专利提出的“是发明创造性活动的结果”和“具有工业上的实用性”的三个标准的确立都是源于BIRPI模范法的规定。BIRPI模范法中包含了允许人们通过对已获授权的专利进行继续研发而获得新专利的规定。这样的规定对于像尼日利亚这样的广大发展中国家来说是非常有利的。因为，“改进的专利”能够刺激发展中国家的科研工作者利用或者借助国外的先进专利技术在本国的社会环境和自身经济和政治条件下开展继续研究和发明的活动，而由此产生的新的专利技术产品则会更能够适应本国国情，符合广大本国民众的需要，在国内运用起来也可以达到更加便捷的效果，同时也可解决发展中国家由于科技知识经验积累的不足导致的专利技术“原始创新性”因素匮乏而通常无法获得授权专利的尴尬。

在BIRPI模范法委员会进行立法讨论时曾有人提到，即使“发明活动的创造性”有所不足，但只需对于发明或技术进行比较简单的改革，颁发“改进专利”对于发展中国家来说可能是有利的。但BIRPI模范法委员会没有采纳这个意见，他们认为即使按地方条件作移植，也必须满足“新颖性”“是发明创造性活动的结果”和“工业上的实用性”这三个标准性的要求的专利才具有“专利性”的条件。而尼日利亚等发展中国家在相对较低的技术条件下，难于产生符合BIRPI模范法委员会要求的“专利性”标准的专利技术，所以在尼日利亚的专利法中还规定了“实用新型”和“小发明”可以获得专利的条款。[1] 该条款对“新颖性”相对较弱的发明创造进行在经济上和管理上非常低的保护，同时，该类专利权的持续时间也比较短。值得注意的是，这一条是尼日利亚国家对 BIRPI 模范法条款的一个修改，大大降低了专利保护的标准，为发展中国家专利技术的发展起到了积极的促进作用。

尽管引进国外先进技术进行改进性的研究对于发展中国家的专利技术发展是十分有利的，但是，对尼日利亚影响颇大的《英语非洲国家专利保护模范法》（以下简称“ESARIPO 模范法”）中却没有“改进的专利”的规定。而 1979 年颁布的《国际知识产权组织保护发展中国家发明模范法》中也没有相关的条款。由此可以看出，尼日利亚国家制定专利法律制度的时候并不是完全照搬某项国际公约或者是某个外国的法律条文，而是经过决策层精心研究，针对自身发展中国家的客观情况有选择的，在有主见的借鉴基础上制定的。

（二）专利权利

遵照关于发明单一性规定的条文，一项专利可涉及制品、制造方法或两者兼备。在一项专利中必须言明该专利涉及什么制品或什么方法，或涉及什么样的制品和方法。尼日利亚受法律保护的专利赋予专利权人排除他人做出以下行为的权利。

（1）为制品颁发的专利，任何其他人不经允许不得从事制造、进口、销售或使用这样的制品，或者为了销售、使用而储备这种制品的行为。

（2）为产品的制造方法颁发的专利，任何其他人不经允许，不得从事制造方法的应用的行为，同时也不能从事对用该种专利的制造方法直接产生的制品为制造、进口、销售或使用这样的制品，或者为了销售、使用而储备这种制品的行为。

仅就制品而言，专利法一般准许专利权人保留的行为不仅限于制造，而且扩大到进口、销售和使用以及为后三种行为做准备而储备制品。而将他人的对于专利制品进口行为进行限制方面，业内人士曾经有所探讨：认为单就进口而言，只要专利权人有排除第三者在这个国家出售和使用他自己或别人进口的该种制品，那么进口一事并不产生什么独立的影响。如此相对较高标准的保护可能对发展中国家产生不利的影响，但是尼日利亚国家依然遵照 BIRPI 模范法的相关条款做出了约束行为，于是该国不得不在强制许可使用制度方面做一些规

[1] 参见《尼日利亚专利与设计法》（1990）第 1 条第 2 款之规定。

定，[1] 以缓解这一规定给尼日利亚国家经济发展带来的不便，切实保护国家和民众的经济利益。

三、专利申请与审查

（一）申请流程

尽管尼日利亚的专利、商标以及发明设计的登记管理制度是在很多著名的专家极力推荐采纳 ESARIPO 模范法相关规定的背景下建立起来，但是这些建议都没有决定性、全面地影响到尼日利亚专利法的制定，如该法中关于专利申请人的规定，依然继续采纳 BIRPI 模范法的诸多条款。而这样的规定很可能使专利侵权案件的发生变得越来越多。为了尽量避免这种情况发生，尼日利亚政府必须对专利的申请进行形式上和内容上的严格审查，这样才有利于将真正的发明人作为合法的专利权人向社会公众揭示出来。

（二）申请文件

法令规定一件专利申请只能针对一项发明提出。而申请书的填写必须根据申请书的规格要求按照实施规则填写。如发明的说明书必须符合相应的要求，即说明书对于揭示的发明应有清晰、透彻的表述，足以让精于该项技艺的人能够借以实施该项发明；请求权项应明确要求保护的权利范围；请求权项不得超出说明书描述的技术内容。这一条款，特别是关于发明的清晰、透彻的表述的规定是非常重要的，因为批准专利的主要理由之一就是向公众揭示发明，从而为增加知识财富提供可能。[2] 也正是这样的规定，支持建立起了尼日利亚法律制度下的“强制许可”规则。在这种情况下，对发明彻底的表述可以让强制许可的申请人能够强制性的使用到该项发明专利上所有的技术，更重要的是，还可促进数个专利权人在某一个较大的技术领域进行重要的科研合作。在强制许可制度体系下，对于发明完整的表述还能够使其他独立的、有效的专利尽快获得当局的授权。总之是有利于增大专利技术的应用范围，同时加快了知识和技术的传递，有利于技术创新的形成。

（三）审查流程

1. 形式审查

形式审查的主要目的在于判断申请书是否包含了全部必需的材料（法令规定的：申请人的姓名、地址，如果申请人的地址在尼日利亚国家境外的，必须注明申请人在尼境内的联系地址；对发明的说明，如有提到绘图的，需附

---

[1] 具体参见《尼日利亚专利与设计法》（1990）第一附表第一部分之规定。

[2] 郑成思．信息新型技术与知识产权[M]．北京：中国人民大学出版社，2000：122.

图；一个或一个以上的权利要求；法律规定的其他事项，如专利申请和维持费、实际发明人的签名和地址、代理专利申请的委托书等）。

这种形式审查的主要优点在于可降低专利审查人员的行政程序和费用，手续简便迅速。对于像尼日利亚这样的发展中国家来说，不论是国内还是国外的申请人都比较容易获得专利授权，如在 1978～1983 年，尼日利亚注册专利总数量为 3 000 件，而在没有独立专利法的加纳国家同期专利注册总数仅为 145 件，是尼日利亚的 4.83%。[1] 形式审查规则能够使专利管理部门不用雇用大量资深的技术专家从事详细的实质审查工作，也不至于让专利管理部门由于对太多技术水平低下，没有商业潜力和技术前景的发明进行无意义的审查而浪费大量的时间以及经济和技术资源。这对于科技水平相对欠缺的发展中国家来说，在专利制度建立的初期是十分有利的。另外，尼日利亚等国的专利申请人在申请前可以付出一定的费用委托代理人为核实发明的新颖性查阅资料，这样就能够避免浪费一些不必要的费用。尽管这样的查新不及国家行政机关进行审查的资料详尽，具有效力，但是，若不进行此项工作的话，尼日利亚专利局授权的专利将很容易被他人经法律手段宣布无效。

2. 实质审查

除了形式审查外，BIRPI 模范法在第 18 条的“变通规定”中还提供了两种专利申请审查的方法供发展中国家按照自己的意志选择适用，即批准前进行实质审查的制度（先审制）和批准后进行实质审查的制度（延迟审查制）。实质审查主要指的是肯定发明的专利性。审查的主要内容包括：新颖性问题、申请书的说明和权项要求是否符合规定、发明是否已经有专利或属已申请过的对象、优先权的提出是否合格等。实质审查可以避免误发专利而对本国的工商业造成不利的影响，这种专利也能够受到社会更大的尊重。减少了无效专利的授权后，减少了他人使用专利时受到妨碍的可能，能够大大减轻法院的工作量。但是在先的实质审查制度使专利申请步骤繁多，程序复杂，耗时长，并且还需要技术资历高、经验丰富的专家进行仔细审查，这样就造成审查费用庞大，管理机构复杂，不论是申请人还是政府都可能无力承担如此昂贵的负担。为了解决这样的矛盾，有些国家采纳延迟审查制度。这个制度是前两种制度的有机结合：首先通过形式审查批准专利，只赋予相当短时间的有效期（如 5 年），之后由专利权人选择放弃专利还是申请做实质审查。由于科技的快速发展，批准生效的专利技术在 5 年之内很快就会被新的技术所取代，所以往往很多专利权人都放弃了实质审查，这样就大大减少了审查的工作量。当然，很多世界上科

[1] GEORGE SIPA - ADJAH YANKEY. International Patents and Technology Transfer to Less Developed Countries, Aldershot. Brookfield USA, 1990, 284.

学技术领先的国家都是适用"先审制"的，如美国。这些国家为了减少审查的工作量将实质审查的实际工作交由某些公正而有技术资格的团体承办，如国际专利研究所等。这样的办法在今天已经成为国际上的通用原则，获得了广泛的采用。

（四）申请相关限制

《尼日利亚专利与设计法》规定，动植物品种或基本上用生物学原理产生动植物的方法不能取得有效的专利，用于微生物学或微生物学方法的产物除外；一项发明的公布或实施有违公共秩序和道德的也不能获得专利授权；因为尼日利亚技术与设计法对不能获得有效专利的规定也参照了 BIRPI 模范法的条款，所以"基于自然科学的原理和科学发现"在尼日利亚也不能受到专利保护。❶ 这个"专利性"的排除条款，用法律方法将各种各样、纷繁复杂的发明进行了一个简单的区分，明确了专利保护的客体范围。

（五）授权条件

尼日利亚专利管理部门向通过专利申请审核之后的专利权利人颁发专利证书，以示专利批准。专利证书中应包括有按批准先后编排的专利权项号码；专利权人的姓名、住址，如果专利权人的住址在尼日利亚国境外，则须登记在尼境内的联系地址；申请日期和批准日期；如声称有优先权，则须载明此点，以及原申请的编号、日期和申请所在国家等优先权的依据；还需要发明的说明书，请求专利保护的权项，以及与说明有关的绘图（如果有绘图说明的话），最后在适当的情况下，还要将实际发明人的姓名和住址载入专利证书。专利局将保存一个登记册，记载颁发的专利、批准证序号以及根据法律程序合法办理的一切相关事务（如专利的授予和转让，专利的许可使用，专利的修改和废除，专利的弃权、宣布无效等），也就是说将专利证书相关的文件副本汇集成册。

（六）无效

因为有专利申请上"形式审查"和"延迟审查"制度的存在，同时，随着科技的迅猛发展，获得授权的专利也可能因技术的进步而趋于无效，所以在任何专利法中都不得不规定，凡有不符法律要求的专利，也就是本不应颁发专利的，经他人提出请求时，应宣布无效。1970 年《尼日利亚专利与设计法》曾为了弥补"形式审查"制度的不足，在第 9 条就设立了宣布专利无效的相关规定。凡有下列情况，经任何人（包括主管当局）的请求，法院可宣布专

❶ 参见《尼日利亚专利与设计法》（1990）第 1 条第 3 款之规定。

利无效：

(1) 专利的客体不符合该法第1条规定的新颖性标准，没有专利能力的。

(2) 专利说明书或专利权项的申请不符合法律规定的要求的（如专利说明书未达到“清晰、透彻地对发明进行表述”的标准，或者专利申请保护的权利范围超出了专利说明书文字的内容等）。

(3) 如果同一发明由于申请在先，或曾有申请者因有较先的优先权已在尼日利亚取得专利者。

1990年《尼日利亚专利与设计法》对于专利的无效做了进一步增补的规定。这涉及宣布专利部分失效的情况，也就是说，在某种情况下，宣布专利无效的形式可以是局限的专利权项，根据情况宣布一条或几条权项无效，或者将权项改写，使权利范围缩小。法律规定法院可要求专利权人实施以下行为，以此来作为判决专利是否有效的证据材料：

(1) 提供一个关于专利公开发表的证明或先有的相关专利，也涉及专利人在尼日利亚国家之外因申请而获得的关于同一项发明的专利授权的清单。

(2) 提出与专利申请相关的诉讼问题或一些专利授权的根据。

(3) 要求申请人将一些有关专利的公开发行物或专利被报道的证明报政府或非政府的调查或研究中心进行审核鉴定。

这一款对于仅采取形式审查制度的国家尤为重要。它便于法庭要求被告提交在别国审查新颖性的结论，这种结论当然有助于法院断定发明是否符合新颖性。

宣布专利权无效应视为从批准之日起即无效。申请专利无效的申请人除非法院要求退还，否则无须向获得专利权许可的一方退还专利权使用费。

四、侵权及救济保护

(一) 专利侵权判定

《尼日利亚专利与设计法》第25条对专利的侵权及其处理方式做了规定。与各国规定一样，其他人未经专利权人的许可，进行了专利权人根据法律可排除他人根据专利行使的一切行为的，都认为是侵犯专利权人权利的行为。这类专利侵权行为一般必须满足两个条件：(1) 未经权利人许可；(2) 以生产经营为目的。通常有以下三种具体形式。

(1) 制造、使用、许诺销售、销售或进口他人发明专利产品或实用新型专利产品。

(2) 使用他人发明专利方法以及使用、许诺销售、销售或进口依照该方法直接获得的产品。

（3）制造、销售或进口他人外观设计专利产品。

在尼日利亚，若一个专利权人以外的人生产了通过专利权人申请专利保护的制作方法而直接产生的制品，而他又没有足够的证据证明他不是通过该专利保护的方法生产的该产品的，法律推定这一行为为侵权行为。由于专利权是由专利说明书中关于"权利要求"的语言来界定，所以专利侵权案件一般都是通过将权利要求与受诉品进行比较来判案的。

另外，各国的关于专利侵权的认定的规定是值得尼日利亚专利法律立法界关注的，如侵害专利权人的标记权的行为，可以有以下四种形式。

（1）未经许可，在其制造或者销售的产品、产品的包装上标注他人的专利号。

（2）未经许可，在广告或者其他宣传材料中使用他人的专利号，使人将所涉及的技术误认为是他人的专利技术。

（3）未经许可，在合同中使用他人的专利号，使人将合同涉及的技术误认为是他人的专利技术。

（4）伪造或者变造他人的专利证书、专利文件或者专利申请文件。

而"以非专利产品冒充专利产品、以非专利方法冒充专利方法的"，此种行为不是专利侵权的表现形态，也就不是专利侵权，不承担专利侵权责任，仅承担一般的民事侵权责任，由管理专利工作的部门（非法院）予以处罚。在理论上和实践中还存在另两种侵权行为：一个是"过失假冒"，指行为人本意是冒充专利，随意杜撰一个专利号，而碰巧与某人获得的某项专利的专利号相同，这时，该行为即使无假冒故意，其行为结果仍然构成了假冒他人专利；另一个是"反向假冒"，指行为人将合法取得的他人专利产品，注上自己的专利号予以出售，这种行为显然不构成"假冒他人专利"，但事实上侵害了合法专利权人的标记权，仍是一种侵权行为，也应向被侵权人承担民事责任。[1]

（二）专利侵权的处理

《尼日利亚专利与设计法》第 26 条规定，专利权人可通过司法程序对侵犯其权利者提起诉讼，同时，也可以通过正常的司法程序对其他由强制许可等方式产生的优先使用权对他造成的经济和利益方面的损失提起侵权之诉。[2]

尼日利亚联邦高等法院有权根据法律的规定受理专利侵权的案件。在法庭听证阶段，法律规定需要有两名具有关于技术方法和经济规律知识的资深专家

---

[1] 张玲．专利法理论与实物研究［M］．天津：天津人民出版社，2002：240 - 253.

[2] 各国通常也对专利侵权的案件实行行政和司法共同调整的双轨管理制度，如我国专利侵权案的处理就可由专利局或地方各级人民法院进行管辖。

在场。联邦高等法院的主审法官在认为合适的情况下制定审理有关专利侵权案件的法律程序。BIRPI 模范法对专利侵权的案件的法律制裁进行了民事制裁和刑事制裁两种方式，但尼日利亚国家法律并没有将这样的规定加以吸收，以致在尼境内专利及其他知识产权侵权的案件时有发生并没有严格的法律对其进行制裁。但是，在 Anyaegbunam CJ 1980 年的 FERODO LTD. 诉 UNIBROS STORES 案中签发了安东·皮勒命令（Anton Piller order）[1]之后，尼日利亚知识产权的保护和执行状况得到很大改观。有权受理知识产权事务（必须已经注册）的联邦高等法院已经改变过去不轻易向侵权人出示临时禁止令或安东·皮勒命令的一贯做法。法院现在可以随时签发禁止令或判决，要求侵权人承担实际损失的损害赔偿。权利人可以获得上述禁止令——如果他已经注册了他的知识产权。

尼日利亚法律还进一步规定，当专利权人在专利许可证领取人采用挂号信的方式要求专利权人对侵权行为采取必要的法律行动，而专利权人不合理地拒绝或忽视了对侵权事件提起诉讼时，专利许可证领取人可以以自己的名义提起侵权诉讼程序。这里就涉及专利许可证领取人在专利侵权行为发生后的代位起诉权，有利于专利许可证领取人专利权利的保护和实现，在专利法律的适用程序上是一个比较实用的制度。但是尼日利亚的专利法律制度在专利侵权行为的归责原则、责任构成等专利侵权责任等问题方面还须重视和加强，需要以立法的形式来确实以便具体实施。

五、强制许可

发展中国家对强制许可证规定适当的条例是特别重要的，因为这类规定是鼓励在本国利用专利发明，避免为了保护专利权人的利益而导致不利于国家经济和社会发展的最好方法。笼统地讲，强制许可证是主管当局对专利权以外的人授权，准许他们可以不经专利权人的许可，对专利的物品进行制造和出售等，或使用专利的制造方法。于是，在 1990 年《尼日利亚专利与设计法》中，有一个专门的附件，用来详细说明强制许可和政府机构使用专利的规定。附件的第一部分分为 14 条，分别对强制许可的理由、范围、方式、转让、许可证领取人的权利及其权利的限制等作了比较具体的规定，同时也授予法院处理有关争议的权力，也规定一定情况下，法庭进行相关审理的时候须征求工业产权部门相关负责人的意见（如参加法庭庭审听证等）。当然，强制许可证在专利管理部门的登记也是必不可少的，同时，该类许可证的修改和取消也必须

---

[1] 该命令具体内容详见第三部分内容。

经过办法许可证的单位许可，其利益也受到办法许可证的单位的保障。附件的第二部分则具体规定了政府机构强制使用专利权和对国防、经济或公众健康极端重要的产品和制作方法强制许可证的制度。

对此，尼日利亚借以制定其专利法律制度的 BIRPI 模范法只用了简单的一条做笼统性的规定，这是为了让各国根据自身特殊要求自行决定法律条文的设置，尼日利亚就分别用九个条款对政府机构强制使用专利做了详细的规定，这是对模范法精神的贯彻落实，也是对 1970 年《尼日利亚专利与设计法》的一个很好的完善和发展。由于这类规定与我国专利法强制许可规则有诸多类似的情况，所以本节不加叙述。

六、特殊规定——安东·皮勒命令

在英文和以英文为派生的法律体系中，安东·皮勒命令[1]是以 1975 年的著名的英国案件——安东·皮勒公司诉制造工艺有限公司（Anton Piller KG v. Manufacturing Processes Ltd.）命名的，[2] 该命令是一项由法院单方面作出的命令，法院据此命令可以要求被告人或答辩人允许某些人进入其处所搜查法庭命令中规定的文件和移动物品，并允许将这些文件或物品被带走。它提供了法院在没有事先警告的情况下搜寻场所和扣押证据的权利。该命令是为了防止破坏相关证据，特别是在涉嫌商标、版权或专利侵权的情况下。

1980 年，尼日利亚的第一个安东·皮勒命令是安阿根布马（Anyaegbunam CJ）法官遵循英国上诉法院在安东·皮勒公司诉制造工艺有限公司案诉讼判决强有力的说服力的情况下在 Ferodo Limited v. Unibros Stores 案中做出的。

随后，在 Oluwanishola Development Co. v. Guines Insurance Co. Ltd 案中，尼日利亚法院的第二个安东·皮勒命令由贝尔戈（Belgore J）做出决定。Belgore J 拒绝批准安东·皮勒的这一决定，尽管他并不反对这个命令，但是他不同意尼日利亚在安东·皮勒案件中所规定的秩序的变化。他裁定，其不符合安东·皮勒案件中的命令，而前述案件中命令服刑的一方应当包括法院的高级官员和警察。他表示，让法庭人员参与执行这项命令，是要让法庭参与当事人之间的比赛。

---

[1] 在尼日利亚开展的知识产权侵权诉讼中有相当比例的案件开始，原告要求单方面下达三项命令：（1）法庭许可起诉被指名被告的所有其他人从事违规产品的代表的请假；（2）安东·皮勒命令，为了获取侵权产品以及在其中发现侵权产品的交易量的书面证据，可以进入被告的处所；（3）临时禁止令，禁止被告人及代表阶级出售违规产品，直至在单方面动议的同时提交通知书的决定为止。这里仅就第 2 项安东·皮勒命令做简要介绍。

[2] 该案件涉及盗窃商业机密，尽管当年早些时候首先报告了这一命令是由坦普尔曼（Templeman J）授予的。该命令现在在英格兰、威尔士、新西兰、澳大利亚和印度被称为搜查令。

在这个决定之后，Belgore J（后来的 CJ）批准了几个安东·皮勒命令。他也软化了他对突击队中警察的存在的看法。他认识到，在尼日利亚的环境下，一群谋求在市场上服务安东·皮勒命令的人很有可能遭到暴徒袭击。因此，他将允许指定数量的警察陪同服务于这个秩序的小组，但只是为了维持和平秩序。

上述 1980 年的裁决之后，联邦高等法院在 20 世纪 90 年代初至少有两项法院拒绝授予安东·皮勒命令的裁决，理由是该命令违反宪法中公平听证的权利。

然而，授予安东·皮勒命令是否会违反公正审理的宪法权利的问题似乎已经由上诉法院在 Akuma Ind. Ltd v. Ayman Ent. Ltd 案中解决，这个问题在该案中被广泛提及。Pat – Acholonu JCA 在上诉法院关于这个问题的裁决中指出："事实上，安东·皮勒命令看起来像是一个怪物，但在我们的法律理论和法学的旋涡中该怪物已经被接受了。"

因此，安东·皮勒命令被认为是尼日利亚判例中有效的补救办法。

第三节 南非专利法律制度

南非是非洲第二大经济体，截至 2012 年，南非共有人口 5 177 万，[1] 国内金融、法律体系完善，通信、交通、能源等基础设施完备，工业体系在众多非洲国家中最为完善，包含矿业、制造业、农业和服务业四大经济支柱，矿产是南非经济主要来源，其深井采矿技术位居世界前列。据 2011 年数据显示，该年南非国内生产总值 4 080 亿美元，人均国内生产总值 6 532 美元，国内生产总值年增长率 2.1%。在国际事务中南非已被确定为一个中等强国，并保持显著的地区影响力。

作为中国在非洲最大贸易伙伴，2011 年中国与南非双边贸易额 599 亿美元，同比增长 31.8%，其中中方出口 153 亿美元，进口 446 亿美元。与此同时，两国双向投资规模不断扩大，截至 2012 年年底，中国在南非直接投资 42.3 亿美元，南非在华实际投资 6.4 亿美元。

南非科技体系较为健全，政府设立的 27 个部中 14 个部与科技有关。最高科技领导机构分立法和执法两部分，南非议会的科技文艺委员会下设的科技分委会负责科技立法。南非政府行政部门设立的国家科技委员会（亦称部长科技委员会）是政府最高的科技领导机构，负责执法。该委员会由副总统担任

---

[1] 南非第三次人口普查报告，南国家统计局 2012 年 10 月公布，数据转引自 360 百科。

主席，由14个与科技有关的内阁部长担任委员。南非文艺科技部是政府科技政策制定和协调机构，根据南非科技白皮书规定，负责管理、支持和发展全国的科技体系，依据相关技术发展、基础设施条件和人力资源情况确定大科学、基础研究和定向服务研究的合理结合，通过创造性地使用科技成果，支持和推动国家战略目标的实现。

南非科研机构较为完善，共有8个国家级科研机构：科学与工业研究理事会（CSIR）、国家研究基金会（NRF）、农业研究理事会（ARC）、医学研究理事会（MRC）、人类科学研究理事会（HSRC）、地质科学研究理事会（CGS）、矿治技术研究理事会（MINTEK）和南非标准局（SABS）。这八大理事会实际上是国家级的科学研究院，从事具体研究开发工作。它们除承担国家的科研项目和定向任务外，还为工矿企业的课题服务。另有一些依托于政府部门的研究机构，如卫生部的国家病毒研究所、环境旅游部的国家植物研究所、国家海洋渔业研究所。这些机构和高等院校研究机构、工矿企业研究机构和民间研究机构共同组成国家科研体系。

一、专利制度概述

南非的知识产权法在很大程度上是以英国知识产权法作为母法而制定的，其内容受英国知识产权法的影响很大。南非最早一部知识产权立法是1916年制定的《南非专利、外观设计、商标与版权法》。这部综合法后来又被单行的《南非专利法》（1952年、1978年等重修）、《南非外观设计法》（1967年）、《南非商标法》（1963年）、《南非版权法》（1978年）所取代。1992年、1993年、1996年，南非先后对上述法律进行修订。由于南非1947年12月1日参加了《保护工业产权巴黎公约》，并批准了《巴黎公约》1967年斯德哥尔摩文本，目前南非的专利法、外观设计法和商标法在实体条款上已经符合《巴黎公约》之规定。为了适应知识产权国际发展的需要和执行WTO所规定的义务，1996年南非通过《南非全面修订知识产权法的法案》（以下简称“修正法案”），并根据“修正法案”对各项知识产权立法做了进一步的修改。

近年来南非对于专利法修订的简要情况，如表10－3所示。

表10－3　南非专利法修订情况

序号	法律或法案	备　注
1	南非专利法	1978年4月26日通过，1979年1月1日实施
2	南非专利法修正案	1979年第14号
3	南非专利法修正案	1983年第67号
4	南非专利法修正案	1986年第44号

续表

序号	法律或法案	备 注
5	南非专利法修正案	1988 年第 76 号
6	南非综合性法律修正案	1996 年第 49 号，1996 年 10 月 4 日生效
7	南非知识产权法修正案	1997 年第 38 号
8	南非专利法修正案	2001 年第 10 号
9	南非专利法修正案	2002 年第 58 号
10	南非专利法修正案	2005 年第 20 号，2007 年 12 月 14 日生效

二、保护客体

对于专利的保护客体，《南非专利法》在第 25 条中规定："根据本条规定，对任何具有创造性且能被应用于商业、工业或者农业的新发明可以授予专利权"，与此同时，该条第 2 款特别以排除性列举方式对下列构成的新事物予以排除：（1）发现；（2）科学理论；（3）数学方法；（4）文学、戏剧、音乐或者艺术作品以及任何其他美学创造；（5）用于完成一定智力行为、做游戏或者进行商业活动的方案、规则或者方法；（6）计算机程序；（7）信息呈递。

同时，该条第 4 款内容还规定对于一项发明的出版或利用通常被认为会鼓励违法或者不道德的行为；或者任何动物/植物品种或者实质上为生物学方法的动物/植物生产方法，不包括微生物生产方法或者该方法的产物不应被授予专利权；如果一项发明不构成优先权日之前的现有技术的一部分，则该发明应被视为新的。❶ 现有技术应该包括公众可通过书面或口头说明、使用或者任何其他方式获得的（无论其是在共和国内或者其他地方）所有事物（无论是产品、方法、与之有关的信息或者其他任何事物）。现有技术还应该包括开放给公众查阅的专利申请中所包含的内容，即使该申请在相关发明的优先权日或者之后提交给专利局和开放给公众查阅，如果（1）该内容包含于提交给专利局且向公众开放查阅的申请中；（2）所述内容的优先权日早于相关发明的优先权日。❷

而对于一项由物质或者组合物构成的发明，所述物质或者组合物应用于通过外科手术或者治疗方案治疗人或者动物体的治疗方法中或者人或者动物体的诊断方法中，如果该物质或者组合物在所述方法中的用途不构成该发明优先权日之前的现有技术一部分的话，则该物质或者组合物在该发明的优先权日之前

❶ 该款规定依据 1997 年第 38 号法案第 31 条（a）项替换。

❷ 该款规定依据 1997 年第 38 号法案第 31 条（b）项替换。

已经构成了现有技术的一部分这一事实，不应当阻碍对该发明授予专利权。[1]除《南非专利法》第39条第6款另有规定外，在已经考虑了依据第6款（不考虑第7款和第8款）的构成发明优先权日之前现有技术的所有事项的情况下，如果一项发明对于本领域技术人员而言是非显而易见的，则该发明应被视为具有创造性。[2] 通过外科手术或者治疗方案治疗人或者动物体的治疗方法，或者实践于人或动物体的诊断方法，应被视为不能应用于商业、工业或者农业。不能仅仅因为由某种物质或者组合物构成的产品是被发明用于任何第11款的方法，而将该产品视为不能够在商业或者工业或者农业中利用或者应用。

而该法第26条还详细规定了特定情形下可允许的有关该发明的现有知识或者公开。该内容规定：一项专利不应仅因为据以授予专利权的发明或者其任何部分在该发明的优先权日之前已经被公开、使用或者已知这一事实而无效——如果专利权人或者其之前的权利人证明，这样的知识的获得或者这样的公开或者使用未经其知晓或同意，且所获得的知识或者所公开、使用的事物来自或者得自于其，以及如其在该发明的优先权日前得知了该公开、使用或者知识，证明在其得知了该公开、使用或者知识后，其经过所有合理的努力申请并获得了对其发明的保护；或者申请人或者专利权人或者其之前的权利人以申请人或者专利权人的身份经过合理技术试验或者试验在共和国内工作得到的发明的结果。[3]

三、专利权利

对于专利权利的规定，则主要体现在《南非专利法》第4条（专利对国家的约束力）以及第45条（专利权的效力）两条内容当中。

专利对国家的效力应当在各方面与对个人的效力类似：但国家部长可以为了公共利益的目的，根据与专利权人之间的协议约定的条件使用发明，或者在无协议的情况下，根据由委员应国务部长或者其代表提出的申请，在听取专利权人意见后确定的条件使用发明。

与此同时，根据该法的规定，专利权的效力应适用于专利权人在共和国内，在专利保护期限内，有权拒绝他人制造、使用、实施、处分或许诺处分、进口本发明，使其享有由该发明而产生的全部利润和利益。[4] 专利权人或者其被许可人对专利产品的处分，或者为专利权人或其被许可人的利益对专利产品

[1] 该款规定依据1997年第38号法案第31条（c）项替换。
[2] 该款规定依据1997年第38号法案第31条（d）项替换。
[3] 该款规定依据1997年第38号法案第32条替换。
[4] 该款内容依据1997年第38号法案第40条替换。

的处分，应当给予购买者使用、许诺处分或者处分该产品的权利。[1]

四、专利申请

（一）申请流程

在《南非专利法》中，对于专利申请的形式该法在其第 30 条予以了明确规定。专利申请应当以规定的方式提出，缴纳规定的费用，并同时提交一份临时说明书或者完整说明书。每一份这样的申请应当包含一个在共和国内的可向其送交所有通知书的送达地址，且每份专利申请在被接受为申请之前应当按照规定格式向登记主任提交一份声明。而根据已废止法律第 9 条第 2 款提供的送达地址，应被视为已经按照该条第 2 款提供。每份提交附有完整说明书的专利申请的申请人应当在该申请被审定之前，向登记主任提交一份符合规定格式的声明，说明所要求保护的发明是否基于或者来自本土生物资源、遗传资源、传统知识或者传统用途。[2] 如果申请人提交了一份承认所要求保护的发明是基于或来源于本土生物资源、遗传资源或传统知识或用途的声明，登记主任应当要求申请人以规定形式就其利用的该本国生物资源、遗传资源、传统知识或者传统用途的资格或权利提供证据。发明人以外提出或者加入专利申请的任何人应当按照规定的方式提供规定的其申请专利的权利或者授权证明。

而对于提交日期的起算点，该法规定，除非在该法中另有规定，一件申请应当从向专利局提交之日起计算日期。与此同时，该法还规定，一件申请不应当仅因为不符合第 1 款的要求而被拒绝确定正式的递交日，如果它同时：(1) 缴纳了规定的费用；(2) 提交了由申请人或者其代理人签名的规定的申请表；(3) 提交了一份以共和国的官方语言之一或者任何公约国官方语言撰写的说明书；(4) 如果有附图的话，提交了一份附图，无论它们是否符合规定的格式。

对于公约申请，通过在规定的表格中记载该公约申请所要求优先权的公约国相关申请的申请号、申请日和名称以及公约国名称，如果有说明书及附图的话，说明书和附图已在申请提交日后 14 日内递交，应视为已符合第 1 款第 3 项和第 4 项的要求；[3] 任何非以共和国官方语言撰写的说明书应当在递交日后 3 个月内用以共和国官方语言撰写并经登记主任核准的译本进行替换。为要求优先权，任何申请均可在自递交日起 2 个月内做出修改。

---

[1] 该款内容依据 2002 年第 58 号法案第 7 条替换。

[2] 该款规定依据 2005 年第 20 号法案第 2 条之规定替换。

[3] 该款内容依据 1997 年第 38 号法案第 33 条之规定替换。

（二）申请文件

对于申请文件内容，该法在第32条（说明书的内容）对此予以明确规定。说明书应当指明其为临时说明书或者完整说明书，且应当以足以指明相关发明主题的名称开头。临时说明书应当适当地描述发明。完整说明书应当：（1）带有规定的摘要；（2）充分描述、确定，并在必要时举例阐述和证明发明以及实现该发明的方式，以使得该发明的本领域技术人员能够实现该发明；（3）以限定所要求保护的发明的一项权利要求或者多项权利要求结尾。[1]

对此，该法还规定，完整说明书的一项权利要求或者多项权利要求应当涉及单个发明，应当清楚并适当地以说明书公开的内容为基础。如果有的话，附图和图表应当符合规定的格式。如果完整说明书要求保护一种微生物方法或者其产品，为完成该发明需要使用公众在申请日无法获得亦无法根据说明书的描述制备或者得到的微生物，该微生物应当按照规定的方式处理。[2]

（三）审查流程

关于审查的内容，该法进行了明确而详细的规定。其中，在第18条（委员审理程序）与第19条（参照最高法院程序的委员审理程序）中，《南非专利法》对于审查的具体程序作了细致说明。该法规定，除非另有规定，除委员外，任何其他审判庭均不具有对涉及该法事项的除刑事程序之外的程序的一审审理和裁判权力。依该法规定由委员审理和裁判的程序应由委员在登记主任指定位于比勒陀利亚的地点审理和裁判：倘若在委员看来该程序在另一地点进行审理和裁判更为便利和适当，则委员可以在该另一地点审理和裁判该程序。除非该法另有规定，只要具有可操作性，委员处理程序应当与南非最高法院德兰士瓦省分院审理民事案件的程序法一致。在该程序法无规定并且该法也没有相关规定的情况下，委员应当以最大限度地保证实体公正和执行本法目标和规定的方式和原则操作。在符合第17条第3款[3]规定的情况下，委员做出的任何决定或者命令，包括任何关于费用的命令，应当具有与南非最高法院德兰士瓦省分院的决定或者裁定相同的效力且应被视为由该分院做出。

而对于具体事项专利申请以及说明书的审查则见之于该法第34条之规定，登记主任应当以规定的方式审查每件专利申请以及该申请所附的或者根据该项申请提交给专利局的每份完整说明书，若其符合该法的要求，则登记主任应当

---

[1] 该款内容依据2002年第58号法案第1条之规定替换。

[2] 该款内容依据1986年第44号法案第2条第1款之规定替换。

[3] 该款规定：委员裁定的任何费用应当按照规定的税率由登记主任收取税费，该税费应由委员复查；所判支付的任何费用及税费，以及如果需要复查的话所复查的任何费用及税费，可以按照南非最高法院德兰士瓦省分院法官在民间程序中所裁判的任何费用的同等方式执行。

予以审定。

（四）申请相关限制

该法第36条（在特定情况下驳回申请的权利）规定：如果在登记主任看来：由于该申请要求保护显然违反公认的自然法则的发明因而是无意义的；或者该申请所涉及的发明的利用通常被认为是鼓励违法或者不道德的行为，登记主任可以驳回该申请。

如果在登记主任看来，专利申请所涉及的发明可能是通过使用任何违反法律的方式得到的，则登记主任可以驳回该申请，除非说明书已经通过增加对相关发明的放弃，或者有关其不合法的其他说明，做出来登记主任认为适当的修改。

五、专利的授权

该法第44条（专利的授予和封印）规定：第42条规定的专利申请后，该专利应立即生效，并授予专利申请人，并由注册人将该专利与该专利的印章密封在一起；被认为已被影响的日期，应当在该法的规定之日起，为该专利的密封日期；该专利自第1款所称之日起生效；对专利侵权的诉讼，应当自其查封之日起9个月内开始，但经证明，该委员会可以在任何时候向该程序提出诉讼。

六、保　　护

（一）专利侵权的处理

对于侵权后专利权人的救济方式，《南非专利法》在第65条（侵权诉讼程序）中予以明确规定，该条内容指出：除第53条第3款[1]另有规定外，专利侵权诉讼程序可由专利权人提起。[2] 侵权诉讼程序应当以规定的方式提起。任何此类诉讼的原告，在提起该诉讼之前，应将此通知其名称被登载在登记簿中的涉案专利的每位被许可人，任何此类被许可人应有权作为共同原告介入。[3] 而侵权诉讼的原告有权享有以下救济方式：（1）禁令；（2）交付任何侵权产品或者侵权产品构成其不可分之部分的任何物品或产品；（3）赔偿金。

---

[1] 该款规定：根据本条规定的专利背书获得的许可的被许可人可以（除非许可的条件是通过协议确定的，在该许可中另有明文规定）要求专利权人提起任何对该专利的侵权诉讼。如果专利权人在被告之后2个月内没有这样做，被许可人可以以自己的名义提起侵权诉讼如同其本人即为专利权人，并将专利权人引入作为被告。

[2] 该款规定依据2002年第58号法案第13条替换。

[3] 该款规定依据1988年第76号法案第3条（b）项替换。

对于赔偿，原告可以依据自己的选择，要求获得根据被告许可人或者分被许可人就相关专利所应支付的合理使用费计算的数额。❶

与此同时，该法还规定了被告的权利，在侵权诉讼程序中被告可以依据任何可撤销专利权的理由，通过抗辩的方式，反诉撤销专利权。

而对于部分有效的说明书的侵权救济，该法第68条规定："如果在专利侵权诉讼中，委员发现完整说明书中据以声称侵权的任何权利要求是有效的，但任何其他权利要求是无效的，则应适用以下规定，尽管已有第66条第5款的规定：如果在诉讼中已经因为说明书中任何权利要求应予无效为由提起了撤销专利权的反诉，委员可以推迟发布命令一段时间，使得专利权人能够依据委员提出的条件修改说明书，如果委员认为适当的话，可以将所述条件附于基于反诉发布的任何命令；和如果说明书已经依据该条第一款规定做出修改，委员可以依据他可能发布的有关费用的命令以及应开始计算损害赔偿的日期，就任何修改前即可被认定为有效且被侵权的权利要求批准救济，并酌情考虑专利权人对修改前将被认定为无效的权利要求写入说明书或者保留这些权利要求的行为。"

（二）例外规定

而如果可以证明：任何人已书面申请专利权人对该人所主张的声明的效力做出书面确认，并已向专利权人提供了所涉方法和产品的全部细节；且专利权人未做出确认，委员可以在该人与专利权人之间的诉讼过程中发布一项声明，宣布此人对方法的使用或者对物品的制造、使用、许诺处分、处分或者进口不构成侵犯专利权，即便专利权人没有做出相反的主张。❷ 而对于诉讼费用的承担，该法规定，根据该法提出的声明中的所有诉讼当事人的费用应按照委员认为适当的方式裁决。

此外，该法在第69A条（不侵权的行为）中还规定，以商业规模且仅为依据规范产品的制造、生产、发行、使用或者销售的任何法律的要求合理地获得、开发或者提供信息之目的制造、使用、实施、许诺处分、处分或者进口已授权发明，不是专利侵权行为。除为获得、开发或者提交上述第一款所述信息外，不得允许为任何目的占有依据第一款制造、使用、进口或者获得的已授权发明。❸

---

❶ 该款规定依据1988年第76号法案第3条（c）项增加，并依据1997年第38号法案第46条替换。

❷ 该款规定依据2002年第58号法案第15条替换。

❸ 该条内容依据2002年第58号法案第16条插入。

七、强制许可

对于强制许可的规定，《南非专利法》分别从从属专利的强制许可❶以及专利权滥用时的强制许可❷两个方面进行规定。

该法规定：如果一项不侵犯再现专利权的专利权（以下简称“从属专利”）的实施有赖于获得该在先权利的许可，该从属专利权的持有人不能就该许可与在先专利权的持有人达成协议，则其可以向委员申请该在先专利的许可，委员可以基于其所提出的条件批准该许可，但其中必须包括该许可应仅被允许用于该从属专利的实施这一目的而无其他目的这一条件，且委员不得批准该许可，除非：（1）从属专利所保护的发明与在先专利所保护的发明相比具有显著经济意义的重要技术进步；（2）从属专利权的持有人同意在先专利的持有人以合理的条件交叉使用从属专利所保护的发明；且（3）对在线专利授权的使用不得转让，除非与从属专利一并转让。❸

而对于专利权滥用时的强制许可，其规定：任何能表明专利权被滥用的利害相关人可以通过规定的方式向委员申请对该专利的强制许可。❹ 与此同时，其甚至对专利权被视为滥用的情形进行了明确列举：

（1）在专利申请日之后4年或者专利封印后3年期限届满后，以后到期为准，该被授予专利权的发明在共和国内未得到一定经济规模或者充分程度的实施且在委员看来该不实施无正当理由；（2）共和国对该专利物品的需求在合理时间内得不到充分满足；（3）由于专利权人拒绝授予许可或者合理期限的许可，使得共和国的贸易或者工业或者农业、共和国内任何人或者任何一类人的贸易、共和国内任何新贸易或者产业的建立，遭到损害，为了公共利益应当批准许可；或者（4）共和国内对专利物品的需求是通过进口来满足的且价格受专利权人的控制，其被许可人或者代理人在由此掌控的价格上大大超过了在由专利权人或者其前任或者继受人或者根据他们的许可生产专利物品的国家中的价格。

该条还规定了对于专利权滥用时强制许可的救济方式，专利权人或者任何出现在登记簿中与该专利利益相关的其他人均可通过规定的方式反对该申请。

在具体程序方面，该法规定：委员应当从实体上考虑该申请且可以基于其认为适当的条件下令批准该许可申请，所述条件包括禁止被许可人向共和国进

❶ 详见《南非专利法》第55条之规定。

❷ 详见《南非专利法》第56条之规定。

❸ 该条内容依据1997年第38号法案第44条修改。

❹ 该款内容依据1997年第38号法案第45条（a）项替换。

口任何专利物品。❶ 如果委员认为批准一项许可是不公正的，则其可以驳回该申请。根据该条批准的许可应当包括一项规定，即在充分保护本许可人权益的前提下，若导致该许可被批准的情形不再存在且在委员看来不太可能再发生，基于专利权人的申请，应当终止该许可。❷ 而在确定基于何种条件可以批准许可时，委员应当考虑任何相关的事实，包括获被许可人承担的风险，专利权人从事的研究和开发以及就相关发明主题自愿达成的许可协议中通常规定的条件与期限。委员在下令批准该条第 4 款第 1 项规定的许可时，可以判令相关申请人或者专利权人或者其他反对该申请的人承担费用；在判决费用时，委员尤其应当考虑：其业已发现的已存在的滥用的性质和程度；和通过批准该申请相关专利权人基于合理条件的自愿许可，是否已经可以避开根据本条的许可申请。

八、南非外观设计法

（一）概述

《南非外观设计法》在第 1 条内容中对于“美感性外观设计”给出了明确定义，“美感性外观设计”是指应用于任何物品上的任何外观设计，无论该外观设计是属于式样、外形、构造或者其装饰，或者是上述两个或多个要素，而且不论是通过任何方式予以应用，具备为视觉感知并仅以视觉判断的特征，无论其美感程度。而该法所称之物品，该法规定：应依据上下文被视为：（1）一套物品；或者（2）构成一套物品部分的每件物品；或者（3）一套物品和构成该套物品部分的每件物品。

而为该法目的，“一套物品”是指具备相同特征且通常同时销售或者同时使用的多个物品，且相同的设计或者虽有变化或者改编却并不足以改变物品的特性或者实质影响同一性的设计应用于每个独立物品；但是，一系列掩膜作品不得作为一套物品。

（二）外观设计的申请、注册

1. 注册申请

对于美感性外观设计，《南非外观设计法》要求其具有新颖性，并且是原创的；而如果是功能性外观设计，在保证新颖性的同时，还要求在所属技术领域不是公知常识，此时外观设计的所有人可以在缴纳规定费用的前提下以规定的方式申请对上述外观设计注册。

对于新颖性的判断，该法规定：一件外观设计在下列情形下将被视为新颖

❶ 该款内容依据 1997 年第 38 号法案第 45 条（c）项替换。

❷ 该款内容依据 1997 年第 38 号法案第 45 条（d）项增加。

的，它不与注册申请日或者公开日（以较早者为准）之前的现有外观设计相同，也不是其中的一部分，但是在公开日较早的情况下，在下列情形下，该外观设计将被视为不具有新颖性：对于集成电路布图设计、掩膜作品或者系列掩膜作品未在公开日起2年内提出注册申请；或者对于其他外观设计，未在公开日起6个月内提出注册申请。❶

对于外观设计的注册，该法规定：注册主任应当以规定的方式对外观设计注册申请进行审查，如果该申请符合该法要求，属于美感性外观设计的在登记簿的A部分予以注册，属于功能性外观设计的在F部分予以注册。外观设计一旦获得注册，应当被视为从申请日起即获得注册。同一项外观设计既可以在登记簿的A部分也可以在F部分进行注册。同一项外观设计可以就多类物品注册。如果对于外观设计应当注册的物品类别存在疑问，注册主任应当决定该类别。如果已经针对一项外观设计提出注册申请或者该外观设计已经获得注册，并且同一申请人另外就同样的外观设计或部分外观设计，提出在登记簿的相同或者不同部分就相同类别的物品或者一个或者多个其他类别的物品予以注册的申请，这种后续申请不得因为该外观设计存在下列情形被判定为无效：

（1）仅因为该外观设计构成在先申请或者注册的主题，在该外观设计属于：①美感性外观设计的情况下，其不具有新颖性或者不是原创的；②功能性外观设计的情况下，其不具有新颖性或者在本领域属于常规外观设计。

（2）仅因该外观设计已经应用于先提交的申请或者注册所属类别的物品而使公众先在后续申请前得以获知。❷

2. 申请的限制

该法规定，对不可工业化生产的物品所做的外观设计，不得根据该法获得注册。不得赋予美感性外观设计的注册所有人就下列特征、方法或者原理享有任何该法规定的权利：仅为实现物品本身功能而必须具备的特征；构造的方法或者原理。而如果物品属于机器、车辆或者设备的部件，则该物品的式样、形状或者构造特征均不得获得应用于该任何一件物品的功能性外观设计注册，也不得对这些特征获得本法规定的任何权利。

程序方面，该法在第16条（申请的驳回）规定：如果注册主任认为申请未以规定的方式进行，则应驳回该申请。与此同时，该法第17条（未经所有人知晓或同意的披露）如果外观设计在公开日之前已经被披露、使用或者获知，而其所有人能够证明这种获知、披露或者使用未经其知晓或者同意并且源自或获取自所有人，同时所有人在知悉这种披露、使用或者获知后付出了合理

❶ 该条第2款根据1997年第38号法案第70条（a）项修订。

❷ 该条第5项根据1997年第38号法案第71条添加。

的努力来申请并获得对该外观设计的保护，则对于该外观设计注册不得仅仅因该披露、使用或者获知而无效。

3. 申请注册的效力

外观设计注册所有人在该注册的有效期内享有在南非共和国所产生的效力，即在符合该法规定的情况下，禁止他人制造、进口、使用或者销售任何属于该外观设计注册的类别并实施了该注册外观设计或与之无实质性区别的外观设计的物品的权利，从而充分享有注册所赋予的完全利益和优势。外观设计注册所有人或者以其名义或其被许可人对实施该注册外观设计的物品处分后，应当赋予购买者使用和销售该物品的权利。尽管有第1款的规定，下列行为不应被视为侵犯集成电路布图设计注册所有人的权利：[1]（1）为个人目的或者仅为评价、分析、研究或者教学而制造实施该注册外观设计或者与之无实质性区别的外观设计的物品；（2）进口或者销售非法制造的实施注册外观设计的集成电路或者包含上述集成电路的物品，但是他/她能够证明在获取该集成电路或者物品时并不知道也不具有合理理由能够知道该实施了注册外观设计的集成电路或者物品是非法制造的。但是，当其收到关于非法实施注册外观设计的足够声明时，他可以销售库存的该集成电路或者物品，但是应当以相当于该注册外观设计的被许可人或者分许可人所应支付的合理使用费率向外观设计注册所有人一并支付使用费。

另外，该法在第18条中规定，注册证书在根据该法第15条第1款的规定对一项外观设计进行注册之后，注册主任应当尽快向申请人发出注册通知；并且以规定的格式在公报上公布该注册信息，并且在上述公布的基础上，向注册所有人颁发注册证书。[2]

4. 有效期限

对于注册的期限，该法第22条规定，对于美感性外观设计，其有效期限为15年，而对于功能性外观设计则为10年，期限自注册日或者公开日起算（以较早者为准），并且需要缴纳规定的续期费。

而如果未在规定的期限内缴纳规定的续期费，外观设计的注册将在已缴纳续期费的规定期限结束时失效；注册主任基于申请以及可能规定的附加费的缴纳，可以对缴纳上述费用的期限延长不超过6个月的期限。

（三）强制许可

对于强制许可，该法在第21条（在滥用权利时颁发的强制许可）中规

[1] 本款内容根据1997年第38号法案第73条添加。

[2] 第18条内容根据1997年第38号法案第72条替代。

定，任何利害关系人，只要能够证明注册外观设计的权利被滥用的，即可以规定的方式向法院申请颁发针对该注册外观设计的强制许可。而对于“滥用”的界定，该法认为：如果存在下列情况，注册外观设计的权利被视为滥用：

（1）在注册之日后，实施该注册外观设计的物品未在南非共和国境内以市场规模或者足够供应的程度为公众所获得，并且在法院看来并无令人信服的合理理由；（2）如果实施注册外观设计的物品因进口而无法在南非共和国境内以市场规模或者足够的程度进行供应；（3）南非共和国国内市场上对实施该注册外观设计的物品的需求未以合理的条件得到充分的满足；（4）由于注册外观设计所有人拒绝以合理条件颁发许可，南非共和国的贸易、产业或者农业，或者进行贸易的任何国内个人或一类人，或者在国内创立任何新的贸易或者产业，受到损害，并且出于公共利益的需要应当颁发强制许可；（5）共和国内对于实施该注册外观设计的物品的需求已通过进口得到满足，但所述物品的注册所有人、其被许可人、代理人收取的价格相对于在根据注册所有人或者其在先权利人或者受让人的许可而制造该物品的国家收取的价格过高。

当然，注册外观设计所有人或者任何被登记簿记载为对注册外观设计享有权利的人均可以法律规定的方式对该申请提出异议。

法院可以下令以其认为适当的条件向申请人颁发许可。这些条件包括排除被许可人向国内进口任何实施该注册外观设计的物品。如果法院认为下令颁发许可是不合理的，则可以驳回该申请。如果法院认定成立的唯一滥用行为属于第2款第（1）项所列的情形，那么颁发的任何许可应当是非独占的并且不得转让，除非转让给受让与该许可下的权利的行使相关的业务或者其部分的人。在考虑到所有相关情况并认为合理的所有其他情况下法院均可颁发独占许可。为该目的，法院可以在其认为适当的情形下撤销任何现有的许可。在确定颁发许可的条件时，法院应当考虑到所有的相关事实，包括被许可人可能承担的风险，注册外观设计所有人或其在先权利人已进行的研究和开发，以及在对注册外观设计自愿达成的类似许可协议中通常所规定的期限和条件。

法院根据该条所作出的任何指令，均应出于纠正法院已认定的滥用行为而做出。法院可以修改或者撤销根据该条所颁发的强制许可。根据该条的独占被许可人，可以根据该许可所附加的条件，如同其是注册所有人一样，启动制止侵权的必要程序，并就他人侵犯该注册外观设计对其造成的损失获得赔偿，前提是：（1）该外观设计的注册所有人必须参加上述程序并作为当事人；（2）注册所有人或者作为共同原告或者作为共同被告参与该程序；（3）注册所有人不应当负担上述程序的相关费用，除非他出庭并参与了上述程序。

（四）侵权及其救济

1. 侵权与救济

《南非外观设计法》第 35 条规定，外观设计注册所有人可以对侵犯该外观设计的行为提起诉讼程序。外观设计注册所有人提起诉讼程序之前，他应当就此通知其名字被载入该注册外观设计登记簿的每一位被许可人。每一位被许可人均有权作为共同原告参与诉讼。但是，在根据该法第 21 条颁发强制许可的情况下，则不需做出该通知。

侵权诉讼程序的原告有权获得下列方式的救济：（1）禁令；（2）交出任何侵权物品，或者侵权物品构成其不可分割部分的任何物品或产品；（3）损害赔偿；以及（4）对于赔偿，原告根据其选择，要求获得根据被许可人或分被许可人就该注册外观设计所应收取的合理许可使用费计算数额。❶

而为了确定根据该条应当支付的损害赔偿或者合理许可使用费的数额，法院可要求进行质询，并且可以规定进行上述质询的其认为是适当的程序。

在任何侵权诉讼程序中，被告基于该外观设计注册可被撤销的理由，可以通过答辩对注册外观设计提出撤销的反诉。

任何声称外观设计已被注册但是未能披露该注册外观设计号码的人，如果其他不知道该号码的人以书面形式通过挂号邮件向其询问该外观设计注册号码，则对于后者在前者声称注册之日起到前者以书面形式告知后者注册外观设计号码 2 个月的期限内的侵权行为，前者不能主张损害赔偿或者禁令。任何发出第 6 款所称询问，且在该款所指期限内花费了时间、金钱和劳动以制造、使用或者销售任何实施该注册外观设计或者与之没有实质性不同的外观设计的物品的，可以以规定的方式向法院申请对合理消费的金钱、时间和劳动的补偿，而法院认为在合适时应当发出这样的指令。对于发生在未在规定期限内缴纳规定的续期费之后和延长该缴纳期限之前的侵权行为提起的诉讼，法院认为合适时可驳回就该侵权行为所要求赔偿的请求。

2. 例外

作为例外，该法第 36 条（不侵权宣告）规定，及时注册外观设计所有人或者其被许可人没有提出反对意见，如果有证据表明存在以下情形，则法院可以在行为人和注册外观设计所有人之间的诉讼程序中宣告任何人制造、进口、使用、销售或者复制物品的行为并未或者不会构成对注册外观设计的侵犯：（1）该行为人已经以书面形式要求注册外观设计所有人或者其被许可人出具

---

❶ 该款第 4 项内容根据 1997 年第 38 号法案第 79 条替换。

一份具有上述效果的书面认可，并且已经向其提供了关于该争议物品的详细说明；并且（2）注册外观设计所有人或者其被许可人未能提供上述书面认可。

而对于根据该条提起的宣告程序的所有各方的费用，应当以法院认为适当的方式承担。

第四节 本章小结

法律移植是法律文明交往与传播中的一种特殊情形，外来法律本土化是成功进行法律移植的重要环节。[1] 因为相似的殖民经历，尼日利亚与南非的专利制度均是法律移植或受他国影响的产物。

南非的知识产权法在很大程度上也是以英国知识产权法作为母法而制定的，其内容受英国知识产权法的影响很大。与此同时，尼日利亚专利法律制度受到了英国殖民政府以及诸多国际组织和国际条约的影响，在其1970年《尼日利亚专利与设计法》的制定之初，亦受到了BIRPI模范法、ESARIPO模范法等诸多国际法律因素的影响，总体来讲，尼日利亚的专利法律制度并不属于本国土生土长的一种法律体系，而是一种移植的法律，所以，它的订立是相对被动的，也是不完善的。例如，《尼日利亚专利法》明显的受到BIRPI模范法立法框架的制约，从而导致其适应于本国技术水平的专利保护制度相对不足，而对其他国家的专利却给予了极大的保护。

另外，因为目前54个非洲国家中的绝大多数都加入了世界贸易组织，这些国家必须遵守《与贸易有关的知识产权协议》中规定的严格的知识产权保护义务，否则将会面临世界贸易组织及其成员方的制裁和反制措施。尼日利亚与南非均在1995年1月1日加入世界贸易组织，其对于一揽子协议均应当遵从，故而，对于专利制度方面的一般性规定，其二者之间存在较多的一致性。且相较于版权等更富国家特色规定的法律制度而言，专利制度因为其自身的特殊性，其不同国家之间相似规定会更加繁多，当然，这也是全球化时代下各个主权国家之间较多的同一性所在之根源。

总体而言，尼日利亚较之于南非，其从独立至今经历半个多世纪的起伏跌宕，文官政府与军政府相交织，其法律政策也经常摇摆不定，而其知识产权法律体系的建立和完善也没有得到政府应有的重视。但是，在联邦政府的民主管理日渐成熟使得政局在近期相对稳定的条件下，随着全球化的发展和石油贸易的突飞猛进，尼日利亚已经成为国际贸易市场一个重要的发展中国家，他的专

---

[1] 夏新华．英国法在非洲的本土化［J］．非洲法研究，2001（3）：45.

利法律制度由于受到诸多发达国家的影响和国际条约与国际组织的制约而达到了相对其他发展中国家较高的水平，然而，尽管如此，尼日利亚相关的专利成文法律制度较之于南非专利制度无论是在内容、立法技术，抑或是立法水平上均处于较低水平。

例如，尼日利亚对所有的专利技术都规定了20年的保护期，并在1990年《尼日利亚专利与设计法》中基本上采取了先审实质审查的原则，而现行各国专利制度均区分不同的专利技术而进行不同保护期的规定，审查制度也有更具灵活性的规定。再如，尼日利亚专利法在法制配套设施方面也存在缺陷，相应的机构设置与司法程序不合理，在尼日利亚的专利法律规定中虽然也有专家听审和建议权的规定，但仍有诸多可待完善和健全的地方。

而相较于尼日利亚，南非拥有专门负责公司与知识产权注册的机构——公司与知识产权委员会（CIPC），该机构于2011年5月成立，由原南非的公司与知识产权注册局（CIPRO）与原南非的公司与知识产权执法局（OCIPE）合并而成。该机构除负责公司和知识产权的注册外，还负责知识产权的信息传播、教育、执法、监管等。但是，因为南非专利实行非审查制，南非没有自己国内的专门机构来鉴定该专利申请的新颖性、创造性以及限定该专利的适用范围（如果该申请应用范围过于宽泛的话）。且南非专利法涉及16章、96个法律条文，其不仅涉及专利制度的具体内容，甚至还包括行政机构（专利局、专利登记主任、专利委员）、专利代理人和专利律师、证据、送达等行政以及程序方面的规定。

总体而言，由于尼日利亚与南非国内环境不稳定且专利制度与我国存在一定差距，这为我国保护自身在二者境内的专利利益带来一些隐患。但是，尼日利亚与南非是很多国际组织的成员方和国际公约的缔约方，所以在进行经济或技术贸易的时候，若是合法权益受到侵害，中国企业可以援引尼日利亚加入的国际组织或国际公约（如《专利法条约》等）中的相关规定，保护其相应专利权。另外，我国和尼日利亚、南非同为WIPO、WTO、《巴黎公约》等诸多国际组织和条约的成员方，依照上述国际组织和条约的规定，成员方之间应享受一系列的优惠政策，中国政府应该注意这些政策的合理利用，使我国在该国的经济贸易能够健康、正常的迅速发展。

第十一章　非洲法语区国家专利法律制度

第一节　非洲知识产权组织（OAPI）概述

非洲法语区国家独立后，为了加强在知识产权保护方面的合作，于1962年在加蓬首都利伯维尔缔结了《建立非洲—马尔加什工业产权局的利伯维尔协定》，决定成立一个统一的机构来提供对商标、专利和外观设计的法律保护，非洲—马尔加什工业产权局正式成立。该协定于1964年1月1日起生效。1976年，由于马达加斯加（原马尔加什）宣布退出《利伯维尔协定》，非洲—马尔加什工业产权局也于同年更名为“非洲知识产权组织”。非洲知识产权组织（Organization Africaine De La Intellectual Property，OAPI）是由前法国殖民地中的官方语言为法语的国家组成的保护知识产权的一个地区性联盟，由非洲16个国家共同建立的一个机构，旨在以统一的方式，在所有成员国的领土上共同享受知识产权所赋予的权利。总部设在喀麦隆首都雅温得，统一管理各个成员国的知识产权事务。非洲知识产权组织是一个跨政府的组织，负责颁发知识产权的保护证书，并向每个成员国提供与知识产权有关的服务。非洲知识产权组织执行统一的立法，统一的立法被视同为每个成员国的国家法律。这个统一的法律就是《班吉协定》（Bangui Agreement）。非洲知识产权组织主要通过对知识产权及其附属权利的有效保护，对成员国的经济发展做出充分的贡献，使成员国更好地吸引投资。

非洲知识产权组织的机构由董事会、总干事局、高级追诉委员会组成。其中非洲知识产权组织的董事会由成员国的代表组成，每个成员国有一名代表。董事会制定非洲知识产权组织的一般政策，制定组织的管理规定，并检查组织对规定的执行。其主要职责为制定必要的规章制度，以执行班吉协议及其附属文件；决定作为成员国或者合作国加入非洲知识产权组织的申请；决定作为成员国或者合作国加入非洲知识产权组织的申请。总干事局由一名总干事领导，负责完成非洲知识产权组织的执行任务。总干事局负责非洲知识产权组织的管理和日常事务，执行董事会的决定以及班吉协议及其附属协议所规定的任务，并向董事会报告。高级追诉委员会由三名委员组成，这三名委员在指定的成员国代表名单（每个成员国家一名代表）当中抽签决定。该委员会负责对与以下事项相关的追诉作出决定：否决关于工业产权保护证书的申请；否决维持或者延长保护期限的申请；否决恢复权利的申请；与抗诉有关的决定。

非洲知识产权组织颁发的知识产权保护证书，自动在以下每个成员国生效：贝宁、布吉纳法索、喀麦隆、中非、刚果、科特迪瓦、加蓬、几内亚、几内亚比绍、赤道几内亚、马里、毛里塔尼亚、尼日尔、塞内加尔、乍得和多哥。

非洲知识产权组织的宗旨是通过开发知识产权所提供的所有可能性，积极地参与成员国的发展。为了达到这一目的，非洲知识产权组织致力于以下工作：负责保护和公布知识产权证书；创造有利于知识产权的原则切实实施的条件，从而建立对私人投资有吸引力的法律环境；鼓励创造性和技术转让；创造有利的条件，以促进研究成果的转化，促进成员国企业应用技术的创新；建立有效的培训计划，以改善非洲知识产权组织体系的能力，提供高品质的服务。其中工业产权的保护是非洲知识产权组织的主要任务。工业产权从本质上是发展的一个因素，因此，负责管理工业产权的组织有着三重使命：（1）颁发保护证书；（2）资料和信息整理；（3）参与发展。非洲知识产权组织的传统使命，是在班吉协议以及其他法规文本，比如协议附件、行政命令等的基础之上，按照在所有成员国统一的程序，登记和颁发证书。为此，非洲知识产权组织以成员国的名义，并为成员国而采取行动。根据班吉协议，非洲知识产权组织必须发布所颁发的证书的基本内容，以供参考。非洲知识产权组织工业产权正式公报（BOPI）便是执行班吉协议这一条款的很好体现。为了让非洲知识产权组织在资料和信息整理方面起到更重要的作用，立法者在现有的协议中规定了一个名为"资料和信息中心机构"，《班吉协定》第2条明确规定："资料中心通过向成员国提供与发明有关的资料和信息，为促进成员国的技术和工业发展而做出贡献。"

非洲知识产权组织所有成员国现已加入的与知识产权有关的国际公约有《保护工业产权巴黎公约》《建立世界知识产权组织公约》《伯尔尼公约》以及《专利合作条约》。另外，部分非洲知识产权组织成员国还参与了其他的国际条约，如《保护表演者、唱片制作者和广播组织的国际公约》《保护唱片制作者防止唱片被擅自复制公约》《马来喀什条约》以及《与贸易有关的知识产权协定》，如表11－1所示。

表 11－1　非洲知识产权组织成员国已加入与知识产权保护相关国际公约/协定

公约/协定名称	备注
保护工业产权巴黎公约	全部加入
建立世界知识产权组织公约	全部加入
与贸易有关的知识产权协定	部分加入
专利合作条约	全部加入
伯尔尼公约	全部加入
保护表演者、唱片制作者和广播组织的国际条约	部分加入
保护唱片制作者防止唱片被擅自复制条约	部分加入
马来喀什条约	部分加入
工业品外观设计国际注册海牙协定	部分加入

第二节　班吉协定

一、班吉协定概述

《班吉协定》是非洲知识产权组织成员国范围内适用的法律文件。[1] 该协定第 36（1）条的有关规定创建一个非洲知识产权组织，该组织提供本协定可不时修订，特别是要介绍可改善本组织提供服务的修正案。该协定是为了建立统一的保护文学、艺术和工业财产的制度，尤其是建立单一的专利申请制度和统一的知识产权保护行政程序制度等，并且通过知识产权以促进技术发展根据该协定及其附件的规定，在该组织成员国中所保护的知识产权内容包括：发明专利、实用新型专利、产品和服务的商标、工业图纸和模型、商业名称、地理标志、植物新品种、文学和艺术版权、集成电路布局以及反对不正当竞争等。《班吉协定》规定，协议国成员可以享受《巴黎公约》《伯尔尼公约》以及《世界版权公约》中关于知识产权有关的权利。

二、专利的申请和审查

（一）专利申请程序

1. 专利申请日和优先权

《班吉协定》规定，专利申请既可向非洲知识产权组织提出，也可以向各

[1] 参见 WIPO 世界知识产权组织网站，http：//www. wipo. int/wipolex/zh/profile. jsp？ code = OAPI ［EO/BL］，访问日期：2018 年 4 月 10 日。

成员国的相关工业产权部门提出。专利申请日实行"先申请原则"，即两个以上的申请人分别就同样的发明创造申请专利的，专利权授予最先申请的人。专利申请日的确定为非洲知识产权组织或者成员国工业产权部门收到申请书之日。确认申请日的专利申请文件中应包含以下内容：明示或者暗示请求授予专利的目的、可确认申请人身份的信息、可表面了解专利权利要求的描述以及申请费用等。《班吉协定》专利部分第 28 条规定，专利申请人在申请专利时需要附加证明文件的，如果附加的证明文件未被许可，其可将附加的证明文件转换为专利申请，专利申请日为证明文件提交之日。

《班吉协定》规定，任何希望使用优先权的人，应在其本协定以外的国家申请后的 6 个月内，向非洲知识产权组织申请优先权。申请优先权应当附上下列文件：一份说明先前申请的日期、专利数量、申请的国家以及申请人姓名的书面文件；一份被核实的先前申请副本；如果是代理人，应提供先前申请人或者继任者的书面授权的文本；申请人以单一申请方式寻求多项优先权保护的，应在 6 个月内就每一项优先权提供相应的完整文件，并逐份缴纳费用和提供缴费单据。申请人无法在规定时间内提供上述文件和缴纳费用的，将失去优先权。

2. 专利申请程序

专利申请应向非洲知识产权组织或者成员国负责工业产权的部门，当面提出书面申请或者以挂号信的方式提出申请，并请求确认申请文件是否收到。申请文件应当使用非洲知识产权组织的工作语言。当事人的专利申请文件包括以下文件：密封包装的一式两份的申请书、申请专利支付的相应费用证明文件、代理人申请的情况下的授权代理文件。其中申请书中包含该发明创造相关记载专利可付诸实践的知识或技能实践说明、该发明创造相关的技术说明图纸、权利范围要求说明及其摘要。如果是与微生物有关的专利申请，应当由微生物存管机构出具相应的微生物存管单据，以备存档。成员向成员国工业产权部门提交申请的，成员国相关部门应记录专利申请人提交专利申请文件的日期并予以存档，申请后的 5 个工作日向非洲知识产权组织报备存档。

专利申请采取"单一申请"原则，即一份专利申请书申请一种专利，其中专利申请书应详细论述专利技术的构成和具体使用方法，且不包含任何限制条件和保留，并应当包含简介精确描述该发明创造目的之标题。

专利申请人可在申请书提交后，在专利授予前，对其申请书、说明、图纸或者权利范围及其摘要进行修改，修改的内容不得超越原有申请公开的发明内容范围。

（二）专利审查

在申请文件提交后，非洲知识产权组织负责工业产权的部门，会在提交后的5个工作日内进行适法性审查，并在专利申请登记簿上填写申请内容。

1. 审查申请书所述的发明创造是否满足不可申请专利的条件

《班吉协定》专利部分第6条规定属于以下情形不授予专利：（1）发明创造与公共政策或者道德相违背；（2）发明创造不违背公共政策或道德，但是属于法律或法规禁止的；（3）发现、科学理论和数学方法；（4）与微生物技术过程或此过程产物无关的，而且属于植物品种、动物种类和其他基本生物过程自然繁衍的产物；（5）从事商业活动的计划、规则或方法，纯粹的精神活动或者游戏玩法；（6）手术或治疗的方法，包括诊断方法治疗人类或动物体的方法；（7）信息的简单介绍；（8）计算机程序；（9）无法复制的独占性作品；（10）文学、建筑、艺术或任何其他审美创造作品。

2. 审查申请书所述的发明创作是否具备新颖性、创造性以及适于工业应用

《班吉协定》专利部分第3条规定，一项发明创造应具备新颖性，即不属于现有技术或者现有技术的简单变换的技术。如果明显属于违背申请人或者在先权利人意愿的披露或者已被申请人或者在先权利人在非洲知识产权组织承认的国际展览上展出导致的披露，导致发明创造成为现有技术的，只要权利人在披露后的12个月内向非洲知识产权组织负责工业产权的部门提出申请，视为未丧失新颖性。《班吉协定》专利部分第4条规定，如果发明创造不属于明显的普通知识、技能组合或者属于艺术作品，以及在优先权日内提出的申请便具有创造性。《班吉协定》专利部分第5条规定，一项发明创造应可以在工业中予以制造或使用。

3. 提交符合协议规定的申请文件

非洲知识产权组织与成员国负责工业产权的部门会对专利申请文件是否符合《班吉协定》第14条[1]规定申请文件数量、申请文件内容等进行形式审查。

4. 关于微生物的审查特别要求

发明创造涉及微生物时，非洲知识产权组织可保留要求申请人提交保存机

---

[1] 第14条 应用程序的文件

（1）凡希望取得发明专利的人，应当向本组织或者负责工业产权的部门提出申请，或者以挂号信的方式向其提出申请，并请求确认收到（a）向本组织总干事提出足够数量的申请书；（b）向组织支付文件和打印费用的证明文件；（c）如果申请人由代理人代表，则应盖章和提交私人的委托书；（d）密封包装，一式两份：（i）本发明的一种规格说明，该说明书清楚而完整地阐明了该发明，使具有普通知识和技能的人能够将其付诸实施，（ii）为了解本发明所必需或有用的图纸，（iii）界定所要求的保护范围的要求或主张，不得超出上文（i）项所述的规范内容，（iiii）对上述第（3）项所述的说明、要求或要求的描述性摘要，以及与摘要有关的任何图纸。

（2）本发明涉及微生物或者微生物的使用，由保存机构出具的，或者在实施条例中规定的国际存托机构出具的有关微生物的存单，应当同时归档。

（3）上述文件语言应属于本组织的工作语言之一。

构或者国际存托机构出具微生物样品的权利。

5. 关于《专利合作条约》下的国际审查特别规则

涉及《专利合作条约》的国际申请，非洲知识产权组织可使用《班吉协定》专利部分第20条关于申请的审查和第36条[1]关于专利许可合同中的规定，去审查国际申请中的搜索报告和初步审查报告。

（三）专利审查的驳回

非洲知识产权组织对于专利申请进行审查后，认为属于《班吉协定》专利部分第24条规定的拒绝条件的，应予以驳回。其中拒绝条件包括：（1）属于《班吉协定》专利部分第6条[2]规定的不可申请专利的情形以及不符合第20条[3]规定审查条件的；（2）申请文件中为附有《班吉协定》专利部分第14条

---

[1] 第36条　许可合同

（1）专利的所有人可以根据合同授予自然人或者法人，使其能够利用专利发明的许可；（2）许可期限不得超过专利期限；（3）许可合同应当以书面形式订立，并由当事人签字；（4）许可合同应当在专利专用登记簿上登记。除非进入上述登记册并以执行有关本附件的《实施条例》所指明的形式出版，否则不得对第三方有约束力；（5）许可方应在专利的所有人或被许可方提出的关于许可合同期满或终止的证明的要求下，从登记簿上注销该许可证；（6）在许可合同中没有相反规定的情况下，许可的授予不得阻止许可方向其他人员发放许可，但须通知被许可方，或自行开发该专利发明；（7）专有许可的授予，应当排除许可人向他人颁发许可的行为，在许可合同中没有相反规定的情况下，可以自行开发专利发明。

[2] 第6条　不可申请的标的物不应授予下列专利：

（a）发明与公共政策或道德相反的发明，只要发明的开发不应被认为违反公共政策或道德，仅仅因为它是法律或法规禁止的；（b）发现、科学理论和数学方法；（c）发明有作为其主题植物品种、动物种类和基本生物过程的植物或动物的繁殖，而非微生物过程和这些过程的产物；（d）从事商业活动的计划、规则或方法，纯粹的精神活动或游戏玩法；（e）手术或治疗的方法，包括诊断方法治疗人类或动物体的方法；（f）信息的简单介绍；（g）计算机程序；（h）纯观赏性质的作品；（i）文学、建筑、艺术或任何其他审美创造作品。

[3] 第20条　申请的审查

（1）申请专利的，应当进行审查：（a）在申请中所述的发明不被排除在本附件第6条规定的保护范围内；（b）符合本附件第14（1）（d）（d）（iii）条的规定；（c）本附件第15条的规定得到尊重。

（2）根据下文第（3）款的规定，还应进行调查以确保：（a）在专利申请提交时，未在被批准之前，属于较早提出的一项专利申请，或对先前申请存在有效优先权或者在先利益的申请；（b）属于发明创造：新颖性、创造性、工业适用性。

（3）行政会议应有权决定在何种程度上适用上文第（2）（a）和（b）段的规定；特别是可以决定是否所有或部分的上述规定适用于发明所涵盖的一个或几个技术领域；也可决定应参照国际专利分类来确定这些领域。

（4）本发明涉及微生物的使用时，组织应保留要求申请人提供存放于保存机构或国际存托机构的样品之权利。

（5）根据《专利合作条约》的国际申请，本组织可分别利用《班吉协定》第20条和第36条的规定，对于国际申请中的国际搜索报告和国际初步审查报告进行审查。

所规定的文件正本与副本；（3）申请文件不符合《班吉协定》专利部分第15条[1]规定统一主题之要求，并且未在收到分开申请提醒后6个月内将其分为一系列各个领域独立的申请；（4）一项申请不符合第14条除了b项外其他条款以及第15条条款从而存在瑕疵，申请人或代理人应被通知在通知之日后的3个月内去改正瑕疵，该通知之日可在特殊情况下被申请人或代理人申请延长30日。如果在该日期内改正，申请日为最初申请日；否则驳回申请。值得注意的是，任何申请不符合第24条项下第1~4款的要求的，应被给予机会和程序进行改正，否则不应被驳回。

（四）专利申请的通过

《班吉协定》专利部分第22条规定，经过非洲知识产权负责工业产权部门审查后，发现申请满足授予专利的所有条件，并且提交第20条特别要求的搜索报告，那么应授予专利申请人专利权。专利权的授予，并不代表专利申请内容绝对满足新颖性、创造性或者申请内容的真实性及准确性，专利申请人还应承担着专利权被无效的风险。专利权的授予，由非洲知识产权组织的总干事正式授权的工作人员决定。另外，专利申请人可在专利权授予前，要求撤回专利申请或者补充证书。

三、专利权的内容、保护期

《班吉协定》将发明创造、实用新型以及外观设计分别进行规定，因此需要有区分地对三者的内容进行分析。

（一）发明专利的权利内容及保护期

1. 发明专利的权利内容

根据《班吉协定》专利部分第7条规定，专利权是授予权利人从事该项专利发明的专有权利，以及禁止任何人未经同意从事该项专利发明的权利。发明的权利内容包括以下行为。

（1）产品专利的权利内容。产品专利的权利人，可以从事制造、进口、出售、许诺销售和使用该专利产品，或者为了销售、许诺销售、使用目的持有专利产品。任何人未经许可不得从事上述行为。产品专利权人可以将专利权转移给继承人或者通过许可合同授予他人。

（2）方法专利的权利内容。方法专利权利人，可以使用方法专利在生产

---

[1] 第15条 发明的统一性

申请书应限于单一主体，申请书的内容构成及其用途应具备详细说明，且不包含任何限制、条件或保留。专利申请应该有一个以精确而简洁的方式描述本发明目的之标题。

经营活动中制造产品，以及对通过方法专利直接得到的产品进行制造、进口、出售、许诺销售和使用行为。方法专利权人可以将其专利转移给继承人或者通过许可合同授予他人。

另外，产品专利和方法专利的专利权人，都有权就专利侵权行为向法院申请救济或者其他合法保护行为，从而打击专利侵权行为。

2. 发明专利的保护期

根据《班吉协定》专利部分第 9 条规定，发明专利的专利保护期限为专利申请日后 20 年。

（二）实用新型的权利内容及保护期

1. 实用新型的权利内容

根据《班吉协定》实用新型部分第 5 条规定，实用新型专利权人有权禁止任何人从事下列利用实用新型专利的行为：制造、许诺销售、销售、使用实用新型专利产品，或者为了许诺销售、销售或者使用目的进口以及持有该实用新型专利产品。

2. 实用新型专利的保护期

根据《班吉协定》实用新型部分第 5 条规定，实用新型专利权的保护期限为专利申请日后的 10 年。

（三）外观设计的权利内容及保护期

1. 外观设计的权利内容

根据《班吉协定》工业设计部分第 3 条规定，外观设计专利的权利人及其权利承继人有权利用外观设计以及为了工业或商业目的销售或者许诺销售使用外观设计的产品。

2. 外观设计的保护期

根据《班吉协定》工业设计部分第 12 条规定，外观设计专利的保护期自在申请注册的申请日期后第 5 年届满。外观设计的保护期可以登记续展，续展期为 5 年。续期费用按非洲知识产权组织的工业产权部门规定执行。外观设计的续期费用，应当在登记期满之日起 12 个月内支付。在外观设计期限届满后，外观设计专利权人可享受 6 个月的宽限期，但须缴付工业产权部门规定的附加费。

四、专利权的转让、许可

（一）专利权的转让

根据《班吉协定》专利部分第 33 条规定，申请专利的权利和专利权，可以全部或部分转让。专利权人要转让专利权的，应当采取书面方式进行。专利权转让行为，应在非洲知识产权组织有关部门保存的专利特别登记簿中进行记载，并予以保存，否则不能对抗第三人。非洲知识产权组织有关负责保存专利特别登记簿的部门应提供条件，让任何人都可以查询和复制该专利权转让的相关记录；如果专利特别登记簿中没有专利权转让的记录，应予以证明或保证。

（二）专利权的许可

1. 专利许可合同内容及其效力

根据《班吉协定》专利部分第 36 条规定，专利权人可以通过合同的方式，将专利权许可给自然人或者法人使用。其中，专利许可的期限不可超过专利权的保护期，专利许可合同应当以书面形式签订，并由双方当事人签字。

专利许可合同签订后，应当在特别专利登记簿上予以登记。专利许可合同签订后，只有在特别专利登记簿上予以登记并根据相关规定进行公告后，方可对抗第三人。

专利许可合同可基于关于专利许可合同期满或者其他原因终止后，由专利权人或者被许可人提供相关证明情况下，向非洲知识产权组织负责特别登记簿部门申请注销该项登记。

专利许可一般为普通许可，许可的授予不妨碍许可方向其他人员发放许可或者自行使用专利，但需要告之被许可方。专利权人和被许可方也可协议许可方式为独占许可，即许可合同签订后排除许可人向被许可人以外的其他人颁发许可，许可人依据协议亦不得实施该专利。专利权人与被许可人也可约定许可方式为排他性许可，即许可人在许可合同签订后，不得再授予其他人使用专利，不过专利权人依据约定可自行实施专利。

2. 专利许可合同无效条款

根据《班吉协定》专利部分第 37 条规定，专利许可合同条款或者与合同有关其他协议中关于并非基于专利权本身，亦非保护权利的必要性，而在工业或者商业领域使用设置的限制是无效的。但是，此类限制如果属于下列情形，则是有效的：（1）对专利权使用范围、领域和期限；（2）对许可方任何有可能损害专利有效性的行为的限制；（3）在许可合同没有相反约定的情况下，限制被许可人再向第三人许可。专利许可合同的无效条款的认定，应由许可合同的利害关系方，通过民事诉讼方式申请法院进行。

五、专利权的限制、消灭以及强制许可

（一）专利权的消灭

1. 专利权被宣告无效

根据《班吉协定》专利部分第 39 条规定，专利具有下列情形，应当被宣

告无效：(1) 专利不具有新颖性；(2) 专利不具有创造性；(3) 专利不具有工业适用性；(4) 专利属于不可申请专利的情形；(5) 专利申请相关的说明书内容不符合相关规定或者不完整或者以欺骗的方式予以说明。另外，专利有关的变更、改进或者附加证明文件，如果与专利本身不符，也可被宣告无效。专利权的无效，可以是全部无效也可以是部分无效。

2. 未缴纳专利年费而消灭

根据《班吉协定》专利部分第40条，专利权人应当按照非洲知识产权组织相关规定缴纳年费，未按照专利申请日计算的周年缴纳每年之年费的，其专利权将消灭。

在专利年费缴纳日期届满后，专利权人可被允许获得6个月的宽限期，如果在此宽限期内缴纳了年费，专利权将得到延续，不过亦需支付额外的费用。

如果情势变更导致专利权人失去了其对专利权的支配，从而无法及时支付年费或者其他管理费用，专利权人或者被授权人可申请恢复其对专利权的支配，并在上述情势消失后的6个月内，或者在上述情势出现后的2年内，缴纳年费和相关费用，专利权将继续有效。专利权人或者被授权的人申请恢复期对专利权的支配的，应在向非洲知识产权组织有关部门提交恢复专利支配申请时，一并提交年费和相关费用的证明文件，以及情势相关说明，以证明其申请恢复行为的正当性。非洲知识产权组织会审查上述理由的正当性，如果不正当将予以驳回。

(二) 专利权的限制

根据《班吉协定》专利部分第8条规定，下列情形不视为侵犯专利权：(1) 专利权人或者经过专利权人同意后，将专利投入成员国市场的行为；(2) 临时通过成员国过境的外国飞机、陆上交通工具、船舶等对专利的使用；(3) 将专利作为科学和技术研究的实验对象使用；(4) 在申请日或者成员国授予的优先权日前，已经善意制造了相同产品、使用了相同方法或者已经做好了制造、使用的必要准备，并且这些行为并非超越之前行为或者计划的原有范围。上述第(4)项的行为人，在原有范围内制造、使用产品或者方法的权利，不得转让给他人。

(三) 强制许可

1. 强制许可的种类

根据《班吉协定》专利部分规定，强制许可包括两种：未使用的强制许可以及独立专利的强制许可。

(1) 未使用的强制许可。

专利权人在专利权被授予之日起满3年，或者在专利申请日后的满4年，具有以下情形的，任何人可申请专利的强制许可：专利技术在任何成员国内未被实施；成员国地域内的专利实施不能满足产品保护的正当条件；专利权人拒绝以合理商业条件和程序许可专利，会导致成员国地域内产业或者商业活动的建立与发展不公平和受到实质性歧视。尽管存在上述未实施情况，专利权人可提供不实施的法定理由，便不可颁发强制许可。

（2）为实施从属专利需要的强制许可。

当专利发明的实施不可避免会侵犯在先专利权时，在先专利权人拒绝以合理的商业条件和程序进行许可，在满足下列条件情况下，从属专利权人可基于相同条件向法院申请获得强制许可：从属专利发明与在先专利相比，须能产生实质技术进步，具有相当可观的经济效益；在先专利权人可在合理的条件下获得从属专利的交叉许可。为实施从属专利需要获得的强制许可不可单独转让，除非与从属专利一起进行转让。

2. 强制许可的申请与授予

（1）强制许可的申请。

《班吉协定》专利部分第 48 条规定，请求授予强制许可的申请，应由专利权人住所地的民事法庭受理，如果专利权人定居国外，则由专利权人指定的住所地或者指定的专利申请代理机构所在地民事法庭受理。可申请专利强制许可的人，应属于定居成员国的人员。在专利强制许可被申请后，专利权人或者其代理机构有权不迟延地获知该项申请。申请强制许可的请求书中，应包括请求人的姓名、地址；专利发明的名称以及要求获得强制许可的数量；表明成员国地区的专利发明使用不符合产品保护的合理条件的证据；承诺在成员国领域内为满足市场需要使用该项专利的声明。另外，请求文件中，应包括曾以挂号信等方式提出过符合合理的商业条件和程序的专利许可请求，但在合理时间内被专利权人拒绝的证据，以及强制许可请求人具有实施专利的能力的证据。

（2）强制许可的授予。

民事法庭审查强制许可的请求是否合理，是否满足《班吉协定》专利部分第 48 条之要求。如果不符合要求，法院可以驳回请求，但是驳回请求之前，应给与请求人做出更正的机会。

民事法庭收到专利强制许可的请求后，应当将请求通知相关的政府部门；同时应当通知专利权人以及其他专利登记簿上记载的相关人员该项请求，并且要求他们在 3 个月内对此项请求发表意见。此类意见应当及时通知请求人。

强制许可被授予时，民事法庭应当以书面形式明确公开强制许可的范围、期限、许可费，但是许可范围不可包括进口行为，同时说明授予强制许可的理由，并通知工业产权相关部门在特别专利登记簿上进行登记。

3. 强制许可的限制

强制许可的被授权人，可以按照民事法庭的决定内容实施专利，但是应当向专利权人支付决定中规定的专利许可费，并且强制许可不可影响专利许可合同的订立或者其他强制许可的授予。

强制许可的被授权人，在未经专利权人同意的情形下，不得再向任何第三人进行许可。未经民事法庭的授权，任何将强制许可产生的利益进行全部或部分转让的行为都是非法的。任何强制许可的承受人，都应承担原被授权人所承担的义务。

4. 强制许可的修正和撤回

（1）强制许可的修正。

根据《班吉协定》专利部分第 52 条规定，在专利权人或强制许可的被授权人的请求下，民事法庭可以根据证据修正强制许可的决定。

（2）强制许可的撤回。

在专利权人的请求下，民事法庭可基于以下理由撤销强制许可：强制许可授予的前提已不存在；强制许可获得利益超过了强制许可的范围；强制许可被授权人迟延支付许可费。

第三节　本章小结

一、与我国专利制度的主要差异

《班吉协定》关于专利部分的规定，基本上与我国专利法相类似。这是因为我国和《班吉协定》的成员基本上都属于《巴黎公约》《建立世界知识产权组织公约》等国际条约的缔约方，因此专利法律制度都承袭国际条约的规定。虽然二者关于专利法律制度总体上较为相似，但是在局部法律制度设计上仍存在区别。

（1）本国优先提出专利权制度存在差异。我国《专利法》第 29 条第 2 款规定了本国优先权，即申请人自发明或者实用新型在中国第一次专利申请之日起 12 个月内，又向国务院专利行政主管部门就相同主题提出专利申请的，可以享有优先权。我国规定本国优先权仅存在于发明和实用新型，外观设计不能产生本国优先权。对于本国优先权制度，班吉协议中未明确进行规定。

（2）关于遗传资源规定存在差异。我国专利法规定，对违反法律、行政法规的规定获取或者利用遗传资源，并依赖遗传资源完成的发明创造，不授予专利权。其中遗传资源包括动植物、微生物、人类基因等遗传资源。《班吉协定》中仅规定了与微生物技术过程或此过程产物无关的，而是属于植物品种、动物种类和其他基本生物过程自然繁衍的产物，不授予专利权。因此，我国不授予专利权的范围，略大于《班吉协定》的规定范围。

（3）关于专利复审救济程序的规定存在差异。我国《专利法》第41条规定，国家知识产权局设立专利复审委员会，专利申请人对国家知识产权局专利申请驳回决定不服的，可以自收到通知之日起3个月内，向专利复审委员会请求复审。班吉协议并未对专利申请驳回之后的行政救济措施进行详细规定，也未规定设立独立的专利驳回救济机构。

（4）对于专利强制许可制度的规定存在差异。我国《专利法》第48条规定，专利权人行使专利权的行为依法被认定为垄断行为，未消除或减少该行为对竞争产生的不利影响，可颁发专利实施的强制许可；第49条规定，在国家紧急情况或非常情况，或为了公共利益，可以给予实施发明或实用新型专利的强制许可；第50条规定，为了公共健康的目的，对获得专利权的药品，可适用强制许可。上述三类强制许可的情形，在班吉协议中均未规定。

（5）对于不视为侵犯专利权的行为之规定存在差异。我国《专利法》第69条第5项规定，未提供行政审批件所需要的信息，制造、使用、进口专利药品或者专利医疗器械的，以及专门为其制造、进口专利药品或医疗器械的，不视为侵犯专利权。《班吉协定》并未规定为提供行政审批信息使用或提供专利药品或医疗器械行为，不属于侵犯专利权行为。

二、对我国的经验与启示

《班吉协定》对于专利法律制度的安排，是与该组织成员的专利发展水平相适应的。《班吉协定》与国际条约的接轨程度较高，其专利法律制度与我国专利法律制度大体上较为一致。

由于该地区包括贝宁、布吉纳法索、喀麦隆、中非、刚果、科特迪瓦、加蓬、几内亚、几内亚比绍、赤道几内亚、马里、毛里塔尼亚、尼日尔、塞内加尔、乍德、多哥等国家都加入了非洲知识产权组织，因此《班吉协定》对于该组织内成员都具有约束力。该地区的专利法律制度较为统一，且与我国较为一致，这有利于我国企业在“一带一路”倡议下“走出去”，并有效规避专利风险。